KB121798

# 투자 권하는 사회

투자에서 투기까지, 대중투자사회의 역사

투자 권하는 사회 —투자에서 투기까지, 대중투자사회의 역사

**1판 1쇄 인쇄** 2023년 3월 24일
**1판 1쇄 발행** 2023년 3월 31일

**지은이** 김승우 박진빈 최은진 이명휘 송은영 이정은 여인만 조성찬 오도영 박철현
**펴낸이** 정순구
**책임편집** 조원식
**기획편집** 정윤경 조수정
**마케팅** 황주영

**출력** 블루엔
**용지** 한서지업사
**인쇄** 한영문화사
**제본** 한영제책사

**펴낸곳** (주) 역사비평사
**등록** 제300-2007-139호 (2007.9.20)
**주소** 10497 : 경기도 고양시 덕양구 화중로 100(비전타워21) 506호
**전화** 02-741-6123~5
**팩스** 02-741-6126
**홈페이지** www.yukbi.com
**이메일** yukbi88@naver.com

ISBN 978-89-7696-579-0   93900

책값은 표지 뒷면에 표시되어 있습니다.
잘못 만들어진 책은 구입하신 서점에서 바꾸어 드립니다

# 투자 권하는 사회

투자에서 투기까지, 대중투자사회의 역사

김승우
박진빈
최은진
이명휘
송은영
이정은
여인만
조성찬
오도영
박철현
지음

역사비평사

**차례**

# 투자 권하는 사회
— 투자에서 투기까지, 대중투자사회의 역사

# 투자 권하는 사회

"여러분, 모두 부자되세요"라는 모 신용카드 광고의 카피가 당대 사람들의 마음을 자극하며 크게 히트했던 것이 2002년 초였다. 그로부터 약 20여 년 후, 한국 대중은 지난 세기와는 다른 방법으로 부를 축적하고자 노력하고 있다. 노동과 저축이라는 지난 세기 산업사회의 덕목에서 벗어나, 주식이나 부동산과 같이 미래 가격의 불확실성에 기반한 유동자산으로 더욱 눈길을 돌리고 있다. 혹자는 이를 두고 대중의 '욕망'과 '투기', 혹은 '욕심'을 탓할 수도 있다. 하지만 적어도 지난 10여 년간의 저금리 정책과 인플레이션이라는 거시 경제적 환경을 고려할 때 투자 대중은 합리적인 판단을 한 것이라고도 볼 수 있다. 더불어 지난 세기말부터 이어진 신자유주의 정책과 전 지구적 금융위기 이후 긴축의 시대가 남긴 불평등은 꾸준하고 점진적인 자산 축적을 통한 경제적 안정과 사회적 이동(social mobility)의 가능성을 물거품으로 만들어버렸다.

오늘날 우리는 그 결과물인 대중투자사회 속에서 살아가고 있다. 불과 얼마 전에는 너나 할 것 없이 주식은 물론 부동산, 심지어 가상화폐 투자에도 뛰어드는 광풍이 일었다. 영혼을 끌어다 집을 산다는 소위 '영끌'이 젊은 세대들에게까지 반강제적으로 번졌고, 이미 치솟아 올라 있던 부동산 가격은 천장을 뚫은 듯 더욱 솟구쳤다. 유명 서점의 인기 코너는 주식과 부동산 투자 관련 서 저으로 넘쳐났고, 인문학과 사회과학은 구석으로 밀려났다. 주식 전문가 혹은 투기꾼들의 경험과 논리를 담은 저서들이 '고전'이라는 이름으로 팔려나갔다. 인기 유튜브 방송부터 신문, 잡지 등은 경쟁적으로 한국·미국을 넘나들며 유망 주식을 점치고 투자를 부추겼다. 수많은 가상화폐가 생겨났고, 비트코인의 시 세 변동에 따라 울고 웃는 이들이 거리에 넘쳐났다.

하지만 이러한 변화를 과연 개인의 경제적 선택 차원에서만 바라볼 수 있 을까? '투자자'의 원금 손실을 과연 그 혹은 그녀의 어리석음으로만 돌릴 수 있을까? 그들의 '영끌'은 엄청난 가계 부채 상승으로 이어졌다. 자산시장의 성 패와 이자율 정책에 따라 개인과 가구의 가처분 소득 규모와 구매력이 결정 되는 상황은 금융시장과 우리의 삶 그리고 정부 정책을 긴밀하게 연결시켰 다. 즉, 시장의 움직임과 이에 대한 정부의 대응은 상이한 이해관계를 갖는 집 단들에게 각각 다른 영향력을 행사하는 정치적 성격을 띠게 되었다. 당장 내 일 한국은행이 이자율을 인상시킨다면 '영끌'로 아파트를 구매한 사람과 집 값이 떨어지길 바라는 사람의 입장은 서로 크게 다를 수밖에 없다. 게다가 가 상화폐는 통화 발행을 독점해온 일국 국가의 권력에 대한 정치적 도전뿐만 아니라 '꼰대'들의 비아냥거림에 대한 젊은 세대의 울분과 불만까지 상징하 고 있다.

『21세기의 자본』으로 2008년 금융위기 이후의 사회에 불평등이라는 화두 를 던진 프랑스 경제학자 피케티(T. Piketty)는 불평등의 기원은 경제 혹은 기술 변화가 아니라 이념과 정치에서 찾을 수 있다고 주장했다. 특정 시기의 정치인 들과 기업가들 그리고 대중이 선택한 결과에 따라 만들어진 특정한 사회적 구 조와 제도에 따라 "불평등의 레짐(inequality regime)"이 등장한다는 것이다. 그의 역사적 분석은 오늘날 대중투자사회의 출현을 이해하는 데 시사점을 남긴다.

주기적으로 반복되는 금융위기와 그에 따른 경제 변화와 사회적 결과를 순환론적인 입장으로 혹은 경기변동의 단순한 반복으로 파악하기보다는, 그 시대적 맥락 속의 긴장과 대립 그리고 권력 관계의 결과에 따라 결정되는 것으로 접근할 수 있게 해주기 때문이다.

실제 대중이 참여할 수 있는 각종 투자 제도 및 투자 기술의 형성과 발전은 어떠한 특정 순간을 계기로 갑작스레 형태를 갖추거나 변형하면서 사람들의 삶에 침투했고, 그 과정에서 수많은 이들을 투기의 골짜기로 몰아넣어 왔다. 각 시점마다 상수로 배치된 개인의 투자수익 욕구를 대상으로, 제 각각의 정치사회·경제적 특수한 계기들과 주체들이 중요한 변수로서 작용하면서 상호 자극시킨 결과였다. 또한 투자 광풍 속에서 자신만 뒤처질 수 없다는 일반 사람들의 열망과 두려움을 부추기고 확산시키는 미디어와 기술의 역할이 날이 갈수록 발전하며 이를 뒷받침했다.

20세기 후반부터 서구 학계는 금융의 사회적 연구 혹은 문화적 연구 등의 이름으로 사회의 권력관계 속에서 금융의 영향력이 늘어나는 '금융화'의 모습을 재검토하기 시작했다. 역사학자들은 좀 더 장기적인 '자본주의'의 흐름 속에서 '대중투자사회'의 역사를 재구성하고 있다. 이들은 자유시장 이념과 글로벌 네트워크의 확산, 그리고 전쟁과 같은 역사적 사건 등을 통해서 과연 대중이 어떻게 금융시장으로 포섭되었는지, 혹은 일상 속에서 얼마나 다양한 금융상품을(심지어 놀이와 여가의 대상으로 삼아!) 전유하고 있는지 주목하고 있다.

이 책에 모인 글들 또한 이러한 흐름에 맞춰 대중투자사회의 등장을 역사적 관점에서 고찰했다. 다양한 시대와 지역 그리고 투자시장의 과거와 현재, 그리고 미래를 바라보기 위해, 오늘날 경제적 인간 혹은 투자하는 인간으로 자리매김한 우리의 모습을 이해할 수 있는 다양한 접근법을 제시했다. 각 글은 한국은 물론 20세기 세계 각지에서 일어난 특정 투자 붐에 주목하면서, 그것이 일어난 배경과 추동시킨 조건과 주체, 그리고 일반 국민을 '투자자'로 소환시킨 기법과 정책 등을 살펴보며, 근대사회 이래 '투자'의 실태와 사회적 영향을 소개하고 분석하고자 하였다. 특히 이 과정에서 다수의 일반인들이 투자 시장으로 초청/호명되었던 배경 및 귀결에 대해 주목하고 있다. 이는 각 시대와 지역별로 양상은 조금씩 다르지만, 당대 체제를 지탱하는 기반을 확대하며 이들을 체제의 '공범'으로 만들거나, 그 반대로 한없는 나락으로 떨어뜨리며 사회에서 외면받거나 아예 사라진 이들을 양산해 온 역사를 살피는 작업이기도 할 것이다.

2022년 『역사비평』 봄호와 여름호에 특집으로 실렸던 원고를 바탕으로 구성된 이 책의 필자와 글을 소개하면 다음과 같다. 각 부는 '투자의 기원' — '대중화' — '진행·확장 중'의 단계를 고려하여 여러 지역의 사례를 시기별로 나누었다.

1부는 20세기 초 대중투자의 기원에 해당하는 원고로 구성했다. 김승우는 20세기 초부터 대중투자사회로 진입했던 미국 주식시장을 배경으로, 현재까지도 적용되고 있는 주요 투자 전략이 등장한 역사적 기원과 함의를 살폈다. 박진빈은 1920년대 광적으로 등장한 미국 플로리다의 부동산 개발과 투기 열풍, 그리고 극적인 몰락의 여파와 그 과정의 부패와 무책임을 분석했다. 최은진은 1904년경부터 1910년대까지의 조선에 대한 일본인 토지 투기 양상과 일제 식민 당국의 정책 지원을 분석하며 한국 토지 투기의 식민지적 원형을 탐구했다. 이명휘는 조선의 개항부터 1950년대까지 이르는 주식거래의 역사적 변화와 성격을 분석하며, 일제 식민지기 주식시장의 특징과 해방 이후까지 연속된 요인을 짚었다.

2부는 투자의 대중화와 저변화가 진행되었던 시기의 양상을 보여주는 글들을 담았다. 송은영은 1970년대 이후 한국에서 중산층이 나서면서 '대중화'된 부동산 투기를 살피며, 그것이 한국 사회에 끼친 공간적 위계화 등의 영향과 의미를 묻고 있다. 이정은은 한국의 대중적 주식투자가 시작된 시기를 1980년대 중후반으로 주목하고, 갑자기 몰아친 주식 열풍 아래 처음으로 등장한 '개미군단'의 등장과 몰락을 분석했다. 여인만은 1980~90년대 초 일본에서 지가와 주가가 동반 상승하면서 등장한 버블 경제기 일본 사회의 투기 열풍과 사회적 심리 상태, 기업과 가계의 대응, 그리고 현재까지도 영향을 미치는 버블 붕괴 이후의 충격을 다뤘다.

3부는 최근까지 투자의 양상이 이어지거나 진행·확장 중인 각 국가의 사례를 살폈다. 조성찬은 홍콩의 사례를 통해 토지, 주택, 교통, 전기, 가스 등 시민의 일상을 좌우하는 '도시 커먼즈'가 소수 대자본에 의해 지배될 때 어떤 결과가 발생하는지를 보여주었다. 오도영은 자가소유 정책을 적극적으로 추진 중인 영국의 사례를 통해 부동산 기반의 자산 복지 정책의 실태와 한계를 드러냈다. 마지막으로 현대 중국 서민층의 투자 열풍을 살핀 박철현은 그 근간으로 증시 부양을 통해 경제를 활성화시키려는 국가와 인터넷 고리대금업자인 핀테크 기업의 활동을 지목해서 분석했다.

이 책은 투자를 통해 '부자 되는 법'은 찾는 책이 아니다. 그래서 책을 열어본 투자자들은 실망할 수도 있다. 하지만 장기적인 관점에서 역사적 지식은 시대에 따른 투자 시장을 이해하는 다양한 관점을 보여줄 수 있다. 인간의 욕망과 광기, 외부적 충격, 예상치 못했던 사건에 따른 급작스러운 폭락 혹은 급등, 정부 정책의 중요성 등은 다른 영역과 마찬가지로 '경제적 요인들'로만 투자 결정을 내리는 것이 위험할 수 있음을 보여준다. 금융자산에 관한 수많은 '담론'은 특정한 '지식'이 주장하는 '과학성'에 대해 의문을 제기하게 할 수도 있다. 이러한 탐구들이 '투자 권하는 사회'를 추동하는 주체와 제도와 역사적 변곡점 등에 대한 독자의 관심을 자극하여 투자의 비-경제적 측면을 파악할 기회를 제공해줄 수 있을 것이라고 기대한다.

필자들을 대신하여

김승우, 이정은

# 1부

투자와 투기의 기원

# 1
# 시장을 이길 수 있는가?
— 20세기 주식시장 읽기와 투자 기법들의 역사

## 1. 들어가며

주식시장에는 '대박'을 꿈꾸는 투자자들로 가득 차 있다. 그들은 '개미'와 같은 주식 거래자로 직접 시장에 참여하거나 은행 혹은 자산운용업체에서 제공하는 다양한 주식관련 금융상품에 가입하고 있다. 주식과 같은 금융자산을 보유하고 있지 않다고 하더라도 당신은 노동자 또는 복지국가의 구성원으로 주식시장의 흥망성쇠로부터 자유롭지 못하다. 은퇴 이후 소득을 책임지고 있는 연기금이 주식시장의 가장 '큰손'으로 자리 잡고 있기 때문이다. 노동의 대가와 근면한 저축이 아닌 주식 가격 변동에 따라 현재 및 미래 소득이 결정되는 것은 우리의 삶에서 "권력의 사회적 균형이 특정한 형태의 자본이라고 할 수 있는 금융자본"으로 넘어가고 있음을 보여준다.[001]

매수가격과 매도가격의 차익이라는 '수익'을 얻어내려는 대중의 욕망으로 가득 찬 주식시장의 역사는 합리적 판단에 따른 수요와 공급이 만나는 지점에서 가격이 결정되기보다는 그들의 기대와 희망, 희열(euphoria), 망상과 좌절을 보여주고 있다.[002] 초기 금융자본주의가 발전한 런던시티(City of London)의 거래자들은 반복되는 대박과 쪽박(boom and bust)을 겪으면서 주식시장을 군중심리의 변덕으로 가득 찬 비이성적 공간으로 그려냈다.[003] 주식 거래자들은 변화무쌍한 주가와 신용을 길들여지지 않은 '숙녀'라는 여성성으로 전유했고, '그녀'를 다스리기 위한 결단력과 신중함이라는 남성성으로 무장한 투자자상(像)을 제시했다.[004] 이러한 젠더화된 세계관은 오늘날 미국의 대표적인 경제지 『포춘(Fortune)』의 1930년 2월 창간호 표지에서도 발견할 수 있다. 운명의 여신인 포르투나(Fortuna)가 운명의 바퀴(Wheel of Fortune)를 장식하고 있는 모습은 각각 주가변동의 변덕과 순환성을 보여주고 있다.[005] 이렇게 미래에 대한 불확실성을 해소하고 일관된 전망을 제시하기 위해 시장 참여자들은 '주식시장'을 둘러싼 다양한 담론들을 구성해왔다.

20세기 말 금융의 세계화 혹은 금융화 현상, 그리고 계속해서 반복되는 금융위기를 거치면서 이른바 금융의 사회적 연구(Social Studies of Finance)라는 새로운 학제간 연구가 등장했다.[006] 역사학, 인류학, 사회학, 지리학 등의 성과들을 활용하고 종합하려는 일련의 연구자들은 금융을 고정된 것이 아니라 언제나 가변적인 상태에 놓여 있으며 담론들의 갈등과 투쟁에 따라 특정한 형태의 실천으로 이어지고 그 결과에 따라 특정한 금융 활동이 다른 재현 방식들을 배제하고 정당성을 획득하게 된 과정에 주목한다.[007] 이러한 접근은 금융을 합리적이며 탈정치적이라고 가정하는 금융 경제학에 대해 비판적인 입장을 제시한다. 동시에 20세기 후반 금융화를 '신자유주의'의 등장으로 일반화하려는 정치경제학과도 거리를 둔다.[008]

금융의 사회적 연구와 결을 함께하는 역사학의 연구는 경제적 관계를 넘어 정치문화의 측면에서 젠더와 인종 등과 같은 비-경제적 영역과 금융의 역사적 발전을 함께 살펴볼 수 있는 길을 열어주었다.[009] 2008년 서브프라임 모기지 사태를 통해 촉발된 전 지구적 금융위기는 어떻게 일반 대중에 금융시장의 주요 행위자로 등장했는지를 살펴보려는 대중투자사회의 등장으로 관심을 돌렸다. 특히 지난 세기 대중이 도박과 투기라는 문화적 가정을 극복하고 주식시장에 참여했을 뿐만 아니라 적극적인 활동을 통해서 시장을 만들어나가게 된 과정을 통해 투자자라는 정체성의 역사적 구성 과정을 살펴보고 있다. 예를 들어 오트(J. Ott)는 제1차 세계대전을 거치면서 미국 대중이 월가에 금융 거래자로 참여하게 된 정치적 요인들을 파악했다.[010] 유럽의 전쟁에 참여하게 된 연방 정부는 막대한 비용 마련을 위해 미국인들의 애국심을 자극하는 리버티 채권(Liberty Bond)를 발행했다. 이 채권의 성공을 통해 수많은 미국인들의 경제적 운명은 미국 정부의 그것과 연결될 수밖에 없었고 동시에 대중은 자신을 투자자로 자리매김하기 시작했다. 또한 그녀는 도박과 투기의 장으로 대중의 의심과 비난을 받아왔던 뉴욕주식거래소(New York Stock Exchange)가 대중의 투자자 민주주의라는 정치적 요구 앞에 주식시장을 "자유롭고 열려있는 인민의 시장(Free and Open People's Market)"으로 자리매김하려는 적극적인 홍보 전략을 그려냈다.[011] 대중투자사회에 관한 또 다른 연구로는 하이네만(K. Heineman)을 들 수 있는데, 그는 어떻게 영국 대중의 담론과 투자 전략을 통해 주식시장을 '놀이터'라는 일상의 공간으로 전유한 모습들을 제시하였다.[012]

미국의 경우, 20세기 초 대중투자사회(mass investment society)의 등장은 주식과 주식시장에 관한 과학적 지식체계의 등장으로 이어졌다. '타인의 돈(other people's money)'을 관리하는 자산관리인(money manager)이라는 전문직군이 뉴욕주식거래소(New York Stock Exchange)의 주요 플레이어로 등장했고, 수탁자(fiduciary)로서 자산 운용 전략의 타당성을 설명해야만 했기 때문이다. 자치규약인 버튼우드 협약(Buttonwood Agreement)을 갖고 있었지만 속임수와 사기와 도박 및 투기로 가득 차 있다는 대중의 시선 또한 정당한 투자 이론의 등장을 재촉한 사회·문화적 배경으로 살펴볼 수 있을 것이다.

한편, 오늘날 주식시장 현장에서 권위를 인정받으면서 응용되고 있는 투자 전략은 크게 세 가지를 들 수 있다. 과거의 주가변동을 기록한 차트(chart)를 통해 그 추세를 파악하고 미래를 예측하는 기술적 분석(technical analysis), 투자의 귀재라 불리는 버핏(W. Buffett)처럼 치밀한 재무 분석을 통해 저평가된 기업의 주식을 매수하는 증권분석(security analysis), 그리고 금융경제학의 성과를 응용한 랜덤워크(random walk)가 그것들이다. 흥미롭게도 이들은 주식시장과 주가변동에 대한 상이한 가정에서부터 출발하고 있으며, 무엇보다도 '투자자가 평균 이상의 수익을 거둘 수 있는가?'라는 문제를 두고 엇갈린 답변을 내놓고 있다.[013] 앞의 두 '분석'은 투자자의 능력에 따라 시장을 이길 수 있다는, '아웃퍼폼(outperform)'의

가능성을 믿는 반면, 금융경제학은 '시장을 이길 수 없다'고 확신한다. 이미 시장의 정보가 가격에 반영되어 있기 때문에 전문 자산관리인의 능력이 중요하지 않기 때문이다.

투자의 역사는 주로 현장에서 활동했던 투자자 혹은 금융 언론인들을 중심으로 논의되어왔다. 미국 주식시장을 상징하는 월가의 경험을 소개해온 이들의 서사는 경험법칙(rule of thumbs)에 머물러 있던 투자이론이 학계의 이론을 수용하여 과학적 지위를 획득했다는 입장을 견지해왔다.[014] 반면 2008년 금융위기를 전후로 등장한 연구들은 선행연구의 선형적 가정에 의문을 제기하였고 특정 이론이 지식 권력으로서 당대의 주류로 올라서게 된 배경에 주목한다.[015] 본 연구는 경제적 타당성보다는 사회·문화적 현상으로 시장을 바라보려는 금융의 사회적 연구에 따라 상이한 투자 전략들의 기원과 그 함의를 제시하고자 한다.[016] 즉 세 가지 투자 전략이 특정 시기 주식시장의 특성 그려내기를 반영하고 권위적인 금융 지식으로 '올바른 투자'를 규정했으며, 그에 따라 어떠한 자본 운영 방식을 옹호했는지를 살펴본다. 그리하여 통해 어떤 투자전략이 더 우월한가에 대한 '판단'보다는 각각을 주식시장에 대한 '담론'으로 바라볼 수 있는 가능성을 모색한다. 마지막으로 본 논문은 문서를 통해 직업적 정체성을 구성해온 자산관리인의 경험을 고려하여 각 시기 주식투자 관련 출판물에 주목한다.[017]

## 2. 차트로 읽는 주식시장 — 주가의 추세와 기술적 분석

19세기 말 기술 발전은 주식시장에 대한 지식체계를 갖춘 '과학적' 투자기법의 등장을 이끈 전환점이었다. 기술적 분석가들을 지칭하는 차티스트(chartist)

가 도박꾼과 투기꾼이라는 도덕적 오명을 벗고 정당한 전문직(profession)으로 성장하게 된 과정을 연구한 프레다(A. Preda)에 따르면, 모사 전송기인 팬텔레그래프(pantelegraph)의 발명이 새로운 투자기법의 초석을 마련했다. 1865년 파리 증권거래소(Paris Bourse)에 처음 설치된 이 기계는 테이프 위에 가격 변화를 실시간으로 기록했고, 전신망에 연결되면서 주가 정보를 거래소 밖으로 전달했다.[018] 일반대중이 주가 정보에 접근할 수 있는 길이 열리자, 그들의 주식시장 참여를 가로막아왔던 정보 비대칭성(asymmetry)과 높은 거래비용 문제가 해결될 수 있었다.

1867년 미국전신회사(American Telegraph Company)가 팬텔레그래프를 토대로 주식 시세 표시기(stock tricker)를 발명했다. 뉴욕증권거래소(New York Stock Exchange)의 주식 가격 및 거래량을 실시간으로 전달한 새로운 발명품은 큰 인기를 얻었는데, 전국적인 전신망을 운영했던 웨스턴 유니언(Western Union)사는 1886년경 2,200여 대의 표시기가 미 전역에 보급되었다고 추산했다. 1889년 뉴욕의 어느 증권 브로커는 표시기 때문에 수많은 사람들이 주식시장으로 몰려들어 일상의 업무가 마비될 지경이라고 불평했다.[019] 정보의 축적은 새로운 사업 기회를 마련해주었다. 매사추세츠공과대학(Massachusetts Institute of Technology) 출신으로 증권회사에 근무하고 있던 뱁슨(R. Babson)은 1904년 증권 관련 데이터를 수집·분석하여 투자자들에게 제공하는 통계 회사를 설립했다.[020]

정보가 제공되는 방식은 시장 참여자들의 시장 읽기 방식을 새롭게 구성했다. 우선 증권사 업무에 변화가 찾아왔다. 뉴욕증권거래소에 걸린 주가표만 바라보았던 투자자들은 이제 증권사 사무실에 모여 테이프를 읽고, 차트를 그려가면서 주문을 내렸다. 표시기가 정보를 찍어내는 리듬에 따라 시각(時刻)과 주가를 각각 가로축과 세로축에 놓은 주가차트는 시장변화를 이차원의 공간에서 재현했다. 이러한 주가변동의 시각화는 '차트 읽기'라는, 과거의 흐름을

근거로 오늘의 추세를 파악하고, 미래의 주가변동을 예측하는 기술적 분석의 출발점이었다.[021]

하지만 새로운 기법이 영향력있는 금융지식으로 인정받기 위해서는 이론의 체계화 및 재생산이 필요했다. 미국에서 가장 권위 있는 경제지 『월스트리트저널(Wall Street Journal)』을 창간한 다우(C. Dow)가 이러한 차트읽기의 초석을 마련했다. 보수적인 자산운용의 전통이 남아 있는 뉴잉글랜드(New England) 지역 출신이었던 그는 비밀스러운 속임수로 왜곡된 거래와 혼란으로 가득 차 있던 월가의 변화를 꾀했다. 그 해결책은 일반 대중이 쉽게 주식시장을 이해할 수 있는 길을 열어주는 것이었다. 동료 존스(E. Jones)와 함께 주식시장을 대표하는 주요 주식 가격의 평균치를 계산하여 시장의 "전반적 정서"를 보여준 다우-존스 산업지수(Dow Jones Industrial Index)를 산출하는 것이 그 출발점이었다.[022] 『월스트리트저널』의 지면을 통해 소개된 일간, 주간 및 월간 단위의 평균 가격 및 그 변동에 관한 다우의 이론은 경제적 조건과 투자자들의 정서(sentiment)를 고려하여 시장 추세를 파악하는 전반적인 논증 구조와 더불어 "미래 예측"의 기법을 일반 대중에게 제시했다.[023] 다우가 발판을 마련한 기술적 분석의 초기 논의는 1907년에 창간된 잡지 『표시기(Ticker)』에서도 계속되었다.[024]

1902년 사망한 다우를 뒤이어 『월스트리트저널』의 편집장 해밀턴(P. Hamilton) 또한 지면을 통해 다우의 주식 분석론을 재생산했다. 대중적 성공을 거둔 1922년작 『주식시장 바로미터(The Stock market barometer)』에서 그는 "주가 등락의 기저에는 반드시 시장 전반을 지배하는 추세라는 게 존재한다"는, 이른바 '다우 이론(Dow theory)'을 정립했다.[025] 1929년 주식 대폭락으로부터 살아남았던 월가의 투자자 레아(R. Rhea) 또한 "다우 이론이 주식시장의 흐름을 예측하는 데 매우 합리적이며 확실한 수단"이라 믿었고, 1932년 또 다른 이론서를 발표했다.[026] 프레다는 이러한 이론서들에 등장하는 전문용어(jargon)의 역할에 주목한다. 차티스트들이 의도적으로 발명한 주가 흐름에 관한 용어들은 기술적 분석이 전문적 기법이라는 인식을 심어주었기 때문이다.[027] 대표적으로는 오늘날에도 사용하고 있는 '이중바닥(double bottom)', '저항선(point of resistance)', '추세선(trend line)' 등을 들 수 있다.

한편 주가 정보의 대중화 및 기술적 분석의 이론화는 미국의 대중투자사회로의 진입과 맞물려 있었다. 1900년부터 1922년까지 일정 수준의 소득을 확보할 수 있었던 중산층과 근로계급(wage-earning class)을 중심으로 미국의 주식보유자 수는 440만에서 1,440만 명으로 늘어났다.[028] 여유자금을 갖고 있던 중산층은 고객의 자금을 한데 묶어 큰 자본을 운용한 뮤추얼 펀드(mutual fund)를 통해 더욱 쉽게 월가로 진입했다.[029] 이에 발맞춰 1920년대 뉴욕주식거래소는 자신을 독점자본주의의 총아(minion)라고 비난해온 혁신주의자들의 정치적 공세에 맞서 인민의 보편적 주식소유라는 주주 민주주의(shareholder democracy) 이념을 제시했다. 그에 따라 월가는 주식시장이 정치적 자유, 경제적 보장(security) 및 안정적인 자본주의의 발전을 도모할 수 있는 "자유롭고 열려 있는 인민의 시장"이라고 주장하는 선전활동을 펼쳤다.[030]

당시 미국의 경제적 상황 또한 더 많은 일반 대중을 주식시장으로 유혹했다. 제1차 세계대전의 결과 국력을 소진해버린 유럽과는 달리 미국은 전 세계의 채권국이었고, 전례없는 전후 호황을 맞이했다. 당연하게도 전 세계의 자본이 미국으로 흘러들어왔고, 시장에는 유동성이 넘쳐났다. 게다가 당시 일확천금을 노리는 사회적 분위기와 맞물리면서 '투기'에 관대한, 무모한 자본주의의 시대가 열렸다.[031] 1925년에 발표된 소설 『위대한 개츠비』에 등장한 월가의 채권 판매상 캐러웨이(N. Carraway)는 이른바 광란의 20년대(roaring twenties)의 모습을 대변했다.

투자 현장의 성공 경험담이 대중에게 주식시장을 통한 대박의 꿈을 자극했다. 리버모어(J. Livermore)라는 투자자의 이야기를 대표적인 사례로 들 수 있다. 14세의 나이로 월가에 뛰어든 그는 자신의 경험을 통해 주가 테이프가 미래의 주가를 예측할 수 있는 "망원경"이라고 확신했다.[032] 차트읽기를 통해 투자 대중의 심리를 이용한 그의 추세투자는 "가격의 등락에 의해 수익을 얻는" 기술적 분석을 실천한 구체적 사례였다.[033] 그의 삶을 논픽션 형식으로 펴낸 『어느 주식투자자의 회상(Reminiscences of a stock operator)』에 소개된 그의 '투자' 경험담은 수많은 대중들을 월가로 유혹했다.

모두가 일확천금을 노리지만, 여전히 불확실성으로 가득 찬 주식시장에서 기술적 분석은 하나의 길을 제시해주는 금융지식으로 올라섰다. 이론적 핵심은 주기 변동의 규칙성이었다. 차트읽기는 주가가 밀물과 썰물처럼 상승과 하락이라는 변화를 반복한다고 가정했다. 그렇기에 주가는 특정한 조건과 맥락 등에 의해서 결정되는 것이 아니라 "관성의 힘"처럼 그 스스로가 주기적인 특징을 갖는다고 주장할 수 있었다.[034] 한국에서도 잘 알려진 차티스트 엘리어트 (R. L. Elliott) 또한 자신이 주창한 파동 이론에서 주가의 흐름이 자연법칙처럼 일정한 패턴으로 반복된다는 강한 순환론을 주장했다.[035]

그렇다면 기술적 분석이 전제하는 주식시장에서 수익을 달성할 수 있는 방식은 무엇인가? 대중보다 한발 앞서서, 즉 그들의 매수·매도 심리를 역이용해서 수익을 거두는 것이다. 다우는 기술적 분석의 전략을 "어떤 자산을 다른 사람이 전부 팔려고 할 때가 매수하기 좋을 때고, 다른 사람들이 전부 사려고 할 때가 매도하기에 적기"라고 정리했다. 어느 정도 세력이 주가를 좌우하는 상황에서 "대중들은 세력이 팔고자 할 때 매수하고, 세력이 사고자 할 때 매도"하기 때문이다.[036] "엘리베이터 보이와 구두닦이 소년이 주식시장의 상승세에 관해 이야기할 때는 일단 보유 주식을 모두 팔고 낚시나 가야 할 시점이 된 것"이라는 월가의 금언은 대중심리를 역이용하려는 기술적 분석의 입장을 따른

것이다.[037]

오늘날에 견주어볼 때 기술적 분석의 추세매매는 흥미로운 투자관을 보여준다. 우선 순환론은 특정 종목이나 산업의 주식 구매에 무관심하다. 차트에서 드러나는 등락을 파악하고 단기매매를 통해 차익을 거두는 것이 가장 중요하기 때문이다. 그렇기에 불손한 세력의 주가조작에도 큰 의미를 부여하지 않는다. 오히려 내부거래를 해당 주식의 강세를 알려주는 지표로 활용한다.[038] 또한 기술적 분석가들은 오늘날 큰 손실을 막기 위한 전략인 분산에 큰 의미를 두지 않는다. 위대한 투자자는 차트읽기를 통해서 대중심리를 이길 수 있기 때문에 위험을 회피하려는 분산은 "스스로 무엇을 해야 할지 모르며, 평균 수준의 수익률이면 최선이라는 점을 스스로 인정하는 것"이기 때문이다. 오히려 기술적 분석은 집중 투자를 통해 "당신이 가진 계란 전부를 한 바구니에 담은 뒤 그 바구니를 최선을 다해 지키는 게 가장 안전한 방법"이라거 믿었다.[039]

또한 투기를 "위험을 안고 투자"하는 것으로 정의한 차티스트들은, 그것이 미래의 예측가능성에 의지하고 있다는 점에서 "많은 노력"이 들어가는 "하나의 사업"이라고 긍정했다. 비록 "가끔은 도덕성이라는 문제가 제기되기도 하지만", 민간 자본이 주도한 19세기 말 미국 자본주의 발전의 역사적 경험을 근거 삼아 "주식 투기는 문명화한 국가의 경제 발전에 절대적으로 필요한 요소"라고도 옹호했다.[040] 특히 모험 산업(venture industry)의 경우 투기는 대규모 자금을 유치할 수 있는 주요 동인이었다. 해밀턴은 다음과 같이 투기를 기술적 분석의 투자 전략에 포함시켰다. "주식시장에서 투기를 하는 행위 자체가 앞으로 경기 전반이 더욱 활기를 띨 것이라는 확신을 심어준다."[041]

## 3. 미스터 마켓과 내재가치 — 증권분석과 보통주

1920년대의 낙관론은 사기와 도박이라는 오명으로 얼룩진 금융 활동 (practice)의 인식 개선과 더불어 투기마저도 기술혁신과 경제성장에 도움을 줄 수 있다는 논의에 힘을 실어주었다.[042] 하지만 1929년 대폭락은 모든 것을 물거품으로 만들었다. 당시 뉴욕증권거래소를 방문 중이었던 영국의 정치가 처칠(W. Churchill)이 목격한 어느 투자자의 투신자살은 월가와 자산관리인들이 그동안 쌓아놓은 명성과 권위의 몰락을 상징적으로 보여주었다.[043] 뒤이은 대공황 시기 대중은 금융업계의 추문에 분노했다. 연방의회의 페코라위원회(Pecora Commission)는 금융업계의 전반적인 문제점들을 들춰냈고, 조사 결과서는 이후 금융 산업계 전반에 관한 규제논의의 초석을 마련했다. 뉴딜(New Deal) 행정부는 또한 법률 및 제도 개선을 통해 정치적 압박 해소를 꾀했다.[044]

증권시장에 관한 뉴딜 개혁의 이정표는 기업 정보공개(public disclosure)였다. 루즈벨트(F. D. Roosevelt) 대통령의 정책을 자문했던 법률가와 대학교수들로 구성된 브레인 트러스트(brain trust)의 일원이었던 벌(A. Berle)과 민스(G. Means)는 1932년에 발표한 『현대기업과 사유재산』에서 주식회사의 등장에 따른 소유권과 경영권의 모순적인 분리 문제를 지적했다. 전문경영진이 관리 및 운영을 전담하게 되면서 기업의 소유자라 할 수 있는 주주들의 영향력이 약화되었기 때문이다. 이러한 문제 해결을 위해 두 저자는 기업의 모든 정보 공개를 요구했다. 주식 가격이 기업에 대한 현재의 기대가치를 반영하고 있기에 주주들이 공개된 정보를 통해 경영진의 성과를 평가할 수 있다고 보았기 때문이다. 1933년 증권법(Securities Act of 1933)은 투명성에 대한 그들의 요구를 수용했고 주식거래소 상장 기업의 정보공개를 의무화했다. 이듬해 제정된 증권거래법(Securities Exchange Act of 1934)을 통해서 증권거래위원회가 설립되었다.[045]

한편, 1929년 대폭락 이후 미국 대중은 금융시장에 대한 모든 "낭만과 과학적 확신"을 믿지 않게 되었다.[046] 모든 형태의 금융자산에 대한 기대 또한 사라졌다. 주가변동 예측을 통해 수익을 노린 추세매매와 기술적 분석은 대중을 기만한 투기라는 비난을 면치 못했다. 영국의 경제학자 케인즈(J. M. Keynes)는 당시 월가의 주식시장을 "미인대회"에 비유했다. 진정한 아름다움보다는 평가단이 평균적으로 선호하는 후보를 뽑는 대회처럼, "미국인이 투자물을 매입할 때 그는 그 투자물의 예상수익에 희망을 거는 것이 아니라 관성적인 평가의 기초가 유리하게 변화할 것에 희망"을 걸기 때문이다.[047] 그렇다면 대중심리를 활용한 단기매매 전략은 기업의 가치가 아닌 단기적 변동에 돈을 거는 투기가 된다.

케인즈가 더욱 우려한 것은 기술적 분석이 갖고 있는 거시 경제적 함의였다. 추세매매는 가격변동에 민감한데, 대중심리가 크게 출렁인다면 해당 주식에 대한 '단타 매매'가 늘어나고 그 결과 주가 또한 큰 폭으로 흔들린다. 높은 변동성 때문에 주가의 장기적 전망이 어려워진다면 주식시장을 통한 기업의 안정적 자금 확보가 어려워진다. 투자자에게 변동성은 불확실성을 의미하기 때문이다. 그렇다면 기업들은 "투기의 소용돌이 속의 포말(bubble)"이 될 뿐이고, 월가는 국가 사업 및 경제 발전에 부정적 영향을 끼치게 될 것이라고 케인즈는 경고했다. 게다가 불황으로 유효수요 창출이 어려웠던 대공황 시기 그의 주식시장론은 정치적 당위성까지 얻을 수 있었다.

1920년대 투자자로서 쓰라린 실패를 경험했던 케인즈는 기술적 분석 대신 냉철한 분석을 통한 기업가치 분석에 주목했다.[048] 흥미롭게도 당시 월가에서도 대폭락을 분기점으로 케인즈의 견해를 공유한 전문가들이 있었다. 1910년부터 월가에 몸담았던 그레이엄(B. Graham)이 대표적 인물이었다. 기업의 안정적 재무구조와 장기적 수익성에 기초한 그의 주식 평가론은 1934년 『증권분석』이라는 교과서를 통해 체계적인 전략으로 소개되었다.[049] 또한 그는 뉴욕의 콜롬

비아대학(Columbia University)에서 자신의 이론을 꾸준히 강의하면서 수많은 전문 투자자들을 배출했는데, 여기에는 버핏(W. Buffett)도 포함되어 있다. 1949년에 발표한 대중투자서 『현명한 투자자』에서 그는 증권분석의 투자론과 주식시장관을 제시한다.[050]

"투기, (…) 투자, 투자은행과 대중과의 관계, 그리고 금융에서 인간 본성의 요소"를 연구해온 증권분석은 미래 발전 가능성을 기준으로 주식을 선택한다.[054] 물론 누구도 미래를 예측할 수 없다. 하지만 그레이엄은 거래소를 통해 확보할 수 있는 정보를 가지고 주식을 발행하는 기업의 자본구조를 분석하고 미래수익, 배당금 및 자본가격과 비교하여 해당 증권의 내재가치(intrinsic value)를 파악하고자 했다.[052] 시장에서 주식이 거래되는 '가격'과 대비되는 이 개념은 둘 사이의 괴리를 전제한다. 그리고 정보를 치밀하게 처리하여 시장에서 원래 가치보다 저평가된 기업의 주식을 찾는 것이 증권분석이 정의한 투자였다.

그렇다면 내재가치와 시장가격의 괴리는 어떻게 설명할 수 있는가? 증권분석은 대중심리를 비롯한 다양한 요소들이 기업의 가치에 대한 정확한 인식을 방해한다고 설명한다. 케인즈의 미인대회처럼 그레이엄 또한 주식시장을 수많은 사람들의 "이성과 감성이 반반씩 들어간 산물로 개인들의 선택을 등재하는" 투표기로 보았기 때문이다. 『현명한 투자자』에서 그가 제시한 미스터 마켓(Mr. Market)이라는 은유는 증권분석의 입장을 압축적으로 보여준다.

> 당신의 파트너인 미스터 마켓은 사실 매우 친절하다. 매일 주식의 가치 변화를 얘기해주고 어느 정도 수준이면 투자자의 지분을 사고, 추가로 주식을 팔겠다는 제안을 해온다. 그의 가치평가는 투자 기업의 실적 등과 견주어보면 적절하다고 판단되기도 하지만, 그 친구가 너무 들뜨거나 혹은 두려움에 젖어 있어 가치평가가 어리석다고 느껴질 때도 있다.[053]

이러한 주식시장 그려내기를 바탕으로 증권분석은 "대중의 흐름에 따르는 인간 본성에 저항하는 능력을 개발하여 자신의 감정이 대중심리에 현혹되는 일이 없도록 해야 한다"는 냉철한 투자자의 모습을 제시했다.[054] 대중의 심리가 가격을 구성한다는 인식을 공유했지만 그것을 해소하여 '시장을 이길 수 있는' 전략을 제시했다는 점에서 증권분석은 기술적 분석과 갈라선다. 전자의 입장에서 심리를 쫓아 수익을 얻는 것은 시상을 구성하는 투자자 자신을 이길 수 있다는 자기 모순적 상황일 뿐이었다.[055]

대붕괴 이후의 시장 상황에서 증권분석이 보여준 가치 계산 가능성은 투자 대중이 보통주(common market)로 관심을 돌리는 계기를 마련했다. 주가 붕괴로 인해 보수적인 투자자들이 보유해왔던 채권과 우선주(preferred stock)에 대한 확신이 낮아졌을 뿐만 아니라 값싼 우량주들이 시장에 쏟아져 나왔기 때문이다. 또한 1930년대 대공황 이후 연방정부의 경제 개입은 보통주를 더욱 매력적인 자산군으로 만들었다. 안정적인 신용 조달을 목적으로 통화량 공급이 늘어나면서 발생한 인플레이션이 채권의 가치를 위협했기 때문이다.[056] 물론 보통주가 구매력 하락의 완벽한 방어책은 아닐 것이다. 하지만 그레이엄은 "(보통주의) 배당금과 평균 시장 가치가 인플레이션의 힘 때문에 올라갈 것이라고 기대할 수 있는 건전한 이론적 기반"이 있다고 확신했다.[057]

보통주 구매에 집중한 증권분석은 추세매매와는 달리 분산의 필요성을 인정했다. 높은 수익을 위해 보통주를 구매한다면 그만큼의 위험을 안게 되는 것이기 때문에 안정적인 포트폴리오를 구성하기 위해서라면 상위 등급의 채권을 보유하여 손실의 가능성을 낮출 필요가 있기 때문이다. 하지만 현실적으로 모든 기업의 내재가치를 파악할 수 없기에 증권분석은 과도한 분산을 경계했다. 시간과 노력의 낭비일 뿐이었다.

한편, 내재가치와 보통주 구매라는 증권분석은 미래 발전과 수익 가능성이 높은 주식을 의미하는 '성장주(growth stock)' 구매 전략의 등장으로 이어졌다. 그레이엄과 더불어 버핏의 또 다른 스승으로 알려진 증권분석가 피셔(P. Fisher)가 1958년 『위대한 기업에 투자하라(Common stocks and uncommon profits)』에서 제시한 이 개념은 재무와 회계라는 양적 분석에 경영진의 의지나 조직, 노사관계 및 장기적 전망 등과 같은 질적 특성들을 투자 결정에 포함시켰다.[058] 자신의 이론에 따라 피셔는 통신업이 발전할 것이라고 판단했고 1955년 통신장비 제조사인 모토롤라(Motorla)사의 주식을 매입하여 평생 보유했다. 버핏이 애플(Apple), 비자(Visa)카드사처럼 경기의 흐름을 타지 않으면서 안정적인 배당금을 지급하는 우량기업의 주식을 구매하고 보유하는 '바이앤홀드(buy and hold)' 전략을 구사하는 것을 성장주 전략의 사례로 들 수 있다. 게다가 1950년대 전후 호황 속에서 성장주 전략은 월가의 금융자본이 장기적으로 메인스트리트(Main Street, 미국 산업계를 의미하는 용어)로 전달된다는, 투기적 자본이 일자리를 만들어낼 수 있는 생산의 영역으로 투입된다는 주장을 펼칠 수 있는 근거를 마련했다. 이제 월가는 대폭락으로 인해 얻었던 '투기의 장'이라는 대중의 오명을 씻어낼 기회를 얻었다.

1930년대를 거치면서 증권분석은 영향력있는 투자전략으로 성장한다. 수많은 그레이엄의 학생들이 월가로 진출하면서 그의 이론을 현장에 도입했다. 1937년 뉴욕증권분석가협회(New York Society of Security Analysts)가 결성되었고 1945년에는 협회의 전문지 『애널리스트 저널(The Analysts Journal)』이 발행되었다.[059] 협회와 잡지는 증권분석가들을 위한 교류의 장이자, 직업적 정체성의 형성과 유지에 기여했다. 1955년 그레이엄은 연방의회 상원 청문회에 출석하여 월가의 목소리를 대변하기도 했다. 이러한 과정을 거치면서 다소간 위험한 자산으로 분류되어온 보통주는 점차 합법적 투자자산군의 지위를 획득하게 된다.[060]

1960년대 미국 주식시장은 대폭락 이후 최고의 강세장인 이른바 "신나는 시기(Go-Go years)"를 맞이했다.[061] 1920년대처럼 시장에는 낙관론이 우세했고, 주식 거래량이 크게 늘어났다. 자산관리인들은 안정적인 주요 우량주인 니프티 피프티(Nifty Fifty)를 매매했다. 평균 이상의 실적을 기록하는 것이 당연하다는 문화가 자리 잡았다. 가격 하락에 대한 부담이 적었기에 기술적 분석 또한 월가로 돌아왔다.[062] 아담 스미스(Adam Smith)라는 가명을 쓴 어느 금융 언론인은 당대의 분위기를 다음과 같이 전했다. "우리는 실적의 시대에 살고 있다. 실적은 다름이 아니라 당신의 포트폴리오가 다른 사람보다 높은 수익을 내는 것이다."[063] 차트읽기와 증권분석 모두 시장을 이길 수 있다는 당대의 믿음을 반영했고, 실천에 옮겼다.


## 4. 시장을 이길 수 없다 ― 랜덤워크와 인덱스 펀드

1960년대의 강세장을 뒤이은 것은 대공황 이후 최악의 주가하락과 함께 시작한 1970년의 약세장이었다. "상당한 기간 동안 지속적으로 평균적인 수익률 이상을 달성"하는 것을 약속했던 '슈퍼스타' 자산관리인들은 너무나도 쉽게 몰락했다.[064] 한편 주식시장에서는 막대한 자산을 거느리고 있는 기관투자자(institutional investor)들이 큰손으로 성장했다. 특히 장기적이고 안정적인 수익 확보가 중요했던 민간 연기금은 실적주의의 실패에 커다란 불안감을 느끼고 있었다. 여전히 다수가 실적주의를 고수했지만 일부 전문가들은 고객의 요구를 만족시킬 수 있는 대안을 찾아 나섰다.

프린스턴대학 출신 경제학자 말킬(B. G. Malkiel)은 1973년에 발표한 『랜덤워크(Random walk)』에서 그 요구에 답했다. 그는 기성세대의 기술적 분석과 증권분석 모두를 부정하고 "원숭이가 눈을 가리고 주식 목록을 향해 다트를 던져서 종목을 선택해도 전문 펀드매니저만큼 실적을 올릴 수 있다"는, 누구도 결코 시장을 이길 수 없다는 새로운 패러다임을 제시했다.[065] 아웃퍼폼의 가능성을 차단한다는 점에서 랜덤워크는 투자자가 적극적으로 대중심리를 이용하고 저평가된 주식을 찾는 '능동적(active)' 투자와 대척점에 서 있는 '수동적(passive)' 전략을 의미했다. 또한 랜덤워크라는 지식이 생산된 방식 또한 능동적 전략과 달랐다. 기술적 분석 및 증권분석이 현장의 경험과 실천에서 출발했다면, 새로운 이론은 "주가의 움직임은 우연의 산물"이라고 주장해온 사회과학 연구의 학술적 권위에 기대고 있었다.[066] 말킬이 응용한 금융경제학 이론은 '효율적 시장 가설(Efficient Market Hypothesis)'과 '현대 포트폴리오 이론(Modern Portfolio Theory)'이었다.[067]

우선 주가변동에 대한 수학 및 통계학 연구를 이론화한 '효율적 시장 가설'은 주식시장은 매우 효율적이기 때문에 모든 정보가 주가에 '이미' 반영되어 있다고 주장한다. 금융경제학의 정전적(canonical) 역사서술은 랜덤워크의 기원을 프랑스 수학자 바실리에(L. Bachelier)로부터 찾고 있으나, 미국에서 주가변동에 관한 학문적 연구는 1932년에 설립된 코울스위원회(Cowles Commission)로 거슬러 올라갈 수 있다.[068] '추측'에 기댄 현장의 주가예측에 실망한 사업가 코울스 3세(A. C. Cowles III)가 설립한 민간 연구기관은 계량경제학을 토대로 주가가격의 예측 가능성을 본격적으로 연구했다. 또한 1950년대부터 위원회가 자리 잡았던 시카고대학(University of Chicago)의 경영전문대학원 소속의 증권가격연구소(Center for Research in Security Prices)에서도 주가변동 연구를 진행했다.

1960년 월가 금융회사들의 지원을 받아 설립된 증권가격연구소는 1926년부터 1960년까지 뉴욕증권거래소에 상장되었던 모든 주식의 가격변동을 정리하는 등의 통계 연구에 집중했고 주가의 흐름에 일정한 패턴이 존재하지 않으며, 안정적으로 시장 평균을 뛰어넘는 수익 창출은 불가능하다고 결론 내렸다. 현장을 거스르는 연구 결과는 연구소가 주최하는 유료 세미나에 참가하는 은행과 보험사 및 자산운용사들을 통해 전파되었다. 또한 연구소를 이론적으로 이끌었던 파마(E. F. Fama)는 모든 정보가 가격에 반영되어 있기 때문에 투자자는 결코 시장보다 뛰어난 수익을 거둘 수 없다는 강형 효율적 시장 이론을 『파이낸셜 애널리스트 저널』에 발표하여 월가의 큰 반향을 불러일으켰다.[069] 자신들의 존재 가능성을 부정한 상아탑의 목소리에 현장의 자산운용가들은 크게 불평했지만, 정교하게 처리된 통계자료를 반박하기란 쉽지 않았다. 『랜덤워크』에서 말킬은 기술적 분석이 "통계적 환상"일 뿐이며 "점성술과 비슷하며, 딱 그만큼 과학적이다"라고 일축했다.[070]

"미래 흐름을 예측하기 위해 먼저 과거 동향"을 살피는 증권분석은 다양한 정보와 지표를 처리한다는 점에서 스스로를 추세매매와 구분해왔다.[071] 하지만 랜덤워크는 증권분석 또한 신뢰하지 않는다. 미래는 무작위로 움직이기 때문에 과거 기록에 의존하는 "단순한 연장"만으로는 수익을 보장할 수 없기 때문이다. 말킬에게 "여러 학자의 연구로 확인"된 증권분석의 예측 또한 "점성술만큼만 과학적인 것"이었다.[072] 증권분석가들 또한 크게 반발했다. 가격과 내재가치의 차이를 인정하지 않는 랜덤워크는 자신들의 직업적 존재이유를 부정했기 때문이다. 꾸준히 평균 이상의 수익을 달성해온 밸류라인(Value Line)과 같은 사례가 존재했지만 랜덤워크는 증권분석의 성공담을 '예외적'인 현상으로 취급하거나 장기적으로는 시장 평균에 수렴하게 될 것이라고 폄하했다.[073]

'시장'을 뛰어넘을 수 없다면 투자자는 어떠한 전략을 취해야 하는가? 랜덤워크는 현대 포트폴리오 이론이 제시한 '합리적' 투자론으로 시선을 돌렸다. 마코위츠(H. Markowitz)가 1952년 논문 「포트폴리오 선택」에서 소개한 자산구성 방식은 분산이 "최소한의 위험"과 "지속적인 수익"이라는 목적달성에 "가장 합리적인 전략"이라는 격언에 대한 "수학적 증거"를 제시했다.[074] 전시 계획경제의 경험을 바탕으로 제한된 자원의 최적배치(optimal allocation) 방식을 연구해온 운용과학(Operation Research)의 성과를 주식시장에 적용한 이 이론은 다음과 같은 새로운 가정에서부터 출발한다. '시장'이라는 절대적인 한계가 존재하기 때문에 투자자는 최적화 전략을 통해 시장 평균에 가장 가까운 수익을 취할 수밖에 없다. 그렇다면 수익 추구가 아니라 위험회피(risk adverse)가 핵심적인 전제로 등장한다. 그렇다면 그 혹은 그녀는 "바람직한 기대수익(expected return), *그리고* 바람직하지 못한 수익의 변동(variance of return)"을 원칙으로 다양한 종류의 자산들을 배치하여 포트폴리오를 구성해야만 한다.[075]

복잡한 수학공식을 사용하여 새로운 이론을 '증명'한 마코위츠의 논문은 현장의 투자자들을 난처하게 만들었다. 대신 말킬은 다음의 사례를 제시하였다. 날씨에 영향을 받는 리조트와 우산 제작업체라는 두 기업만이 존재하는 '가상'의 세계를 상상해보자. 우기에는 전자가 사업실적이 낮으며 후자가 수익을 얻을 것이다. 반면 건기에는 정반대의 결과를 얻는다. 우기와 건기의 기간이 동일하다는 가정을 추가할 때, 투자자는 기후에 따라 극명하게 갈리는 두 기업의 주식을 어떻게 매매해야 하는가? 해답은 분산이다. "날씨가 어떻든 (…) 어떤 상황이 벌어지든" 투자자는 확실한 수익을 얻을 수 있기 때문이다. 즉, "전체 경제 속에서 개별 기업의 수익이 동일한 방향으로 움직이지 않는 한, 투자자는 분산 투자를 통해 어느 정도 위험을 낮출 수 있다."[076]

이 논리를 증권시장 전체로 확장한다면, 투자자가 선택할 수 있는 최선은 수익의 상관관계가 낮은 주식들을 구매하는 분산 전략이다. 하지만 시장이라는 절대적 한계 때문에 분산으로도 제거할 수 있는 체계적 위험(systemic risk)을 피할 수는 없을 것이다. "모든 주식이 어느 정도 함께 움직이기 때문이다."[077] 현대 포트폴리오 이론은 개별 주식이나 포트폴리오가 시장과의 관계에서 드러내는 위험을 베타($\beta$)라는 용어로, 시장과는 무관하게 개별 기업이 보여주는 비체계적 위험을 알파($\alpha$)로 개념화했다. 이러한 틀에서 분산은 보유종목을 늘려서 알

파를 줄이는 전략으로 재구성된다.

이 지점에서 현대 포트폴리오 이론의 중요한 함의를 찾을 수 있다. 우선 위에서 언급한 연구기관들이 축적해온 과거의 데이터를 바탕으로 알파와 베타를 '측정'할 수 있기 때문에, 자산관리인들을 '평가'하고 '규율'할 수 있는 도구가 주어졌다. 랜덤워크 실증연구는 개별 주식 뽑기(stock-picking)의 베타를 계산했고, 우량주의 베타가 높았음을 보여주었다.[078] 본질적으로 리스크가 크기 때문에 수익이 높았다는 분석은 증권분석가들의 당위성을 부정하기에 충분했다. 월가에는 이미 1970년부터 '베타' 서비스가 등장하여 고객들에게 자신들이 고용하고 있는 수탁자를 평가할 수 있는 도구를 제공했다.[079]

베타의 또 다른 함의는 '투자' 가능한 자산을 새롭게 규정했다는 것이다. 현대 포트폴리오 이론은 개별 종목의 수익이 아니라 그것이 전체 시장과 갖는 관계에 집중한다. 안정적인 수익을 고려한다면 베타가 낮은 종목만을 선택할 것이다. 하지만 랜덤워크의 '합리적' 투자자는 주어진 리스크 수준에서 최적의 수익을 찾는 사람이다. 즉 분산 원칙에 따라 상이한 수준의 베타를 가진 종목들을 적절하게 조합해야 한다. 다각화 원칙을 따른다면 높은 베타를 가진 종목의 위험을 상쇄할 수 있는 낮은 베타 종목을 같은 포트폴리오에 포함시키는 전략을 도출할 수 있다. 이제 랜덤워크는 기존의 개별 주식 중심 전략에서는 불가능했던 파생상품과 같은 위험자산을 투자 가능한 등급으로 끌어올린다. 반대급부로 안전한 채권을 동일한 포트폴리오에 포함시키면 안정적인 베타 유지가 가능하다고 주장할 수 있기 때문이다.

효율적 시장 가설과 현대 포트폴리오 이론을 수용한 랜덤워크의 대안은 무엇인가? 즉 시장을 이길 수 없다는 새로운 투자 패러다임 아래에서 전문 자산관리인의 올바른 투자란 무엇인가? 말킬은 주식시장은 대중의 비이성적 판단이나 투표기가 아니라 그 자체로 완벽한 공간이기 때문에 시장을 따라가라고 조언했다. 즉, 주식시장에서 거래되고 있는 모든 주식을 그 비율만큼 사들이는 것이다. 이 전략이 현실적으로 불가능하다면 S&P(Standard and Poors) 500과 같은 주식시장 관련 지수에 등록되어 있는 주식들을 구매하는 방법을 추천했다. 『랜덤워크』에서 말킬은 다음과 같이 정리했다. "우리에게 필요한 것은 승자를 따라잡기 위해 이 주식 저 주식 갈아타는 펀드가 아니라 주식시장의 평균을 구성하는 수백 가지 주식을 광범위하게 매수하는, 그리고 판매 수수료가 없는 저비용 뮤추얼펀드다."[080]

특정 지수에 따라 시장 전체를 사들이는 전략은 현장에서 인덱스 펀드(index fund)로 등장했다. 사실 1971년 샌프란시스코에 본사를 둔 은행인 웰스파고(Wells Fargo)사가 유사한 상품을 샘소나이트(Samsonite)사 연기금에 판매했지만 월가의 관심을 받지 못했다. 『랜덤워크』 출판 전후인 1973~74년의 약세장이 전환점을 마련했다. 고객의 신뢰를 잃을 위험에 처했던 월가의 자산관리인들에게 수동적 전략은 매력적인 대안이었다. 1974년 전도유망한 자산운용가였던 보글(J. Bogle)이 선보인 인덱스 펀드를 통해 랜덤워크는 월가에 상륙했다. 현장의 거친 저항과는 달리 학계의 반응은 뜨거웠다. 노벨경제학상을 수상한 사무엘슨(P. A. Samuelson)은 실적주의 투자자(performer)의 안락사를 선언하면서 자신이 인덱스 펀드를 구매하겠다고 선언하기도 했다.[081] 수익에 대한 부담과 학계의 지지는 대기업 연기금의 가입 행렬로 이어졌다.

랜덤워크와 인덱스 펀드는 월가를 넘어선 흥미로운 변화를 불러일으켰다. "주식보유가 미국인들에게 일종의 연간 보증 임금(annual wage)"의 원천이 된 대중투자자사회에서 중산층과 노동자의 미래수익이 개별 종목의 수익보다는 지수가 대표하는 주식시장 전체의 등락과 연동되기 시작했다.[082] 미국 경제구조에서 주식시장의 중요성을 고려할 때 인덱스 펀드는 미국 경제계(Corporate America)와 노동자들을 직접적으로 연결하는 고리로 작동했다. 또한 현대 포트폴리오 이론의 다각화 전략에 따라 월가는 자신이 주무르고 있는 막대한 규모의 자본을 다양한 곳으로 이동시키고 '투자'할 수 있는 명분을 얻었다. 미국 최대의 공적연기금인 캘퍼스(Calpers)가 거리낌없이 영국의 주식시장에, 한국의 부동산시장에 투자할 수 있게 되었다. 이제 노동자와 국가경제, 그리고 전 세계의 자본시장이 하나로 엮일 수 있는 통로가 마련된 것이다.

## 5. 나가며

미국처럼 대중투자사회로 진입한 한국 사회에서도 수많은 개인 투자자들은 더 많은 수익을 거둘 수 있는 투자 기법을 찾고 있다. 이러한 욕망은 수익을 거둘 수 있는 종목을 찍어주면서 대중을 주식시장으로 유혹하고 있는 각종 경제 전문 방송과 온라인 매체를 통해서도 확인할 수 있다. 경험 혹은 교육을 근거 삼아 전문가를 자처하는 수많은 사람들은 '오늘의 시장'을 읽고 내일의 '올바른 종목을 선택'할 수 있는 '올바른 자산 관리' 방법에 대한 다양한 말들을 쏟아내고 있다. 성공한 투자자는 '구루(guru)'로 존경받고 삶의 스승을 자처하기도 한다. 정치인들 또한 코스피(KOSPI)와 같은 종합주가지수를 국가의 부(富)와 직결된 지표라고 여긴다. 반면, 주가에 부정적인 영향을 끼칠 수 있는 정책이나 규제는 정치적으로도 위험한 선택으로 보인다.

투자자의 입장에서 주식투자의 가장 중요한 목표는 불확실한 미래를 거스르고 지속적인 수익을 거두는 것이다. 20세기 주식 투자 전략은 평균 이상의 수익을 거둘 수 있는지를 두고 논쟁해왔다. 기술적 분석 및 증권분석은 대중심리를 활용하거나 주식의 현재가격 뒤에 숨겨진 내재가치를 파악하여 투자자를 기만하고 있는 시장을 이길 수 있다고 주장한 반면, 랜덤워크는 시장의 효율성을 근거로 그 모든 가능성을 부정했다. 오늘날까지도 두 입장은 충돌하고 있다. 하지만 수익을 거둘 수만 있다면 투자자들은 이 모든 방법들을 동시에 사용할 의지가 있다는 점 또한 밝혀두지 않을 수 없다.

본 논문은 시대적 배경 속에서 투자기법들이 등장하게 된 배경을 살펴보았다. 각각의 기법들은 주가의 구성요소들을 분석하고 주식시장을 바라보는 독특한 관점을 제시하였다. 또한 도박과 투기라는 도덕적 비난과 법률적 위험을 상대해야만 하는 자산운용가들이 자신의 방법론을 합리적인 혹은 과학적인 방법으로 구성하려는 노력들 또한 살펴보았다. 시장의 효율성이라는 믿음이 사라진 오늘날, 어느 특정 방식이나 이론을 지지할 수는 없을 것이다. 최종 승자를 파악하는 것은 미래의 일이거나, 통계적으로 어느 시점의 수익률을 계산하는가에 따라 달라질 수 있기 때문이다. 대신 본 연구는 각각의 투자기법을 주가와 주식시장, 나아가 국가경제에 대한 '담론'으로 살펴보고자 했다. 각각의 기법은 투자자의 세계관을 반영하는 데 그치는 것이 아니라 시장에서 자본이 어떻게 움직일 수 있는지를 보여주는 중요한 기준으로 작동해왔다. 과거에 대한 판단을 기준으로 현재의 경제적 실천 방식을 결정하고 신을 거스르고 미래에 대한 확신을 갖기 위해 시장참여자들이 만들어온 투자 담론은 금융자본주의의 작동 방식에 대한 다양한 논의들을 보여준다.

**김승우**

스웨덴 웁살라 대학 경제사학과 연구원. 20세기 후반 역외달러시장인 유로달러시장과 지구적 금융의 부활이라는 주제로 박사학위를 취득했다. 그 후 제네바국제연구대학원에서 '민주주의와 금융'이라는 주제로 남북한을 포함한 권위주의 정권과 국제금융과의 관계에 대한 연구를 마무리하였다. 최근에는 개발도상국들과 서유럽과 미국의 사회민주주의자들이 모색해온 전후국제통화체제에 관한 개혁 논의와 더불어 미국에서 신자유주의 정책이 연기금 운용 분야에서 실천되어온 사례에 관한 연구를 진행하고 있다. 주요 논저로 「국가의 양면성—영국 노동당 정부의 유로달러시장 조세 정책 연구, 1964~1970」, 「미국 신자유주의의 역사 만들기—시카고학파와 '램지어 사태'의 과거와 현재」, 'A brief encounter - North Korea in the Eurocurrency market, 1973-1980' (forthcoming) 등이 있다.

# 2

# 1920년대 플로리다 부동산 개발 붐과 과열 투기

# 1. 들어가는 말

이 글은 1920년대 중반 플로리다 부동산 거품이 형성된 과정과 붕괴된 원인을 다룬다. 19세기 말까지 거의 개발되지 않았던 땅 플로리다가 일약 지상낙원으로 선전되고 인기를 끌면서 엄청난 건설 붐이 일었고, 부동산 가격이 가파르게 상승했다. 부동산 벼락부자의 꿈에 이끌려 개발 예정지의 청사진만으로 프리미엄 붙인 거래가 오가며 단기간에 엄청난 거품을 발생시켰던 이 투기 붐은, 1926년 플로리다를 덮친 허리케인이 개발지들을 날려버리면서 극적으로 끝나버렸다. 흥행도 몰락도 너무나 급격하고 자극적으로 전개된 탓에, 플로리다 부동산 붐은 미국 역사상 전무후무한 최악의 투기 광풍으로 기억되어왔다.

지금까지 플로리다 부동산 거품과 붕괴를 다룬 연구서들은 1920년대라는 시기와 플로리다라는 장소가 특별한 투기 열풍을 불러일으키는 구성 요소가 되었다고 보았다. 전후 미국의 제조업 활성화와 경기 호황이라는 경제적 조건은 전국적인 부동산 붐을 초래했지만, 그중에서도 플로리다가 가장 두드러진 성장을 보였던 이유는 "선샤인 스테이트"의 따뜻한 기후와 아름다운 해변이라는 물리적 조건, 그리고 인구가 많은 북동부에 근접해 있다는 위치의 우월성 등이었다.[001]

대부분의 연구들은 그와 같은 기본적 조건을 배경으로 붐을 이끌었던 몇몇 인물의 행각에 집중한다. 이 선구자들이 어떻게 플로리다의 가치에 눈뜨고 일반인의 상상을 초월하는 사업을 시작했는지, 그리고 사업을 성공시키기 위해 얼마나 저돌적인 추진력을 발휘했는지 설명한다. 이런 연구들은 결국 그들이 남긴 유산, 즉 개발된 마을, 호텔, 주거단지 등을 중심으로 이 선구자들의 위업을 어느 정도 긍정적으로 평가하는 태도를 보인다.[002]

하지만 기존의 연구들이 설명해주지 못하는 몇 가지 문제가 있다. 첫 번째로, 플로리다에 사람들이 몰려든 것은 자연스런 과정이었나 하는 것이다. 어떤 과정을 통해 붐이 형성되고 플로리다가 전국적인 인기 투자처가 된 것일까? 또한 두 번째로, 이 거품이 터지고 많은 이들이 손해를 보게 된 책임은 누구에게 있는가? 허리케인에 모든 책임을 물을 수 있을까? 혹은 선전을 믿고, 또는 부동산 벼락부자의 꿈을 안고 투기바람에 몸을 실었던 사람들의 잘못일 뿐인가?

1920년대 플로리다에서 벌어진 투기 붐이 어떻게 시작되었고 열기를 더해 갔는지 알기 위해서는 투자 개발의 방식, 금리와 대출 등의 은행 관련 정부 정책을 고려해야 할 필요가 있다. 또한 타지의 평범한 사람들까지 플로리다로 끌고 온 홍보 및 광고의 성장이 어떻게 새로운 방식의 부동산 붐을 이끌었는지도 살펴야 한다. 이처럼 정치적·사회적 맥락을 고려하여 부동산 붐과 투기 열풍을 재구성하는 것이 이 글의 목표이다.

이 글은 플로리다 부동산 붐과 관련된 투자의 방식과 그 배경이 되는 정치적·사회적 환경의 상호작용을 분석할 것이다. 우선 2장에서는 플로리다에 대한 투자가 이루어지기 시작한 19세기 말부터 시작하여 리조트 호텔 개발과 교통망의 건설 등 개발의 초기 단계를 다룰 것이다. 3장은 전후의 불안한 사회심리를 타고 번진 본격적인 투기 열풍과 무리한 투자 행태에 대해 검토할 것이다. 마지막으로 4장은 거대한 투기성 개발 사업을 조장한 정경유착과 부패한 금융 문제를 분석한다. 이를 통해 1920년대 플로리다 부동산 거품과 그 붕괴는 일반인들의 과욕이 부른 참화였다기보다는 투기를 조장한 사회의 폐해였음을 밝히려 한다.

## 2. 리조트 호텔 개발 시대 — 철도와 고속도로

이 장에서는 본격적으로 대중적 투기가 이루어질 수 있는 인프라를 구성하는 준비 단계를 다룬다. 이 시기에 플로리다의 개발은 휴가와 휴양 목적의 리조트 호텔을 건설하고 그것의 흥행을 위해 교통망을 확충하는 데 방점이 찍혀 있다. 이러한 초기 개발을 시작한 것은 북부에서 내려온 유명 거물들이었고, 그중에서도 처음은 헨리 플래글러(Henry Flagler)였다. 플래글러는 존 D. 록펠러, 사무엘 앤드류스와 더불어 굴지의 스탠다드오일사를 시작한 3인의 동업자 가운데 한 사람으로, 바로 스탠다드오일의 악명 높은 기업합병과 독점 전략을 고안했으며, 상품 운송과 관련하여 매우 중요했던 철도회사와의 가격 협상을 책임졌던 인물이었다.[003]

플래글러가 은퇴 차 도착한 당시 플로리다는 미국의 38개 주 가운데 인구수가 34번째인 주였고, 100대 도시 명단에 이름을 올린 도시가 하나도 없는 미개발지에 가까웠다. 플래글러는 스탠다드오일 지분을 판 자금으로 토지를 샀고, 뉴욕의 유명 건축회사를 고용해서 1888년 세인트어거스틴(St. Augustine)에 540실 규모의 퐁스데리온(Ponce de Leon) 호텔을 완성했다.[004] 퐁스데리온 호텔 완공 당시 이미 두 번째 프로젝트에 돌입했던 그는 가히 저돌적으로 쉼 없이 일하는 개발업자였다. 1913년 83세로 사망할 때까지 해안을 따라 플로리다의 남쪽으로 내려가면서 모두 8개의 대규모 리조트 호텔 건설에 성공했고, 1억(오늘날 환산 가치 120억) 달러 규모의 자산을 소유했다. 그가 건설한 스페인 남부 풍의 붉은색 기와를 얹은 거대한 규모의 아름다운 건물들은 새로운 플로리다의 풍경이 되었다.

리조트 호텔 건설을 통해 오늘날 휴양지로서 플로리다의 정체성을 만들어 냈다는 것 외에도, 플래글러의 중요한 유산은 철도에 있었다. 그는 개발의 초기 단계에서 이미 플로리다에 더 많은 사람들이 더 편하게 오가게 하기 위해서는 철도가 필요하다고 결론지었다. 그는 정유업에서 했던 것과 같은 방식으로 지역의 소규모 철도회사 여섯 개를 사들여 병합하고 1895년에 플로리다동부해안철도(Florida East Coast Railway)를 건설했다. 정유회사의 지분을 판 자신의 자금과 더불어 주 정부의 건설 자금을 받아 완성된 이 철도는 잭슨빌에서 마이애미까지 동부 해안을 연결함으로써, 거의 100Km에 달하는 해안을 따라 새로운 도시 건설을 가능하게 함으로써 이 지역을 "미국의 리비에라"로 만들었다는 평가를 받는다.[005]

과연 플래글러는 온전히 자신의 비전과 재력을 가지고 엄청난 개발 사업을 성공시킨 선구자일까? 플래글러의 플로리다 개발을 다룬 많은 책들이 잘 언급하지 않는 두 가지 문제를 생각해보아야 한다. 첫 번째는 철도 사업과 부동산 사업의 결합이라는 미국적 개발의 유형이다. 서부 개발을 활성화시키기 위해 대륙횡단철도 건설 당시 미국은 철도회사에게 노선 주변의 토지를 무상 불하하는 정책을 실시하였다. 이것이 플래글러의 플로리다 개발에도 적용되어, 그는 2백만 에이커(서울특별시 면적의 약 13배)가 넘는 공유지를 무상으로 받았다. 플래글러는 철도회사를 통해 토지를 획득하고, 이를 별도로 설립한 부동산회사에 양도하여 건설지로 분할해서 판매했다. 무료로 받은 땅은 철도 개발이 진행되자 값비싼 역세권 개발지로 변신했다.[006]

두 번째로는 플래글러가 철도 건설과 리조트 호텔 건설에 불법적이고 악랄하게 노동을 착취했다는 사실을 직시해야 한다. 인구가 많지 않은 이 주에서 갑작스런 건설 붐으로 노동이 턱없이 부족했을 것이라는 점은 쉽게 짐작 가능하다. 플래글러의 개발 현장에서는 수감자 노동을 동원하거나 채무 변제를 대가로 노동을 시키는 불법적 행위가 이루어졌다. 수감자나 채무자라는 용어는 노예제가 사라진 남부에서 흑인을 강제노동에 동원하기 위해 사용된 순화어

**퐁스데리온 호텔(현재 플래글러대학, 위)과 로얄팜 호텔(아래)**

에 가깝다. 경범죄로, 혹은 아무 범죄 사실이 없음에도 흑인은 수감되었고, 교화 노동이라는 이름으로 건설 현장에서 노예와 같은 상태로 착취되었다. 이미 그의 생전에 불법적 노동 동원 문제가 보도되어 구설수에 올랐지만, 플래글러

는 정재계를 아우르는 영향력을 발휘하여 사건을 무마시켰다.[007]

플로리다 곳곳에 그의 흉상이나 초상화가 세워져 있고, 그의 이름은 지명, 도로와 다리, 해변, 학교 등으로 남아 있다. 그의 저택이었던 화이트홀은 현재 플래글러 박물관이 되어 플로리다의 창설 대부로서 그의 치적을 칭송하고 있다. 그러나 플로리다 부동산 개발 붐은 철도회사에게 매우 큰 이익을 가져다주는 편파적인 정책을 이용하여 자본을 불리고, 흑인 강제노동을 동원하여 부족한 일손을 메꾸는 불법적 방식으로 시작되었다는 점을 기억해야 할 것이다. 그렇게 해서 놓은 철도는 플래글러의 이미 엄청났던 자본을 더욱 막대하게 만들어주는 견인차가 되었다.

플래글러의 예상대로 철도를 따라 건설 붐은 남하하였고, 마이애미는 개발의 중심지로 급성장하게 되었다. 도시로 인가가 난 1896년까지만 해도 "작은 건물 두 채와 가게 하나"뿐이던 바닷가 마을이었지만, 얼마 후 "총천연색의 주택들과 기상천외한 대저택, 화려한 호텔들, 사무용 건물들이 즐비한" 도시로 성장했다.[008] 인구는 1920년 3만 명에서 3년 후 4만 7천 명으로 증가했고, 1930년 인구조사에서는 110,637명을 헤아리게 되었다. 1925년 건설 붐의 절정기에 마이애미는 전국에서 인구당 주택 건설 건수가 가장 많은 도시라는 기록을 남겼다.[009]

"마법도시"라 불리게 된 마이애미의 부동산 가격 상승은 이 도시를 자본가에게 허락된 최고의 놀이터로 만들어주었다. 1900년대 초에 1,000달러에 거래되던 부지가 1925년에는 40만~백만 달러에 거래될 정도였다. 20년대 중반 마이애미 시에는 부동산 사무실이 2천여 곳 영업 중이었고, 2만 5천여 명의 중개업자들이 거리를 활보했다. 가장 번화한 거리인 플래글러가를 걸으면 온통 토지나 주택 거래에 관한 대화만 들렸다는 증언이 끝없이 이어졌다. 도심은 교통체증이 너무 심해서 노상에서 토지 매매 관련 대화를 하거나 지도를 펼치는 행

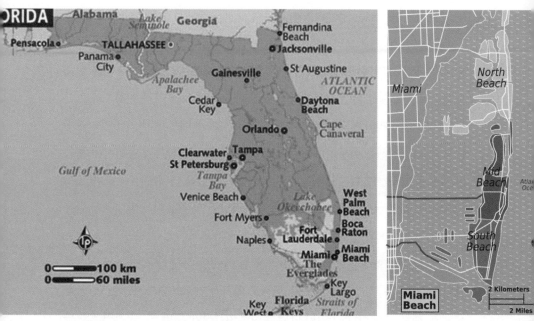

플로리다 주요 도시(왼쪽), 마이애미와 마이애미비치(오른쪽)

위를 금지시키는 조례까지 제정할 지경에 이르렀다.[010]

　마이애미의 붐은 비스케인만을 두고 마주보고 있는 평행사도(Barrier island: 모래와 자갈 등이 퇴적되어 해안선을 따라 길게 늘어선 섬)인 마이애미비치에 대한 관심으로 번졌다. 마이애미비치의 흥행에 결정적인 역할을 한 인물은 칼 피셔(Carl Fisher)였다. 그는 인디애나 출신의 유명한 자동차 사업가이자 경주용 자동차 광으로, 뉴욕과 샌프란시스코를 연결하는 첫 번째 대륙횡단고속도로인 링컨하이웨이(Lincoln Highway) 건설 사업을 성공시킨 흥행사였다. 피셔는 1913년 마이애미비치와 마이애미를 연결하는 콜린스 다리(Collins Bridge) 건설 사업을 종결짓고, 주민들에게서 토지를 사들이며 개발을 시작했다. 최종 목표는 플래글러처럼 리조트 호텔을 건설하는 것이었다.[011]

하지만 당시 마이애미비치는 야자수와 맹그로브 우거진 늪지대에 방울뱀과 악어가 득시글거리고, 토끼만 한 쥐떼와 열대 모기와 파리를 비롯한 각종 해충이 들끓는 곳이었다. 피셔가 목표를 달성하기 위해서는 우선 늪지에서 물을 빼야 했고, 야자수와 맹그로브를 제거해야 했다. 피셔 역시 흑인 노동자들을 동원하여 가장 고된 작업을 맡겼다.[012] 그러나 플래글러처럼 대단한 자산가가 아니었던 피셔가 초기에 조성한 자금은 늪지 정리만 하기에도 빠듯했다. 이에 피셔는 기본적으로 주민들에게서 산 토지를 개발지로 분할하여 가격을 높여 재판매하는 식으로 리조트 호텔 건설에 필요한 자금을 충당한다는 계획을 수립하게 되었다.

플로리다 흥행을 위해 그가 새로이 기여한 바는 바로 개발지 판매를 위해 홍보와 선전을 본격적으로 시작했다는 점이었다. 미국은 이미 대량생산 체제에 따른 마케팅과 광고의 시대로 접어들고 있었다. 피셔는 마이애미비치가 저절로 팔리기를 기다릴 것이 아니라 소비자의 요구와 입맛에 맞는 판매 활동이 필요하다고 믿었다. 그에 따라 플래글러의 고객보다 더 젊고 활동적인 고객을 표적으로 삼고, 활기 넘치는 레저타운의 이미지를 만들어 기존 플로리다 개발과 차별화 전략을 세웠다. 수영장과 낚시터 등을 운영하여 그런 투자자들의 관심을 끌도록 했다.[013]

제1차 세계대전이라는 시대적 배경은 플로리다의 건축 사업에 인력난이나 물류난을 가져다주었지만, 또 다른 한편으로는 남부 프랑스나 이태리, 지중해로 휴양을 가던 미국 동부의 엘리트 계층에게 전쟁에 휩싸인 유럽을 대신할 새로운 휴양지로서 플로리다에 대한 관심을 증폭시키는 기회도 마련해주었다.[014] 그러한 관심과 기대 덕분에 전쟁이 끝나고 도로 건설이 본격화되자 피셔의 개발지 판매도 활성화되기 시작했다. 개발지 판매대금의 증가로 1921년 마침내 11층 높이의 분홍빛 플라밍고 호텔이 비스케인만을 내다보는 마이애미

1920년 개발 전의 마이애미비치(위)
오늘날 마이애미비치와 뒤편 배경에 보이는 마이애미(아래)

비치의 중간 지점에서 문을 열었다.[015]

　플라밍고 호텔의 성공을 위해서 피셔는 다양한 홍보와 선전 쇼를 연출했다. 위풍당당한 호텔 건물은 골프 코스와 요트 클럽을 내려다보고 있었고, 비스케인만에는 곤돌라가 떠 이국적인 정경을 연출했다. 피셔는 당시 대통령 당선자 신분이었던 워렌 하딩의 방문을 성사시켜 야외에서는 골프, 수영, 낚시를, 실내에서는 포커를 즐기게 했다.[016] 또한 피셔는 서커스 코끼리 두 마리를 사들여 호텔의 마스코트로 내세웠다. 코끼리가 코에 공을 얹어 골프티가 되고, 수영복 입은 사람들을 태우고 마이애미비치를 활보하는 사진은 플라밍고 호텔의 홍보 자료로 이용되었다. 미스아메리카 선발대회의 전신인 수영복 콘테스트가 처음 개최된 것도 이곳이었다. 수영복 콘테스트 사진은 "지금 마이애미는 6월"이라는 문구와 함께 한겨울 뉴욕의 타임스스퀘어 전광판에 등장했다.[017]

　두 번째로 피셔는 이전의 자동차 관련 경력과 링컨하이웨이 건설 흥행 성공 경험을 십분 활용하여 북부와 플로리다를 이을 고속도로 건설을 추진했다. 고속도로는 이미 본격화된 자동차 시대에 부합하는 교통로를 제공함으로써 더 많은 투자와 이주를 부추길 수 있다고 믿었다. 그가 시카고에서 플로리다를 연결하는 딕시하이웨이(Dixie Highway) 건설 계획을 홍보하자, 더 많은 인구와 자본의 이주를 바랐던 주 정부가 움직였다. 플로리다 주는 1915년에 도로부를 신설하고 자동차 시대를 견인할 태세를 갖췄다. 다른 주에서 도로 및 교통 전문가들을 데려오고, 연방 자금도 확보하여 수백만 명이 몰려와도 끄떡없을 포장도로를 준비했다.[018]

　마이애미비치는 1915년 3월에 도시로 인가될 때만 해도 거주민이 150명에 불과한 작은 어촌 마을이었지만, 거대한 리조트 타운으로 성장하는 데는 오랜 시간이 걸리지 않았다. 본인 스스로가 개발업자였던 첫 시장은 피셔와 유사한 사업을 희망하는 자본가들을 적극적으로 유치했다. 마침 건설된 고속도로는 이 지역의 흥행을 크게 부추겼다. 마이애미비치의 인구는 1920~25년 사이에 440%의 증가율을 보였고, 1925년 이 도시에는 178채의 아파트, 56개의 호텔, 4개의 폴로경기장과 3개의 골프코스가 들어서 있었다. 철도재벌 밴더빌트, 백화점계의 거물인 JC 페니, 자동차 타이어 회사 설립자인 파이어스돈, 재벌이자 상원의원인 듀퐁(Alfred) 같은 정재계 거물들이 마이애미비치의 단골 고객이었다.[019]

팜비치부터 마이애미까지 이르는 개발 초기에 두 명의 북부 출신 사업가가 큰 역할을 했음에는 틀림이 없다. 플래글러와 피셔는 리조트 산업을 개척하고 플로리다를 휴양과 오락이 존재하는 매력적인 지역으로 인식시키는 데 결정적인 역할을 했다. 그러나 그들의 성공은 개발을 원하던 플로리다 정부의 적극적인 협조와 철도나 고속도로와 같은 인프라 건설에 힘입은 바 컸다. 자신들의 영향력으로 공적 자금의 사용처를 움직일 수 있었던 개발 초기의 이점을 충분히 활용한 플래글러와 피셔의 성공담은 유사한 꿈을 품고 플로리다로 달려오는 후발 주자들을 부추겼으며, 그렇게 플로리다 개발 붐은 걷잡을 수 없는 정점을 향해 달려가고 있었다.


## 3. 투기의 나라 — 광고의 시대와 가계약서 투자법

플로리다 투기 광풍을 이해하기 위해서 1920년대라는 시대의 의미를 파악할 필요가 있다. 전시 산업 발전으로 물질적 풍요로움이 범람하고 있었고, 대량생산 체제 덕분에 소비자사회가 열렸다. 이 시대 미국을 대표하는 기업인은 헨리 포드이다. 1920~1929년 사이 자동차 생산은 두 배 이상 증가했고, 자동차 산업의 발전은 철강, 고무, 정유, 석유화학 제품 등의 연쇄적 생산 열풍으로 이어졌다. 어디나 도로 건설과 주택 건설 붐이었고 가전제품과 라디오가 유행하면서 이전 세대는 몰랐던 새로운 성공의 지표들이 제시되었다.

그러나 이와 같은 경제적 풍요와는 별도로, 전무후무했던 파괴와 공포의 경험은 이 세대의 사람들에게 지울 수 없는 상처를 남겼다. 이른바 "길을 잃은 세대(the lost generation)"로 불리는 이 시대의 대표적 작가 헤밍웨이(Ernest Hemingway)나 레마르크(Erich Maria Remarque)의 작품들은 전쟁이 끝났다는 안도와 기쁨보다도 허무와 회의, 그리고 멈추지 않는 전쟁의 기억과 공포가 전후사회를 짙게 물들였음을 잘 보여준다. 셀 쇼크(shell shock)를 포함한 외상후스트레스장애, 즉 트라우마라는 병증의 발견은 바로 1차대전의 유산이다.

그런 정신적 충격이 컸던 탓일까. 이 시대는 또한 물질문명과 쾌락주의의 시대, 즉 피츠제럴드(F. Scott Fitzgerald)의 시대이기도 하다. 전쟁의 여파로 "오늘만 살자"는 철학이 유행했고, 흥청망청 소비주의와 일확천금을 노리는 사업들, 그리고 끝을 모르는 쾌락주의가 활개 쳤다. 부를 무제한으로 증가시키고 그 부를 과시하는 것이 부끄러움이 아닌 시대로 접어들었다. 각종 스포츠 대회와 자동차와 항공여행과 같은 오락거리들이 짜릿한 즐거움을 제공하고 도박과 사기가 난무하는, 주저함 없는 자본주의의 시대가 열렸다.[020]

바야흐로 예수 그리스도마저 "현대식 사업의 창시자"로 해석되던 시기였다. 광고회사 간부였던 브루스 바튼은 1925년에 출판한 『아무도 모르는 사람』이라는 책에서 예수를 "세상에서 가장 위대한 경영인"이라고 썼다. 그에 따르면 예수는 가장 미천해 보이던 무리 가운데 열두 명을 직접 뽑아 전 세계를 정복한 조직을 만들어낸 기업인이자 유능한 판매원이라는 것이다. 거의 무일푼에서 시작하여 직접 노동(목수)을 했고, 노상에서 자고 맨발로 여행하면서 사업체를 성공적으로 일궜다고 했다. 최소한의 투자로 최대한의 결과를 이끌어낸 예수는 자본주의 시대의 관점에서 뛰어난 사업가였다.[021]

이처럼 거침없는 자본주의 시대의 대변인은 다름 아닌 미국 정부였다. 1923~1929년까지 1920년대의 대부분 기간 동안 행정부를 이끌었던 캘빈 쿨리지 대통령은 "미국인의 가장 중요한 비즈니스(일)는 비즈니스(사업)이다"라는 말로 시대정신을 표현한 인물이다. 그는 "공장을 짓는 사람은 사원을 짓는 것이다. 거기서 일하는 사람은 그곳을 숭배한다"며 사업을 종교와 동일시했다. 실업률은 낮고 생산력은 성장하고 있었기 때문에 발전은 끝이 없고 모든 미국인은 풍요로울 수 있다고 확신했다. 심지어 그는 플로리다 은행 연쇄도산과 부동산 거품 붕괴 이후인 1928년까지도 국내 경제가 안정되어 있다고 낙관하여 대공황을 부추긴 인물이었다.[022]

한편 플로리다 주에서도 이러한 시대정신에 부합하는 정치적, 경제적 결정이 이루어지고 있었다. 1921년 주지사로 당선되어 1925년까지 재임한 캐리 하디(Cary Hardee)는 은행가였고, 대출을 통한 투자를 독려한 사람이었다. 그의 후임으로 1925~1929년간 주지사였던 존 마틴(John Martin) 역시 대표적인 친기업 개발주의자였다. 1923년에 플로리다 주의회는 모든 주민의 상속 및 소득에 대한 세금을 전면 폐지함으로써, 자본의 이주와 투자 쇄도를 유발하는 직접적인 계기를 제공하기도 했다.[023] 합리적 투자를 넘어선 대중적 투기 열풍의 단계로 넘어가는 데는 정부의 정책이 뒷받침되어야 한다는 사실을 방증하는 것이다.

플로리다 부동산 투기 광풍이 플래글러나 피셔와 같은 몇몇 사업가의 범위를 넘어서서 전국적이고 대중적인 돌풍을 일으키게 되는 데는 몇 가지 새로운 사업 전략들이 크게 기여했다. 우선 첫 번째로 무지막지한 광고와 홍보의 쇄도가 있었다. 플로리다 주 정부의 각종 위원회는 플로리다를 매력적으로 보이기 위한 광고 문안과 전략을 짜기에 부심했다. 플로리다는 연중 온화한 기후를 유지하고 일조량이 많아 건강을 회복시키고 생명을 연장한다는 것, 각종 스포츠를 즐길 수 있어 여유롭고 행복한 일상을 이어갈 수 있다는 것, 그리고 기후 면에서 캘리포니아와 유사하지만 플로리다에는 지진이 없다는 것 등이 이들이 생각해낸 셀링 포인트였다.[024]

　이렇게 정리된 자연적인 매력 요소들은 곧 플로리다가 매우 합리적인 투자처라는 논리로 이어졌다. 각종 잡지의 표지와 전면 광고는 물론, 플로리다에서 투자로 성공을 거둔 부동산 벼락부자의 실화들이 기사화되어 쏟아져 나왔다. 수많은 매체를 통해 반복된 이런 이야기를 끝없이 접한 북부의 미국인들은 마음이 조급해져 플로리다로 달려갔다. 실제 수치로 증명되는 인구의 남하 현상은 이러한 광고들이 얼마나 성공적이었는지 알려준다. 1925년 8월 한 달새 전국 각 주의 번호판을 단 60만 대 이상의 승용차가 잭슨빌 남쪽 고속도로 요금소를 지남으로써 34,976달러의 수입을 플로리다 주에 가져다주었다. 1926년에는 플로리다가 미국 내에서 주유용 휘발유가 가장 많이 팔린 주로 기록되었다.[025]

　광고와 홍보는 주 정부 차원에서만 이루어지는 것이 아니라 사유 개발지에서도 자체적으로 제작, 배부되었다. 이런 세태에 가장 앞서 나가는 신도시는 마이애미의 코랄게이블즈(Coral Gables)였다. 코랄게이블즈는 조지 메릭(George Merrick)이 1922년 자신의 고향인 마이애미에서 가족농장 부지 개발로부터 시작하여 인근 토지를 추가로 매입한 뒤 발전시킨 신도시 계획이었다. 주로 성직자와 교수, 그리고 일반직 중산층 퇴직자들을 위한 주거단지 건설을 목표로 했다. 메릭은 당시 미국에서 유행하던 도시미화(City Beautiful) 운동에 경도된 인물로, 환경과 조화를 이루는 아름다운 도시를 건설하겠다는 이상에 사로잡혀 있었다.[026]

코랄게이블즈 잡지 광고(왼쪽)와 홍보관광 차량(위)

    메릭은 이상적인 도시 계획을 다각도로 모색하는 한편, 개발 자금을 조성하기 위해 개발지를 구획화하여 판매하기 시작했다. 그는 상업 지구를 별도로 설계하고, 도시 내 원활한 교통을 위해 도시미화 운동에서 주로 채택하던 순환 철도를 도입할 계획이었다. 초기에는 스페인 지중해식 건축을 추구했으나, 여러 요구에 맞추기 위해 각 구획별로 여러 다른 나라의 건축 및 도시 양식을 차용하겠다는 수정안을 내놓았다.[027] 구획화와 타원형 도시 구조, 그리고 주변 자연과 친화적인 도시 구상이라는 점에서 코랄게이블즈는 당시 서양 사회에서 유행하던 정원도시 운동으로부터 영향을 받은 신도시 계획이었다는 인상을 받는다.

    흥미로운 것은 메릭이 광고 제작에 엄청난 투자를 했다는 사실이다. 피셔의 홍보가 일회성 쇼의 성격이 강했다면, 메릭은 한 단계 더 나아가 체계적이고 지속적인 설득으로서 홍보와 광고를 중요시했다. 코랄게이블즈는 20여 종의 전국적 잡지에 총천연색 전면 광고를, 100여 종의 일간지에 광고문을 꾸준히 게재했다. 메릭은 아예 기자 출신의 영국인 싸이어 해밀턴 웨이걸(Theyre Hamilton Weigall)이라는 인물을 고용하여 광고 문건에 들어갈 기사 작성을 담당케 했다. 광고를 통해 코랄게이블즈가 얼마나 아름답고 완벽한 마을이 될 것이며, 이것이 또한 얼마나 환상적인 투자가 될 것인지 설득하고자 했다. 메릭은 이와 같은 광고 제작에 연 200만 달러를 소비했다.[028]

코랄게이블즈는 홍보에도 따로 200만 달러를 사용했다. 판매를 흥행시키기 위해 잠재적 고객을 모집해 와서 특별 차량에 태워 개발지 관광을 시켜주었고, 이를 위해 전담 기사까지 고용했다. 메릭은 국무장관을 역임하고 세 차례나 민주당의 대선 후보였던 "위대한 보통사람(the Great Commoner)" 윌리엄 제닝스 브라이언(William Jennings Bryan)을 연봉 10만 달러에 홍보대사로 고용하고, 연봉의 절반을 토지로 지불하여 그 자신을 일종의 투자자로 만들었다. 그는 마이애미가 "아침식사에서 한 거짓말이 저녁에는 현실이 되는, 세상에서 유일한 도시"라며 청중을 유혹했다.[029]

1920년대 내내 금리는 낮았고 대출은 쉬웠다. 대다수의 미국인이 구매하려는 부동산 가치의 50% 이상을 대출받을 수 있었고, 그중 과반수 이상의 사람들이 후순위 담보대출(second mortgage: 대출이 남아 있는 주택을 담보로 두 번째 주택 자금을 대출받는 것)도 받았다. 때문에 주택 총액에서 담보대출이 차지한 비율은, 지역에 따라 차이는 있으나 대체로 75~83%까지 높았다.[030] 대출 비율이 높고 자기 자본의 비율이 낮으면 재정적으로 위험하다는 것이 상식이겠으나, 부동산 값이 치솟고 있는 동안에는 빌릴 수 있는 만큼 빌려 부동산에 투자해야 한다는 생각이 상식으로 통했다.

이러한 환경 속에서 플로리다의 신도시 개발 붐이 전국적 투기 바람을 일

매립 개발 예정지에 세운 광고판(왼쪽)과 호텔 로비에서 대기 중인 바인더보이즈(오른쪽)

으켰던 데는 신종 사기와 투기 방식들의 등장도 한몫했다. 유명 사기꾼인 찰스 폰지(Charles Ponzi)가 복역을 마치자마자 1925년 9월 플로리다로 내려와 토지사기를 기획했다. 이들은 존재하지 않는 개발 부지의 판매를 선전하는 인쇄물을 세련되게 만들어 우편으로 뿌렸다. 투자금의 두 배 금액을 60일 내로 돌려준다는 선전물에 돈을 보내는 답장이 쇄도했다. 가보지도 않은 곳, 만나본 적 없는 사기꾼에게 속을 만반의 준비가 된 군중의 심리상태를 영리하게 알아챘던 폰지의 우편사기 기법은 다른 많은 모방범죄자들을 양산했다.[031]

우편사기보다도 더 극심한 폐해를 일으킨 투기 방법은 바로 가계약서(binder) 계약법이었다. 가계약서 계약법이란 투자하려는 부동산 금액의 5~10%에 해당하는 선납금만으로 일단 계약을 성립시켜주는 방식이다. 잔금을 치를 능력이 되지 않는 구매자에게 첫 중도금을 내기 전에 부동산 값을 올려 되팔면 수익을 볼 수 있다고 설득하여 계약을 맺게 하였다. 가계약 제도를 홍보하고 구매자를 모아오기 위해 부동산 소개소에 고용된 젊은이들인 "바인더보이즈" 무리가 거리와 호텔 로비를 가득 채웠다.[032]

1925년 활황 기간에는 수차례의 가계약과 재판매가 이루어지는 동안 부동산 금액이 지속적으로 상승했기 때문에, 처음 사서 프리미엄 붙여 파는 데 성공한 사람부터 거품이 꺼지기 전에 몇 번이고 샀다가 되판 사람들, 그리고 중간 마진을 떼는 부동산업자들까지 모두가 이득을 보았다. 수많은 벼락부자의 신화가 사람들을 흥분시켰고, 투자하지 않으면 바보가 되는 사회를 만들었다.[033] 우편사기와 가계약서 계약법에서 드러난 것은, 이제 플로리다에 살기 위해 오려는 사람들보다 그저 투자 아이템으로 생각하는 인파가 엄청나게 늘어났다는 사실이다.

## 4. 신도시 개발과 금융사기

플로리다 부동산 붐이 절정으로 치닫던 1925년 3월, 플로리다 주지사 존 마틴은 웨스트팜비치에서 "범플로리다 개발회의(All-Florida Development Conference)"를 소집하여 주 전체에서 개발을 활성화시키고 안정적인 투자를 지속적으로 유치할 방법을 논의하도록 했다. 이 자리에 플로리다 각 지역의 대표자들이 모여 부동산 개발의 열풍을 이어 나갈 경제적 기반 확보의 방안을 협력적으로 논의하기로 했다. 이제 전국적 이목이 플로리다로 집중되어 투기 광풍의 정점을 향해 달려가고 있었다. 『뉴욕타임스』는 "플로리다에서는 개발, 붐, 쇄도, 투기, 그리고 투자의 역사상 초유의 사태가 벌어지고 있다"고 보도했다.[034]

이러한 분위기 속에서 플로리다 투기 역사에 한 획을 그은 또 다른 인물, 애

디슨 미즈너(Addison Mizner)가 화려하게 부상했다. 1918년 팜비치에 도착하기 전까지 미즈너는 외교관이던 아버지 연줄로 부자 친구들을 사귀고 세계를 떠돌며 일확천금을 가져다줄 사업거리를 찾고 있었다. 직업은 건축가로, 정식 교육이나 훈련을 받은 것은 아니었지만 건축사무소에서 일한 경력이 있었고, 무엇보다 남미와 스페인에서 보낸 시간 동안 현지 건축 양식에 대한 심미안을 키웠다. 그는 스스로를 "상류층 건축가"로 소개하고 팜비치에 부자들의 저택을 건설하는 사업을 시작했다.[035]

미즈너는 직사각형의 넓은 부지에 좌우 대칭형 거대 건물을 세우고, 붉은 기와지붕에 흰색 벽토석회나 벽돌 외벽을 쌓은 뒤, 석조 장식과 세공된 목조 대문에 철제 장식 창문을 갖춘, 일종의 스페인 식민지 시대의 부활이자 지중해풍 양식을 가미한 양식을 유행시켰다. 캘리포니아의 미션 스타일에다가 교회나 성 같은 석고 장식을 더하고 신고전주의식 기둥을 추가한 것으로, 남부 스페인, 특히 세비야의 히랄다와 유사한 건물을 추구했다. 1920년대에 80여 채의 저택이 이른바 "미즈너 스타일"을 따라 건설될 정도로 인기를 끌었다.[036]

유명세를 몰아 그는 플래글러나 피셔와 같은 리조트 호텔이나 메릭식의 주택단지 규모를 넘어서, 그 모두를 포함한 신도시 보카라톤(Boca Raton)을 팜비치에 개발하겠다는 계획을 발표했다. 그는 보카라톤을 "세상에서 가장 건축적으로 아름다운" "북미 최고의 리조트 도시"로 만들기 위해 미즈너개발회사(Mizner Development Corporation)를 설립하고 사회 유력인사들의 이름을 이사회에 올렸다. 부자와 유럽 귀족, 기업인과 정치인들이 앞다퉈 주식을 샀고, 미즈너개발회사의 인맥은 미즈너가 운영하는 상류층 사교클럽, 에버글레이데스(Everglades)에서 만나 매우 복잡하게 얽힌 사업 관계를 형성하였다.[037]

문제는 미즈너개발회사에 투자된 자본이 부정부패와 일종의 금융사기 행각의 산물이었다는 점이다. 은행가이자 개발업자인 웨슬리 맨리(Wesley Manley)

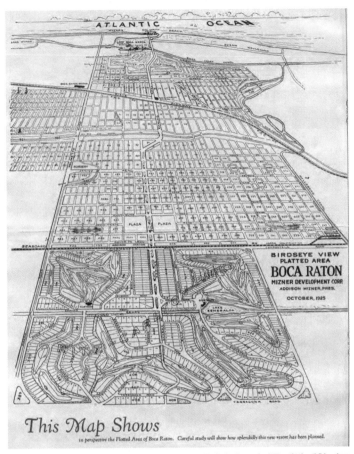

**미즈너개발회사의 보카라톤 개발 계획 지도**

와 제임스 앤서니(James Anthony Jr.) 연합은 미즈너의 사업을 전폭적으로 지지하고 개인적으로 투자했을 뿐 아니라, 자신들이 소유한 팜비치내셔널은행(Palm Beach National Bank)에서 자기 자본의 70%까지 대출해주는 무리수를 두었다. 사실상 미즈너의 동업자였던 맨리-앤서니 연합은 미국에서 은행의 관리감독 업무를 맡고 있는 통화감독청(Office of Comptroller of the Currency)의 감독관에게 조사를 받았지만, 당시 플로리다 지역 감독관 어니스트 에이머스(Ernest Amos)는 정치자금과 투기용 대출을 받고 이들의 비행을 눈감아주었을 뿐 아니라, 이들에게 새로운 은행 설립도 허가해주었다.[038]

이미 1925년에 미즈너 사업과 관련된 은행 회계가 매우 불건전하다는 신고가 있었지만, 아무런 조치도 취해지지 않은 상태에서 미즈너개발회사는 방만한 경영으로 인해 계속적인 자금난을 겪게 되었다. 팜비치내셔널은행이 1926년 2월에 파산했지만, 미즈너는 채무불이행을 신청한 뒤 다시 팜비치은행신용회사(Palm Beach Bank and Trust Company), 상업은행신용회사(Commercial Bank and Trust Company), 제일미국은행(First American Bank), 농민은행신용회사(Farmers Bank and Trust Company), 첼시거래은행(Chelsea Exchange Bank) 등에서 대출을 받았다. 모두 맨리-앤서니 연합이 소유한 61개 은행 체인에 속해 있었다.[039]

미즈너의 회사에 문제가 있음을 감지한 일부 투자자들이 자본을 예금으로 돌리는 정황이 있었지만, 그 예금을 맡은 이름만 달리한 은행들이 다시 미즈너에게 대출해주고 있다는 사실을 알 수가 없었다. 결국 이 은행들은 1926년에 연쇄부도를 맞았고, 미즈너개발회사도 1927년에 최종 부도 처리되었다. 파산법정에서 은행 연쇄부도의 책임을 따지는 조사가 이루어졌고, 여기서 은행들이 사업체의 담보도 부실하고 재무평가도 부실한데도 무리한 대출을 집행했음이 밝혀졌으나, 그것은 이들의 배임 또는 부패 때문이 아니라 "법을 잘 몰라서" 혹은 "예측할 수 없었던 경제적 상황의 변화" 때문이라며 면죄부를 내주었다.[040]

한 전기 작가는 미즈너는 심미안을 가진 건축가이지만 사업가로서는 기민하지 못하여 은행 과잉 대출이나 사실상 동업자들이었던 맨리-앤서니의 배임 및 사기에 대해 전혀 몰랐다고 설명했지만,[041] 그가 일련의 상황을 인지하지 못했다는 것은 이해하기 어렵다. 결국 은행 부도 사태로 인한 피해는 예금을 맡겼던 일반인들이 온전히 뒤집어썼다. 부도난 은행을 메꾸는 데는 공적자금이 투입되었으니, 결국 미즈너는 사업 실패의 대가를 모두 남의 돈으로 치른 셈이다. 파산법정에서 무죄로 풀려난 그는 다른 지역으로 이주하여 소규모로 건축 사업을 계속하다가 대공황이 한창이던 1933년 사망했다.

미즈너개발회사를 둘러싼 비행적 금융사기 범죄가 드러난 것은 공개를 거부해온 통화감독청의 자료가 일부 공개되면서였다. 어렵게 공개된 일부 지역 가운데 플로리다 자료를 토대로 분석한 연구에 따르면, 1920년대 플로리다 파산 은행의 90%는 미즈너개발회사와 맨리-앤서니 연합과 같은 내부자 부패와 대출사기 때문이었다. 은행 감사 과정에서 이해관계자들이 자신들의 손실을 줄이고 범죄 행위를 덮는 동안 일반 예금자들은 아무것도 모르고 사업에 투자하거나 은행에 예금했다가 연쇄 파업으로 자산을 잃는 과정을 반복했다는 점도 드러났다.[042]

1925년 부동산 붐의 주역이었던 코랄게이블즈나 보카라톤은 당시의 단기적 결과만 놓고 본다면 실패작이었다. 메릭은 원래 계획을 실행에 옮기기에 충분한 투자금 유치에 실패했고, 코랄게이블즈를 완성하지 못한 채 떠났다. 그의 흔적은 그가 기증한 스페인 양식의 교회와 타원형 도시 구조, 그리고 발렌시아, 세고비아, 카탈로니아, 말라가 등 스페인 도시를 딴 도로명으로 남아 있다. 미즈너 역시 원래 계획했던 것들 가운데 관리동과 작은 호텔, 그리고 반마일 정도의 도로와 몇몇 주택을 완성했을 뿐이다. 오늘날 이 도시들이 대표적인 중상류층 고급 주택지로 손꼽히게 된 것은 그 후 수십 년을 거치면서 지속적으로 성장해온 까닭이다.

메릴도 미즈너도 지속적으로 사업 진행에 어려움을 겪었지만, 화려한 광고와 홍보의 범람은 이러한 현실을 묻어버렸다. 사람들은 계속해서 새로운 개발 계획을 내놓았고, 미국인들은 끝없이 플로리다로 몰려왔다. LA에서 이주한 개발업자 조셉 영은 플로리다로 영화 사업을 가져오겠다며 할리우드-바이-더-

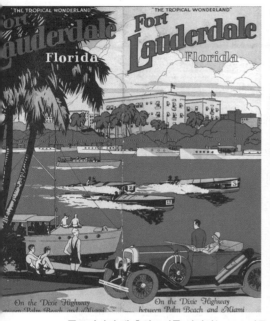
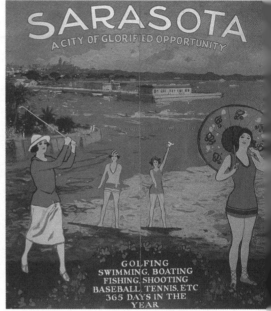

**플로리다의 새 휴양도시를 선전하는 포스터들**

시(Hollywood-By-The-Sea)를 건설했고, 플로리다에서 사냥을 즐기던 오하이오 출신의 도자기 제조업자 조지 세브링(George Sebring)은 자기 이름을 딴 세브링이라는 도시를 만들었다. 미국 정원도시협회의 도시 계획가 존 놀렌(John Nolen)도 자신의 이상을 실현할 베니스(Venice)를 설계했다.[043]

피셔의 성공담과 홍보 방식에 영감을 받은 데이빗 데이비스(David Davis)라는 인물은 탬파베이에 작은 섬 두 개를 준설해서 섬을 개발할 계획이었다. 그 계획을 발표한 당일, 아직 준설 공사는 시작도 되기 전이었지만 개발 예정지의 판매 매상이 3백만 달러에 달했다. 투기 열풍에 흥분한 사람들은 여기가 바로 다음 코랄게이블즈가 될 거라는 선전에 아직 매립되지도 않은 땅, 즉 존재하지 않는 땅 위에 건설될 주택의 청사진만 보고 구매했다. "그렇다. 대중들은 샀다.

1925년까지는 플로리다 주에 있는 것이라면 무엇이든 어디든 샀다. 진짜이든, 사기든, 대서양 연안이든, 내륙의 황무지이든, 새로운 개발 광고만 발표하면 사람들은 앞다퉈 샀다."[044]

1925년 말까지, 바로 이듬해에 발생할 일을 예측하지 못하고 막차에 올라탄 군중의 투기 바람은 무섭게 불타올랐다. 그해 10월 14일자 『뉴욕타임스』 기사에서 "붐에는, 그리고 장기화된 붐 이후에는 위험이 있다는" 조심스런 우려를 보였지만,[045] 아직 일반 미국인들로서는 심각한 위기가 눈앞에 도착했다는 상황을 파악하기 어려웠기 때문에 정부가 후원하고 개발회사들이 주도하는 부동산 개발의 앞날을 낙관할 수밖에 없었다.

## 5. 맺는말

초가을 태풍이 오기 이전에도 이미 1926년의 시작부터 플로리다의 붐에 찬물을 끼얹는 사건이 있었다. 그해 1월, 선상호텔로 개조될 목적으로 마이애미 해안으로 들어오던 거대한 범선 프린츠발데마르(Prinz Valdemar)가 마이애미 항구 앞에 좌초한 일이었다. 인명 피해는 없었지만, 좁은 해협을 가로막고 누운 프린츠발데마르를 견인하지 못한 42일간 사실상 항구 안팎으로의 통행이 불가능했다. 대부분의 대형 물류를 선박으로 이송하던 마이애미의 건설업계에 큰 타격을 주었으며, 투자자들에게 플로리다의 불안정성에 대한 경각심을 새삼 일깨워준 사건이었다.[046]

팜비치내셔널은행이 파산한 것은 1926년 2월의 일이었다. 맨리-앤서니 연합과 미즈너식 개발 사업의 행태를 살펴보면 이것은 언제 터져도 터졌을 사건이었다. 밑 빠진 독에 물 붓는 식의 방만한 사업에 대한 불법적인 투자는 부동산 가격 거품을 키우는 데 기여했고, 정부와 개발업자를 믿고 투자자로 참여한 사람들의 피해를 증가시켰다. 필요에 의한 수요가 아닌 투기를 위한 공급이 조장하는 수요를 부추긴 정책과 무책임한 시장의 경영이 결국 은행 연쇄도산에 이은 부동산 거품 붕괴의 원인을 제공하였다.

플로리다 붐의 끝은 물론 1926년 9월 중순에 몰아닥친 허리케인이었다. 시속 125마일로 마이애미에 상륙하여 플로리다 해안을 휩쓸고 내륙을 관통했던 무시무시한 4급 태풍이었다. 한 연구에 따르면 1900년부터 오늘날까지 미국 역사상 기록된 것 중에 2018년 가치로 환산했을 때 가장 피해액이 큰 태풍이라고 한다. 해안 신도시를 강타한 허리케인이 건축물, 항구, 요트장 등 개발지를 휩쓸어버렸다. 이미 지어진 것, 막 건설되고 있던 것들, 그리고 매립 중이던 땅까지 모두 태풍에 날아갔다.[047] 허리케인은 1925년까지 부풀려질 대로 부풀려진 거품을 일시에 꺼뜨리면서, 부동산 개발에 상당히 투자하고 있던 은행의 연쇄도산을 초래한 직접적인 원인이 되었다.

여기서 본격적으로 논할 수는 없었으나 언급함이 마땅해 보이는 질문들로 이 글을 마무리하려 한다. 우선, 1926년 플로리다 은행 연쇄도산 및 부동산 거품 붕괴가 1929년 시작된 대공황과는 어떤 연관성이 있을까? 가장 단순하게는 플로리다가 월스트리트의 전조였다는 설명이 가능하다. 플로리다를 포함한 전국적 부동산 거품에서 가까스로 살아남은 자금이 월스트리트 활황장으로 옮겨져 대공황의 직접적 원인이 될 거품을 만들었다는 것이다. 물론 그런 흐름이 없지는 않겠지만, 부동산에 투자되었던 자금이 1926년 이후 얼마나 주식 시장으로 쏠렸는지 정확한 계산이 불가능하기 때문에 두 사건의 직접적인 인과관계를 말하기는 어렵다.

하지만 두 가지 단서를 통해 플로리다 거품과 대공황 사이의 연결고리를 추론할 수는 있을 것이다. 첫 번째는 플로리다 은행의 도산이 타 지역 은행으로 중장기적인 영향을 미쳤다는 사실이다. 맨리-앤서니는 다른 지역에서도 비슷한 은행업을 하고 있었고, 그들이 방만한 경영을 하는 유일한 은행가도 아니었다. 투자의 건전성을 감독하는 정부의 기능이 부실했던 당시 정황으로 보건대, 은행을 중심으로 한 과잉투자 관행과 투기의 위험성에 대한 사회 전반의 불감증은 1926년 이후에도 바로 사라지지 않았고 결국 주식시장의 대폭락까지 이어졌다고 짐작할 수 있을 것이다.

두 번째로는 플로리다 부동산 거품 붕괴 이후 건설업 자체가 축소되었고, 그에 따라 건설 자재 생산업이 연쇄적으로 불황기에 들어섰다는 점에 주목해야 한다. 개인 주택 구매자 못지않게 은행 대출에 의존하고 있던 건설업은 붐이 꺼지자 더 이상 건축에 투자하려 하지 않는 시장을 맞닥뜨리게 되었다. 1920년대 건설 붐 동안 사업을 최대한 키워놓았던 전국의 건설 관련 업종들이 1926년 이후로 어려움을 겪기 시작했고, 대공황 시작까지 실업률을 높이고 있었다. 건설업의 축소와 그에 따른 경제적 불황은 주식시장 붕괴의 직접적인 도화선은 아닐지 모르지만, 대공황이 더 지독하게 오래 지속되게 만든 근본적 배경이라고 볼 수 있을 것이다.

한편, 이 글에서 살펴본 부동산 거품은 다시 발생할 가능성이 없을까? 1926년 플로리다에서 드러난 부동산 대출 문제는 대부분 뉴딜 정책의 은행법 정비와 정부의 적극적인 주택시장 개입 정책을 통해 개선되었다고 믿어졌다. 하지만 정부의 이중적 정책으로 인해 주택시장은 계급적으로 양분되어 있고 주택공급 정책은 중산층 위주로 구성되었다고 비판받았다. 재정 불안을 야기하는 후순위 담보대출 제도도 여전히 존재하며, 거기에 1970년대 이래 신자유주의와 정부의 규제 완화 정책이 꾸준히 진행된 결과 주택시장 활성화를 위해 신용등급이 낮은 계층에 더 높은 금리로 대출해주는 서브프라임모기지 제도가 등장하기도 했다. 1926년 플로리다와 더불어 미국의 부동산 거품 붕괴의 양대 사건으로 꼽히는 2008년 서브프라임모기지 사태는 투기 조장하는 사회의 위험이 여전히 현재진행형임을 알려준다.

**박진빈**

현재 경희대학교 사학과에 재직 중이다. 미국 도시사를 전공했고, 최근에는 정원도시 운동(Garden City Movement)의 확산과 변용에 대한 연구를 진행 중이다. 대표 논저로는 「파인랜드와 랑가—남아프리카연방의 정원도시 개발」, 「인종주의의 역사와 오늘의 한국」, 『백색국가 건설사』, 『도시로 보는 미국사』 등이 있다. jbinp@khu.ac.kr

# 3
# 한국의 땅 투기 열풍, 언제부터 시작됐을까?

— 일제하 일본인의 한국 대지주화

## 1. 들어가며 — 부동산 투기의 역사적 기원은? *

2020년부터 코로나19 감염병 확산을 겪으며 공교롭게도 부동산과 주식·코인에 국민들의 '투자' 관심이 쏠렸다. 그중에서도 부동산 '투기'[001] 열이 고조되면서 몇 년 사이에 부동산 가격이 천정부지로 뛰어올랐다. 2021년 5월, 그동안 거의 20년간 '아파트값 거품-빼기' 운동을 해온 시민단체 경제정의실천시민연합은 문재인 정부 약 4년간 서울 아파트값이 52%나 올랐다는 분석 결과를 발표하기도 했다.[002]

소위 '영끌(영혼까지 끌어모아 주택 구입)'을 하려 해도 내 집 하나 마련하기 힘들 정도로 주택 문제가 심각해졌다. 당시 집값이 오르면서 서민들의 세금 부담도 커졌다. 부동산 가격 폭등으로 자산 격차, 경제적 양극화, 심리적 좌절감과 박탈감이 더 커졌다. 국민 일부가 부동산 가격 폭등으로 희열을 맛본 한편, 국민 상당수는 이로부터 소외되어 탄식하고 분노했다. 코로나19 팬데믹 아래 경제 위기와 함께 기본적으로 부동산 정책의 미비가 이를 가속화한 것이다. 이때까지 사실상 수수방관하고 있던 정치권은 그제야 '부동산 정책 이대로 좋은가'에 대한 논의를 본격화했다.

부동산 정책의 실패를 성찰한다며 제20대 대통령 선거에서 양대 정당은 다음과 같은 공약을 내걸었다. 민주당은 주택 공급을 통한 집값 안정, 신규 공급 물량 청년 우선 배정, 생애주기별 주거 지원 확대 등을 제시했다. 이에 비해 국민의힘은 주택 공시가격(세무 당국이 과세 기준으로 삼는 가격)의 환원, 종합부동산세와 재산세 통합 추진, 양도소득세 개편과 취득세 부담 완화, 대출 규제 완화, 재개발·재건축 규제 완화 등을 주장했다.[003]

결과적으로 국민들은 국민의힘의 공약에 좀 더 호응한 것으로 나타났다. 부동산 관련 세금과 대출 및 재개발·재건축 규제 완화, 부동산 개발을 통한 경기부양에 힘쓰겠다는 정책기조에 힘이 실린 것이다.

자본주의 사회에서 부동산 투자로 사적 이익을 추구하는 행위를 윤리적으로 비난할 수는 없다. 이전에 문재인 정부는 투기과열지구 지정 등을 통해 부동산이 가급적 투기 대상이 되지 않도록 규제하며, 부동산 공급을 늘려 가격을 떨어뜨리려 했으나 이러한 정책 방향은 결과적으로 국민들의 반발을 샀다. 또 다른 국민 상당수는 집값이 떨어지기를 바라지만은 않기에 보수정권을 선택했을지 모른다.

그렇다면 과연 우리나라에서 부동산 투자투기 광풍이 불기 시작한 역사적 기원은 언제일까? 부동산 투자를 지원하는 제도가 형성되고 발전한 것은 일제 하 자본주의 사회로 들어서고부터였다. 일본의 러일전쟁 승리를 전후하여 거대자본을 소유하고 대한제국(이하 '한국'으로 쓰기도 함)에 진출한 일본 재벌을 비롯해 한국으로 이주한 일본인 자본가·지주가 한국의 토지를 대거 사들이면서 토지 투자를 주도했고, 식민당국은 이를 제도적으로 적극 지원했다. 여기에 대자본가와 대지주를 중심으로 소수의 한국인도 토지 투자 개념에 눈뜨게 되었다.

이와 관련한 기존 연구로는 주로 한국에서 일본인의 토지소유권을 확보하고자 지원한 식민당국의 정책과 법률에 대한 연구가 상당히 진척되어 있다. 이를 통해 러일전쟁 전 일본의 한국 농업 실태조사와 식민론, 러일전쟁 후 일제의 농업식민책과 일본인의 토지 침탈 합법화와 토지 소유 확대, 일본 지주제의 이식 및 식민지지주제로 재편되는 흐름이 정리되었다. 일본의 한국병합 후에는 1910년대 일본 민법 적용에 따른 토지소유권의 절대화와 지주 경영의 강화, 부동산 등기제도 마련, 토지조사사업을 통한 지주 토지 소유의 근대법적 인정 등 일련의 과정이 있었음이 알려졌다. 특히 한일병합을 전후하여 '이주 식민론'과 '토지 투자 식민론'의 경합이 있었고, 일제 식민당국은 양자 사이에서 절충론을 취하다가 일본인 자본가·지주를 중심으로 토지 투자 식민론이 우세해지면서 결국 이에 따라 정책 지원을 하고 제도를 마련했음이 밝혀졌다.[004]

한편 일본인 대지주들의 한국 농장 설립과 경영에 대한 사례 연구도 진행되었다.[005] 일찍이 아사다 교지(淺田喬二)는 한국의 일본인 대지주층을 자본의 원천과 성격별로 유형화했다. 즉 쉽게 말해 '무슨 돈으로 토지를 사서 지주가 됐을까' 하는 측면에서 반(半)국가 지주, 재벌 지주, 상업자본 지주, 금융자본 지주, 일본 본국 지주 등으로 나누었다. 이 구분은 지금도 학계에서 유효하게 인정되고 있다.

필자는 선행연구의 관점에 대체로 동의하고 그 의의를 계승하되, 한국과 일제의 농업 관련 정책에 앞서 이를 이끌어냈다고 볼 수 있는 러일전쟁 전후 일본인 자본가·지주 주도의 한국 토지 투자 열풍 자체에 더 집중하여 이를 대중적으로 소개하고자 한다.

이에 이 글에서는 시기순으로 러일전쟁 전후 한국에서 토지 투자가 본격화되는 배경과 그 주체로서 일본인들의 전략, 근대적 토지 투자와 투기의 원형이 구축되는 통감부기와 식민지 초기 토지 투자·투기열을 북돋운 식민당국의 제도에 대해 종합적으로 살펴보겠다. 그 과정에서 각 시기에 따라 일본의 재벌, 자본가, 지주, 국책회사가 어떻게 한국에서 지주가 되었는지 사례별로 구체화한다. 즉 일본인들이 최고의 투자 수익률을 올리기 위해 한국에서 토지를 사들이고 대지주가 되어 자본 축적에 '성공'하는 방식에 대해 자세히 들여다본다. 그리고 일본의 식민지가 된 조선에서 부자인 일본인들을 동경한 조선인들이 토지 투자자로 초청된 기법과 정책에 대해 주목한다.

이를 위해 이 글은 연구성과를 통해 밝혀진 사실을 참고하는 동시에, 이를 보완하는 자료로 주로 일본 농상무성(農商務省)·대장성(大藏省, 일본의 재정·통화·금융 관련 사무 관장), 조선통감부와 조선총독부, 조선농회 등 식민당국 자료, 구마모토

(熊本)농장·조선홍업주식회사·불이홍업(不二興業)주식회사·조선실업주식회사·동산농사(東山農事)주식회사·동양척식주식회사 보고서, 불이홍업주식회사의 대표 후지이 간타로(藤井寬太郎) 회고록 및 자서전 등 주요 일본인 대지주 자료를 최대한 발굴·분석했으며, 그 밖에 신문·잡지기사를 참고했다.

## 2. 하루빨리 한국에서 거하게 한몫 챙겨보자!
### ─ 러일전쟁 종전 전 일본인들의 한국 토지 눈독들이기

### 1) 외국인 토지 소유가 안 되면? ─일본인들의 토지 사들이기 편법

조선에서 외국인에게 토지 소유를 허용하기 시작한 것은 1883년 조영통상조약부터였다. 그렇지만 이때 외국인의 토지 소유는 개항장 밖 10리(약 4㎞) 이내로 제한되어 있었다.

대한제국 수립 후에는 한국인이 외국인에게 허용되지 않은 토지소유권을 팔아넘기지 않도록 더욱 엄격히 금지했다. 1900년 제정된 '의뢰외국 치손국체자 처단례(依賴外國致損國體者處斷例, 외국인에게 의지하여 국체를 손상하고 국권을 상실하는 자를 처벌하는 법)'에서는 조약에 따라 허용된 토지 이외에 논밭 등의 소유권을 외국인에게 넘긴 자는 모반죄로 엄하게 처벌하도록 했다. 1901년 제정된 '지계아문(地契衙門, 땅에 대한 권리 증명 문서를 정리하는 일을 맡아보던 관아) 직원 급(及) 처무 규정'에서도 개항장 밖의 지역에서 외국인의 토지 소유를 인정하지 말도록 했다. 이어서 시행된 '전답(田畓)·산림(山林)·천택(川澤)·가사(家舍) 관계(官契, 관아 증명 문서) 세칙'과 '대한제국 전답 관계(官契)'에서도 외국인에게 토지를 몰래 팔아넘기는[잠매(潛賣)] 행위가 확인되면 강력히 처벌하게 했다. 외국인 토지 소유 제한 규정은 1905년 5월 공포된 형법대전 제4절 '국권 괴손률(國權壞損律)' 제200조 제

5항에서 재확인되었다. 이 조항은 개항장으로부터 10리 밖의 토지를 외국인에게 몰래 팔거나 토지 소유 명의를 외국인에게 빌려주는 등의 자는 교수형에 처한다는 것이다. 1906년 7월 공포된 '토지 개간에 관한 건'에서도 한국 정부는 주인 없이 안 쓰는 땅[무주공한지(無主空閒地)]의 개간을 허용하면서도 이를 외국인에게 건네주는 것은 금지했다.

그러나 이러한 한국의 외국인 토지 소유 통제와 현실 사이에는 많은 차이가 있었다. 실제로 개항장 10리 밖 외국인의 토지 소유 제한 규정은 법적 강제력을 갖지 못했다. 외국인 대다수, 특히 일본인은 불법적 토지 침탈을 일삼았다. 한국에서 토지를 대량 획득한 일본인은 1903년 이전에도 상당수 있었다.[006]

외국인의 토지 소유가 법적으로 제한된 시기에 일본인들은 각종 편법을 동원하여 토지소유권을 얻으려 했다. 현금으로 토지를 직접 사들이기도 했고, 고리대금업으로 토지를 저당 잡고 돈을 빌려주었다가 빚을 갚지 못하면 토지소유권을 취득하는 방식으로 토지를 얻기도 했다.[007]

구체적으로 이 시기에 일본인들은 다음과 같은 토지 매입 전략을 사용하여 토지를 거래했다. 즉 일본인들은 ① 토지소유자인 한국인의 명의 차용, ② 관리에게 청탁하여 자기 명의로 토지 등록, ③ 반(半)영구적인 토지 사용권 획득, ④ 토지 사는 사람[매수자(買收者)] 명의를 공란으로 둔 방매문기(放賣文記, 토지 등을 내놓고 팔며 그 소유권을 넘기는 문서) 작성, ⑤ 고리대업자로 돈을 빌린 사람이 저당 잡힌 토지를 되찾을 수 없을 정도로 과대한 금액을 기입한 저당문기 작성, ⑥ 저당문기와 방매문기의 이중 작성, ⑦ 지방관으로부터 조세 영수증을 교부받아 공공연히 토지소유권 획득 등의 수단을 강구했다.[008] 이 밖에도 ⑧ 지상권[地上權, 다른 사람의 토지에서 공작물(工作物)이나 수목(樹木)을 소유하기 위해 그 토지를 사용할 수 있는 물권(物權)] 획득을 명분으로 토지소유권 획득, ⑨ 심지어 토지 소유를 공공연하게 하고 토지세[地租] 납부, ⑩ 토지를 빚의 담보로 잡았다는[저당 대차

(抵當貸借)] 식으로 위조문서 작성 후 토지소유권 획득 등의 방법을 강구했다.[009]

그런데 외국인의 한국 내륙 토지 소유가 합법화되기 전에 일본인들이 토지를 활발하게 사들일 수 있던 것은 많은 한국인 농민들이 사전(私田, 개인 소유의 논밭)과 균전(均田, 국가가 농민들에게 고르게 나누어준 토지)을 몰래 팔아넘겼기 때문이라는 사실을 주목할 필요가 있다. 물론 많은 농민은 조세 수취 강화, 지방관의 농민 수탈 등으로 몰락하여 토지를 팔 수밖에 없는 여건에 있었다. 그렇지만 이뿐만 아니라 시세보다 좋은 땅값을 받기 위해, 또는 왕실과 토지소유권 문제로 분쟁이 계속되던 균전 문제로 인해 토지를 팔아버리는 농민들도 있었다. 한국인 농민들이 일본인들에게 토지를 몰래 파는 행위는 한국 정부에 의해 통제되지 못하여 일본인들의 토지 소유를 더욱 촉진했다.[010] 더욱이 당시 토지 매매 관행은 일반적으로 일본인이 직접 교섭하지 않고 한국인 매매 중개인을 통해 거래되는 경우가 많았다.[011] 이러한 상황을 볼 때 일본인들의 한국 토지 소유를 두고 한국인들의 토지를 수탈했다고만은 말할 수 없는 것이다.

### 2) 안전한 모험은 모험이 아니다! ─모험적 일본인 대표 지주, 구마모토농장

이 시기 일본인 개인으로서 모험적으로 한국에서 농장을 만들어 대표적인 대지주가 된 사례로 구마모토 리헤(熊本利平)의 구마모토농장이 있다. 구마모토는 일찍이 1903년 농장을 개설했는데, 당시는 외국인의 토지소유권을 허가하지 않았으므로 일본 재벌 오쿠라조(大倉組) 나카니시 조이치(中西讓一, 이후 군산 농사조합장) 등과 함께 불법으로 토지를 사들였다. 구마모토는 일본 자본가들의 의뢰로 '선구적'으로 한국에서 토지를 마구 사들였으며, 더욱이 러일전쟁 후에는 불황이 심해져 토지들이 헐값에 나오자 이를 대거 사들여 전라북도의 논을 대규모로 소유하게 되었다.

구마모토농장은 전북 옥구·정읍·전주 등 5개 군에서 개정본장, 지경지장, 대야지장, 화호지장, 전주분장의 5개 농장을 운영했다. 구마모토의 소유지는 1908년 1,590정보(町步)(477만 평)에서 1910년대 말에는 2,500정보(750만 평)정도로 증대했다. 구마모토농장은 일제 말기까지 논 중심의 대규모 소작제 농장을 존속시켰다.[012]

특히 구마모토는 토지 브로커 역할도 자처하면서, 일본 재계의 투자를 받아 토지 매입과 대리 경영 사업도 벌였다. 그리하여 오사카(大阪), 효고현(兵庫縣) 등지 일본인들로부터 380정보(114만 평)를 위탁받아 관리하기도 했다.[013]

### 3) 재벌은 호시절(好時節)을 놓치지 않는다! ―일본 재벌 지주 조선흥업주식회사

일본 재벌도 좋은 기회를 놓치지 않고 '개척의 땅'을 찾아왔다. 일본 재벌까지 뛰어들어 재빨리 한국에서 토지를 획득하고 대지주가 되려 한 이유는 무엇일까? 그것은 한국에서 다른 데 투자하기보다 토지를 사들여 대규모 소작제 농장을 경영하고, 고율의 소작료를 받아서 많은 쌀을 일본에 직접 수출하여 수익을 얻는 편이 가장 높은 수익률을 낼 수 있었기 때문이다.[014]

1904년 일찍부터 시부사와(澁澤) 재벌은 한국에 진출하여 한국흥업주식회사(1913년 조선흥업주식회사로 변경, 이하 '조선흥업'으로 통일)를 설립했다. 조선흥업의 설립 목적은 소작제 농장 경영과 토지 저당 금융사업에 있었다. 조선흥업은 시부사와 재벌의 직계 회사였으며, 요직도 제일은행장 시부사와 에이치(澁澤榮一) 등 시부사와 재벌 직계 인물들이 독점했다.

기본적으로 조선흥업은 토지를 사들이는 과정에서 일본 외무성과 주한일본공사, 통감부, 한국주차군 등의 지원을 받았다. 또한 조선흥업이 1905년 처음으로 설립한 황해도 황주농장[논밭 3,000여 정보(900만 평)]은 이후 조선흥업 농장 총면적의 절반 가까이를 차지하는데, 그 토지 매입은 한국인 방장(坊長, 이후 면장)·이장(里長)이나 지방 유력자를 중개인으로 동원했기 때문에 가능했다. 이후 조선흥업은 1906~1907년 경부선 연선의 평택, 목포, 삼랑진, 대전에 농장을 개설했다. 조선흥업은 황무지를 개간하거나 간석지(干潟地)를 간척하여 농장을 설립하는 것은 충분한 생산량을 예상할 수 없어 위험이 따르기 때문에, 투자 효과의 안전을 도모하기 위해 기간지(旣墾地, 이미 개간하여 놓은 땅)를 사들여 농사개량을 통해 수확량의 안정·향상을 도모했다.

한편 1906년경까지 한국인 간의 토지 매매는 보통 관행상 단순히 문권(文券, 땅의 소유권을 넘기는 문서)을 주고받는 것이었는데, 조선흥업은 반드시 매매증서를 작성하고 보증인에게 서명하게 한 후 문권과 양안(量案, 조세 부과를 목적으로 논밭을 측량하여 만든 토지대장) 등을 첨부하여 방장·이장 등에게 증명하게 했다. 그런데 이때 조선흥업이 사들인 토지의 권리는 사실 토지소유권이 아니라 영구경작권이었음에 유의해야 한다. 이러한 방식은 조선흥업뿐만 아니라 일반적으로 당시 한국인과 일본인 사이의 토지 거래 시 많이 사용되던 관습이었다. 그러다가 외국인의 토지 소유가 합법화된 이후, 이는 토지소유권으로 둔갑되어 신고된다.

조선흥업의 자본금은 1904년 설립 당시 100만 원에서 1909년 130만 원, 1910년 150만 원으로 증가했다. 1910년에는 일본 본국 지주 출신인 가마다 가쓰타로(鎌田勝太郎)가 경영하던 한국척식주식회사 사업을 합병하여 경북 경산농장을 개설했다. 그 후 사업이 확대되어 자본금은 1913년 300만 원으로 2배나 증가했다. 이후 조선흥업은 자본금을 증액하지는 않았지만 안정된 재무구조 속에서 지속적으로 고수익을 냈다.

조선흥업의 소유 경지는 1905년 2,857정보(857만 1,000평), 1910년 9,464정보(2839만 2,000평), 토지조사사업 후 1918년 1만 2,796정보(3,838만 8,000평), 1919년 1만 4,607정보(4,382만 1,000평), 1920년 1만 4,644정보(4,393만 2,000평)에 달하며 계속 증대했다. 조선흥업이 소유하는 토지 면적은 꾸준히 증가하다가, 1929년 황해도 해주농장을 개설하면서 1만 7,000여 정보(5,100만 여 평)로 늘어나 일제 말기까지 유지되었다. 이렇게 총 경작지 면적이 늘지 않았는데도 토지대금이 계속 상승하면서 자산은 속속 증대되었다. 조선흥업의 소유 규모는 뒤에서 살펴볼 동양척식주식회사를 제외하고 식민지 조선에서 최대였다.[015]

### 4) 바늘 가는 데 실 간다! ―일본 상업자본 지주, 금융자본 지주, 본국 지주

이처럼 일본 재벌이 한국에 빨리 진출해 대지주로 변신하자, 비교적 많은 상업자본, 금융자본을 갖고 있던 자본가들과 일본에서 농장을 경영하던 대지주들도 술렁이기 시작했다.

먼저 상업자본 지주인 불이흥업주식회사는 1903년 한국에 진출한 후지이 간타로에 의해 미곡상 후지모토(藤本)합자회사(1901년 오사카에서 설립, 자본금 2만 원)를 확대·재편성하여 1914년 설립되었다. 후지이는 한국에 건너와 후지모토합자회사 군산 및 인천지점을 설치하고, 1904년경 전북 익산군의 토지 1,500정보(450만 평)를 사들여 후지모토농장(이후 전북농장)을 설치했다. 그리고 후지모토합자회사는 1909년 자본금을 30만 원으로 증액하고, 1912년 평북 용천군에 서선(西鮮)농장을 개설하여 압록강구 5,000정보(1,500만 평)의 간척사업에 착수하면서 대정수리조합을 설립했으며, 1914년 자본금을 100만 원으로 늘리며 조직을 불이흥업주식회사(이하 '불이흥업')로 개편했다.

후지이는 원래 오사카의 거상(巨商)이었는데, 오사카 상인과 해운업 관계자로부터 토지 매입 자금을 투자받아 이른 시기부터 한국에서 유명한 대지주가 되었다. 후지이 같은 상업자본 지주 대부분은 이전에는 오사카 등지 상인으로 주로 자국산 면포(綿布)와 생활필수품을 한국에 반입하고 쌀·콩·소가죽을 한국에서 반출하는 상업 활동에 종사하면서, 한국에서 현실적으로 지주화하는 것이 토지 투자의 채산성, 확실성, 장래성의 측면에서 매우 유리하다는 것을 알게 되었다. 그래서 일찍 한국에 진출한 후 상업 활동을 통해 얻은 이윤을 토지에 투자하여 지주로 변신한 것이다.

그런데 후지이와 같은 상업자본가의 경우 토지 매입 자금이 대자본가보다 상대적으로 부족하여, 대규모 토지를 단기간에 확보하기 위해서는 저렴한 미개간지(未開墾地)를 집중적으로 사들일 수밖에 없었다. 이는 앞서 본 조선흥업과 같이 대부분의 재벌 지주가 기간지에 투자하여 대규모 농장을 설립한 것과 다른 점이다. 그래서 후지이는 이후 간척사업과 수리시설 완비, 토지개량·농사 개량을 통한 생산력 증진과 고율의 소작료 수취체제 확립으로 투자 수익을 확보하는 데 더욱 힘썼다.[016] 그리하여 후지이는 1909년 한국 최초의 수리조합으로 임익수리조합을 건설하기도 한다.[017]

불이흥업은 1920년 자본금이 무려 500만 원에 달하게 되었다. 그해 불이흥업은 군산 부근에 옥구농장을 설립하여 2,500정보(750만 평)의 간척사업을 벌이며 익옥수리조합을 조직하고, 철원농장 3,000정보(900만 평)를 경영하며 중앙수리조합을 설립하기도 했다.

그리고 불이흥업도 지주 경영을 주로 하면서 위에서 본 구마모토농장처럼, 아니 그보다 훨씬 대규모의 신탁지(信託地)를 관리했다. 1915년경 불이흥업의 관리 구역은 전라남북도, 충청남도, 황해도, 경상남도에 걸쳐 있었고, 관리지 면적은 6,418정보(1,925만 4,000평)[소유지 2,382정보(714만 6,000평)]에 달했다.[018] 불이흥업은 1906년부터 일본인의 한국 토지 신탁 관리를 맡았다. 당시 일본인이 한국에서 토지를 사들일 때, 반보(300평)당 5~6원이던 것이 이후에는 10원, 나중에는 30원 가까이 땅값이 올랐다. 이후 1919~1920년 재계가 호황을 이룰 때에는 땅값이 뛰어올라 300원까지 되어 10배 이상의 수익을 올릴 수 있었다. 그러면서 불이흥업에 의뢰하는 신탁자도 많아졌다. 훗날 1914년 일해흥업(日海興業)주식회사를 창립하는 우콘 곤자에몬(右近權左衛門)도 처음에는 불이흥업의 신탁자 중한 명이었다. 후지이는 오사카의 우콘이 위탁하여 1906년 전북·충남지방 이준용(李埈鎔) 가(家)의 토지 1,100정보(330만 평)를 5만 수천 원에 사들였다. 그런데 이후 이 토지의 반보당 시가는 200원 이상이 되어 40배 넘게 상승했다. 불이흥업은 우콘의 토지 2,500정보(750만 평)의 매입 대행부터 관리까지 일체를 맡았다.[019] 이 밖에도 불이흥업은 도쿄의 47명으로부터 1,600정보(480만 평)를 위탁받아 높은 수익률을 올리기도 했다.[020]

한편 상업자본 지주이자 금융자본 지주였던 무라이 기치베(村井吉兵衛)는 일본에서 담배 장사를 해 부를 축적했다. 그 후 1894년 한국에 진출하여 무라이형제상회 대리점을 설치해서 일본에서 만든 권연초(卷煙草, 얇은 종이로 가늘고 길게 말아 놓은 담배)를 판매하고 한국으로부터 연초엽(담뱃잎)을 수입해 수익을 얻었다. 그런데 러일전쟁이 시작되어 일본 정부가 전쟁 비용을 조달하기 위해 1904년 7월 '연초전매법(煙草專賣法)'을 제정하면서, 무라이는 일본 정부에 사업을 넘기고 1,170만 원이란 거액의 보상금을 받게 된다. 무라이는 이 자금으로 일본에서는 무라이은행, 무라이저축은행 등을 설립하는 한편, 한국에서는 농촌에 주목하여 지주로 변신했다.

무라이의 토지 투자 방향 역시 후지이 간타로와 같이 재벌 지주들과는 달랐다. 무라이는 낙동강가의 황무지를 대규모로 개척하여 대농장을 건설하기로 했다. 이에 무라이합명회사가 1904년부터 한국인을 지배인으로 앞세워 동장 등을 매개로 토지를 사들이기 시작했다. 무라이 측에 자발적으로 토지를 팔아넘기는 자들도 있었지만, 무라이는 거의 토지소유자의 의사와 상관없이 다른 사람 명의로 몰래 토지를 사들인 다음 사후에 강제로 돈을 지불하는 방식으로 토지를 획득했다. 무라이농장은 불법적인 방법으로 주로 미개간지와 동유지(洞有地)를 사들이면서 다양한 방법으로 토지소유권 증빙을 받았다. 보통 매매문기나 관의 증명을 받았는데, 창원군수, 마산이사청이 지원하고 심지어 이토 히로부미(伊藤博文)와 이완용의 후원도 있었다고 한다. 무라이의 투자 지역은 경남 김해·창원·함안군 일대였는데, 무라이는 마산선 진영역이 설치된다는 것을 듣고 이 부근의 대규모 미개간지에 주목하여 개간사업을 통한 농장 설립을 계획했다. 결국 농장의 대부분은 창원·함안군에 속하고 일부가 김해군 진영면에 속했으나, 이후 진영농장 이외의 토지는 점차 정리하고 진영농장에 집중한 것으로 보인다.

무라이는 1905년부터 경작과 동시에 개간을 시작했고, 1907년 토지 매입을 완료하여 진영농장의 틀을 완비했다. 이때 무라이는 정보당 약 57원에 토지를 사들이는 등 헐값에 토지를 매입했다. 1908년 무라이는 4,212정보(1,263만 6,000평)의 토지를 소유하고 있었는데, 이때까지도 농장 전체 중 기간지는 밭 약 200정보(60만 평)가 있었을 뿐이다. 이후 본격적으로 개척에 나서 1914년경 농장의 기본 모습이 정비되면서 소유지는 6,137정보(1,841만 1,000평)로 늘어났다. 한편 진영농장의 특징은 일본인 소작농과 한국인 소작농이 공존했다는 점이다. 그런데 농장은 이들을 별도의 소작조합으로 조직하여 차별적으로 대우했다.[021]

한편 조선실업주식회사(이하 '조선실업')는 일본 본국에서 지주였던 가마다 가쓰타로에 의해 1905년 자본금 10만 원으로 설립되었다. 조선실업은 전라남도의 논 중핵지대에 거대한 경지를 소유하고 대규모 소작제 농장을 경영하며 고율의 소작료 수익을 올렸다. 가마다는 본국 토지 소유 규모가 100정보(30만 평) 이하로 대지주는 아니었다. 가마다는 고율의 소작료 수취를 위해 한국에서 적극적으로 토지 획득에 나선 것이었다.

조선실업은 1910년대 중반 3,000정보(900만 평) 가까이를 거느리는 대지주가 되었고 이후에도 그 토지 소유 규모를 유지·확대했다.[022] 1919년 당시 조선실업의 자본금은 200만 원이었고, 논 약 3,095정보(928만 5,000평), 밭 약 831정보(249만 3,000평) 등을 소유하고 있었다.[023] 가마다는 조선흥업주식회사 주주이자 이사로도 참여하여, 1920년 3월 당시 주식 1,038주를 소유하고 있었다.[024] 해방 후 귀국 시 조선실업의 자본금은 540만 원으로 증가했다.[025]

## 3. 일본의 보호국 한국에서 당당히 토지를 사들이자!
### — 러일전쟁 후~한일병합 전 일본인들의 한국 토지 투자 본격화

**1) 이제 통감부를 설치했다! —일제의 일본인 토지 투자 밀어주기**

러일전쟁이 끝난 후 일본이 한국에서 확실히 패권을 잡으면서 일본인들은 대거 한국에 진출하여 토지를 사들였다. 한국에서 토지를 매입한 일본인들은 최대한의 수익을 내기 위해 주로 소작제 농장을 개설했다.[026]

한편 일본인의 한국 토지 소유를 공인하기 위해, 러일전쟁 승리와 을사조약 체결 후 통감부를 설치한 일제는 이토 히로부미 통감의 구상을 중심으로 식민지적 부동산 증명제도를 마련하기 시작한다. 그 결과 1906년 10월 '토지가옥증명규칙'이 공포되고 12월부터 시행되어 외국인의 토지 소유가 임시로 합법화되었다. 토지가옥증명규칙에서는 "당사자 중 한편이 외국인으로서 본 규칙에 의해 증명을 받을 경우, 일본이사관의 조사·증명을" 받아야 한다고 규정(제8조)했다. 이 조항은 개항장 거류지(조약 등에 따라 한 나라가 영토 일부를 한정하여 외국인의 거주·영업을 허가한 지역) 10리 밖 내륙에서 외국인 특히 일본인의 토지 소유에 대해 공증을 보장한 것이다. 이를 통해 일본인 자본가·지주의 토지 매매·전당·임차와 일본 농민의 이주·식민이 촉진되었다. 이후 1906년 12월 '토지가옥전당집행규칙'이 공포되고 1907년 2월부터 시행되어 일본인 자본가·지주는 전당 대상인 토지·건물의 소유권을 더욱 쉽게 취득하게 되었다.

그리고 1908년 7월 '토지가옥소유권증명규칙'이 시행되어 토지소유권의 존재 여부가 이전보다 확실히 증명되었다. 이 규칙은 토지가옥증명규칙 시행 전에 몰래 획득한 외국인 소유 부동산에 대해서도 통감부가 소유권 보존 증명을 할 수 있도록 규정했다. 이로써 외국인은 토지 소유 제한을 둔 조약상의 속박에서 해방되어 한국인과 거의 똑같은 권리를 누릴 수 있게 되었다. 통감부는 이것이 한국 개발에 필요한 외국 자본을 불러들이기 위한 수단이라고 선전했다. 하지만 이러한 규칙들은 일본인 자본가·지주가 새로 토지를 취득하려고 토지를 거래하거나 불법으로 취득한 토지소유권을 인정받는 데 적극적으로 활용되었다.[027]

실질적으로는 러일전쟁 후 일본인의 한국 토지 투자, 이주를 장려하기 위해 일본 각 지방의 자본가·지주가 일본 지방관청의 경비 지원 아래 농업식민회사와 조합을 설립하여 이주 식민사업을 벌이기도 했다. 또 이미 한국에 진출해 대규모 농장을 경영하고 있던 지주들도 이러한 사업을 주도했다. 전자는 도쿄의 한국척식주식회사(1906년 설립), 후자는 호소카와(細川)농장(1904년 전북 익산에 설립)이 대표적이다.

하지만 대다수 일본인 자본가·지주는 이주 식민사업보다는 토지 경영 확대를 추구했다. 앞에서도 이야기한 것처럼 토지를 사들여 한국인 농민을 이용해 대규모 소작제 농장을 경영하고, 고율의 소작료로 받은 쌀을 일본에 수출하는 것이 더 높은 수익률을 창출할 수 있었기 때문이다. 실제로 고율의 소작료를 수취하며 소작 경영을 할 때 토지 투자 수익률이 다른 경우보다 1~2할 더 높은 것으로 집계되었다. 또한 일본인 자본가·지주는 대개 고리대를 주고 토지를 저당 잡았다가 헐값으로 토지를 취득하는 수법을 사용했기 때문에 토지 투자 수익률은 더 높았다. 토지 가격 상승으로 투기 이득도 챙길 수 있었다. 그래서 이들의 일본인 이주 식민사업은 보조사업일 뿐, 대부분 주업은 토지 매입과 황무지 개간 등 토지 투자 식민사업이었다.

예를 들어 <표 1>과 같이 1900년대 한국의 토지 수익률을 일본과 비교해 보면, 논 수익률은 일본이 6.27%이던 데 비해 한국은 25.86%로 4배 이상에 달했다. 여기서 한국의 통계는 군산지역이라는 지주 경영에 유리한 특수한 조건하의 수익률임을 감안할 필요는 있다. 일반적으로는 한국의 논 수익률이 일본의 2~3배 정도에 달한 것으로 나타난다. 이에 더해 통감부 농상공무부(農商工務部) 자료에 따르면, 1907년 군산은 논이 많지만 인구 밀도가 낮아 수확이 많은 상등급 논의 반보당 가격이 20원 전후였다. 또 그해 경부철도를 따라 있는 평택지역 논은 반보당 20~25원, 경의선 황주군 겸이포 부근의 논이 드문 곳은 좋은 논이 반보당 30원 정도였다. 후지이 간타로에 의하면, 러일전쟁 후 수리 편이 갖추어져 있는 논은 보통 반보당 30원 정도였다고 한다. 1903년 통계와 이 같은 한국의 논 매매가격을 편의상 <표 1>의 1909년 일본의 논 반보당 194원에 비교하면, 한국의 논 매매가격은 일본의 1/13 내지 1/6도 안 되었던 것이다.

이렇게 한국과 일본의 토지 수익률이 차이가 있던 것은 양국의 경제력 격차로 한국의 땅값이 더할 나위 없이 저렴했기 때문이다. 한국의 토지 매매 가격은 평균 일본의 1/10 내지 1/3 정도로 저렴했다. 심지어 1/30까지 저렴한 토지도 있었다. 미곡 무역이 활성화되면서 쌀값은 폭등하고 토지 가격도 상승하는 추세였다. 또 독점자본 등의 독점적 토지 소유로 땅값이 급격히 상승했다. 1905년경 일반적으로 한국의 토지 투자 수익률은 15% 이상으로 예상되었고, 한국에서 지주 경영을 할 경우에는 당시 일본의 연 4%보다 5배 정도 높은 20% 정도의 수익을 올릴 수 있었다. 그래서 돈을 빌려 지주 경영을 하더라도 이익이 남는다는 생각으로 당시에도 소위 '영끌'까지 마다않는 토지 투기적 상황으로 번지게 된 것이다. 그 결과 일본 농민의 이주 식민화 정책은 별다른 성과를 거두지 못했으나, 일본인 자본가·지주의 토지 투자와 지주 경영은 더욱 촉진되었다.[028]

**〈표 1〉 한국(1903)과 일본(1909)의 논 매매가격, 순수익, 토지 수익률 비교**

(단위: 반보당 圓, %)

| 구분 | 매매가격 | 순수익 | 토지 수익률 |
|------|---------|--------|------------|
| 한국 | 14.50 | 3.75 | 25.86 |
| 일본 | 194.00 | 10.16 | 6.27 |

* 출전: 農商務省, 『韓國土地農産調査報告: 慶尙道·全羅道』, 1905, 534~535쪽; 日本勸業銀行, 『第4回全國田畑賣買價格及收益調』, 1925, 8·21·24쪽(淺田喬二, 『增補 日本帝國主義と舊植民地地主制』, 龍溪書舍, 1989, 75쪽에서 재구성).
* 순수익은 소작료 환산 금액에서 공조(公租, 국세 및 지방세)·공과(公課), 관리비, 소작료 징수비를 제외한 것이다.
* 일본은 1909년 전후 불황기로 쌀값이 하락하여 순수익이 낮았던 점에 유의해야 한다.
* 조사범위는 한국은 군산지역이고, 일본은 홋카이도(北海道)를 제외한 지역 평균이다.

## 2) 좀 늦었지만 지금이라도 뛰어들어보자! ─일본 재벌 지주와 상업자본 지주들의 동참

동산농사주식회사(이하 '동산농사')는 일본 재벌인 미쓰비시(三菱) 재벌의 창설자인 이와사키 야타로(岩崎彌太郎)의 장남 이와사키 히사야(岩崎久彌) 소유로 1907년 동산농장을 경영하기 시작했다. 이와사키 히사야는 통감부의 권유로 1908~1909년경부터 본격적으로 토지를 사들여 대체의 농장 정비를 마쳤다.

동산농장은 전라남북도, 경기도의 넓은 논을 소유하는 소작제 농장이었다. 그 소유 경지는 1908년 4,292정보(1,287만 6,000평), 1915년 4,830정보(1,449만 평), 1922년에는 1만 2,510정보(3,753만 평)로 급증했다. 초창기인 1910년에도 동산농장의 토지 수익률은 논이 35%, 밭이 10%에 달했다.[029]

이후 1916년 10월 이와사키가정사무소(岩崎家庭事務所)가 신설되고, 이것이 1919년 10월 미쓰비시합자회사 니가타(新潟)사무소 업무까지 계승하여 이와사키 히사야의 농림업 경영을 위해 자본금 500만 원의 동산농사주식회사로 개편되었다. 이후 미쓰비시의 전 농림사업이 동산농사로 통합되었으며, 1920년에는 자본금이 1,000만 원으로 2배가 되어 귀국 당시까지 유지되었다.[030] 미쓰비시 재벌은 미쓰이(三井) 재벌 등 다른 일본 재벌과 달리, 이와 같이 미쓰비시합자회사를 통한 투자와 별도로 이와사키 일가가 독립적으로 각종 개별 사업에 투자

한 특징이 있었다.[031]

한편 상업자본 지주인 구니타케(國武)농장도 한일병합 전 한국에서 소작제 농장을 만들었다. 후쿠오카현(福岡縣)의 구니타케합명회사 대표이던 구니타케 기지로(國武喜次郎)가 일본의 러일전쟁 승리 후 1906년 새로운 영토를 찾아 한국에 왔다.

구니타케는 한국에 진출하면서 도쿄에서 오쿠마 시게노부(大隈重信) 백작, 기요우라 게고(淸浦奎吾) 자작, 전 특허국장 오다 하지메(織田一)와 후쿠오카현 지사 가와시마 아쓰시(河島醇) 등의 지원을 받았다. 구니타케는 한국에서 농사 경영을 하는 것이 확실히 땅값이 저렴하여 유망하다고 판단했다. 그래서 경기도 수원에 가서 권업모범장장 혼다 고스케(本田幸介)를 만나 기간지를 사들이는 것이 좋다는 조언을 듣고 수원지역의 경지를 사들였다. 그런데 당시는 토지가옥증명규칙이 발표되기 전으로, 문기로 토지소유권을 주고받았을 뿐이다.

한일병합 후에는 소유지를 확대하여 경기, 충남, 전남지방의 경지를 소유했는데, 구니타케가 1906년부터 1915년경까지 토지 매입에 투자한 금액은 수십만 원에 달했다. 구니타케는 주로 경기도의 논 중심지대의 경지를 소유하며 소작제 농장 경영을 했다.[032] 구니타케농장 규모는 1910년대 초에는 1,000정보(300만 평)대, 1910년대 말에는 2,000정보(600만 평)대 수준으로 증대했다. 이후 구니타케 기지로의 장남인 구니타케 긴타로(國武金太郎)가 사업을 이어받게 된다.[033]

### 3) 국가도 대지주처럼 될 수 있다! ―반(半)국가 지주 동양척식주식회사

앞서 본 것처럼 1908년 7월 토지가옥소유권증명규칙이 시행되어 토지소유권을 확실히 증명받게 된 후, 마침내 1908년 12월 국책회사인 동양척식주식회사(이하 '동척')가 설립되었다. 동척은 처음에는 '일본인 농민의 한국 이식'이라는 일본의 국가적 방침을 우선시했다.

일본 정부는 동척 설립 때부터 8년간 매년 30만 원씩 보조금을 주었다. 그리고 동척의 자본금 1,000만 원[20만 주(株)] 중 한국 정부는 300만 원(6만 주)에 해당하는 대규모의 비옥한 논밭을 각각 5,700정보(1,710만 평)씩 총 1만 1,400정보(3,420만 평) 현물(現物) 출자 방식으로 내놓기로 했다. 그리하여 1909~1913년간 4회에 걸쳐 동척은 역둔토[역토(驛土, 관리나 외국 사신의 왕래 시 말을 공급하던 역에 속한 논밭)와 둔토(屯土, 궁과 관아의 경비를 충당하던 논밭)]와 궁장토[宮莊土, 내수사(內需司, 왕실 재정의 관리를 맡아보던 관아)와 각 궁방(宮房, 왕실의 일부인 궁실과 왕실에서 분가하여 독립한 대원군 등의 집)에 속한 토지] 중 우량한 경지 9,931정보(2,979만 3,000평)를 인수해 갔다. 한편 동척은 현지조사 결과 밭보다 논이 경영하기 편리하고 수익성이 높으므로, 한국 정부와 협의하여 일정한 환산 가격으로 많은 밭을 논과 교환했다. 이렇게 인수한 토지를 동척이 실측해보니 그 면적이 예정보다 많은 총 약 1만 7,713정보(5,313만 9,000평)로 집계되었다.

이뿐만 아니라 동척은 민간에서도 많은 농지를 사들여 농장 규모를 확대해갔다. 이를 위해 동척은 매수반(買收班)을 조직하고, 자본금과 일본홍업은행을 경유하여 받은 대장성 예금부의 차입금을 토지 매입 자금으로 하여 제1기 300만 원, 제2기 1,000만 원으로 토지를 민간에서 사들였다. 동척은 한국 토지를 헐값에 사들였고, 토지문서를 담보로 돈을 빌려주고 돈을 갚지 못하면 그 토지를 차압했다. 1909~1913년간 동척이 민간에서 사들인 토지는 총 약 4만 7,146정보(1억 4,143만 8,000평)에 달했다. 그런데다 탁지부(度支部, 국가 전반의 재정을 맡아보던 중앙 관청)는 1909년에 동척이 국책상 특별히 설립된 회사이므로, 그 소유지에 대해 당분간 토지세를 부과하지 않기로 하여 특혜를 주었다. 그러다가 1912년에 가서 그때부터 동척에도 과세하게 되었다.

한국 정부에서 받은 토지와 민간에서 사들인 토지를 합하면, 1913년까지 동척의 전체 소유지는 무려 6만 4,859정보(1억 9,457만 7,000평)에 달했다. 이후 동척 소유지는 토지조사사업이 끝난 후 1918년 7만 5,176정보(2억 2,552만 8,000평), 1919년 7만 8,520정보(2억 3,556만 평)로 더 증가했으며 그 후에도 계속 증가했다. 동척 소유 농경지는 식민지 조선 전체 농경지의 1.5% 내외를 차지했고, 일본인 소유 농경지 중에서는 40% 내외를 차지했다. 동척은 소유 경지의 압도적인 부분을 한국인 농민에게 소작시켰고, 극히 일부 땅만 일본인 농업 이민자에게 빌려줬다. 이렇게 동척은 조선 최대의 지주로 군림하게 된다.[034]

결국 동척 설립의 본래 목적이던 일본인 이민사업은 거의 철수하고, 동척의 투자는 토지 소유 투자가 압도적으로 큰 비중을 차지하게 되었다. 동척의 소유지는 황해도·전라남도를 중심으로 함경북도를 제외하고 조선 전 도에 분포해 있었다. 그 경지 중 90% 이상이 소작제 농장이었고, 10%도 안 되는 부분만이 이민자 대상이었다.[035] 앞서 동척 설립 당시 이토 히로부미 통감은 동척이 꾀한 이민사업은 한국인들만 자극할 뿐 성과를 거두기 어려울 것이라며 이에 회의적이었는데 실제 그렇게 된 것이다.[036]

동척은 한일병합 후 시간이 갈수록 실적이 저조한 이주 식민보다는 토지 투자 식민을 도모하는 방향으로 나아갔다.[037] 동척의 자본금은 1918년 2,000만 원, 1919년 5,000만 원으로 급증했으며 이후 일제 말기까지 유지되었다.[038]


## 4. 식민지 조선에서 떼돈을 벌려면 대지주가 되어라!
—한일병합 후~1910년대 대지주화를 통한 자본 축적

### 1) 드디어 일본이 한국을 병합했다! —일본인의 계속된 한국 토지 사들이기
이처럼 러일전쟁을 전후하여 한일병합 이전부터 일본인 대지주는 급속도

<표 2> 일본인 대농장(100정보 이상)의 발달(1905년 이전~1920년)

| 구분 | 1905년 이전 | 1906~1910년 | 1911~1915년 | 1916~1920년 |
|---|---|---|---|---|
| 이남 7도 | 18 | 38 | 52 | 49 |
| 이북 6도 | - | 1 | 17 | 25 |
| 계 | 18 | 39 | 69 | 74 |

* 출전: 朝鮮總督府, 『朝鮮の農業』, 1933; 久間健一, 『朝鮮農業の近代的樣相』, 西ケ原刊行會, 1935, 4쪽(김준보, 『토지 문제와 지대이론』, 한길사, 1987, 66쪽에서 재구성).

로 증가했다. 1905년부터 1920년까지 100정보(30만 평) 이상을 소유한 일본인 대농장의 발달 추이를 통계로 나타내면 <표 2>와 같은데, 그 수는 1910년대에도 계속 증가했다. 이들 일본인 대지주의 경영 면적은 일본인 한국 소유지 전체의 거의 5할에 달했다.[039]

한일병합 전부터 1910년대에 창업하여 1922년 현재 토지 2,000정보(600만 평) 이상을 소유하고 있던 주요 일본인 대지주의 토지 소유 면적과 소재지를 나타내면 <표 3>(다음 페이지)과 같다. 대체로 이들은 한일병합 이전에 창업하여 병합 후 소유 면적을 크게 확대했으며, 토지 소재지는 전라남북도, 황해도, 경상남북도, 경기도, 충청남도, 평안남북도 등 전국 각지에 걸쳐 있었다.[040]

## 2) 일본판 세상에서, 우리도 돈 좀 벌어 볼까? ─일본인을 동경한 조선인의 땅 투기

한편 병합 직후에는 더 많은 일본인과 부유한 조선인들이 투기적 토지 매매의 장(場)에 동참했다. 1912년 당시 신문을 보면, 도시와 지방을 불문하고 투기적으로 토지를 매매하여 그 폐해가 적지 않던 것을 볼 수 있다. 특히 부호가 여러 곳에서 토지를 사들였다가 땅값이 오르거나 구매자가 나타나 이익이 생기면 즉시 팔아버리는 일들이 빈발하여 땅값을 폭등시키는 원인이 되고 있었다.[041]

<표 3> 일본인 대지주의 토지 소유 면적과 소재지(1908~1922년)

(단위: 정보)

| 구분 | 지주명 | 창업년차 | 토지 소유 면적(소재지) | | |
|---|---|---|---|---|---|
| | | | 1908년 | 1915년 | 1922년 |
| 반(半)<br>국가 지주 | 동양척식<br>주식회사 | 1908년 | 11,036<br>(전국) | 73,364<br>(전국) | 85,410<br>(전국) |
| 재벌 지주 | 동산농사<br>주식회사 | 1907년 | 4,292<br>(경기, 전북, 전남) | 4,830<br>(경기, 전북, 전남) | 12,510<br>(경기, 전북, 전남, 황해) |
| 상업자본 및<br>금융자본<br>지주 | 조선흥업<br>주식회사 | 1904년 | 6,095<br>(전남, 경남) | 11,440<br>(경기, 충남, 전남) | 12,268<br>(충남, 경북, 황해) |
| | 불이흥업<br>주식회사 | 1904년 | 914<br>(전북) | 2,382<br>(충남, 전북, 평북) | 4,504<br>(충남, 전북) |
| | 일해흥업<br>주식회사 | 1914년 | - | 1,082<br>(황해) | 2,529<br>(충남, 황해) |
| | 우콘 곤자에몬 | 1914년 | - | 3,017<br>(전남, 강원) | 2,145<br>(전북) |
| | 무라이 기치베 | 1905년 | 4,212<br>(경남) | 2,853<br>(경남) | 2,111<br>(경남) |
| | 구니타케농장 | 1906년 | 900<br>(경기) | 1,568<br>(경기, 충남, 전남) | 2,048<br>(경기, 충남, 전남) |
| 일본 본국<br>지주 | 조선실업<br>주식회사 | 1905년 | 980<br>(전남) | 2,725<br>(경기, 전남) | 3,816<br>(전남) |
| 기타 지주 | 구마모토 리헤 | 1903년 | 1,590<br>(전북) | 1,712<br>(전북) | 2,536<br>(전북) |

* 출전: 農商務省 農務局, 『朝鮮農業槪說』, 1910, 25~26쪽; 朝鮮總督府 殖産局, 『朝鮮の農業』, 1923, 126~127쪽; 朝鮮總督府 殖産局, 『朝鮮の農業』, 1924, 133~141쪽; 朝鮮總督府, 『朝鮮總督府統計年報』, 매년도(淺田喬二, 앞의 책, 384~399쪽에서 재구성).

또한 충청북도 훈령을 보면, 이 무렵 농사 경영을 표방하며 거액의 자금을 투자하여 토지를 사들이거나, 투기 목적으로 토지를 사서 높은 이익을 얻으려고 하는 이들이 많아 땅값이 폭등하고 있었다. 게다가 중소 자작농까지 한때의 이익에 현혹되어 조상 대대로 내려온 논밭을 내놓아 팔아버리고 자산 운용을 잘못하다가 돈을 날리는 경우도 많았다.[042]

더욱이 당시 경성 시구(市區) 개정 계획, 도로 개축(改築) 공사 등은 일반인의 땅 투기 열풍을 더 조장했다. 이 소식을 들은 일본인들이 1913년 경성 시내 토지를 매매하기 위해 투자한 금액이 150만여 원에 달했다는 기사도 보인다. 그 자금은 각 은행, 동양척식주식회사 금융부, 회사 등으로부터 융통한 것이었다.[043] 즉 토지를 담보로 하는 금융제도가 확립되고, 도시 개발 혹은 농지 개간과 같은 투자 정보 획득이 용이해지면서 땅 투기 열풍이 더 거세진 것이다.

### 3) 식민지 조선의 토지 투자를 지원하자! —지주의 토지 소유 보호와 대지주 세제 특혜

그렇다면 일본인들은 도대체 무엇을 믿고 이렇게 식민지 조선의 땅을 마구 사들였던 것일까? 그들의 뒤에는 물심양면으로 적극적인 지원을 아끼지 않던 식민당국이 있었다. 조선총독부는 정책적·법적 지원을 통해 일본인의 한국 토지 투자와 투기를 도왔다.

한국병합 후 일본 식민당국은 식민지 조선의 지주제를 효과적으로 관리하기 위해 지주소작관계를 일본 민법 체계를 적용하여 법제화했다. 한편으로 조선을 본국의 자본주의 시장경제에 편입시키고, 식민통치에 필요한 토지세 수입 등 세원을 확충하기 위해 토지소유자를 파악하고 농업을 개발하며 토지 상품화를 촉진하고자 했다.

이에 1912년 3월 '조선민사령'을 제정하고 다음 달 시행하여 일본 민법에 따라 배타적 토지소유권을 인정했다. 이제 부동산 물권의 득실(得失)과 변경은 등기에 따라 공증되어 제3자에 대한 대항력을 갖게 되었다. 등기 절차와 관련해서는 같은 달 일본 '부동산등기법'을 차용한 '조선부동산등기령'(소유권·전당권 외 지상권·선취특권 등 권리 포괄)과 '조선부동산증명령'(소유권·전당권으로 한정)을 공포했다. 이는 일본의 등기제도가 식민지 조선에 그대로 이식된 것으로, 일본인 자본가·지주의 토지 투자와 상품화를 더욱 편리하게 만들었다.

또한 토지조사사업을 실시하여 지주의 토지 소유를 중심으로 토지소유권을 법적으로 인정·보호하고 절대화했다. 토지조사사업이 완료된 1918년 7월에는 조선부동산등기령을 전국적으로 시행하여 토지대장, 토지등기부, 지적도를 완비했다. 이를 통해 그간 조선인과 일본인을 구별하던 토지 소유 관련 사무가 통일되고, 증명 사항의 범위가 현저히 확장되어 소유권뿐만 아니라 전당권의 설정·보류·이전·변경·소멸 등에 대해서도 증명하게 되었다. 그리고 이전의 실지 조사 결정(과세 당국이 납세 의무자의 과세 표준과 세액을 직접 방문·조사하여 확정하는 일) 방식을 고쳐 형식주의(조세 부과 및 징수를 단순히 법률 근거에 따라 하는 일)를 채택하여, 규정 요건을 갖춘 신청서만 세출하면 즉시 증명을 부여했다. 그리하여 일본인 자본가·지주의 토지 집적(集積)은 더욱 촉진되고, 동시에 은행·금융조합 등 금융 자본의 토지 지배도 강화되었다.[044]

아울러 일본인 대지주를 비롯하여 대지주 일반에게 세제 특혜가 주어졌다. 일본 본국과 식민지 조선의 토지세 세액 수준에는 근본적으로 차이가 있었다. 그 이유는 일본의 지주층은 본국 자본주의의 산업적 기반을 조성하는 재원을 마련하기 위한 집중적 수탈 대상이었던 데 반해, 식민지 조선의 지주층은 식민 권력의 유력한 파트너이자 일본으로 이출할 값싼 미곡의 생산자로서 육성되었기 때문이다. 그리하여 식민지 조선의 대지주들은 적은 토지세 부담과 함께 토지 투자에 대한 수익을 확실히 보장받을 수 있었다.

식민지 조선의 대지주는 세제 특혜를 받아 ① 지주층은 상공업 자본가를 제외하고는 실질적으로 조세 부담 능력이 있는 거의 유일한 계층이었으나, 개인 소득에 대한 누진세인 소득세가 부과되지 않았다. 국세는 호세, 가옥세, 토지세만 부담하면 되었다. 게다가 쌀값 상승률이 일반 물가 상승률보다 훨씬 높아 지주층의 농업 경영이 매우 유리한 조건이었다. ② 토지세는 단순 비례세로 중소지주든 대지주든 과세율이 같아 소득역진적인, 곧 소득이 늘어남에 따라 오히려 실질적인 세율은 낮아지는 모순을 안고 있었다. ③ 토지세 부담을 지주가 소작농에게 전가하는 경우도 많았다. ④ 일본에 비해 식민지 조선의 토지세 부담은 1/5도 안 되는 수준이었다. 1918년의 토지세율은 일본이 34%, 조선

이 5.7% 정도였다. 이는 일본 자본을 조선의 토지로 유인하는 주요 요인이 되었다.[045]

일제시기 식민지 조선의 평균 토지 수익률은 8~9%로, 보통은행 정기예금 이윤 4~6%, 주식 이익률 6~7%에 비하면 1.1~2.3배 정도 높은 수준이었다. 이에 더해 조선흥업주식회사와 같은 대지주의 경우, 고율의 소작료를 바탕으로 최대 이윤 창출을 도모하여 토지 이윤이 무려 1910년대 21%, 1920년대 27%에 달했다.[046]

### 4) 늦었다고 생각할 때가 가장 빠른 때! —상업자본 지주 우콘 곤자에몬

한일병합 후에야 식민지 조선에 진출한 우콘 곤자에몬의 경우는 상업자본 지주 중에서도 해운업 관계 지주의 대표적인 인물이다. 우콘은 오사카에서 일본해상운송화재보험주식회사, 오사카상선주식회사 등을 경영했다. 그러다가 러일전쟁 후 해운업계의 불황으로 해운업과 선박보험업이 모두 부진해지자 이를 타개하기 위해 지주로 변신했다.

한일병합이 결정되자 한국인 대토지소유자들은 자기 소유지가 혹시 몰수될까 두려워하여 토지를 서둘러 처분하려는 움직임도 보였다. 이에 데라우치 마사타케(寺內正毅) 통감은 땅값이 폭락하여 한국 사회가 대혼란에 빠질까 우려하여, 비밀리에 관료를 일본에 파견해 일본인 자산가들에게 한국의 토지를 사들이도록 권유했다. 이때 파견된 데라우치의 비서 기무라 히데토시(木村英俊)는 이전에 일본해상보험회사 도쿄지점장으로 일했던지라 자연히 우콘에게도 토지 매입을 권유했다. 이에 우콘은 소유한 선박을 팔아버리고 선주(船主)들에게 빌려준 돈도 돌려받은 후 한국에서 토지를 사들이는 데 적극적으로 나서게 되었다. 그런데 우콘은 전남 무안군 일대에서 경찰서와 법원을 동원하여 토지를 사들인 뒤 농민들에게 화해조서를 강요하는 등 약탈적인 방식으로 대지주가

되었다.[047]

우콘의 농장 소유 규모는 계속 유지되어, 일제 말기에도 충남·경남·황해도·평북에서 경지 면적이 2,000 수백 정보(600만 평여)에 달했다. 또한 우콘은 일해흥업주식회사(1921년 당시 자본금 100만 원) 사장으로, 이 회사 소유의 농장도 비슷하게 큰 규모로 함께 존재했다.[048]

## 5. 나가며 —일제하 자본주의 사회가 촉진한 토지 투기 열풍

러일전쟁을 전후하여 일본이 한국에서 패권을 잡으면서 일본인들은 대거 한국에 진출하여 토지를 사들였다. 외국인의 토지 소유가 법적으로 제한된 시기에 일본인들은 각종 편법을 동원해 토지소유권을 얻으려 했다. 일본인 측에서 보면 관련 제도가 미비한 상황에서도 리스크를 안고 모험적으로 토지에 투자하면서 다양한 비합법적 수단을 동원한 것이다. 한국 측에서 보면 이러한 문제를 알면서도 실제로는 용인했던 한국 정부와, 외국인의 토지소유권이 인정되지 않는 상황에서도 오직 이득을 챙기기 위해 토지를 내놓고 팔았던 한국인의 행태가 확인된다.

러일전쟁에서 승리한 일본은 통감부를 설치하고 나서 일본인의 한국 토지 소유를 공인하기 위해 식민지적 부동산 증명제도를 마련하기 시작한다. 1906년 토지가옥증명규칙, 1907년 토지가옥전당집행규칙, 1908년 토지가옥소유권 증명규칙을 시행하여 일본인의 토지소유권을 임시로 합법화한 것이다. 이를 통해 일본인 자본가지주의 토지 매매·전당·임차가 촉진되었다.

한국에서 토지를 사들인 일본인들은 주로 대농장을 개설했다. 대다수 일본인 자본가지주는 이주 식민사업보다는 토지 투자 식민사업의 확대를 추구했다. 토지를 사들여 한국인 농민을 이용해 대규모 소작제 농장을 경영하고, 고율의 소작료로 받은 쌀을 일본에 수출하는 것이 더 높은 수익률을 창출할 수 있었기 때문이다. 또한 일본인 자본가·지주는 대개 고리대를 주고 토지를 저당 잡았다가 토지를 헐값으로 취득하는 수법을 사용했기 때문에 토지 투자 수익률이 높았다. 토지 가격 상승으로 투기 이득도 챙길 수 있었다. 한국과 일본의 토지 수익률의 차이가 컸던 것은 양국의 경제력 격차로 한국의 땅값이 더할 나위 없이 저렴했기 때문이다.

일본의 한국병합 이후에는 더 많은 일본인과 한국인들이 투기적 토지 매매의 장에 동참했다. 토지를 담보로 하는 금융제도가 확립되고, 도시 개발 혹은 농지 개간과 같은 투자 정보 획득이 용이해지면서 토지 투기가 조장된 것이다. 이렇게 토지 투자와 투기가 활발해진 배경에는 식민당국의 정책적·법적 지원이 있었다. 일본은 1912년 조선민사령을 시행하여 일본 민법 체계를 적용하여 지주소작관계를 법제화하고 배타적 토지소유권을 인정했다. 한편으로 식민지 조선을 본국의 자본주의 시장경제에 편입시키고, 식민통치에 필요한 토지세 수입 등 세원을 확충하기 위해 토지소유자를 파악하고 농업을 개발하며 토지 상품화를 촉진하고자 했다. 이에 1912년 조선부동산등기령, 조선부동산증명령 등을 공포하여 등기제도를 완비하고, 1918년 토지조사사업을 완료하여 토지소유권을 법적으로 인정·보호하고 절대화했다. 그리하여 일본인 자본가·지주의 토지 집적은 더욱 촉진되고, 동시에 은행·금융조합 등 금융자본의 토지 지배도 강화되었다. 아울러 대지주에게 세제 특혜가 주어져 이들은 토지 투자에 대한 수익을 확실히 보장받을 수 있었다. 일본과 식민지 조선의 토지세 세액 수준에 차이가 있던 이유는 식민지 조선의 지주층은 식민권력의 유력한 파트너이자 일본으로 이출할 값싼 미곡의 생산자로서 육성되었기 때문이다.

이상으로 이 글에서는 러일전쟁이 시작되는 1904년 전후부터 1910년대 일제하 근대적 토지 투자와 투기의 원형을 살펴봤다. 이후 일제 말기까지 일본인 자본가·지주의 식민지 조선 토지 투자·투기 양상은 시대와 계기에 따라 변화하면서 정교화하거나 발달·통제되는 등의 양상을 보였을 것인데, 이에 대해서는 추후의 연구과제로 삼겠다. 또한 현재 남아 있는 일제시기 각 토지대장, 토지매매문서, 토지매매계약서, 토지매도증서, 토지소유자이동신고서, 토지권리증, 등기서류철 등 토지 매매 및 등기와 관련한 방대한 기록을 식섭 분석하여 유형화해서 토지 투자와 투기의 동향을 파악하는 작업을 향후 진행한다면 그 의미가 클 것이다.

일제하 토지 투자·투기의 시대와 지금은 분명히 다르다. 그러나 토지 투기의 역사적 기원을 돌아보며 지금을 생각하면, 현재 부동산 해법으로 제시된 재개발·재건축 규제 완화, 세금 완화, 분양가상한제 폐지 등 부동산 규제 완화의 정책 방향으로 과연 부동산 투기열을 잠재울 수 있을지 의문이 든다. 이러한 정책은 오히려 부자들의 부동산 투기를 용이하게 하고 '투자 권하는 사회' 분위기를 더욱 강화하지 않을까?

**최은진**

국사편찬위원회 편사연구사, 한양대학교 사학과 겸임교수로 재직 중이다. 한국근대사를 전공했고, 사회경제사, 사회운동사, 식민지배정책사, 지역사, 법제사, 트랜스내셔널사, 한일관계사, 독립운동사 등에 관심을 두고 있다. 최근 논저로는 『식민지지주제와 소작정책의 식민성』, 「일본과 식민지 조선의 지주제와 소작문제 비교」 등이 있다.

# 4
# 한국 주식시장의 기원
— 개항기에서 1950년대까지

## 1. 들어가며

한국의 주식투자 인구가 코로나 팬데믹 기간 동안 618만 명에서 1,384만 명으로 2배 이상 늘었다.[001] 경제활동 인구 다섯 명 중 한 사람이 주주(株主)인 셈이다. 그중 천만 원 미만의 소액 투자자는 514만 명에 이르러, 전소득층, 전연령층에서 주식은 중요한 가계의 금융자산이 되었다.[002] 이제 기업의 경영실적과 주가동향은 전 국민의 관심사가 되었다. 그러나 가계의 주식투자 접근도가 이렇게 높아진 것은 최근의 일이다. 1960년대까지 가계의 주식보유는 통계적으로 의미가 없을 만큼 미미하여,[003] 주식투자 인구 5만 명 내외, 상장주식의 시가총액도 GDP 대비 1.9%에 지나지 않았다.[004]

한국인에게 주식이 소개되고 거래가 시작된 것은 개항기였다. 이후 1950년대까지 한국은 수차례의 전쟁과 국토분단으로 위험과 불확실성에 노출되어 있는 전장(戰場)이었다. 여유자금을 저축으로 운용할 수 있는 소득층은 극히 제한되어 있었으며, 저축을 투자로 연결할 만큼 수익을 기대할 수 있는 기업과 신뢰할 만한 주식도 거의 없었다. 그럼에도 불구하고, 영세 규모의 주식회사는 일제강점기에도 계속 설립되었으며, 경성(京城)은 일본, 만주, 조선의 주식을 발행, 거래하는 거점으로까지 부상하였다. 해방 이후 1963년까지 17종목을 간헐적으로 거래하던 주식시장은 2023년 현재 2,700여 종목을 거래하는 세계 15위의 주식시장으로 성장하였다. 더구나 파생상품시장에서는 2011년까지[005] 현물(現物) 주식의 40배가 넘는 선물(先物) 거래 규모를 기록하여 10년간 세계 1위의 지위를 차지하기도 하였다.[006]

주식시장은 주식이 발행되고 거래되는 절차마다 질서와 신뢰를 요구하는 고도로 발달된 기구이자 조직이다. 본래의 기능은 자금의 수요자인 기업이 주식을 발행하여 투자자금을 조달하고, 자금의 공급자인 가계가 주식을 취득함으로써 저축자금을 운용하도록 하는 것이다. 이 기능이 작동하려면 발행된 주식에 대한 신뢰와 저축자금의 축적, 그리고 이를 중개할 거래조직의 발달이 필수적이다. 경영실적을 거짓으로 꾸미거나 유령회사의 주식을 매매하거나 투기자금이 유입되면, 순식간에 주식시장은 투전판이 되어버리기 때문이다. 아울러, 기업의 현재 및 미래가치에 대한 평가가 투명하게 공개되고, 주식투자자에게 주식상품에 대한 정보가 정확하게 알려지며, 다양한 금융상품 중에서 주식투자를 저축수단으로 선택할 수 있는 자유로운 여건이 갖추어져야만 주식시장은 제대로 작동한다. 투자자금을 조달하고자 하는 기업이 금융시장에서 직접 사업계획과 미래의 기대수익을 알리고, 시장관리자는 기업이 제공한 정보의 타당성을 검토하여 공시하고, 저축자는 기업이 발행한 주식을 매입하여 자금을 운용할 수 있어야만 기능하는 고도의 발달된 시장인 것이다.[007]

한국의 주식시장이 본연의 기능을 하기 시작한 것은 1970년대 이후이다. 기업이 주식을 발행하여 자본을 조달하고자 하는 유인이 없었고, 시장에 나온 주식이 극히 적었기 때문에 거래도 활발하지 못하였으며, 현물 주식을 직접 매매할 수 있는 중개조직과 거래방식도 미비하였다.

주식이 발행되고 거래되기는 하였으나 시장 본래의 기능이 작동하지 못했던 1950년대까지 한국인은 주식을 어떻게 발행하고 거래하였을까? 태동기 한국 주식시장에 대해서는 거래소, 증권협회, 증권회사, 증권예탁원, 증권박물관 등에서 발간한 문헌자료가 적지 않고, 투기와 파동을 둘러싼 야담이 흥밋거리로 언론매체를 통해서도 소개된 바 있다. 그러나 당시의 독특한 주식거래 시스템과 주식의 실체를 자료와 기록을 통해 분석한 본격적인 연구성과는 희소하며, 장기적인 통계자료의 구축도 미완의 상태이다. 복잡하고 난해한 주식거래 방식과 제도와 조직의 변화로 연속적 설명력을 가지기 어려웠기 때문이다. 이에 본고는 '매혹적이지만 위험한' 주식이 어떻게 경제적 동기와 이어져가는지를 통계자료보다는 신문기사, 영업보고서 등 문헌자료를 중심으로 살펴봄으로써 위험과 불안의 시기, 주식시장을 통하여 당대인의 욕망이 어떻게 분출되고 있었는지를 추적하고자 한다.

이하 본 논문의 구성은 다음과 같다. 우선 주식이 처음 등장한 개항기부터 1950년대까지를 각 장으로 구별하여 시기별 중요 주식을 소개하고, 주식발행자, 주식투자자, 중개기관의 역동을 살펴보았다.


## 2. 구국의 비책, 주식의 등장

개항 이후, 주식회사를 설립하는 것은 나라를 구하는 애국운동으로 알려져 있었다. 유길준(1882)[008]과 김옥균(1883)은 여러 명이 자금을 모아 사업을 계획하고 실현할 수 있는 주식회사를 구국의 비책으로 소개하였다.

> 우리나라는 상인이 있은 지 4천여 년이 되나 그들은 한 사람이 독무(獨貿), 독환(獨換)할 줄만 알았지 중인(衆人)을 모아 회산(會算)할 줄 모르고 있으니 상무(商務)가 왕성하지 못하고 국세(國勢)가 부진함은 이 때문이다. 그러나 저들 서양인은 그렇지 않다. 저들은 한 사람이 독무(獨貿), 독환(獨換)할 수 없으면 천백 사람이 함께하게 되니 대소사업을 계획하여 이루어지지 않음이 없다.[009]

청일전쟁 이후, 망국의 과정을 목도하면서, 지식인들 사이에서는 주식회사를 공부하고 경제이론을 배워 살길을 찾아보자는 열기가 고조되었다. 1895~1910년 경제학 관련 서적은 25권, 논문은 230편이 출간, 발표되었다. 저역자 29명, 논문 발표자 150명의 글을 보면, 주식회사는 부국의 길, 서양의 문명 세

계를 접하는 창구, 금융이론과 기업이론을 구현하는 장으로 소개되고 있다.[010]

대한제국기 법관양성소, 법률전문학교 등의 교재에서도 주식회사는 구국의 방책으로 소개되었다. 관비유학생 출신으로 법관양성소의 교관이었던 이면우(李冕宇)는 '회사법'이라는 교재를 통해 유한책임회사로서의 주식회사의 의미와 설립의 이점을 주장하였다. 그는 적은 돈이라도 모아서 회사를 설립하면 사업이 실패해도 손실은 적기 때문에, 자본이 부족한 조선에서 자력으로 근대화를 달성할 수 있음을 강조하였다.[011]

주식회사 설립은 조선은행(1896, 한흥은행), 한성은행(1897), 대한천일은행(1899) 등 은행 주식의 모집으로 구체화되었다. 창립발기문은 "협심", "누구를 막론하고", "실력에 따라" 주식을 매입하여 회사를 설립하는 데 협조할 것을 권유하였다.[012] 그러나 인적 결합이 아니라 비인격적인 자본결합을 주식이라는 증서로 확정하는 일은 관련법과 제도가 없는 상태에서 보통 어려운 일이 아니었다. 철도부설운동, 국채보상운동 등 애국적 경제살리기 운동은 있었으나 장기적으로 안정적인 회사자본으로 집결시키기에는 역부족이었다. 은행, 철도, 기선, 운수 등에서 귀족, 관료, 상인, 지주 등을 발기인 삼아 주식모집에 의한 회사설립이 추진되었지만, 연고에 기초한 기부처럼 인식되었고 회사경영에 대한 유한책임 의식이 부재하였다.

대한천일은행은 자본금 56,000원을 주식발행(주당 500원, 112주)으로 모집하였다. 500원은 당시 시세로 벼 160석에 해당하는 고액이었다. 앞서 설립된 조선, 한성은행에 비해 주당 가격이 10배나 높았고, 일반공모가 아닌 발기인 모집으로 자본금을 조달하였다. 최초 발기 주주는 대부분 황실과 밀착되어 있는 관료와 소수의 상인으로 구성되었다. 당시 주식은 토지문서나 차용증서처럼 인식되었고 거래될 수 있는 자산이 아니었다. 기명식 주식의 매매는 은행을 방문하여 연유를 기재하고 반납한 후, 새로운 주주의 명의로 변경하는 복잡한 절차를 거쳐야 했다. 따라서 주주의 사망, 채무정리 등 특별한 사유가 아니면 보유 주식을 타인에게 양도, 매도하는 일은 거의 없었다. 주식가격도 출자금 기준이었기 때문에 거의 변동하지 않았고 명의이전 외에는 주주 교체와 매도가 이루어지지 않았다. 당시 설립된 은행의 발기인 명단을 보면 소수 상인들의 이름이 중복되어 나타난다. 주식을 구입할 만한 자본 여력이 있는 민간 자산가의 수가 극소수였던 것이다.[013]

## 3. 철도주·척식주(拓殖株)의 공모와 주식거래 상점

일본은 1898년 경부철도 부설권을 획득하였지만, 그 이전부터 시부사와 에이이치(渋沢栄一)가 주축이 되어 민간인 발기인 155명이 모집되었고, 발기인 총회에서 자본금 규모와 설립방식을 확정하였다. 경부철도는 1901년 자본금 2,500만 원을 확정하고 일본과 조선 전역에 10만 주의 주식을 공모하여 500만 원을 조달하였다.[014] 철도부설에 소요되는 자본금을 한국과 일본에서 동시에 주식으로 모집하는 과정은 조선 거류 일본인 전체와 대한제국의 관료, 황실의 자본을 동원, 집중하여 이루어진 대기획이었다.

〈그림 1〉의 주식공개모집 광고를 보면, 자본금 2천 5백만 원의 1/5에 해당하는 5백만 원을 10만 주(주당 50원)의 주식발행으로 조달하고, 그중 1/3에 해당하는 33,035주는 발기인이, 나머지 66,965주는 일반인 공개모집을 통하여 조달하고 있다. 일반공모는 50원 액면 주식의 1/10에 해당하는 5원을 정해진 기일 내에 순차적으로 납부하는 방식으로 이루어졌다. 또한 이렇게 모집된 변납금의 10배까지 기업이 회사채를 발행하여 조달할 수 있도록 하였고, 그 회사채에 대한 이자를 일본 정부가 보조할 것을 밝힘으로써, 민간자금의 결합으로 설립된

〈그림 1〉 경부철도 주식회사 주주모집공고    『황성신문』 1901. 1. 16.

주식회사이지만 주식에 대한 신뢰를 정부보증으로 담보하였다. 대한제국기 철도, 전기 등 인프라 건설에 소요되는 거대자본금이 일본 정부의 보증하에 조선인과 일본인 주식투자자의 모집을 통해 조달되고 있었던 것이다. 일본 자본의 조선 진출 경로로 주식투자가 활용되고 있음을 알 수 있다.

경부철도의 1901년 발기인 190명(33,035주)의 소재지를 보면, 한국인 22명 중에는 민영철(100주), 박기종(21주), 이재순(73주), 이지용(73주) 등이 주주로 참여하고 있었다. 1903년 경부철도 주주명부에는 조선 거주 주주가 564명이고, 그들이 보유한 주식은 12,062주로 나타나는데, 이들 중 500주 이상을 보유한 대주주는 대한제국 황실과 민씨 일족이었다.[015] 식민화의 초석을 놓았던 경부철도의 조선인 대주주가 대한제국 황실과 황족이었고, 이후에도 식민지 주요 대기업의 주주로 황실의 참여가 빈번하게 나타난다. 황실의 주식투자 종목과 수익률, 자산운용에 대해서는 추가적인 분석이 필요한 대목이다.

러일전쟁 이후에는 경성(서울)에서 거주하는 일본인이 늘었고, 본정통(本町通, 현재 충무로), 명치정(明治町, 현재 명동)에는 상점과 지원시설이 집중적으로 신축되었다.[016] 거류 일본인 중에는 전당포, 양복점 등을 상설점포로 개설하는 상인이 늘어났다. 그곳에는 시황, 상황에 대한 정보가 집중되었고, 이를 기반으로 부동산 중개 등 다양한 필요를 채우고 주선하는 알선·중개업이 발달하였다.

통감부 설치 이후, 본토 일본인들에게 조선은 전도유망하고 안정적인 투자처로 부상하였고, 중개업은 주식매매 중개까지 종합적인 알선중개업으로 확장되었다. 거류 일본인은 저축수단으로 보유하고 있던 주식을 서로 사고팔다가, '주식현물점(株式現物店)'이라는 문패를 달고 주식을 전문으로 거래하기 시작했다. 화폐정리사업으로 화폐시장이 동요하면서 저축수단으로 환금성(換金性)이 있는 주식에 대한 수요도 늘어났다.[017] 가장 선호되었던 주식은 일본의 철도주식이었고, 제일은행은 주식 담보 대출 상품을 출시하였다. 오사카에서는 주식 실물거래가 장외거래로 이루어지고 있어서 환전상을 겸한 주식현물상이 성업하고 있었다. 조선과 무역을 하던 소규모 상인 중에는 오사카를 거점으로 환전이나 급전을 융통하는 경우가 많았다. 오사카의 상업도시적 성격과 지리적 근접성으로 오사카와 부산, 경성 사이에서는 주식거래의 정보가 원활하게 교류되고 있었다. 조선인 최규상(崔奎祥), 김응룡(金應龍)은 증권상점을 개설하여 1907년에는 황성신문에 주식매매 광고를 내고 전업거래를 시작하였다.

> 채권(債券) 및 주식매매
> "실업계(實業界)의 진보로 공사증권(公私證券)이 발행되고 주식회사가 증가됨으로써 그 증권 및 주식소유권을 매매(賣買)·이전(移轉)하는 경우가 늘어나는 것은 필연적인 것으로 이번에 증권과 주식매매업을 창설하고 성실, 신속히 업무에 임하겠으니 각 회사 주식 및 기타 증권을 판매 혹은 구매코자 하는 사람은 엽서를 보내 주소를 알려주면 직접 찾아가서 거래를 성사시키겠음."―종로상미전간 (鐘路上米廛間) 2층 양옥 각종채권급주식매매소 최규상[018]

위 광고를 보면, 판매하고자 하는 주식이나 구매하고자 하는 주식이 있을 때, 엽서나 전보를 통해 연락하면, 직접 방문하여 거래를 성사시키는 점두(店頭)

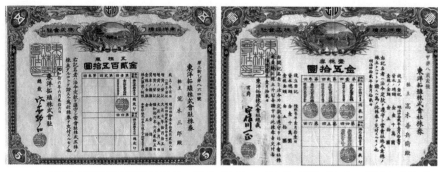

〈그림 2〉 동양척식주식회사 주식   동척 5주권 250원(좌), 동척 1주권 50원(우). 한국예
탁결제원, 『한국증권박물관 도록』, 2004.

거래 방식으로 주식이 매매되고 있음을 알 수 있다. 사고자 하는 주식이 일본
의 주식일 때는 오사카의 노무라상점(野村商店)과 연계하여 거래하였고, 일본의
중개상이 지점으로 진출하기도 하였다. 오사카와의 거래가 증가하면서 정기
적으로 주문을 모아서 정보를 알리고 판매하는 중개 역할도 대리하였다. 이들
이 거래한 주식은 동신(東新, 도쿄주식취인소 신주), 일한가스, 천일은행, 농공은행의
주식이었다.[019]

농공은행(農工銀行)은 조선전국에 주식을 공개모집하여 설립되었다. 1906년
설립 발기인 모집은 지역별로 설립에 필요한 자본금을 한성, 전주, 함흥, 평양,
대구, 광주 등 6개 지역 주식할당 방식으로 조달하였다.[020] 조선인 주주의 참여
를 독려하기 위하여 관찰사가 위원장이 되어 관민 합동으로 설립위원을 선정
하고 그 자격을 주주로 제한하였다.

1908년 동양척식주식회사(東拓)의 설립도 주식공모를 통해 추진되었다.[021]
자본금 1,000만 원, 1주 50원의 20만 주 중에서 6만 주는 대한제국 정부, 14만 주
중 우선배정분 6천 주는 일본 천황가 및 그 구성원들에게, 1,700주는 대한제국
황족들에게 배정되었고, 그 외 13만 2,300주가 조선과 일본에서 공모되었다. 일

본에서는 공모주 수의 35배에 달하는 응모가 있었지만, 조선인 주주는 500명 정도였다. 동척은 독립관에서 연설회를 개최하여 응모를 권유하였는데, 그 주관자가 한성부였다. 조선인이 동척 주식의 매입을 주저했던 것은 목전까지 식민지 지배의 칼날이 들어왔음을 감지했고, 비판적 여론이 들끓었기 때문이었다. 『대한매일신보』는 동척의 주주모집을 경계하면서 조선인의 참여를 반대하였다.

> 동양척식주식회사 설립 문제
> 한국에서 척식사업을 경영할 목적으로 주식회사의 본점을 한국에 둔다 하였고 회사의 자본금은 1천만 원이요 회사 주식은 기명식에 한일 양국 사람만 위한다고 하였으니 이상을 보건대 이름은 비록 동양이라 하였으나 그 주장하는 목적은 한국을 경영함이 아닌가.[022]

## 4. 거대자본의 주식공모와 공인 주식시장의 출현

1911년에는 경성에서 주식매매업자 조합이 결성되었다.[023] 개별적으로 행하던 오사카와의 연결도 조합으로 모아서 하게 되었고, 이를 통하여 비용도 절감할 수 있었다. 조합원끼리 상호기금을 마련하여 거래에 따른 손실을 보존한다든지 투자자를 확보하기 위한 홍보도 가능해졌다. 그러나 정식 인가를 받은 것도 아니었고, 자체 규약 외에는 어떠한 강제성도 없었기 때문에 이들 사이의 거래의 신뢰와 안정성이 보장되지는 못하였다.[024]

거래방식을 살펴보면, 오사카 주식거래소(大阪株式取引所)의 가격을 전보로 받아서, 매일 오전과 오후, 전장(前場)과 후장(後場) 2차례의 시장이 열렸다. 조합원은 받아온 주문을 집합시켜 결정된 가격표를 작성, 인쇄, 배포하였다. 일일의 시세가 공시된 인쇄물은 조선인에게도 주식에 대한 지식을 학습하는 매체로 이용되었다. 여기서 매일 500~600주가 매매되었는데, 그중 가장 인기가 높았던 것은 일한가스전기(日韓瓦斯電氣)였다. 이 회사는 1908년 시부사와 에이치(澁澤榮一)가 조선 전력사업의 진출 목적으로 도쿄에 설립한 전기·전차·가스회사였다. 한일합방 이후 식민지 전력사업에 대한 기대가 커지면서 일한가스의 주가는 1910년 25원에서 1911년 53원으로 2배 이상 급등하였다.[025]

주식거래 점포가 출현했을 때부터 일본 거류상인들은 주식거래소 설립의 필요성을 알리고 청원을 지속하였다. 이에 대하여 총독부는 강고하게 불허방침을 고수하였다. 거래소는 청산거래를 목적으로 하는 투기시장이기 때문에 정치경제가 아직 불안한 조선의 실정에 투기거래를 조장하는 것은 폐해만을 야기시킨다는 이유였다.

한편, 1차대전 발발 직후 일본에서는 호황에 편승한 주식 붐이 일어났고 조선에서도 회사령 개정으로 주식회사의 신규 설립이 증가하였다. 1916~1920년, 조선에서의 주식공모는 600건을 넘어섰다.[026] 중화학공업과 해운업의 회사는 주식공개, 공모, 증자를 통해 설비투자를 확대했고 주식모집은 성황을 이루어 프리미엄을 붙여 주식공모가 이루어질 만큼 주식수요가 팽창하였다. 1917년에는 미쓰이물산이 부산에 설립한 조선방직이 부산과 목포 거주자에게 주식을 할당하고[027] 공칭자본금 500만 원(납입자본 400만 원)을 주주모집으로 조달[028]하였다. 인천 등지에서 조선방직을 유치하기 위한 지역운동이 일어날 만큼 큰 인기를 얻었던 공모는 987명의 주주에게 10만 주를 분매하였는데, 대주주 지분율이 높지 않았고[029] 분산되어 있었기 때문에 시장에서 유동성이 크고 환금성이 높은 안정적인 조선의 대표주식으로 인기가 대단했다. 일본 대기업의 경영진, 기계제 방직기술, 부산의 풍부한 노동력, 그리고 지속적으로 확장되고 있는 면직

물 수요 등은 조선방직의 영업성과에 대한 낙관적 기대를 낳기에 충분했다. 조선방직 주식은 주당 1회 납입금인 12원 50전이 완납된 직후 하루 만에 주가가 60원대로 폭등하였고, 주식은 일단 사두면 오른다는 인식이 퍼져 나갔다.[030]

이어서 1918년 농공은행의 합병으로 설립된 조선식산은행은 자본금 1천만 원을 일본과 조선 전역에서 공모하는 방식으로 조달하였다. 전체 주식 20만 주 중에서 136,403주를 일반공모를 통해 조달하였는데, 응모주 신청이 주식 수의 295배에 이르렀다.[031] 그렇게 모집된 8천 명에 달하는 주주 중에서[032] 조선인은 2천 명 이상이었으며 조선 지역 거주자는 5천여 명에 달하였다.[033]

1963년 남한 주식투자 인구가 1만 5천 명이었던 것과 비교하면, 1910년대 말 조선인 주식투자 인구가 과소평가할 만한 수는 아니다. 개항 이후 조선인 주주 50명 내외가 여러 회사에 중복 투자를 하고 있었음에 비해 1910년대 후반 에는 목포, 부산 등 전국적으로 주식투자 인구가 증가하고, 주식에 대한 이해 도가 높아지고 있었다.

조선 거류 일본인의 일본 주식에 대한 수요가 늘자, 주문을 받아 오사카, 도 쿄의 거래소에 주문을 대리하는 중개인도 늘어났다. 거래소는 선물청산거래 를 위주로 하였기 때문에, 일본의 주요 주식인 가네보(鐘淵紡績 新株), 닛신보(日清 紡績)의 정기거래를 알선하였다. 정기거래는 증거금을 내고 일정 기간 이후의 가격을 예측하여, '사는(賣方)' 주문을 내거나 '파는(買方)' 주문을 내걸고, 일정 시 기가 되면 거래를 청산하는 방식이었다.[034] 그런데 거래소가 부재한 상태에서 일본 거래소와 연결된 정기거래는 사기 거래에 노출될 위험이 컸다.[035] 이러한 연유로 공식적인 주식거래소의 출범을 위해 여론을 환기하고, 거류 일본인과 조선인 모두 거래소 설립 운동이 지속적으로 추진되었다.[036]

조선인 주식중개업자도 활약하였다. 그중 이영주(李永柱), 김응룡(金應龍) 등 주식 전문 판매상은 경제 전문가로 명성이 높았다. 이영주는 일본과 다롄(大連),

상하이(上海) 등지에서 증권업을 경험하였고, 그 경험을 살려 경성에 동아주식점(東亞株式店)을 설립하고 『매일신보』에 「주식론(株式論)」이라는 글을 연재하고 있었다.[037]

이렇게 주식의 인기가 치솟자, 1919년 2월경 일본인 유력 증권업자들은 매일 일정한 시간 일정한 장소에 집합하여 매매거래를 하였다.[038] 이들은 각자의 점포에서 주문을 받아 전화로 거래상황을 교환하다가 매일 오후 3시에 각 점포에서 순차적으로 모여 자신이 주문받은 내용을 취합하여 거래하였다.[039] 동업자가 점차 증가하고 운영도 순조롭고 실적이 높아지자, 이들은 시장규칙에 의한 현물시장으로 설치허가를 받기로 하고 주식회사로 법인화할 준비를 하였다. 그 가운데 32명의 조합원이 출연하여 경성유가증권현물문옥조합(京城有價證券現物問屋組合)을 설립하였다. 이는 공개적으로 인가된 시장은 아니었지만, 조합원이 모여서 조선은행, 식산은행, 동양척식, 조선방직, 조선전기흥업, 조선제지 등 조선 본점회사 주식과 상하이(上海取引所), 오사카의 주식거래소(大阪株式取引所), 일본과 만주의 주요 주식(大阪商船, 日本郵船, 滿洲紡績, 日本製糖, 滿洲鐵道)을 거래하였다.[040]

그동안 완강하게 불허방침을 고수하던 총독부도 조합의 주식거래가 무리없이 행해지고 회사령의 폐지가 논의되자, 거래소 설립 청원을 수용하기 시작하였다. 1919년 17명의 발기인이 경성주식현물취인소(京城株式現物取引所)의 설립을 신청하였고[041] 1920년 자본금 3백만 원의 경성주식현물취인시장(京城株式現物取引市場, 이하 '경취'로 약칭)이라는 이름으로 최초의 인가된 주식시장이 출범하였다. 설립 당시 자본금을 6만 주의 주식 발행으로 조달하였는데, 그중 15,000주는 지역 상공회의소에 분매하고, 27,100주는 경성과 일본 대중에게, 3,400주는 발기인 1인에게 200주씩 배당할 계획이었다.[042]

시장규칙 4호시장으로 인가된 경성주식현물시장은[043] 출원 과정에서 조선

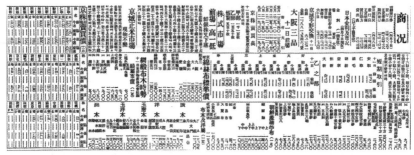

**〈그림 3〉 주식 관련 기사** 『동아일보』 1922. 4. 12.

인의 반발을 무마하기 위하여 조선인 발기인 9명을 지명하고 1만 주를 조선인에게 배정하였다. 조선인 발기인 청원에 130명 이상이 참여하였기 때문이었다. 인가조건으로는 ① 주식시장의 설치 목적을 조선 본점 주식회사의 주식을 유통시키는 데 둘 것, ② 조선인 참여를 유도하고 그들에게 주식을 배분할 것, ③ 수도기간을 3일로 제한하여 정기거래를 금지할 것을 내걸었다.[044]

1920년 실시된 주식공모 신청에는 응모자가 15,988명에 이르렀다. 이들이 신청한 응모주식은 2,140만 7,252주로 공모주의 2,140배가 넘었다. 발기인을 26명으로 확대하여(조선인 주주 추가) 5,200주(1인당 200주)를 배분하고, 나머지 44,800주의 할당인수인을 정하였고 나머지 1만 주를 공모하였던 것이다. 공모 외에는 전국 각지의 상업회의소에 15,000주, 경성과 일본의 일본인과 상업회의소 소재지 이외 지역의 일본, 조선인에게 21,600주, 조선인 측 발기인과 총독부가 지명한 인사에 위촉하여 경성에 살고 있는 조선인에게 1만 주를 할당하였다. 창립위원회는 공모주를 추첨, 할당하기로 하고 3월 14일 추첨 결과를 통지하고 1회 주식 불입도 시작하였다.[045]

창립총회에서 선출된 임원진에는 조진태(이사), 방임철(감사), 이병학(감사), 예종석(감사)이 참여하였는데, 유일한 집행부 임원인 조진태는 조선 증권업계의 최고 권위자로 명망이 높던 인사였다. 그러나 납입이 시작될 때 일본에 반동공황이 발생하여 주식에 대한 불안감이 고조되어 약속불이행 사태가 속출하였다. 3월 20일까지가 기간이었는데 불입이 이루어지지 않자 기간을 연장하여 4월 29일 주주 7,600명으로 75만 원의 불입이 완료되었다.

이때부터 매일의 주식시세가 '경주매매가(京株賣買價)'라는 표로 신문지상에 게재되기 시작했다. 위의 기사를 보면 '주식시장'이라는 표제하에 주요 종목의 주가동향이 나와 있고, '단기취인(短期取引)' 종목과 시세가 보인다. 을지부(乙之部)에는 안동(만주 安東의 安取) 오사카(大取), 경성(京取), 상하이(上取)의 거래소(取引所)와 거래소 자회사인 경성신탁(京信), 봉천신탁(奉信)이 별도로 분류되어 실려 있다. 일본, 조선, 중국의 거래소와 관련 자회사의 주식 거래동향이 어떤 종목보다 주목을 끌고 있음을 추측할 수 있다. 산업기업의 주식이 시장에 좀처럼 매물로 나오지 않았기 때문에, 거래소 주식이 지역의 경기에 대한 기대치를 반영하여 일종의 주가지수 선물거래와 유사하게 거래되고 있었던 것이다.[046]

그러나 〈표 1〉에서 보듯이 경성주식현물취인시장에서의 주식거래는 불안정하고 침체상태에 머물러 있었다. 설립 직후 일본의 반동공황의 영향으로 일본 주식시장이 위축되자, 개장 후 1일 평균 거래고가 1천 주 이하로 개점휴업상태가 이어졌다. 27개사 37종목이 상장되었지만 실제 거래종목은 7종목 정도였으며, 그나마 경취 자체 주식의 거래에 집중되었다. 대책으로 자금을 지원하고[047] 조선본점회사 주식에 대한 자금 융통을 지원하면서 거래가 살아났지만, 실물거래는 실종된 상태였다. 결국 주식현물을 취급하겠다는 당초 취지와는 달리 1922년부터 단기청산거래시장으로 변모되었다. 가격변동폭에 돈을 거는 선물거래 종목의 시세는 기업의 투자자금 조달과는 무관한 것이었고 대부분 거래소 종목에 집중되었다.[048] 이는 가격 자체보다도 가격변동폭에 따라 '사는 편'과 '파는 편'의 포지션 거래를 하는 것이었기 때문에 거래소 주식이 투기종

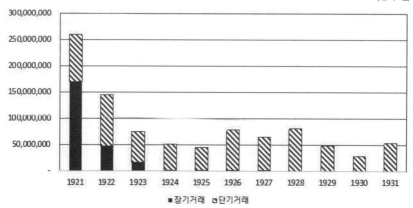

〈표 1〉 경성주식현물취인시장의 주식거래고

(단위: 원)

* 자료: 朝取株式硏究會, 『朝取』, 1939; 朝鮮總督府殖産局, 『取引所關係事項調査表』, 1929.

목으로는 적합했다고 볼 수 있다.

요컨대 조직적 주식유통시장이 출범하였지만 거래할 주식 자체가 부족했고, 일본 경기침체의 영향으로 1920년대에는 경취주(京取株) 외에는 조선에서의 주주모집과 주식유통이 활발하지 않았다. 그러나, 경취가 한국 주식시장에 미친 영향은 적지 않다. 경취 건물[049]은 1979년 여의도로 거래소가 이전하기 전까지 증권거래소로 이용되었고, 명동을 금융중심가로, 경성의 명소로 상징적 건축물이었다.[050] 또한 인가받은 중매인에 의한 전문적 주식거래는 위축되고 한산했어도 1932년 거래소와 한국의 거래소 시장의 모태가 되었다. 뿐만 아니라 증권금융기구인 경성증권신탁을 설립하여 수도업무, 주식 담보 융자, 대주(貸株, 주식을 빌려줌) 업무를 지원함으로써 주식 신용거래의 가능성을 열었다. 1920년대 공인된 주식거래시장의 경험은 자본시장의 초보적 기능을 시도한 의미 있는 첫걸음이었다고 볼 수 있다.

| 1920년 | | 1921년 | | 1922년 | | 1927년 | |
|---|---|---|---|---|---|---|---|
| 京取 | 79.40 | 京取 | 56.80 | 京取 | 47.20 | 大新 | 45.45 |
| 殖銀 | 5.12 | 安取 | 11.70 | 安取 | 23.87 | 東取新 | 23.36 |
| 實業銀行 | 2.27 | 大新 | 8.19 | 京城證券信託 | 7.55 | 京取 | 17.52 |
| 殖産鐵道 | 1.93 | 京城證券信託 | 7.82 | 奉信 | 5.40 | 鐘新 | 6.47 |
| 東亞煙草 | 1.83 | 東亞煙草 | 3.98 | 大新 | 4.15 | 安取 | 2.85 |
| 安東信託 | 1.81 | 殖銀 | 0.77 | 東亞煙草 | 1.92 | 朝鮮紡織 | 1.11 |
| 東拓 | 1.34 | 滿蒙毛織 | 0.59 | 仁取 | 1.07 | 仁取 | 0.95 |
| 仁取 | 1.12 | 仁取 | 0.44 | 殖銀 | 0.71 | 殖銀 | 0.59 |
| 電氣興業 | 0.75 | 實業銀行 | 0.40 | 朝鮮紡織 | 0.61 | 京城電氣 | 0.41 |
| 滿蒙毛織 | 0.51 | 鮮銀 | 0.35 | 鮮銀 | 0.45 | 京城穀物信託 | 0.39 |
| 합계 | 96.07 | 합계 | 91.04 | 합계 | 92.94 | 합계 | 99.11 |

* 자료: 京城株式現物取引市場,『京城株式現物取引市場沿革志』, 80~85쪽; 朝鮮總督府殖産局,『取引所關係事項調査表』, 83~86쪽에서 작성.
* 출처: 이명휘,『식민지기 조선의 주식회사와 주식시장 연구』, 성균관대학교 경제학과 박사학위논문, 1999, 275쪽에서 재인용.

## 5. 주식회사 조선취인소(朝鮮取引所)

1930년대 일제는 만주, 중국을 향한 전쟁 준비에 돌입하였고 전시체제로 진입하였다. 중요산업통제법의 적용이 조선에는 유예됨에 따라, 조선은 일본 민간자본의 유망한 투자처로 부상한다. 신설기업의 주식공모도 증가하였고, 군수공업을 위한 자금조달의 필요성이 제기되면서 공인된 거래소 설립에 대한 긍정적 분위기가 형성되었다. 이에 총독부는 기초조사와 각계의 의견을 수집하면서 오랫동안 청원이 지속되었던 거래소 설립을 검토하기 시작하였다.[051] 경취의 경험을 통해 허위매매의 폐해를 방지할 법령이 제정되어야 한다는 인식이 생겼고, 신용과 자격을 갖춘 거래 중개자의 자질 개선의 요구와 자격심사

〈표 3〉 조선취인소의 수익과 배당률

(단위: 원, %)

■ 순수익    ●━ 배당률

* 자료: 朝鮮取引所,『營業報告書』 각년도에서 작성.

에 대한 관심도 높아졌다. 총독부 식산국은 「취인소(取引所) 제도에 관한 의견
서」에서 "거래소 및 시장에 대한 종래의 정책이 실정에 맞지 않고 허술하여서
단속도 어렵고 시장은 더욱 문란해지고 있다"라고 상황을 진단하였다.[052]

　　마침내 1931년 '조선취인소령(朝鮮取引所令)'이 제정되었고, 미곡시장과 증권
시장을 통합한 청산거래소가 독점거래소로 설립되었다.[053] 조선취인소령은 조
선에서 최초로 증권거래를 입법화한 실체법으로, 적용대상은 유가증권뿐만
아니라 쌀과 콩을 포함한 상품 선물시장에 대한 법령이었다. 조선취인소령은
거래소의 업무를 ① 시장의 개설, ② 거래원을 관리·감독, ③ 거래방식 지정과
결제에 이르는 전 과정 관리, ④ 가격공시, ⑤ 상장기업의 선정과 상장증권에
대한 관리로 규정하였다.

　　조선취인소의 설립은 주식회사 조직의 인천미두취인소(仁川米豆取引所)와
경취(京取)를 합병하는 방식으로 이루어졌다. 일반적으로 서구의 선진 주식거

래소의 조직은 대부분 회원조직이었으나 일본의 거래소는 주식회사조직이었고, 선물거래 방식으로 주식을 거래하고 있었다. 조선취인소는 이러한 체계를 그대로 따르고 일본의 주식거래체제와 연결되었다. 회원조직을 운영할 수 있는 기반이 성숙하지 못했고, 회원의 담보와 출자금으로 설립하기에는 그만한 자본 여력도 없었기 때문이었다.

　주식회사조직으로 설립된 조선취인소는 영리추구 법인으로서, 형식적으로는 시장을 개설·경영하는 자가 주식회사이고 매매의 주체는 거래원으로 분리되었으나, 경영주체와 시설의 이용주체가 일치하는 구조였다. 임원과 거래원이 미분리되어 있어서 내부자거래 등의 위험이 예고되어 있었다. 임원은 200주 이상의 주식을 소유한 주주 중에서 선임되었고 이사장 1인, 이사 5인 이내, 감사 3인 이내로 정관에 규정되어 있었다. 임기는 2년으로 주주총회에서 선임하고 총독부의 인가를 받도록 하였다. 조선취인소의 이사장이 유력기업의 이사직을 겸하고 있는 비정상적인 조직이었다. 예컨대 이사장 아라이 하츠타로(荒井初太郎)는 토목청부업자로 러일전쟁기 경부철도속성공사에 참여하면서 조선에 진출하여 1920년대에는 부동산, 토지신탁, 수리조합 경영 등으로, 1930년대에는 창고금융업, 전시기에는 광산업에 진출한 사업가였다. 그는 용산공작(龍山工作), 조선정미(朝鮮正米), 조선화약총포(朝鮮火藥銃砲), 조선광업(朝鮮鑛業) 등 유력기업의 이사직을 겸하고 있었다.[054] 용산공작, 조선화약총포 등은 조선취인소의 대표적인 인기 주식이었다. 거래소 상장기업의 임원과 거래소 이사장을 겸하고 있었던 것이다. 그 외 이사진에는 경취 사장이자 조선인쇄주식회사의 대표이사였던 코스기 긴하치(小杉謹八),[055] 아사노 다사부로(淺野太三郎) 인천 미두거래소 중매인, 총독부 관료 아키야마 미치오(秋山滿夫), 은행 중역 고조오 간도오(古城管堂) 등 거류 일본인 명망가가 포진되어 있었다. 조선인 임원은 식산은행 상담역이었던 이병학(李柄學)이 유일하였다. 이병학은 중추원 참의를

<표 4> 조선취인소의 주식거래 추이(1932~1942)

| 년도 | 장기거래 | | 단기거래 | | 실물거래 | | 총계(株) | 상승률(%) |
|------|----------|---------|----------|---------|----------|---------|----------|----------|
| | 거래량(株) | 비중(%) | 거래량(株) | 비중(%) | 거래량(株) | 비중(%) | | |
| 1932 | 10,055 | 1.0 | 1,007,180 | 98.9 | 1,300 | 0.1 | 1,018,535 | 87.2 |
| 1933 | 1,610 | 0.1 | 1,541,300 | 99.9 | 10 | 0.0 | 1,542,920 | 51.5 |
| 1934 | 1,600 | 0.1 | 1,850,990 | 93.7 | 123,003 | 6.2 | 1,975,593 | 28.0 |
| 1935 | 6,460 | 0.2 | 2,640,460 | 97.5 | 61,788 | 2.3 | 2,708,708 | 37.1 |
| 1936 | 16,650 | 0.6 | 2,814,310 | 97.1 | 66,380 | 2.3 | 2,897,340 | 7.0 |
| 1937 | 52,240 | 1.2 | 4,350,850 | 96.9 | 84,906 | 1.9 | 4,487,996 | 54.9 |
| 1938 | 176,950 | 3.5 | 4,866,590 | 95.0 | 79,220 | 1.5 | 5,122,760 | 14.1 |
| 1939 | 226,860 | 3.7 | 5,708,480 | 92.7 | 220,106 | 3.6 | 6,155,446 | 20.2 |
| 1940 | 203,940 | 2.3 | 7,718,910 | 87.3 | 915,330 | 10.4 | 8,838,180 | 43.6 |
| 1941 | 138,120 | 1.6 | 7,075,400 | 83.3 | 1,280,922 | 15.1 | 8,494,442 | -3.9 |
| 1942 | 208,490 | 1.8 | 9,011,630 | 77.1 | 2,470,668 | 21.1 | 11,690,788 | 37.6 |

* 자료: 朝鮮取引所, 『朝鮮取引所年報』, 각년도에서 작성.
* 출처: 이명휘, 「조선거래소의 주식거래 제도와 거래실태」, 『경제사학』 31권, 2001, 76쪽에서 재인용.

지내고 동척, 식산은행, 조선화재 등의 이사를 역임한 금융 전문가로 유명하였으며 상장기업 주식을 다수 보유하고 있는 대주주였다.[056]

조선취인소는 공칭자본금 6,599,800원, 납입자본금 2,400,850원으로 설립되었으며, 1939년에는 미두거래가 폐지되어 주식만 거래하는 조직(납입자본금 1,544,400원, 공칭자본금 5,743,350원으로 감자減資)으로 개편되었다. 설립 당시 주주는 1,621명이었고, 1943년 해산할 때는 850명으로 줄어들었다. 전체 주식의 2.78%인 3,667주를 소유한 이순동(李順同)이 대주주였고, 1.36%를 보유한 식산은행이 최대 기관주주였다. 조선취인소는 설립 초기에는 분산된 소유구조를 가지고 있었지만, 1939년 이후에는 1,000주 이상 소유 주주의 비중이 커지고 조선취인소 자회사인 조선증권금융, 경성산업 등 법인주주가 주식보유를 늘리면서 거래소 관련 회사 간 상호출자의 비중도 증가하였다. 조선취인소는 1할 이상의 배

당률을 기록하면서 수익성 높은 주식으로 부상하였다.[057]

조선취인소령이 공포되자마자 만주사변이 발발하고 군수기업의 자금수요가 늘어나면서 조선에는 기업설립 붐이 조성되었다. 그러나 조선취인소는 조선취인소 자체 주식을 단기청산거래로 거래하는 선물시장에 머물러 있었다. 1934년부터 실물거래도 시작되었지만, 전체 거래의 90% 이상이 단기청산거래였으며, 동신(東新, 도쿄주식거래소 신주), 대신(大新, 오사카 주식거래소 신주), 조신(朝新, 조선취인소 신주)의 3개 거래소 주식이 주종목이었다.

그 외 조선취인소의 단기청산거래 주요종목은 닛산(日産)과 가네보(鐘紡) 등 일본 대기업의 주식이었다. 조선본점주식회사의 주식은 주종목이 아니었다. 거래소 자체주식(當所株)과 일본의 2개 거래소, 그리고 대기업 2사의 4종목 구성은 1940년부터 달라진다. 조선본점회사 고주파중공업(高周波重工業), 조선제련(朝鮮製鍊) 등 군수공업이 실물거래를 주도하기 시작한다.

## 6. 전시하 주식공모 열기

만주사변 이후 조선에서 신설되는 기업의 자본금 규모가 커지고 있었지만, 여전히 주식회사의 90%는 자본금 10만 원 이하의 소규모 기업이었다. 자본금 규모가 작은 회사는 주식을 공모하기보다는 사모(私募), 차입 등으로 자본을 조달하였는데, 1934년 이후에는 조선 내에서의 조달 비중이 높아졌다.[058]

그중 대표적인 주식공모 성공사례가 조선제련(朝鮮製鍊)이다. 1934년 실시된 조선제련의 주식공모(1934. 12. 19)에는 응모자가 쇄도하여 추첨으로 주식이 배정되었다. 조선제련은 주식모집에 성공하기 위한 전략으로 언론에 신기술개발 역량을 홍보하였다.

제련회사의 주식모집 요항(要項)

13일 창립발기인회에서 결정된 조선제련회사의 주식응모 요항 및 주식할당
방법

　　· 주식할당 방법: 발기인 인수 21,500주, 내지찬성인(內地贊成人) 인수 48,000주,
　　　조선 내 찬성인 인수 110,500주, 조선 내 일반인 공모 20,000주, 공모수식 2
　　　만 주(1주 금액 50원), 주식신청 단위 10주, 증거금 1주당 2원 50전, 1회 불입금
　　　1주당 12원 50전

　　· 신청 기간: 1934. 12. 17~19.

　　· 1회 불입기일: 1935. 1. 15.

　　· 취급점: 조선식산은행 본점 및 조선 내 지점.[059]


　주식공모를 통해 회사설립을 추진했던 회사들의 대부분은 발기인이 모여
서 설립취지를 밝히고 설립인가를 받은 후 자본금 규모, 공모방식 등을 발기인
회에서 결정한 뒤 공모절차를 진행했다. 이러한 회사설립의 절차와 논의 과정
이 신문지상에 상세히 속보로 중계될 만큼 공업화의 열기와 주식공모에 대한
관심이 지대하였다.

　또 하나의 사례가 북선제지(北鮮製紙)다. 일본 대기업 오지제지(王子製紙)가
조선에 제지회사를 설립하기로 하고 부지를 찾고 있다는 기사가 1934년 말부
터 나오기 시작한다. 얼마나 전도유망한 사업인지에 대한 해설과 함께 오지제
지의 중역이 부지를 탐방한다든가 만주와 연결된 사업 기회를 모색한다든가
하는 동향 보고가 매일 보도되었다. 1934년 말부터 "만주와 연결된 사업기회에
동만주 펄프의 일원화", "아연공장의 건설 모색" 등 관련 기사가 이어지고 있
다. 그러다가 1935년부터는 주식할당 등 주식공모에 대한 상세한 홍보기사가

나오기 시작하였다. 1년간 소요목재를 이미 확보했다든지, 국유림을 이용할 수 있게 되었다든지, 북선제지의 호재가 지속적으로 보도되고 있는 것을 보면, 주식공모를 위한 전략으로 언론이 활용되었음을 알 수 있다.

북선제지 주식 공모배정률 주목

북선제지주의 공모결과는 지방에 할당분도 있어서 결국 금명일(今明日)에 전부 취집(聚集)하고자 내성(來城) 중의 마쓰모토 오지(松本王子) 전무는 우(右)서류를 휴행귀동(携行歸東)하야 동경발기인회에서 공모신청주의 배정을 정할 터인데 응모는 대체 5배가량으로 보아 대차(大差)가 업시 결국 신청의 2할의 배정이 있으리라 관측하며 10주 20주 신청은 다소 우대하고 500주의 최대신청자는 100주 감하(減下)할는지도 알 수 없다.[060]

주식공모 결과, 북선제지 주식은 5만 주 모집에 응모주가 24만 주에 달하였고, 1주에 3원씩 프리미엄이 붙을 정도였다. 여기에는 조선의 4개 은행이 모두 참여하였고, 프리미엄이 높아가는 것을 우려하는 기사가 연일 보도되고 있다. 이러한 주식공모의 성공은 발행시장으로서의 조선 지역의 유망함을 보여주는 사례로 일본 주식투자자의 관심을 끌었다. 조선석유 주식공모에도 60배의 응모주가 쇄도하면서, 조선 주식시장의 영향력이 커지게 되었다.

중일전쟁 이후 태평양전쟁이 발발하기 직전까지 주식회사 수는 전년대비 연 10% 이상, 납입자본금은 20% 이상 증가하였다. 군수산업을 중심으로 기설회사 간 흡수·합병도 늘어났다. 1944년 5월 현재 조선에 본점을 둔 자본규모(공칭) 100만 원 이상 409개 회사 중에서 중일전쟁 이후 설립된 회사는 200개 이상이었다. 소림백년광산(납입 1,500만 원), 조선레이온(공칭 1000만 원, 납입 750만 원), 조선임업개발(납입 2,000만 원), 조선압록강수력발전(공칭 5,000만 원, 납입 1,250만 원)이 신설되었으며, 조선전력, 장진강수전 등은 1000만 원 이상 증자하였다. 일본 재벌계 기업은 식산은행, 조선은행을 이용하여 직접투자와 공장설립을 시도하였다.

태평양전쟁 이후에는 설비자금을 조선 내에서 조달하는 비중도 늘어나 50%에 육박하였다. 1943년도 조선 내 산업자금 조달 경로를 보면, 생확산업(生擴産業), 군수산업, 비계획산업(非計劃産業)을 망라한 전제 15억여 원의 자금조달액 중에서 조선 외에서 조달한 것은 8억여 원, 조선에서 조달한 것은 7억 6천만 원으로 거의 비슷한 수준이었다.[061] 그중 조선에서 주식발행을 통해 생확, 군수, 비계획산업에 투자된 자본은 1억 4,800여만 원이었다.

주식거래소는 군수공업화를 지원하는 역할을 위해 개편되었다. 발기인 모집과 주식공모는 늘어나는데, 거래소는 여전히 자체 거래소 주식의 선물거래를 유지하고 있어서 전시경제에 도움이 되지 않는 투기장이라는 비판 때문이었다. 거래소 자체주식의 상장폐지를 비롯하여 단기청산거래 방식을 개선할 대책이 강구되었다. 거래소 개편은 ① 전쟁수행을 목적으로 재편, 생산 확충 자금조달 및 국민의 투자수단으로 역할 조정, ② 주식 발행시장과 유통시장을 통합하는 시장으로의 개편, ③ 불건전한 과당투기 차단, 선물거래 폐지의 방향으로 진행되었다.

이로써 민간 주식회사조직의 거래소, 조선취인소는 1943년 6월부터 정책자금의 조달창구인 정부기관 조선증권취인소로 개편되었다. 주거래종목이었던 거래소 자체주식은 시장에서 사라졌고, 주식거래는 군수공업 주식의 안정적 자본조달을 위한 수단으로 변화되었다. 조선내에서 저축자금을 집중시켜 전쟁수행에 필요한 군수물자 조달하기 위해서였다. 약 2년여 존치한 조선증권취인소는 '조선증권취인소령(朝鮮證券取引所令)'에 의해 설립되었는데, 이 법령은 거래소와 주식거래에 대한 상세한 규정을 담은 최초의 법령이었으며, 해방 이후 1950년대까지 한국 주식시장의 준거법령으로 기능하였다.

## 7. 해방과 휴전, 대한증권거래소와 파동

해방 직후, 1946년 1월 16일, 조선증권취인소는 군정명령(43호, '조선증권취인소의 해산에 관한 건')에 의해 폐쇄되었다. 식민지기 거래원으로 활동하던 증권계 인사들은 조선증권취인소 상장주식을 개인적으로 매매하였다.[062] 이들은 조선주식뿐만 아니라 일본인 회사주식도 거래하였다. 점포 없이 거래자가 연락을 주면 중개하여 매매를 성사시키는 상대매매 방식의 점두거래가 행해졌다. 선물거래는 중단되었고, 증권 현물매매를 업으로 하는 중개점도 영업을 개시하였다. 경제계의 전문가로서 식민지기 경제기사의 기고자로 알려져 있던 조준호, 송대순 등은 언론을 통해 끊임없이 거래소 설립의 필요성을 주장하였다.

규칙적이고 공식적인 증권거래는 중단되었으나, 일제강점기부터 활동하던 증권계 인사들은 동업조합을 설립하여 거래를 지속하였고,[063] 증권회사를 설립하였다.[064] 1949년 설립된 대한증권주식회사는 경성방직, 조선무진, 조선철도, 조선생명보험, 조선면자, 동아일보 등 6개 종목을 거래하였다. 새롭게 발행되는 주식이 시장에 공급될 여지가 없었기 때문에 조선인이 보유하고 있던 주식을 산발적이고 자연발생적으로 거래하는 수준이었다. 농지개혁법에 의해 지주에 대한 농지보상으로 지가증권이 발행되자, 지주들이 헐값에 내놓은 지가증권이 거래되기 시작하였다.

1956년 대한증권거래소가 '경제발전과 산업건설'에 기여할 것을 선언하며 금융단, 보험단, 증권단이 각각 출자하여 영단조직으로 설립되었다. 관련 인사들은 해방된 대한민국의 증권거래소를 전후 국토재건과 자립경제 건설을 위한 민간자본의 동원과 기업투자 촉진을 위한 기구로 선언하였다.

> "휴전을 계기로 하여 민족적 과업으로서 황폐화된 국토를 재건하고 파행적
> 인 국민경제를 자립수준까지 회복시킴을 절규하여온 바이며, 이 장대한 과업을
> 완수함에 있어서는 무엇보다 민족자본의 동원과 기업투자의 촉진책이 여실히
> 요청됨에 따라 증권시장의 유일한 기관인 증권거래소의 개설이 요망되어 온 바
> 이다."—유찬(兪燦) 이사장[065]

> "우리나라 경제가 균형 있는 발전을 이루고 경제의 자주권을 확립하기까지
> 에는 조야가 일심협력하여 극복하지 않으면 안 될 허다한 난제와 애로가 남아
> 있다고 생각합니다. 그중에서도 가장 어렵고 절실한 문제는 실로 거액에 달하는
> 부흥사업 자금을 어떻게 원활히 공급할 수 있느냐 하는 문제입니다. (…) 유일한
> 방법은 널리 민간에 흩어져 있는 부동자금과 퇴장된 자본을 동원하여 기업에
> 필요한 자금으로 활용하도록 유도하는 방법을 적극 추진하는 것입니다. 이 민간
> 자본을 동원하는 방법 중 중요한 것은 증권시장 육성에 의한 방법입니다."—재
> 무장관 김현철[066]

그러나 〈표 5〉의 대한증권거래소 거래실적을 보면, 주식보다는 국채 중심
의 거래가 이루어지고 있음을 알 수 있다. 긴박한 재정상태를 보전하기 위하여
발행된 국채를 증권거래소에서 유통하였는데, 청산거래(선물거래) 방식이 주거
래방식이었다. 대한증권거래소의 거래방식은 조선취인소, 거래조직과 제도는
조선증권취인소를 계승하여 운영되었고, 거래소 출자증권도 인기를 끌었다.
조선증권취인소의 설립으로 중단되었던 선물청산거래가 해방이후 재현된 것
은 거래할만한 주식이 부재하였기 때문이었다. 결국 가격변동폭에 돈을 거는

## 〈표 5〉 대한증권거래소 거래실적

(단위: 백만 원)

| 연도 | 주식 | 국채 | 합계 | 주식 비중(%) |
|---|---|---|---|---|
| 1956 | 394 | 299 | 693 | 56.9 |
| 1957 | 414 | 2000 | 2414 | 17.1 |
| 1958 | 180 | 1481 | 1661 | 10.8 |
| 1959 | 763 | 2116 | 2879 | 26.5 |
| 1960 | 275 | 1330 | 1605 | 17.1 |
| 1961 | 440 | 910 | 1350 | 32.6 |

* 자료: 『한국증권거래소 십년사』, 53쪽.

투기적 시장이 조성되었고, 1958년 1월 16일 발생한 국채파동은 투기적 선물거래의 위험이 그대로 노출된 사건이었다.

국채가격이 폭등하고 선물거래의 결제 불이행이 예상되자 거래소의 장을 닫아버린 사건이었다. 일제강점기 증권거래가 시작된 이래 공인된 거래소의 장기휴장은 유례없는 일이었다.

투기적 거래를 주도한 증권사는 연쇄폐업을 해야했고 긴급명령으로 국채거래가 중단되었다. 거품 발생은 국채발행계획에 대한 거짓정보에서 시작되었다. 국채발행계획안이 국회에서 통과되지 않으면, 기존에 발행된 국채가 희소해져 가격이 올라갈 것이라고 예상한 측(買方)은 공격적으로 국채를 사들이고, 국채발행안이 통과될 것이라고 예상한 측은 국채를 파는 편(賣方)에 돈을 걸었다. 국회 재정위원회가 제11회 국채발행계획 180억환 전액을 삭감하기로 했다는 소식이 전해지자, 16~17환에 거래되던 액면 100환짜리 제10회 건국국채(3년 거치 5년 분할상환)는 3배로 폭등하였다. 매수파는 이미 사들인 증권을 현금화하여 큰 수익을 얻을 것이라고 기대하였다. 그러나, 국회는 역대 최대 규모인 180억환의 국채발행계획안을 통과시켰고, 1958년 1월 중순까지 국채가격은 하락과 반등을 반복하면서 혼란이 지속되었다. 증거금만 걸면, 1개월 뒤에 차

<表 6> 대한증권거래소에서의 주식거래

(단위: 천 주, 천 원)

| | 실물거래 | | 청산거래 | | | 합계 | |
|---|---|---|---|---|---|---|---|
| | 거래고 | 약정대금 | 거래고 | 약정대금 | 비중(%) | 거래고 | 약정대금 |
| 1956 | 65,492 | 18,452 | 1,375,198 | 375,730 | 95.5 | 1,440,690 | 394,182 |
| 1957 | 10,210 | 6,643 | 2,103,920 | 407,393 | 99.5 | 2,114,130 | 414,036 |
| 1958 | 69,349 | 7,434 | 1,221,386 | 172,750 | 94.6 | 1,290,735 | 180,184 |
| 1959 | 966,377 | 81,966 | 7,748,820 | 681,345 | 88.9 | 8,715,197 | 763,311 |
| 1960 | 169,296 | 11,816 | 2,531,672 | 263,426 | 93.7 | 2,700,968 | 275,242 |
| 1961 | 341,957 | 58,413 | 2,799,736 | 381,702 | 89.1 | 3,141,693 | 440,115 |

* 자료: 『한국증권거래소 십년사』, 53쪽.

액만 정산하는 청산거래제도는 소액의 투기거래를 가능케 하였고 실질적으로 주식이 없어도 주식을 매도할 수 있고, 현금이 없어도 주식을 매입할 수 있는 청산거래의 허점이 악용되고 있었다. '건옥(建玉)'이라고 불리던 미결제약정의 매매증거금을 납입하라는 지시가 내려지자, 40여 개 증권사 중 증거금을 납입한 회사는 6개에 불과하였다. 결국 정부가 구제자금을 융자하고 위약처리된 국채를 공매처분하면서 수습되었지만 증권과 주식 거래에 대한 불신감이 확대되면서 거래소는 장기휴장을 맞았다.[067]

채권시장에 이어 주식시장의 파탄도 일제강점기의 주식거래 관행에 의해 야기되었다. 주식시장은 상장기업수가 적고 정부가 소유하고 있는 주식이 대부분이어서 시장에 나와 있는 주식 물량이 많지 않았다. 주요 거래종목은 대한증권거래소 출자증권이었다. 이는 일제강점기 조선취인소가 자체주식의 단기 청산거래를 위주로 운영되었던 것과 다를바 없었다.

5·16 이후 자본시장육성에 대한 낙관적 기대가 형성되고 1962년 1월 증권거래법의 공포가 예고되자 영단제 거래소가 주식회사로 전환되면 가격이 폭등할 것을 예상하고 대중주의 가격이 폭등하였다. 1961년 11월 주당 50전에서

| | | 1956년 | 1957년 | 1958년 | 1959년 | 1960년 | 1961년 |
|---|---|---|---|---|---|---|---|
| 1 | 경성방직 | 27.24 | 14.69 | 25.40 | 9.33 | 21.32 | 4.16 |
| 2 | 조흥은행 | 16.68 | 11.44 | 1.28 | 0.11 | 0.49 | 1.14 |
| 3 | 증권거래소 | 10.70 | 20.96 | 37.71 | 72.15 | 33.12 | 34.13 |
| 4 | 조선맥주 | 8.10 | 22.59 | 1.63 | | | |
| 5 | 증권금융 | 8.04 | 7.20 | 5.61 | 7.57 | 21.86 | 8.32 |
| 6 | 해운공사 | 8.10 | 7.86 | 4.62 | 5.73 | 7.95 | 1.62 |
| 7 | 상업은행 | 5.55 | 2.68 | 3.54 | 0.47 | 0.13 | 2.26 |
| 8 | 제일은행 | 4.03 | 0.96 | 0.77 | 0.58 | 1.40 | 3.18 |
| 9 | 한일은행 | 3.62 | 4.42 | 7.54 | 1.92 | 4.01 | 7.38 |
| 10 | 한국운송 | 3.02 | 2.75 | 5.24 | 1.36 | 4.24 | 1.80 |
| 11 | 경성전기 | 1.58 | 0.77 | 0.84 | 0.50 | 4.59 | 4.01 |
| 12 | 조선전기 | 1.30 | 0.71 | 2.09 | 0.21 | 0.82 | 1.83 |
| 13 | 조선공사 | 1.23 | 2.33 | 2.78 | | | |
| 14 | 동양화재 | | 0.01 | 0.01 | | 0.01 | 0.01 |
| 15 | 한국전력 | | 0.00 | | | | 29.41 |
| 16 | 수도극장 | | 0.05 | 0.02 | | | |
| 17 | 미곡창고 | 0.02 | | | | | 0.75 |
| 18 | 상업은행(신) | | | | | 0.01 | |
| 19 | 남선전기(신) | 0.74 | 0.59 | 0.90 | | 0.06 | |
| 20 | 미곡창고(신) | 0.03 | | | | | |
| 총 거래대금(환) | | 3,941,928,170 | 4,140,357,300 | 1,801,844,500 | 7,633,104,500 | 2,752,421,500 | 4,401,152,300 |

* 출처: 『한국증권거래소 십년사』, 74~75쪽.

1962년 4월에는 80배 이상 폭등한 42환을 기록하였다. 주식시장에 약정대금이 몰려들었고, 유동성 확보를 위해 거래소의 증자계획이 발표되었다. 유상증자로 유동성을 확보하고자 했던 거래소 발행증권의 예상가격을 둘러싼 투기가 발생하고 만기일 도래의 계약을 청산시키지 못함으로써 결국 거래소는 문을 닫고 장기적인 휴장, 침체상태가 이어졌다.[068]

# 8. 결론

나라를 구하는 비책으로 소액의 자금을 모아 주식회사를 설립하자는 운동 차원의 주식모집에서 출발한 한국인의 주식투자는 경부철도, 동양척식 등 식민지 경제의 기반을 구축하는 데 이용되고, 청일전쟁에서 2차 대전까지 수차례의 전쟁에 동원되었다. 식민지 선체가 주식열풍으로 동요하던 시기는 전쟁기였고, 주가가 큰 폭으로 올랐던 시기도 2차 대전 발발 시기였다. 그런데 이 시기 한국의 주식시장은 현물주식이 거래되는 것이 아니라, 증거금을 걸고 '주식을 사겠다'는 계약과 '주식을 팔겠다'는 계약이 청산되는 선물시장(先物市場)이었다. 변동이 클수록 이득을 기대할 수 있는 위험을 상품화한 선물시장은 불안한 현실을 회피할 수 있는 도피처로 이용되었다.

정상적으로 주식시장이 기능하기 위한 인프라가 구축되어 있지 않은 상태의 주식거래는 실물 없이 증거금을 걸고 예측하는 투기적 도박장으로 변질되었고, 1950년대까지도 제도와 거래방식이 미비된 상태에서 그대로 유지되면서 수차례의 파동과 책동이 이어졌다.

시장의 기대와 전망을 따라 움직이는 주식가격은 낙관적인 기대가 투기적 광기로 일변하면 급등하다가, 돌연 패닉으로 곤두박질치기도 한다. 대표적인 파생상품인 주식선물시장은 '거래증거금', 즉 일종의 계약금만 걸고 몇 배의 자금을 운용할 수 있기 때문에, 투기적 자금유입이 자유롭고 그에 따른 위험도 크다. 주식시장이 발달하면 거기서 파생된 상품을 거래하는 시장도 뒤따라 발전하는 것이 일반적인 수순일 것이다. 그러나 한국의 조직적인 주식거래는 실물이 아니라 선물(先物)을 거래하는 파생상품시장으로 출발하였다.

주식시장은 발행주식에 대한 신뢰를 보장하고 저축자금을 보호해줄 수 있는 기반이 구축되어야만 제 기능을 할 수 있는 고도의 금융시장이다. 자본시장으로서의 주식시장의 출현은 민간기업의 자발적 투자수요가 시장에 반영될 수 있을 때까지 기다려야만 했다.

**이명휘**

현재 이화여대 경제학과 교수로 재직 중이다. 경제사를 전공했고 최근의 관심주제는 저축과 자본시장의 역사이다. 대표논저로는 「농어촌 고리채정리사업 연구」, 「증권발행시장의 형성과 한국투자개발공사」, 「조선거래소의 주식거래제도와 거래실태」 등이 있다.

# 2부

투자의 대중화와 저변화

# 5

## 중산층의 부동산 투기와 사회적 공간의 위계화

# 1. 부동산 투기와 중산층 등장의 전후

한국 현대사에서 부동산 투기의 신화는 일제하에 이미 시작되었다. 1932년 늦은 여름 함경북도 나진에서 벌어진 소란이 그 출발점이었다. 일제는 그해 3월 만주국을 세우고 몇 달 후인 8월 25일 만주의 길림과 한반도의 회령을 잇는 철도 길회선의 종단항으로 나진을 선정했다고 발표했다. 기껏해야 일이십 가구 정도밖에 없던 한적한 어촌이 만주에서 수송된 물자를 동해를 통해 일본으로 운반하는 거점이 되리라는 소식이었다. 나진항이 장차 대련항처럼 개발되리라는 희망에 나진에서 삼십 리 정도 떨어진 웅기 지역까지 땅값이 들썩일 정도였다.

일찍이 일본 군대가 설치된 도시 나남(羅南)이 촌락에서 도시로 변화하는 모습을 지켜보았던 용달상 홍종화, 그리고 러시아 무역을 하다가 토지매매상이 된 김기덕은 나진 지역이 유망하다는 것을 알아채고 그 일대의 토지를 미리 사두었다. 덕분에 두 사람의 재산이 종단항 선정 발표 후 몇 달 만에 1천만 원이 되었다 하니, 이것은 금광으로 돈을 벌어 유명해진 최창학의 3백만 원을 압도하는 금액이었다. 이 소식이 조선 반도 전체에 화제가 되는 것은 당연한 수순이었다. 홍종화와 김기덕이 대표적인 일확천금의 부자였지만, 나진 일대에 10만 원부터 백만 원 부호에 이르기까지 층층이 쌓인 부자들이 40여 명 정도라는 소문이 떠돌았다. "조선에서 부자라고 치는 이들을 보면 대개는 선조 전래의 토지를 수호함이 아니면 합병 이전에 가졌던 재산을 그냥 묵수하여 오든 것에 불과"했던 상황이 바뀌기 시작했다. 경제적 감각과 모험을 통해 부를 획득한 새로운 부자들의 탄생 신화가 등장한 것이 신호탄이었다.[001]

나진항의 신화에서 지워진 것은, 당시 나진보다 훨씬 남쪽에 있던 청진이 철도 종단항이 되리라 예측하고 땅을 사놓았다가 실패했던 사람들의 이야기다. 이후 다른 지역에서 투기를 따라하다가 여러 결과를 맞이한 사람들의 이야기도 사라졌다. 문학 텍스트는 이 지워진 이야기들을 허구의 형식으로나마 기록해둔 저장소다. 이태준의 1937년 단편소설 「복덕방」에서 황해도 연안의 땅을 샀다가 실패한 안초시의 죽음은, 홍종화와 김기덕이 퍼뜨린 부동산 투기의 신화가 몇 년 후 대중의 차원에서 어떻게 경험되고 좌절되었는가를 보여준다.

한국전쟁이 끝난 이후인 1950~60년대에도 부동산 투기는 계속되었는데, 특히 서울은 대표적인 투기 지역이 될 운명이었다. 이촌향도로 몰려드는 사람들을 떠안는 동시에 전재 복구를 시도하고 도시계획을 통해 도시를 재건해야 했기 때문이다. 택지를 조성하고 서민주택을 건설하면서, 서울은 지속적인 땅값 상승과 은밀한 부동산 투자를 경험할 수밖에 없었다. 이 시기 부동산 투기로 인한 노심초사와 체념의 분위기는 이호철의 1964년 소설 「등기수속」에 나타나 있다.[002] 이 소설은 한일회담 반대시위로 인한 정치적 위기를 극복하기 위해 군사정권이 계엄령을 내린 1964년 6월을 배경으로 하고 있다. 주인공은 2년 전 'ICA 주택'[003]이 건설될 불광동의 "400평짜리 야채밭"을 공동 구입을 해둔 인물이다. 그는 미처 자기 명의로 변경해놓지 못한 땅이 갑작스러운 계엄령에 묶일까 두려워 여러 관공서를 오가며 동분서주하지만, 결국 등기수속에 실패한다. 그래도 그가 조용히 체념할 수 있는 것은 혹시 주택 건설에 필요한 융자 지원금인 "ICA 주택자금"을 얻지 못해도 이미 "평당 8백 원에 산 야채밭이 3천 원 대를 오르내리게 되었"기에 손해를 본 것은 아니기 때문이다. 이 소설은 세상 물정에 어두운 것처럼 묘사된 공무원도 부동산 투자에 얼마나 민감하게 움직였는지, 그리고 그 결과를 예측하는 것이 얼마나 어려웠는지를 보여준다.

눈여겨볼 것은 주인공 '현구'가 '전직 공무원'이었다는 점과 그에게 몰래 정보를 알려주고 공동 투자를 주도한 사람들이 신문사의 부장과 차장과 같은 고위 언론인이었다는 점이다. 이것은 다른 사람들보다 먼저 정보를 습득할 수 있는 직업, 사회적 지위, 일정 수준 이상의 소득을 가진 사람들만이 정부와 해외 원조기관의 지원금을 타내고 부동산 투자를 할 수 있었다는 것을 암시한다. 또한 주인공이 퇴직 공무원이라는 설정은, 1960년대부터 1970년대 중반까지 부동산 투기가 기업가를 포함한 일부 상류층, 고위 공직자, 언론인 등 특권층의 부패 문제로 인식되어 규제가 강력했던 상황과 관련이 있다. 정부의 직접 통제가 가능한 공무원들의 투기에 대한 규제와 처벌은 더 강력했기 때문에, 이 소설의 주인공도 공무원에서 퇴직하고 나서야 비로소 등기수속을 시도할 수 있었다. 다시 말하면 이호철의 이 소설은 1950년대 후반부터 1960년대 초반 사이의 부동산 투기를 묘사하면서, 사회적으로 부동산 투기가 수면으로 떠오르지 못하고 일부 특권층만의 은밀한 자산 증식 수단이었던 시대 상황을 반영하고 있다.

1970년대 초중반에도 대중들에게 부동산 투기라는 개념이 낯선 것은 아니었다. 하지만 대중들에게 부동산을 통한 불로소득이란 아직 적극적으로 추구할 목표라기보다 관(官)이 주도하는 도시개발을 통해 수동적으로 얻게 되는 혜택이었다. 이호철이 1972년 발표한 「여벌집」[004]은 그 점을 잘 보여주는 작품이다. 이 소설은 어느 부부가 여벌로 가지고 전세를 주는 집이 도시계획의 일부로 들어가면서 벌어지는 이야기를 담고 있다. 부부가 가지고 있는 "C동"의 집은 몇 년 전 시내로 나오면서 미처 팔지 못하고 놔둔 집인데, "봄, 가을 재산세 낼 때만 우리 것으로 의식되는 여벌 재산"이다. 이 집에 드나든 세입자마다 속을 썩이자 그 집을 팔아서 "은행에 정기예금으로 넣든지, 아니면 믿을 만한 데 맡겨서 굴리든지" 고민을 하지만, 어느날 복덕방에 들렀다가 그 집이 도시계획에 들게 되었다는 점을 발견한다. 부부는 집을 자꾸 싼 값에 사려고 하는 복덕방 사내의 낌새가 수상한 것을 눈치채고 대지증명을 떼어본 후 그 집 마당이 교통의 핵심인 로터리가 된다는 사실을 알게 된다. "도시계획에 들었다고만 하면 다 망하는 줄로만 알았지, 이런 횡재도 더러 있다는 것은 모르고 있었"던 부부는 그 집터에 빌딩을 지을지, 어떤 가게를 낼지 고민하며 행복한 꿈에 사로잡힌다. 소설은 도시계획이 백지화된다는 풍문이 들린다는 소식으로 끝나지만, 그것이 정말 뜬 소문인지 사실인지 알 길은 없다.

이 소설에서 부부는 자신의 집이 도시계획에 들어가면 친절히 알려주는 "통고장"이라도 나오는 줄 아는 세상 물정 모르는 사람들이다. 집을 팔아서 예금을 들 생각을 할 만큼 부동산 수익에는 관심이 없는 사람들이지만, 도시개발이 안겨주는 불로소득을 마다할 이유는 없다. 다만 이때까지도 대중들에게 부동산을 통한 수익은 이 소설에서 보듯 주로 '전세'로 받은 보증금을 예치한 예금 이자에서 나오는 것이지, 직접적으로 부동산 매매를 통한 투자 또는 투기에서 나오는 것은 아니었다.

이처럼 부동산 투자는 일제하부터 1950~60년대까지 대중들에게 일반화되었다기보다는 주로 상류층 또는 고위층의 입소문과 공모를 통해 이루어졌으며, 부패 수사나 투기 수사를 통해 발각되지 않는 한 잘 드러나지 않았다. 박정희 정권과 서울시의 주요 공직자들이 부동산 투기를 통해 거액의 정치 비자금을 마련하는 시기였음에도 불구하고, 그 사실은 몇십 년이 지난 뒤에야 일부 관련자들의 구술과 증언을 통해서 밝혀지곤 했다.[005] 그래서 기업가와 공직자 못지않게 주로 투기에 큰 역할을 담당하는 소위 '부동산 브로커'를 사회의 암적 존재로 간주하고 비판하는 담론들이 항상 존재했다. 오늘날 생각하는 것처럼 중산층이 부동산 투기에 앞장서는 사회적 분위기가 언제나 당연한 것은 아니었다는 의미이다.

1970년대 중반 이후에야 중산층은 건설경기와 부동산 투자의 활성화에 힘입어 새로운 사회적 영향력을 가진 집단으로 부상했다. 그들이 다양한 투자수단에 대한 여론을 조성하는 주요 집단이 되어 몇십 년 동안 군림하자, 중산층의 경제적 안정과 여론은 부동산 정책을 가늠할 때 가장 중요한 정치적 잣대가되었다. 이 신흥집단이 각종 부동산법, 세법, 부정부패방지법, 부동산투기 규제조치 등과 씨름하면서, 교묘하게 자산을 증식하는 방법을 체득하고 축적한 지지금까지 몇십 년이 지났다. 그렇다면 부동산 투기의 대중화 이후 중산층의 삶에서 일어난 윤리적 의식의 변화와 사회적 효과는 어떠한 것이었을까. 중산층의 투자 혹은 투기가 전 사회적으로 확산된 현재 한국사회는 부동산 투자를 계급상승을 약속하는 당연한 절차로 간주하는 상태로 질주하고 있다. 이러한 상황에서 부동산에 막 눈을 떴던 1970~980년대 중산층의 의식은 어떠한 것이었는지, 그 중에서도 완전히 지워진 것은 무엇인지 되돌아볼 필요가 있다.

## 2. 중산층 되기의 꿈

한국 현대사에서 중산층이라는 집단이 사회적으로 실체화되어 등장한 것은 1970년대 중후반이었다. 이미 1960년대 중반부터 담론의 측면에서 중산층은 한국 경제를 성장시킬 주요 동력으로 상정되어 있었지만, 그것은 주로 중산층을 육성해야 한다는 당위의 담론과 대중들의 풍요를 향한 욕망의 표현으로나타났다. 1970년대 중후반 이후부터는 제1차 석유파동을 이겨내고 1978년까지 지속된 고도 경제성장, 중동 진출로 인한 오일머니의 유입, 1977년 수출 100억 달러 달성 등 중산층이 형성될 만한 경제적 토대가 만들어졌다.

1976~78년 한국 경제가 매해 10퍼센트가 넘는 경제성장률을 기록하는 동안 건설 경기는 최대 호황을 맞이했다. 1974년 진출한 중동의 건설 현장으로부

터 유입된 오일머니가 부동산에 투자되고 강남 개발이 한창 진행되면서, 1977
년 하반기와 1978년 상반기 사이에 이르러 국내 건설 경기는 최고점에 달했다.
중동 특수와 강남 개발 덕분에 1977년 건설회사들의 주가상승률은 175%에 달
했고, 1977~1978년 전반기의 부동산 경기는 뜨겁게 달아올랐다. 건설 호황은
1978년 하반기부터 소위 '8·8조치'라고 불리우는 강력한 '부동산 투기억제 및
지가안정을 위한 종합대책'이 등장하면서 꺾이기 시작했다. 그리고 1979년 제
2차 석유파동으로 인한 세계 경제불황, 그리고 1980년 광주항쟁과 군사쿠데타
로 이어지는 정치적 불안 속에서 한국 경제가 마이너스 성장을 기록하는 동안
부동산 투기도 잠잠해졌다.[006]

한국 경제는 1980년대 초반부터 회복을 시작하여, 1982~84년에는 3년 연
속으로 10%가 넘는 경제성장률을 기록했다. 1986~88년 '3저호황' 시기부터
1990년대 초반까지 강남 개발, 아파트 증가, 신도시 건설 등이 연쇄적으로 이
어지자, 잠시 숨을 죽였던 중산층 담론이 다시 고개를 들었다. 중산층은 경제
발전의 주역이자 수혜 집단으로, 그리고 한국 사회의 생활양식을 선도하는
집단으로 서서히 모습을 드러내기 시작했다. 1980년대의 중산층 담론은 두어
차례에 걸쳐 폭발했던 1970년대의 양상과 달리 항시적으로 전개되었으며,[007]
학문적 연구의 차원에서도 본격화되었다.[008] 1960~70년대 중산층 담론이 경제
성장의 측면에서 제기된 중산층의 당위적 필요성에 대한 것이었다면, 1980년
대 중산층 담론은 소비문화와 정치의식의 문제로 더 좁혀진 양상을 띠고 있
었다.

1983년 1월 1일 『동아일보』와 연세대 도시문제연구소가 공동조사한 결과
스스로 중산층으로 자부하는 사람이 78%에 달한다는 사실이 보도된 이후, 중
산층에 대한 기사는 더욱 확산되었다. 1983년 1월 4일~6월 17일까지 6개월간
연재된 『동아일보』의 「중간계층」 특집기사와 1984년 4월 15일~8월 31일까지

『서울신문』에 4개월간 연재된 「80년대 중산층」 특집기사들은, 이 집단의 생활양식과 소비문화가 어떻게 전개되고 있었는지 추적한 계몽적 동향보고서였다. 중산층 실태에 대한 기자들의 취재, 학자들의 발언, 때로는 좌담회까지 게재한 이 기사들은, 중산층이 성숙해가고 있는 한국 사회에 대한 예찬이라는 정권 홍보와 무분별한 중산층의 소비와 의식행태를 비판하는 계몽이 뒤섞인 것이었다.

반면에 1987년 이후의 중산층 담론들은 경제적 안정을 획득한 중산층의 정치적 의식에 촉각을 세운 정치적 질문지였다. 87년 6월항쟁 이후 기사들은 중산층이 현실 안주적인 성향에서 벗어나 민주화운동과 노동자 계급의 성장에 적극적으로 관심을 기울여야 한다는 의견들을 제시했다. "지식인들은 중산층이 경제적인 문제에 대해서는 보수적인 변모를 지니고 있지만, 민주화에의 요구 등에 대해서는 진보적인 면모를 가지고 있고 정치적인 참여에까지 직접 나설 수 있는 존재로 성장하였음을 높이 평가"하는 단계에 이르렀다.[009] 중산층이 더 이상 홍보의 수단이나 계몽의 대상이 아니라 한국 사회의 정치와 경제에서 긍정적 역할을 담당하는 계층으로서 여론과 정책을 좌우할 집단으로 간주되기 시작했다는 의미였다.

1980년대 중산층을 결정하는 주요 요인은 바로 자신이 중산층에 속한다는 귀속의식이었다. 경제적 위기에서 완전히 탈출하지 못했던 1982년 당시에는 스스로 중산층이라고 생각하는 사람이 약 36%에 불과했지만, 1987년에 이르면 거의 60~70%에 달하는 사람들이 스스로 중산층에 속한다고 믿었다.[010] 여러 기사를 종합해보면, '3저호황'의 시기였던 1980년대 후반에는 최소한 60~80% 정도의 대중들이 스스로 중산층이라고 믿고 있었던 것으로 보인다. 이러한 귀속의식은 때로 경제성장 여부나 실제 소득수준과 관련 없이 사회적으로 형성된다. 중산층이 되는 방식은 다른 중산층들과 같은 집에 살고 유사한 상품을 사면서 소비문화를 공유하는 것이다. 더 자세히 말하면, 경제적 여유가 없는데 남들의 소비를 모방하여 과소비하는 것은 윤리적으로 나쁘지만, 일정한 소득이 있다는 것을 전제로 스스로 중산층에 합당하게 소비를 하면 중산층이 될 수 있고 그것이 나쁘지 않다고 생각하는 시대가 도래했다.

윤홍길의 1989년 소설 『말로만 중산층』은 중산층이 소득수준과 소비방식으로 규정되는 계층이었다는 점을 보여준다. 주인공 "달국"의 사무실에서 벌어지는 소설 속 논이 극명한 사례다. "스스로 중산층임을 주장하는 세력과 그것에 반대하는 세력으로 삽시에 편이 갈리었다. 뜻밖에도 중산층이 과반수에 육박하고 있었다. 아직 중산층이 아니라도 턱걸이 한 번만 더 하면 이제 곧 중산층에 올라서게 된다고 믿는 사람들도 상당수 있었다." 이 논쟁을 통해 "달국"은 "결국 자기가 어느 계층에 속해야 하는지 막연하나마 알아차릴 수 있었던 바로 그 점이 소득이라면 소득이었다"고 생각하게 된다.[011] 그가 사무실의 동료들로부터 배운 것은, 소득이 더 많아도 중산층처럼 소비하지 않으면 결코 중산층이 될 수 없다는 점이다. 이처럼 주거공간, 소비, 여가 등을 통해 중산층 의식을 가질 수 있다는 사고방식은 1980년대에 형성된 중산층 의식의 특성처럼 보인다.

주인공 김달국 씨는 딸꾹질을 의미하는 이름만큼이나 해학적인 인물로 설정되어 있다.[012] 달국 씨가 스스로 중산층임을 각성하여 자가용을 마련하는 마지막 에피소드에 이르기 전까지, 그는 전형적인 한국의 서민적 아버지상으로 그려진다. 그런데 작가의 말대로 "꾀죄죄하게 그려진" 김달국 씨와 그 가족의 삶을 오늘날의 관점에서 하나씩 파고들어가면, 그다지 서민적이지 않다. 우선 달국 씨는 대학을 졸업해서 대기업에 취직하여 개포동 아파트에 사는 사람으로, 지금이라면 부러움을 사고도 남을 계층이다. "만년과장"이라는 과거의 수식어는 이제 승진에서 누락되는 불쌍한 서민이 아니라 '종신과장'을 할 수 있는 정규직처럼 들린다. 아내인 행분 여사는 거금 일억 원으로 주식투자를 꿈꿀 만큼 통이 크며, 가족들이 문화적 교양을 쌓을 수 있도록 음악회 티켓을 구매하는 인물이다. 수험생인 아들 진범이, 중학생 종범이, 초등학교 육학년 향옥이의 사고방식은 추레한 아버지보다 더 현대적이다. 그러나 "평균 소득 이상의 월급"을 받으며 강남 아파트에서 여가생활을 즐기는 이 가족은 스스로 중산층임을 인식한 뒤에야 비로소 중산층이 된다.

박영한의 소설 『우리는 중산층』[013]에 묘사된 "장미 연립 아파트"의 묘사도 윤흥길 소설의 가족과 유사하다. 다른 사람의 사생활을 함부로 침범하고 서로 악다구니를 쓰며 사는 이웃들의 모습은 중산층이라기보다 서민처럼 보이기도 하지만, 서울 외곽 "안곡시"로 설정된 이 신도시의 삶은 분명 상류층의 삶이 아닐 텐데도 소비생활만큼은 남다르다. 다른 집의 삶을 구경하며 부러워하고, 틈만 나면 압구정동에 쇼핑하러 나가거나 가족끼리 외식을 하며, 아파트 청약에 열을 올린다. 주민들의 계층이나 직업은 매우 다양하지만, 교수부터 가구공장 공장장까지 어느 정도 안정된 생활이 보장된 직군들이 모여 있다.

두 소설에서 말하는 중산층의 기준은 너무나 흡사해서, 우연의 일치라기보다는 당대의 인식을 그대로 드러내고 있는 것으로 보인다. 예컨대 박영한의 소설에서 중산층의 기준은 이러하다. "중산층이래서 똑 부러지는 기준이 있는 건 아닐 테지만 최소한 처자식을 먹이고 입히고 공부시키는 데에는 아무 걱정이 없어야 할 터이고, 집안에 양주병은 늘상 비치해둔다든지 자동차 한 대쯤은 어렵잖게 유지할 수 있을 정도라야 하지 않을까."(228쪽) 윤흥길의 소설에서 행분 여사가 주장하는 중산층은 이렇게 묘사되어 있다. "중산층이라고 뭐 별건가요 평생 붙박고 살 만한 내 집 한 채 지니고, 자식들 원하는 공부 끝까지 뒤를 밀어서 자립시켜줄 만큼 여유는 있어야겠고, 집안에 자가용 한 대는 꼭 있어서 주말이나 휴가철이면 아담한 시골 별장이나 최소한 콘도 같은 데 가서 가족끼리 오붓하게 즐기다 오고" 하는 것이다(293쪽).

1980년대는 고도경제성장과 소비지상주의의 깃발 아래 평범한 삶의 환상이 형성되는 시기, 다시 말해 이전 시기와 달리 신분 상승과 출세의 꿈이 아니라 남들과 비슷하게 사는 평범한 꿈이 형성되었던 시기였다. 대학을 나와 대기업에 취업하여 가족이 함께 누릴 자기 집과 자동차를 마련하고, 외식과 의류 소비와 가전제품 구입을 망설이지 않으며, 이따금 국내외 여행을 다니며 여가생활을 즐기는 중산층의 삶은 평범한 사람이 도달할 수 있는 꿈으로 상상되었다. 그것은 입신양명과 출세의 꿈이 아니라 무난하게 이 험난한 사회를 살아갈 수 있는 중산층이 되는 꿈이었다. 그리고 안정된 중산층이 될 수 있는 가장 중요한 수단은 두 소설의 가족들이 살고 있는 아파트라는 토대, 그리고 새로 분양하는 아파트 당첨이라는 꿈이었다. 중산층의 자격 충족 요건으로서의 상품 리스트에는 자가용, 피아노, 골프채, 해외여행 등이 주요 품목으로 올라 있었지만, 소비의 최상위 꼭지점에 있는 가장 비싸고 중요한 상품은 '아파트'였다.

## 3. 중산층이 되려면 부동산 투자를 해야 한다

1980년대 이후 중산층이 부동산이라는 실물자산을 확보해야 비로소 그 지위를 안정적으로 누릴 수 있다고 생각한 것은, 부동산이 지속적인 매매가격 상승을 통해 가상의 금융자산처럼 기능하기 때문이다.[014] 자동차, 전축, 골프채 등은 모두 소유 기간만큼 교환가치가 하락하기 때문에 자산가치가 낮지만, 부동산은 제한된 공급과 급격한 가격 상승 때문에 소유 기간이 길어질수록 도리어 교환가치와 자산가치가 동반 상승한다. 아파트든 단독주택이든 부동산은 모두 신축일 때 우위성을 가진 것도 사실이지만, 새것이 낡은것에 대해 가지는 비교우위적 가치보다 신축일수록 가격상승의 속도가 높다는 점이 더 중요하다.

아파트를 단독주택보다 더 선호하는 이유가 깨끗하고 편리하며 서양식 생활양식을 가능하게 해주는 데 있다는 지적들은 80년대부터 지금까지 계속 나왔지만, 사실 이것은 아파트를 사야 하는 명분에 가깝다. 그보다는 새로 지어지는 아파트의 수가 단독주택의 수보다 많은 상황에서 더 빨리 사고팔 수 있으며 가격 상승의 폭이 훨씬 큰 아파트를 소유하는 것이 이윤추구에 유리하기 때문이다. 즉 아파트 선호 현상의 가장 중요한 요인은 투자에 더 유리하다는 점이며, 사람들에게는 내 집 마련이라는 꿈보다는 아파트가 공급이 더 풍부해서 더 많은 사람들에게 기회가 열려 있다는 점, 단독주택보다 더 고수익을 보장하는 상품이라는 점이 중요했다. 신축 아파트를 통해 고수익을 추구하려는 중산층의 열망은, 1970년대 박정희 정권에서 바람직한 대중의 자세로 중시되었던 근검절약을 통한 저축이라는 윤리를 깨뜨렸다. 근로소득으로 저축하여 은행에서 이자를 얻는 것보다 은행 빚으로 부동산을 사서 불로소득을 얻는 편이 더 많은 소득을 안겨줄 수 있다는 깨달음은, 노동보다 투자를, 그리고 저축보다 대출을 더 유용한 자산증식수단으로 간주하는 새로운 사회 풍토를 조성했다.

건설 경기의 최고 호황점 중 하나였던 1978년 박완서가 발표한 「낙토의 아이들」[015]에는 이러한 인식이 형성되는 변환점이 그려져 있다. 이 소설에서 아내는 브로커인 탁 사장의 정보를 믿고 "배짱 좋게 빚까지 얻어 남아도는 아파트를 한꺼번에 서너 채나 계약"하는 사람이다. 은행에서 얻은 빚인지, 지인으로부터 빌린 돈인지는 자세하게 나와 있지 않다. 그러나 이전까지의 소설에 나온

'부동산 투자'란 이호철의 「여벌집」에서처럼 전셋집을 관리하고 집주인 행세를 하며 임대소득을 취하거나, 박완서의 「닮은 방들」에서처럼 주택복권을 사서 일확천금을 노리는 정도였는 점에서 확연히 달라진 양상을 보여준다. 그리고 이 투자는 모두 번듯한 '내 집 마련'이라는 꿈과 관련된 것, 더 크고 근사한 집으로 이사하기 위한 것 정도에 머물렀다. 「낙토의 아이들」의 아내도 처음에는 내 집 마련을 위해 미분양 아파트에 "무추첨 당첨"된 것이 투자의 시작이었다. 그런데 이 아내는 점점 더 남편은 꿈도 못 꿀 정도의 배포를 가지고 '빚'을 내어 "평수 큰 호화 아파트"를 여러 채 사기도 하고, "네 식구가 오십 평의 맨션 아파트로 이사하고 나서도 그 사업을 계속할" 만큼 전문 투기꾼으로서의 면모를 보여준다. 아내의 투자는 '내 집 마련'이나 임대소득 따위가 아니라 오직 매매 차익을 실현하여 자산증식 그 자체를 목적으로 삼은 것이었다는 점에서 그 이전과 투자의 성격을 달리한다.

　박완서가 1984년 발표한 연작소설 「서울 사람들」[016] 역시 부동산을 둘러싼 달라진 태도를 더 적나라하고 냉소적인 관점으로 보여준다. 주인공 혜진은 "작년 이사철에 시험 삼아 내놓은 집이 당장 팔려 허둥지둥 변두리의 미분양된 아파트로 이사"를 한 지 1년 만에 구질구질한 옛 서민 동네를 방문한다. 절친했던 친구 명희로부터 돈 2백만 원을 빌리기 위해서다. 처음엔 아파트에 적응하지 못해 멀미를 하던 그녀가 지난 1년 동안 깨달은 건 "1년 만에 분양가의 배가 된 집을 팔아 새로 지은 걸 분양가로 살 경우 40평도 넘는 걸 살 수도 있다는 거였다. 재산을 증식시키기란 얼마나 쉽고도 재미난 일인가? 억대의 부자가 꿈이 아니라 바로 손만 뻗으면 잡히는 현실이었다."(184쪽) 그래서 혜진은 "순전히 생활비의 적자를 메우기 위해서 돈을 2백만 원씩이나 꾸고서 조금도 걱정이 되지 않았다. 빚도 겁나지 않았고 생활비에 못 미치는 남편의 월급도 짜증나지 않았다. 가만히 앉았어도 한 달에 2, 3백만 원씩 재산이 불어난다는 건 전혀 새롭고도 놀라운 경험이었다. 매일매일 금달걀을 낳는다는 옛날 이야기 속의 닭은 다름 아닌 현대의 아파트였다."(179쪽) 그런데 혜진은 자신의 집값이 상승하는 데서 오는 기쁨 정도에 그치지 않고 더 나아가기를 원한다. 또한 이미 '내 집 마련'을 했다는 것만으로 충분하지 않다고 느낀다.

혜진은 여러 번의 탈락 끝에 3천만 원의 채권입찰액을 써넣은 뒤 100대 1의 경쟁률을 훌쩍 넘기는 강남의 아파트 분양에 드디어 당첨된다. 그러나 가진 돈이라고는 3백만 원짜리 예금밖에 없었기 때문에 거액을 감당할 수 없다는 사실을 실감하지 못하다가, 계약기간을 넘기고 나서야 상실감에 시달린다. "아파트는 당첨되고도 계약을 포기했으니까 그것 때문에 금전적인 손해를 입은 건 한 푼도 없었다. 그럼에도 불구하고, 그 일이 뜻대로 됐을 경우 적어도 2, 3천만 원은 벌 수 있으리라는 꿈에서 깨어나자 마치 2, 3천만 원의 돈을 실제로 잃어버린 것 같은 엉뚱한 실물감(失物感)에 시달리고 있었다. 별안간 영락(零落)한 부자처럼, 남편의 얼마 안 되는 월급이 눈에 차지 않았고, 돈 아끼는 일이 피곤하고 짜증스러웠고, 알뜰하게 장만한 살림살이들이 보잘것없이 초라해 보여 도무지 닦고 훔치고 거둘 생각이 나지 않았다."(206쪽) 실제로 잃은 돈이 없는데도 갑자기 가난해졌다는 느낌, 열심히 일하고 절약해봤자 소용없다는 느낌은 어쩌면 1980년대 초반보다 '상대적 박탈감'이 운위되는 오늘날 더 익숙한 감각일 것이다. 혜진이 마치 "월급장이 면하고 경기 좋은 사업이라도 하는 것 같다"(178쪽)는 친구 명희의 관찰이 정확한 것은, 노동을 하여 돈을 벌기보다 재테크 자체가 직업이 된 현실을 그대로 보여주기 때문이다.

「서울 사람들」의 혜진은 상류층이거나 고소득층이 아니라, 1년 전까지 누추한 동네에서 살던 평범한 사람이다. 80년대 중반에 발표된 이 소설이 암시하는 것은, 혜진 같은 서민층을 포함한 평범한 사람들이 어느 순간 부동산 투기를 통한 자산증식의 방법을 알 수 있게 된 현실이다. 박완서의 다른 소설 『그대 아직도 꿈꾸고 있는가』에서 조언자로 등장하는 '임 선생'도 이러한 80년대 한국 사회를 잘 보여주는 인물이다. 주인공 차문경은 미혼모가 된 상황 때문에 주변의 눈총을 피해 교사직을 그만둔 데 이어 아이 돌보미 일까지 그만두게 되자, "정이 떨어져서" 그동안 살던 강남의 아파트를 팔고 떠나고자 한다. 그런데 동료인 임 선생은 펄쩍 뛰면서 아파트 파는 것을 반대하며, 그곳이 "금싸라기 땅"이라는 것을 지적한다.

"혼자서 외아들 키우는 주제에 그렇게 감정적으로 굴면 어떡해. 전세 줘도 얼마든지 딴 동네로 갈 수 있잖아. 두고 봐. 그 정떨어진 집이 해마다 황금알을 낳을 테니. 전세값은 해마다 오르거든. 딴 동네 집값이나 전세값의 상승률은 8학군보다 훨씬 둔하니까 잘하면 몇 번 올려 받은 전세값을 보태서 집을 또 한 채 장만할 수 있을 거야. 단 그동안 차 선생이 장사를 하든 취직을 하든 해서 생활비를 벌 수만 있다면 말야. 황금알을 낳는 거위를 덧들이거나 놓치지만 않으면 차 선생도 부르조아가 되는 건 시간문제일 테니 두고 봐."[017] 임 선생은 차문경에게 강남 아파트라는 자산을 활용하여 생계를 유지하고 노후를 준비할 수 있다는 사실을 알려준다. 그 덕에 문경은 강남의 "아파트를 전세 놓은 돈으로 강북에 새로 개발된 주택단지의 다세대주택 중의 한 세대를 전세로 얻고도 목돈을 쥘 수가 있었"고, 그 목돈으로 아파트 상가에서 반찬가게를 운영하며 생계를 유지할 수 있게 된다.

박완서의 소설들은 이 새로운 1980년대의 인물 유형들을 재현하면서, 1970년대까지 서민층이었던 사람들이 부동산을 통해 안정된 삶을 누리는 행태에 대해 이중적 태도를 드러내고 있다. 분명히 「낙토의 아이들」부터 「닮은 방들」, 「포말의 집」, 「서울 사람들」에 이르기까지 돈 벌 궁리만 하는 천박하고 속물적인 여성들에 대한 경멸과 증오가 한껏 담겨 있는데도 불구하고, 통속소설 같은 줄거리를 가진 『그대 아직도 꿈꾸고 있는가』에서 부동산 투자는 통장에 잔액이 남지 않은 미혼모에게 경제적 울타리의 구실을 해준다. 아파트에 사는 복부인과 유한마담을 비판하면서도, 그것이 이 사회에서 어떤 사람에게는 필요한 일인지도 모른다는 현실의 민낯을 들이밀기 때문이다. 그 이중성은 「서울 사람들」에서 아파트 당첨에 이성을 상실한 아내 혜진을 비난하던 남편 '찬국'의 독백같은 서술에도 드러나 있다.

> "찬국은 복처라는 소리에 한없이 낄낄거렸다. 자신이 왜 하루종일 쓸쓸하고 허전했던지를 비로소 알 것 같았다. 그는 그의 아내가 아파트 투기에 손을 대는 걸 눈치채고도 모른 척 묵인했었다. 그게 뜻대로 안 돼가는 걸 알자 노발대발 누구 망신을 시키지 못해 복부인 노릇을 하려고 야단을 쳤지만 실은 잘되길 얼마나 바랐던가. 잘못되면 사회적으로 지탄을 받는 복부인이었지만 잘되면 알토란 같은 복처였다. 세상이 지금처럼 영악해지기 전에 장가를 들어서 미처 처가 덕볼 계산까지는 못 했던 것도 생각하면 억울했다. 고등학교 적부터 장래의 처가 덕을 바라보면서 공부하는 요즘 세상에 조강지처의 처복쯤 기대했기로서니 나쁠 것도 없지 않은가. 찬국이 보기엔 주위에서 일어나는 소위 출세라는 것들은 그게 사회적 지위이든 치부이든 간에 모두 어떤 비정상적인 비결 같은 걸 뒤로 감추고 있었다. 그는 자기만이 그런 비결로부터 소외된 것 같아 마냥 초라하다가, 아내가 아파트 투기에 눈을 뜨는 낌새를 눈치채면서 마침내 그런 비결의 한 가닥과 줄이 닿은 것 같아 얼마나 마음이 부풀었던가."[018]

혜진의 남편은 복부인을 비판하는 사회적 담론에 동의할 뿐만 아니라 실제로 아파트 채권입찰액을 써낸 아내를 거세게 비난한다.[019] 그러나 술자리에서 만난 친구들이 자신의 아내들이 "잘못되면 사회적으로 지탄을 받는 복부인이었지만 잘되면 알토란같은 복처"이기를 희망하는 마음을 드러낼 때, 문득 자신이 아내의 부동산 투기가 잘되기를 바라며 묵인하고 있었다는 점을 깨닫는다. 자신의 이중성에 대한 간파는, 부동산 투기를 하는 것이 과연 옳은가에 대해 일말의 질문을 던지는 태도와도 상통한다. 박영한의 『우리는 중산층』은 이 질문에 대한 망설임과 합리화의 순간을 포착한다. 장미연립아파트에 살다가 대륙 아파트를 청약하기 위해 분양 사무소 앞에서 줄을 서던 아내의 복잡한 심사가 다음 장면에 담겨 있다.

> 계급이론이니 민중이니 뭐니를 들이대며 남편은 부동산 투기에 가담한 이 속물 여편네를 공박해댈 건 뻔할 뻔자다. 하지만 땅값이며 집값은 하루가 다르게 치솟는데, 우리라고 어쩔 수 있단 말이냐.
> "이것두 투기일까?"
> 자옥은 그 순간 대열의 뒤쪽에서 터져나오는 여편네들의 악다구니 소리를 들었다.
> "투기 같은 소리 말아. 내 집 갖겠다는 게 투기야?"
> 서로 순번을 먼저 차지하겠다고 을러대는 그 여편네들의 악다구니 소리는 자옥으로 하여금 철저히 현실적이 되라고 윽박지르고 있는 기분이었다.[020]

이 복잡한 심사가 두드러져 보이는 이유는, 아내 '자옥'이 이미 연립아파트를 내 집으로 가지고 있으면서도 "내 집 갖겠다는 게 투기야?"라는 뒷사람의 말을 통해 아파트 분양사무소 앞에서 악다구니 줄에 동참하는 자신을 정당화하는 갈등의 순간을 포착하기 때문이다.[021] 이 장면에서 자산 증식을 향해 누구나 뛰고 있는 현실에 동참한다는 잠깐의 죄책감과 부끄러움은 이미 내 집을 가지고 있으면서도 더 나은 '내 집 마련'이라는 목표 아래 무마된다.[022] 작가 박영한은 "철저히 현실적이 되라"는 대중의 아우성 소리를 인정한 데 대해 책임감을 느끼고 스스로 검열했는지, 신문 연재 중에는 자옥의 내면에서 자책감과 현실적인 정당화가 부딪치는 심리적 갈등을 묘사한 반면, 단행본으로 출간할 때는 이 부분을 운동권 출신의 남편이 아내에게 훈계하는 내용으로 대폭 수정했다. 그러나 전면적으로 개고되어 새로 삽입된 대사, 즉 "어제의 신념을 발로 걸어차버리고 내 몰라라 하면서 앞으로 냅다 내달리겠다는 건 우리 자신을, 우리 자신의 과거를, 말짱 배반하고 부정하는 짓"이고 이러다가 "가난하고 핍박받는 사람의 고통을 잊게" 된다는 남편의 훈계는 어딘가 공허하게 들린다.[023] 그것은 아마도 박영한 소설의 결말이 보여주듯 결국 남편을 포함한 자옥네 가족이 분양 당첨을 함께 축하하며 행복하게 아파트에 입주하게 되었기 때문일 것이다.

박완서, 윤흥길, 박영한 소설에서 부동산 투기에 집중하는 중산층이 사회의 거스를 수 없는 흐름으로 등장하는 것은 허구가 아니라 실제 진행된 역사이다. 물론 이 불가역적으로 보였던 흐름 속에서 부동산 투기를 끊으려는 노력도 동시에 진행되어왔다. 농촌의 오지에까지 파고든 부동산 투기를 비판하는 농민,[024] 가진 것 없는 자는 은행 융자도 받을 수 없기 때문에 부익부빈익빈 현상이 더욱 심화되는 상황을 고발한 서민[025]도 있었으며, 부동산 가격 안정만 생각할 뿐 고통받는 서민을 보호하지 않는 주택정책을 비판하는 경제학자와[026] 부동산 투기로 불로소득을 얻는 사람들이 토지공개념 입법을 반대하는 상황을 비판하는 소설가도 있었다.[027] 이것은 부동산 투기에 대한 문제제기가 계층과 직업, 거주지를 막론하고 전 사회적으로 들끓었다는 것을 보여준다.

문제는 중산층이 언제나 보호 받고 육성되어야 할 집단으로 상정되어 온 역사 속에서, 스스로 자기성찰을 할 기회를 잃어버렸다는 점에 있다. 한국전쟁 이후 파괴된 도시에서, 그리고 이촌향도로 무허가 불량주택이 우후죽순 늘어나던 도시에서, 대중들이 내 집 마련을 통해 주거의 안정성을 확보하는 것은 국가와 대중 모두의 과제였다. 대중들은 안정된 주거를 마련할 때 경제성장의 열매를 공유한다는 사실을 깨달을 수 있었을 뿐만 아니라, 국가도 주거 불안정이 정치적 불안으로 이어질 수 있다는 사실을 자각하고 있었다. 1970~80년대 내내 서민과 중산층의 내 집 마련이라는 구호는 국가와 대중들의 차원에서 한 번도 의심받은 적이 없으며, 이 열망을 잘 활용하여 집이라는 제일 비싼 상품과 그 집에 들어갈 각종 상품을 팔아야 하는 자본은 더욱 그러했다. 전 사회가 주거의 안정성이 부동산 가격의 안정과 임대료의 합리화[028]가 아니라 반드시 내 집을 '소유'함으로써 확보된다고 믿었다는 점, 그리고 일단 내 집을 소유한 다음에도 더 많은 자산증식의 기회를 잡기 위해 신축 아파트를 사면서 내 집 마련이라는 명분을 내세우기 시작했다는 점에 한국 사회의 특이성이 있다.

## 4. 사회적 공간의 위계 만들기

1983년 『마당』지에 실린 어느 기자의 아파트 투기 체험기는 1980년대 초반 아파트 투기억제지역 고시, 아파트 입찰제, 채권 매입제 등 정부의 새로운 부동산 정책이 쏟아지는 가운데 형성되었던 "아파트 투기장의 복마전"을 실감나게 보여주고 있다.[029] 1982년 9월부터 83년 4월까지 약 8개월 동안 여러 차례 계기가 있을 때마다 아파트 가격이 폭등해서 결국 매수에 실패했다는 뻔한 스토리와 결말이지만,[030] 이 상투적인 이야기는 함의하는 바가 있다.

이 기자는 독산동의 주택을 팔고 영동으로 이사하여 전세살이를 하면서 강남 아파트를 마련하기 위해 노력 중이었는데, 가격 격차의 지역적 대비는 무시하고 있다. 다시 말하면 독산동의 주택 가격은 오르지 않았기 때문에 그 사이 폭등한 강남 아파트를 그 가격으로 살 수 없다는 사실, 아파트 가격 상승이 어디에서나 동일하게 진행되는 것이 아니라 서울 강남이라는 특정 지역에서 만 진행되고 있다는 사실은 당연하게 받아들이고 있다. 기사 말미에는 해당 기자가 서울대 박사과정을 수료하고 신문기자로 일하면서 무려 '기자협회 부회장'을 하고 있으며 현재 '강남구 반포동'에 살고 있다는 자기 소개가 붙어 있다. 이 기사는 사실 실패담이 아니라 강남에 정착했지만 정확히 원하는 아파트를 마련하지 못했을 뿐인 중산층의 불평불만에 불과하다. 자신이 살고 싶은 곳은 앞으로 부동산 가격이 많이 오르는 곳이고 그래서 원하는 곳은 강남이고 아파트인데, 정확히 그곳에 살 수 없게 되었으니 상류층에 편입할 수 없거나 아파트 갭투자에 동참하지 못하게 되었다는 이유로, 자신이 실패한 "실수요자"라고 늘어놓고 있는 것이다.

부동산 가격이 오르는 동네와 그렇지 않은 동네의 격차는 시간이 더 지나면 어떻게 될까. 그 가격 상승의 속도 격차는 집값의 차이 이상의 사회적 효과들을 만들어낸다. 많은 한국 소설들이 자동적으로 자산 증식이 되는 중산층 아파트 단지와 그들이 이전에 살고 있던 가난한 동네의 격차를 꼬집고 있는 것은 우연이 아니다. 1975년 발표된 최일남의 소설 「노새 두 마리」도 노새로 연탄배달을 하는 사람이 사는 서민 동네와 그 연탄을 배달받는 신식 문화주택 단지의 계급적 차이를 묘사하고, 박완서의 1978년 소설 「낙토의 아이들」도 강남과 강북의 위계를 강조하고 있지만, 1980년대 소설들에 나타난 공간의 사회적 격차는 1970년대 상황과 또 다르다. 앞에서 언급한 박완서의 소설 「서울 사람들」의 혜진은 1년 만에 옛 동네를 재방문하면서 한심하다는 시선으로 바라보는데, 이 장면에는 서민주택과 아파트 사이의 연탄과 보일러라는 시설 차이 이상의 것이 드러나 있다.

아직도 연탄을 때며 사는 사람들이 서울 장안에 남아 있다니. 혜진은 그 연탄을 때는 동네를 그녀가 살던 동네로서가 아니라 다만 딱하도록 후진 동네로서 바라보면서 경멸 섞인 연민을 느꼈다. 혜진의 아파트는 동부 서울의 대단위 아파트단지 한가운데에 있었다. (…) 그녀는 연탄을 안 갈고도 지난겨울의 그 혹독한 추위를 전혀 모르고 지낼 수가 있었고, 기후에 대한 무관심은 자연스럽게 타인에 대한 무관심으로 이어졌다. 관심을 가질 필요가 없을 만큼 서로 사는 사정이 빤했고, 아들아들하리만치 편리에 잘 길들여진 얼굴은 내 얼굴이자 이웃들의 얼굴이었고, 적어도 서울 사람들이라면 다 그만큼은 살고 있으려니 했다. 못난 사람들 같으니라고 그녀는 아직도 그 독한 살인 가스를 구들장 밑에 깔고 쿨쿨 단잠을 잘 수 있는 그 동네 사람들이 경멸스럽다 못해 인종(人種)이 다른 족속들인 양 심한 위화감을 느꼈다. 자기가 살던 동네에 대한 예기치 않은 그녀의 낯가림도 실은 그런 위화감의 표현일 뿐이었다.(268~269쪽)

옛 동네는 연탄을 땔 뿐만 아니라 "똥지게"로 똥을 푸는 동네다. 예전 같으면 오물을 퍼가는 일꾼에게 더 치우라고 닦달하는 모양새를 자랑스럽게 여겼을 테지만, 이제 혜진은 변소 냄새에 "위화감"을 느끼며 코를 막는 우아한 귀부인이 되었다. 이것은 신식 아파트와 구식 서민주택의 시설의 차이이자 위생적 차이이기도 하지만, 이 차이를 만들어낸 근원은 남편의 월급이 얼마냐가 아니라 집 그 자체의 자산가치가 저절로 증식하느냐 아니냐에 있다. 만약 옛동네의 친구 명희도 그 낡은 주택이 재개발 소식으로 가격이 폭등한다면 프리미엄이 붙은 분양권을 팔고 새 아파트를 구입할 돈을 마련할 수 있을 것이기 때문이다.

그 결과는 자산 형성의 정도에 따라 주거지역과 주거형태가 달라지고, 그곳에 사는 사람들의 소비문화와 생활양식이 달라지며, 궁극적으로는 사회적 공간의 위계구조가 형성되는 현실이다. 부동산 투기 열풍의 현장을 묘사하는 1980년대의 소설과 기사들은 사실 가격 상승 속도가 빠른 부동산의 사적 소유가 자산가치의 자동 증가로 이어지기 시작하는 첫 시기를 포착한 것이며, 그 자산 형성의 결과가 지역, 공간, 사람의 위계화를 더욱 고착시키는 방향으로 나아가게 될 것이라는 점을 암시하고 있다. 시간이 흘러 위계화가 고착되면 위계에 따른 폐쇄성이 생겨나고, 그 폐쇄성은 태생적 차별을 생산하는 역할을 하게 된다.

그 결과는 한국 사회 전역이 촘촘하게 위계화된 구조로 재편성되었다는 것이다. 한국 사회에서 사회적 공간의 위계화의 핵심에는 '부동산 가치'가 있다. 도시와 농촌, 서울과 경기도, 수도권과 지방 대도시, 강남과 강북, 구도심과 신시가지 사이의 위계가 나타나는데, 그 핵심은 인프라의 문제, 산업 유치의 문제 등이 아니라 부동산 가치의 높고 낮음이다. 가령 공장이 있고 주변에 출퇴근하는 노동자들이 있다고 해서 무조건 부동산 가치나 지역 이미지가 올라가는 것이 아니다. 산업 인프라가 잘 갖춰진 도시보다 아파트 중심의 신시가지가 가장 살고 싶은 동네가 되는 사회의 흐름이 문제인 것이다. 아무리 노원구에 강북 최대의 학원가가 형성된다 해도 8학군의 수많은 중소학원들을 이기지 못하는 것은, 부동산 가치에 따라 교육에 투자할 수 있는 정도도 달라지기 때문이다. 게다가 강남의 은마아파트처럼 낙후한 주거지라도 재개발의 가능성이 있다면 부동산 가격은 점점 더 올라가 마련이다. 그것은 은마아파트가 부동산 최상급지에서 재개발되어 매우 높은 이익을 안겨주리라는 기대감 때문이다. 낡은 은마아파트는 부동산 이익을 환수하리라는 기대 수준이 다르기 때문에, 강북구와 도봉구의 신축 아파트보다 훨씬 더 비싸다.

도시와 농촌, 수도권 도시와 다른 지방도시의 위계화도 비슷한 원리에 자리 잡고 있다. 서울과 수도권, 수도권과 지방 광역시, 광역시와 지방 소도시, 소도시와 농촌 사이의 부동산 가치의 격차가 점점 벌어지고, 서울 안에서는 강남과 강북, 신시가지와 구시가지 사이에서 부동산 가격 상승의 차이가 점점 커지게 되었다. 오늘날 1980년대의 중산층을 규정했던 기준, 즉 스스로 중산층에 합당한 소비를 하는 집단이면 중산층이 될 수 있다는 자기의식은 이 위계화 원리의 작동 속에서 어느덧 힘을 잃었다. 가령 서울에서 먼 지방도시의 신축 아파트에 살면서 자가용을 소유하고 해외여행을 다니는 사람이 스스로 중산층이라는 자기의식을 지니고 있다고 보기 어렵다. 시골의 농가에 사는 사람은 지방 대도시의 아파트로 이사하기를 바라고, 지방 도시에 사는 사람은 다시 서울에 살 수 있기를 희망한다. 그러나 같은 서울 안에서도 강북의 신축 아파트에 사는 사람들이 훨씬 더 낡은 강남 아파트를 소유한 사람들을 부러워하고, 강남 아파트에 사는 사람들의 눈높이는 서양 대도시의 삶에 맞춰져 있다. 이 다층의 촘촘한 위계화가 몇십 년간 부동산 투기를 겪은 뒤 도달한 한국 사회의 현실이다.

　1970년대 중후반부터 형성되기 시작하여 1980년대에 본격화된 부동산 투기의 전 사회적 대중화는 오늘날 한국 사회의 공간적 위계화를 촘촘하게 형성하기 시작한 기원에 해당한다. 내 집 마련이 아니라 자산증식 그 자체를 목표로 부동산 소유와 투기에 나섰던 개인의 욕망들이 현재의 한국 사회 전체를 공간적으로 재편성하는 첫걸음을 내딛게 했다. 부동산 "소유의 민주화"를 향한 투쟁이 최고조에 달했던 1980년대 후반부터 1990년대 초반에[031] 부동산 투기의 욕망을 가장 솔직하게 드러낸 박영한과 윤흥길의 소설이 쓰여졌다는 사실은 여러 가지를 함축한다. 중산층의 내 집 마련을 전 사회적인 과제로 인정받고 아파트를 매수하면서 이 시기의 대중들은 중산층의 대열에 들어섰고, 일말의 죄책감이나 자기성찰을 뒤로한 채 부동산을 통한 자산 증식을 당연하고 자연스러운 절차로 받아들이게 되었기 때문이다. 부동산을 소유한 중산층이 자산 증식을 할 수 없는 무주택자들과 격차를 벌리는 탄탄대로를 만들면서, 사회적 공간의 위계화를 매개로 불평등한 분배와 차별도 당연하게 여겨지게 되었다. 1980년대에 쓰여진 박완서, 윤흥길, 박영한의 소설들은 한국 사회가 경제적 양극화를 향해 질주하기 시작한 시기의 망설임과 위선에 대한 자의식을 담고 있다는 점에서, 오늘날 거의 '제2의 자연'처럼 굳어진 불평등과 위계화를 반성하기 위한 단초들을 담고 있는 셈이다.

**송은영**

현재 연세대학교 국학연구원 전문연구원이다. 한국 현대문학을 전공했으며, 도시문화, 청년문화, 하위문화, 대항지식체계를 연구해오고 있다. 대표 논저로 『서울 탄생기—1960~70년대 문학으로 본 현대도시 서울의 사회사』 등의 저서와 「1970년대 후반 대중사회 담론의 지형과 행방」, 「『문학과지성』의 초기 행보와 민족주의 비판」, 「한국 소비 연구의 현황과 전망」 등의 논문이 있다.

# 6

1980년대 후반 증시호황기 '개미'의 탄생과 시련

## 1. 들어가며

2022년도 대선에서 단연 화제를 모았던 영상물은 각 유력 후보들이 번갈아 출연했던 주식 전문 유튜브 방송이었다. 이를 통해 후보들은 저마다의 경제정책과 더불어 집권 시 주식시장에 어떻게 활력을 불어넣을 것인지를 피력했고, 해당 채널은 수백만의 조회 수를 올렸다. 이는 주식 관련 매체와 이슈가 사람들의 일상에서 얼마나 자연스럽고 중요한 일부분이 되었는지를 보여주는 장면이었다. 실제 둘 이상이 모이면 함께 주식 수익률을 걱정하고 유망종목 정보를 나눈다. 핸드폰에는 주식 앱이 하나 이상 깔려 있으며, '동학 개미', '서학 개미'는 낯선 용어조차 아니다. 그만큼 수많은 이들이 주식시장에 발을 들이고 주식열풍에 동참했다. 물론 추가적 금융수익에 대한 기대조차 없다면 일상을 견뎌내기 힘든 보통사람들의 퍽퍽한 삶을 반영하는 것이기도 하다. 그런데 "도대체 언제부터?"라는 물음이 가능하다. 나를 포함한, 우리 주변의 평범한 다수는 언제부터 주식시장에 관심을 가지고 종잣돈 투자를 고민하는 '개미'로서 등장했는가?

본고는 이에 대해 1980년대 후반을 주목한다. 국내 주식시장의 여러 부흥 계기를 살핀 한 신문기사에서는 이때야말로 일반 투자자층이 급격히 확대된 "제1의 물결"이라 평한 바 있다.[001] 1980년대 중반부터 저유가·저달러·저금리의 '3저호황' 여파가 주식시장에도 미치며 잠잠했던 증시가 급격히 올랐고, 정부의 '국민주'까지 보급되며 일반 투자자를 대거 주식시장으로 끌어들였다. 이는 "제1의 물결"이라 평했듯 한국 증시 역사상 처음 있는 일이었다. 그 이전까지의 주식시장은 부채의존적 성장 방식의 개선을 위한 정부의 육성정책이 꾸준히 강구되었던 데 비해, 대중적 호응은 크지 못했다. 특히 박정희 정부는 1968년 자본시장육성법 제정, 한국투자개발공사의 설치, 8·3조치 이후의 강제적 기업공개 등을 통해 주식시장의 규모와 기능 확대에 나선 바 있다.[002] 하지만 1978

년 건설업종 위주로 급격히 상승했던 주가는 부실 건설사의 부도와 함께 수직 급락했다. 이후 1980년대 중반까지 주식시장은 침체 일로에서 벗어나지 못했다. 그만큼 주식발행을 통한 기업 자금조달은 물론, 주식투자자 수 역시 늘지 못했다.

특히 1962년 증권파동부터 1978년 '건설주 파동'까지 이어진 각종 '작전'을 목격했던 일반 대중들은 주식시장에 쉽게 발을 들이지 못했다. 1982년 3월 국민 2천여 명을 대상으로 한 『매일경제』의 설문조사에서는 중복응답이 가능했음에도 재산증식 수단으로 주식투자를 하고 있다는 이들은 2.2%에 불과했다. 주식투자를 꺼리는 이유로는 위험성과 불확실성이 높아 노름판 같이 여겨지기 때문이라는 응답이 높았다.[003] 하지만 이러한 추이가 1980년대 후반 크게 바뀌며 '개미군단'이 처음 출현하게 된다. 그리고 한발 더 나아가 당대 주식시장은 다이내믹한 변동을 거쳐 결과적으로 이들 '개미'들에게 커다란 시련을 안겨주고 마는 것이다.

지금까지 이에 대해서는 한국 증권시장의 역사를 다룬 개설서나 증권사 및 관련 기자의 저서 등에서만 간단히 다뤄졌을 뿐 본격적인 연구는 진척되지 못했다.[004] 역사학계의 관련 연구 역시 전무한 가운데, 1980년대를 대상으로 한 연구 자체가 많지 않은 실정이다. 다만 기왕의 '민주화와 독재' 이분법 구도를 넘어 당대를 한국 사회 자유주의의 확장기로 재해석하고 개인의 경제적 욕망 증대에 초점을 맞춘 선행연구는 큰 지적 자극을 선사한다.[005] 본고는 이러한 연구토양을 바탕으로 당대 주식시장에 주목, 갑자기 몰아친 주식 열풍과 첫 '개미군단'을 이끌어낸 경제적 및 사회정치적 조건과 주체, 나아가 그 귀결을 함께 살펴보겠다.

이를 위한 자료로는 당대 투자자들이 주식정보를 얻는 가장 큰 출처였던[006] 신문을 주되게 활용하였다. 경제신문인 『매일경제』는 물론 여타 종합일간지까지, 당시 신문은 증권시장에 특화된 지면을 마련하고 세세한 정보까지 경쟁적으로 보도하고 있었다. 1980년대 정책자료나 구술 등 여타 자료의 획득이 아직은 여의치 않은 지형에서 신문기사는 당대 상황의 일차적 정리를 위한 가장 요긴한 자료라고 판단했다. 다만 오보의 위험성 등 신문 자료가 가질 수 있는 한계를 최소화하기 위하여, 5종 이상의 신문을 대상으로 장기간에 걸쳐 동일 주제의 기사를 최대한 교차검토·분석하여 이용하고자 했다. 또한 신문 외에도 국회 회의록 및 증권시장 관련 다양한 자료집 등을 함께 활용하였다.

## 2. 증시 활황과 '국민주'의 등장

큰 변화 없이 잠잠했던 주가지수가 꿈틀대기 시작한 것은 1985년 말부터였다. 1986년부터는 본격적인 상승곡선이 그려졌다. '3저호황'의 거센 훈풍이 야기한 '사상 최대의 호경기'가 그 이전까지 "경제 규모에 비해 지극히 보잘것없는 정도의 기능만을 담당"[007]해왔다고 평가받던 국내 주식시장에까지 영향을 미친 것이었다.

기업 수익의 호조와 더불어 시중 여유자금이 증가하면서 주식시장으로 돈이 몰리기 시작했다. 87년 대선·88년 총선을 배경으로 풀린 자금까지 더해지면서 상승세는 가파르게 이어졌다. 〈표 1〉과 같이 1980년 1월 4일을 기준(=100)으로 한 주가지수는 1983년 131.81에 그쳤으나, 1986년부터 반등하여 1988년 692.44, 1989년에는 918.73으로 올라섰다.

자금의 대거 유입에 따라 주식 유통시장부터 달아오르자 정부는 '물 들어오니 노 젓는다'라는 옛말처럼 서둘러 주식시장 확대·육성에 나섰다. 해외의 개방 압력에 따라 1990년대 자본시장 전면개방을 공언했던 일정에도 대비해

<표 1> 1984~1989년 주식 종목 및 주가지수

| 항목명 | 1984 | 1985 | 1986 | 1987 | 1988 | 1989 |
|---|---|---|---|---|---|---|
| 종목수(개) | 455 | 414 | 485 | 603 | 970 | 1,284 |
| 시가총액 (천 원) | 5,148,460,443 | 6,570,403,953 | 11,994,232,576 | 26,172,173,953 | 64,543,684,851 | 95,476,773,847 |
| 주가지수* 평균 | 131.81 | 138.71 | 227.80 | 416.70 | 692.44 | 918.73 |

* 1980년 1월 4일을 기준으로 주가지수를 100으로 삼아 비교시점의 주가변동을 시가총액 방식으로 측정함. 시가총액은 주식가격과 발행 주식 수의 곱셈.
* 출처: 한국은행경제통계시스템(https://ecos.bok.or.kr/EIndex.jsp).

야 했던 터였다. 그만큼 정부는 주식시장 토대 조성을 위한 기회를 살려야 했고, 주력의 일순위는 주식시장의 양적 확대를 위한 물량공급, 특히 기업공개 확대에 맞춰졌다.[008]

정부가 기업공개를 '명령'해야만 했던 1970년대와 달리, '3저호황' 하 투자수요가 증가한 기업 측의 호응도 높아졌다. 정부는 기존의 기업공개 '명령'을 '권유' 형식으로 변경하는 대신, 공개요건을 완화하고 각종 세제상 혜택을 늘렸다. 공개를 회피하는 가장 큰 이유였던 경영권과 창업자 이익에 대해서도 최대한의 보장조치를 더해갔다.[009] 증시 활황의 기세를 타고 기업의 응답도 이어졌다. 이전과 다른 기업들의 적극적인 기업공개로 1984~1989년 상장회사 수는 약 2배 증가했다. 이 가운데 주식발행을 통한 자금확보는 <표 2>와 같이 1985년 2,940억 원에서 1989년 14조 6,690억 원으로 무려 50배 증가했다.

주식 물량 확대가 일정한 효과를 거두는 것과 동시에 이를 흡수할 수요 창출의 과제가 덧붙여졌다. 이때 정부가 추진한 것이 공급과 수요 두 마리를 모두 잡을 수 있다고 여긴 '국민주' 보급이었다. 전두환 정부는 집권 초기부터 일련의 경제자유화정책을 추진했고, 공기업 민영화는 그 일환이었다. 그리고 '3저호황'과 증시활황을 배경으로 주식시장을 통한 민영화를 추진, 대량의 우량주를 유통시켜 수급을 안정시키는 동시에, 이를 일반 국민에게 판매하여 주식

〈표 2〉 1985~1989년 직접금융조달 실적

단위: 십억 원, %

| | 주식 발행 | | | 회사채 발행 | 계 |
|---|---|---|---|---|---|
| | 신주 공모 | 유상증자 | 소계 | | |
| 1985 | 35(△56.9) | 259(△34.7) | 294(△38.5) | 3,177(76.1) | 3,451(52.0) |
| 1986 | 43(22.9) | 798(208.1) | 841(186.1) | 2,729(△14.1) | 3,570(3.4) |
| 1987 | 244(467.4) | 1,655(107.4) | 1,899(125.8) | 3,189(16.9) | 5,088(42.5) |
| 1988 | 1,049(329.9) | 6,721(306.1) | 7,770(309.2) | 4,244(33.1) | 12,014(136.1) |
| 1989 | 3,545(237.9) | 11,124(65.5) | 14,669(88.8) | 6,959(64.0) | 21,628(80.0) |

* ( ) 안은 전년대비 증가율
* 출처: 한국증권거래소, 『한국의 증권시장』, 1991, 252쪽.

인구 수를 증가시키고자 했다. 1986년 초부터 증권 당국자에 의해 최대규모 공기업인 포항제철(이하 포철)의 기업공개 구상이 흘러나오기 시작했고, 1986년 10월 25일 포철 역시 '국민적 기업'으로 거듭나기 위한 기업공개 작업에 착수했음을 발표했다.[010]

이 속에서 '국민주'가 전면에 등장했다. 이 새로운 용어에 대해 '발행 주식수가 많아 일반 대중이 폭넓게 분산 소유할 수 있으며, 안정적인 배당과 성장을 보장할 수 있는 장기저축성 대규모 우량주식'[011]이라는 정의가 시도되었다. 1984년 영국 전기통신공사(BT)와 일본 전신전화공사(NTT)가 일반주식공모를 통해 민영화한 사례가 모델로도 거론되었다.

다만 1987년 9월까지 구체화된 포철 주식의 '국민주'화 방법은 기존 주식시장에서 통용되던 일반공모 방식을 그대로 활용하는 것이었고, 특정인의 과다 독점을 배제하는 조치만 따로 구상하는 수준이었다. 또한 공모 시기는 포철 측의 요구에 따라 광양 제2제철소의 완공 이후인 1989년도로 점쳐졌다.[012] 즉 투자를 희망하는 불특정 다수가 일반공모 방식으로 포철주 매수 기회에 참여하되, 단순히 많은 국민들이 소유할 수 있을 만큼 주식 수량이 많다는 것 외에 '국민을 위한 국민주'의 내실은 채워져 있지 않았다.

하지만 얼마 뒤 추가적 조치가 발표되었다. 그 배경은 대통령 직선제를 얻어낸 1987년 6월항쟁과 뒤이은 7~9월 노동자 대투쟁이었다. 정부는 임금인상·노동조건 개선·자율적 노동조합 인정 등을 요구하는 노동자들의 시위를 무차별 진입했으나, 동시에 민심수습을 위한 다양한 방책을 고민해야 했다. 무엇보다 20여 년 만에 직선제로 치러질 12월 대선이 코앞이었다. 정부와 여당인 민정당은 선심용 정책 수립에 골몰했고, 이는 기존보다 일반 서민들에 초점을 둔 새로운 '국민주' 공약으로 이어졌다.

1987년 대선을 한 달여 앞둔 11월 3일, 민정당 총재 겸 대통령후보 노태우는 '서민을 위한 국민주' 정책을 발표했다. 이는 7개 공기업 정부 보유 주식 상당분을 중하위층 국민들—구체적으로는 중하위 소득 5백만 명에게 "우선" 배정하겠다는 내용이었다. 1988년부터 5년간 매각하겠다는 '국민주'로는 기왕의 포철 외에 한국전력(이하 한전)과 한국전기통신공사, 국민은행, 중소기업은행, 외환은행, 전매공사 등이 추가되어 총 7개 공기업의 정부보유지분 약 5조 원이 거론되었다.

저소득계층의 '국민주' 구입 방법으로는 주식가격에 "적절한 할인율을 적용"하는 데 더하여, 분할납부와 지원금융 방안 등을 마련하겠다고 했다. 또한 가격하락 시에는 정부가 다시 사들이는 제도도 고려할 것이라고 했다. 무엇보다 경제의 "성장과실의 일부가 저소득층 국민에게 환원"되도록 하여 "중산층의 폭을 넓히겠다"고 공언했다.[013] 이는 농민 및 노동자 등 서민에게도 주식을 통해 '부자'가 될 기회를 주겠다는 것으로, 6월항쟁 직후 부의 불균형 문제를 제기했던 노동자들의 분노를 무마하기 위한 소득증대 유인책의 성격이 짙었다. 1987년 들어 '나도 주식을 소유하고 싶다'는 국민적 욕구가 팽배해 있다는 사회 징후를[014] 적극 활용한 것이기도 했다.

'주식 소유' 자체의 또 다른 효과 역시 감안되었을 가능성이 농후하다. 정부나 기업에서는 진작부터 개인의 주식 소유가 야기하는 경제 외적 효과를 인지하고 있었다. 일례로 '자본시장 육성에 관한 법률'이 공포되었던 1968년경, 법률 제정 과정에서 적극적인 역할을 했던 전국경제인연합회(이하 전경련)[015] 소속한 실무자는 전경련이 열심히 나섰던 배경으로서 소위 '김신조 사건'을 들며 아래와 같이 회고했다.

> 딱 생각하니깐 '야 이거 큰일났다. 지금 우리나라가 이게 소위 자본시장이 육성이 되어서 주식을 대중화하고 있지 않기 때문에 (…) 만약에 공비가 저기 울산에 나타나 가지고 한비(한국비료)에다 폭탄을 터트렸다, 그래서 한비가 망했다, 그러면 사람들이 아까워하지 않을 거다. 그건 이병철이 건데, 자기 걸로 생각하지 않을 거 아니냐. 그래서 주식을 사람들이 갖고 있으면 아, 내 재산 날라갔다고 그러기 때문에 자연스럽게 반공이 된다.[016]

"국민이 주식을 보유하면 소유 주식의 기업체가 끊임없이 발전하도록 관심과 성의를 보이게 될 것"이며 "기업발전에 장애가 되는 데모, 파업, 쿠데타 등 정국과 경제사회의 혼란을 일으키는 일체의 반기업적 행위를 하지 않으려고 할 것"이라는 견해는[017] 1980년대 국회와 언론 논조에서도 유사하게 이어졌다.[018] 즉 주식 소유 자체가 해당 기업의 성장과 이를 둘러싼 사회의 안정 희구에 이르기까지 개인의 보수화를 촉진할 수 있다는 것이었다.

물론 일각에서는 소득불균형 문제를 풀 목적이라면 주식 몇 장이 아닌 좀 더 근원적인 정책이 필요하다는 의견을 제기했다. '국민주' 구상이 가뜩이나 과열된 증권시장을 더욱 들뜨게 만들 수 있다는 우려도 나왔다.[019] 하지만 정부와 여당은 저소득층을 위한 '국민주'는 경제력 집중 해소 방안 중의 하나이며, 소수의 주식 독점을 막고 '사회정의'에 부합한다는 점 등을 강조했다. 증권계와 다수 언론 역시 이것이 "근로자를 가진 자로 끌어올리기 위한 노력"이며, '국민자본주의'와 '증권민주주의'가 정착하는 기회가 될 수 있다고 높게 평가했다.[020] 민정당에 질세라, 야당 역시 '전 국민 주주화', '주식시장 활성화' 구호를 외치며 여당의 행보를 그대로 뒤따라가는 형국에서[021] '국민주' 정책은 더욱 탄력을 받았다.

두 가지 효과가 금세 드러났다. '국민주 시대'를 내세운 민정당 노태우 후보는 1987년 12월 대선에서 승리했다. 다른 한편에서는 이전까지 강남과 여의도 중심이었던 주식투자 바람이 '저소득층'에게까지 거세게 몰아쳤다.


## 3. '국민주'가 쏘아올린 '개미군단'의 부상과 몰락

### 1) 주가지수 상승국면

주가지수가 본격 상승세를 탄 1986년 증권사들은 "아직 늦지 않았다", "기회는 이제부터다"라며 투자자를 모집하는 데 그 어느 때보다 열심히 나섰다. 증권사들은 신문, 라디오, TV 등을 통해 높은 수익율 보장을 자신하는 투자 유치 광고를 내보내는 한편, 초보자를 위한 증권강좌나 주식 상담실, 가상 투자 게임 등을 경쟁적으로 운용했다. 일례로 쌍용투자증권에서 1985~1986년에 걸쳐 1년 기한으로 실시한 국내 첫 모의주식투자 경연대회에서 참가자들의 연평균 수익률이 40%였다는 사실은 큰 이슈가 되었고, 증권사들의 가상 투자게임 개최 붐을 이끌었다. 언론과 출판계 역시 광고 지면을 내주는 것 못지않게 자체 기사와 출판을 통해 주식 매수 및 공모주 신규 청약 방법을 알리는 데 앞장섰다.[022]

증시의 계속된 상승과 치열해진 홍보는 그만큼의 수요를 이끌었다. 매일경제신문사가 대한증권업협회와 함께 1986년 7월부터 1990년 1월까지 총 58회 개최한 '초보자를 위한 증권강좌'에는 매회 수백 명이 참여하며 성황을 이뤘다. 주부 투자자의 급증은 이들을 소위 '상투잡이'로 여겼던 증권사조차 변모시켜, 여성 전용 투자상담실과 주부 대상 강좌는 물론, 아파트 부인회 모임을 위한 방을 별도 제공할 정도로 중요 고객으로 대하게 만들었다.[023]

정부 역시 '국민주' 발표 이전부터 일반인들이 보다 쉽게 투자에 참여할 수 있도록 제도를 정비했다. 대표적으로 일반 공모주 청약의 경우, 자금이 많을수록 유리한 일반청약제를 1987년 5월부로 전면 폐지했고, 일반인들의 진입장벽이 낮은 증권저축과 공모주청약예금, 우리사주조합 등의 배정 비중을 높였다. 대선을 앞둔 1987년 11월에는 '저소득층 배려'라는 구호 아래 '우리사주조합원' 우선배정 비율을 15%에서 20%로 확대했고, 농어민 대상 '농어가목돈마련저축' 가입자들까지 우선배정 대상으로 신규 설정했다.[024]

정부의 정책은 "저소득층을 위한 국민주" 구상 발표에서 절정에 달했다. 노태우 정부는 '국민주' 선전과 더불어, '고(高)주가 시대'를 책임지겠다고 공언했다. 그 가운데 '국민주' 매각 방식도 정해졌다. 포철주는 월소득 60만 원 이하의 '중하위층' 가구주에게 75%, 포철 우리사주조합원에게 20%, 그리고 일반인 청약저축 가입자에게 5% 배정하기로 했다. 중하위계층은 우선 국민주 청약저축예금에 가입해야 했는데, 청약 방법으로는 정상가격으로 구입하되 마음대로 주식처분이 가능한 직접매입, 30% 할인가격으로 사되 3년간 은행에 맡기는 예탁매입, 마지막으로는 할인가격으로 사되 은행 신탁에 가입하고 3년 이상 운용을 맡기는 간접투자 방식 중의 하나를 택할 수 있었다.[025] 1년여 뒤 한전 '국민주'의 경우에는 일반인 몫을 2%로 낮추는 대신 '중하위층' 배정을 78%로 늘렸고, 3년 이상 장기보유자에 대한 혜택도 증대시켜 이들에게 매각주식 54%의 우선배정권이 주어지게끔 변경했다.

언론은 하루가 멀다 하고 관련 기사를 쏟아냈다. 1988년 6월에는 포철 주식이, 1989년 10월에는 한전 주식이 '국민주'로 시중에 풀려나오는 가운데, 구매 방법·자격 등에 대한 'Q&A' 기사가 각종 신문과 잡지, 심지어 대한양계협회나 해운 전문지에 이르기까지 온갖 종류의 매체에서 다뤄졌다.[026] 특히 '국민주' 자체가 중하위층을 주된 대상으로 삼는 만큼, 이전과 달리 홍보의 범위는 주요 도시를 넘어 지방으로까지 확산되었다. 이는 기존의 주식투자가 서울 도심 거주자 중심이었던 데 반해, 투자 유치 대상을 확대시킨 큰 계기였다.

정부 방책에 호응하며 지방 고객 확보에 발 빠르게 나선 것은 증권사들이었다. 증권회사들의 단체인 증권업협회는 1988년 2월부터 '국민주'에 대한 이해를 확산시킨다는 명목하에 지방 중소도시와 농어촌 지역을 돌며 강연회를 열고 투자상담을 하는 '이동 증권계몽반'을 운영했다.[027] 증권사의 지방 점포 신설도 이어졌다. 1988년 초까지 증권사 점포는 총 326개로, 서울에만 209개가 집중되어 있었다. 그런데 '국민주' 발표 이후 지방 소도시는 물론 군 단위에까지 증권사 점포가 들어섰고, 1989년 5월 초 현재 25개 증권사의 총 점포 550개 중 225개가 지방에 자리 잡게 되었다(직할시 114개, 도 내 161개). 1989년 11월 말까지 총 점포 수는 581개로 증가했고, 이조차 격화하는 점포 설치 경쟁 앞에 증권업협회가 자체적인 규제 방안을 마련하여 제한시킨 결과였다.[028]

그 결과는 '국민주'를 넘어선 전국적인 주식투자 열풍이었다. 우선 '국민주'부터 살펴보면, 청약한 액수만큼 100% 예치금을 넣어야 하는 금전 부담에도 불구하고 1988년 4월 포철주의 '저소득층' 우선배정 청약에는 총 312만8천여 명이 참가하였다. 그 후 1년간 추가적 홍보가 더해진 1989년 6월 한전주의 경우는 무려 662만 1천여 명이 청약에 나섰다. 다만 주식 수에 비해 청약자가 너무 많았던 까닭에, 당시 증권거래소 기본 주식 매매단위가 10주였음에도 포철주는 1인당 7주(국민주신탁가입자의 경우 15~17주), 한전주는 1인당 6주(국민주신탁가입자의 경

우 40주) 배정에 머물렀다.[029]

'국민주'를 발판 삼아 일반 주식투자도 급증했다. 1985년에는 77만여 명이었던 '상장회사 총 주주 수'는 1987년에 300만 명을 넘었다가, 1988년 854만여명, 1989년에는 1,900만 명에 달하며, 총인구대비 비율이 44.9%에 이르렀다.[030] 물론 '총 주주 수'는 주주의 중복 산정이 불가피한 수치로, 보다 현실적인 투자자 수는 증권거래소가 전국의 만 20~64세 남녀 5천 명을 대상으로 매년 실시한 표본조사 결과에서 찾아볼 수 있다. 이에 따르면 '실질' 주식투자 인구는 1988년 255만 명으로 총인구의 6.1%, 1989년에는 전년 대비 130.6% 증가한 588만 명으로 총인구의 13.9%를 차지했다. 1989년 10월경 막 배포된 한전의 신규 '국민주' 소유자 약 324만 명을 제외한다고 해도, 약 264만 명에 이르는 수였다. 특히 1989년의 경우 10~100주 미만 주식 소유자가 전체의 46.1%, 10주 미만의 주주도 32.7%나 되어, 총 78.8%의 주주들이 100주 미만을 가진 소액주주들로 드러났다. 절반 이상이 투자경력 2년 미만의 초보 투자자였다는 점도 특색이었다.[031] 그리고 이를 배경으로 이들 소액 개인투자자를 지칭하는 '개미군단'이라는 용어가 1987년 처음 등장하며 1988~1989년 유행했다.

그런데 당대 '개미군단'의 열기는 위의 수치만으로는 담기 어려울 정도로 고양되었으며, '국민주' 차원의 소박함을 넘어서 있었다. 1988년 초부터 "요즘에는 승객들이 택시에 올라타기가 무섭게 온통 증권 이야기만 늘어놓습니다"라고 전한 택시 운전사나, "회사 직원들이 증권회사 객장에 자주 가는 바람에 업무에 지장이 크다"는 어느 대기업 중역의 말은 그 단면이었다. "포항에 문을 연 D증권 지점은 개점 첫날 2천여 명이 몰려들어 행렬이 수백 미터"에 달했다거나 "J증권 순천지점은 고객 수가 너무 많아 당분간 신규구좌 개설을 중단"했다는 소식도 전해졌다. "부인에게 1백만 원만 맡겨 증권투자하라면 바가지 긁는 횟수가 10%로 줄어든다"는 농담 섞인 이야기도 흘러나왔다. 집을 팔아 전세

<표 3> 가계저축의 기관별 구성 변화

| | 1983 | 1984 | 1985 | 1986 | 1987 | 1988 | 1989 | 1990 |
|---|---|---|---|---|---|---|---|---|
| 공금융저축 | 55.8 | 60.6 | 67.2 | 73.4 | 79.3 | 83.7 | 87.0 | 88.4 |
| 은행 | 38.7 | 39.4 | 40.9 | 42.9 | 45.0 | 45.5 | 43.2 | 45.6 |
| 제2금융권 | 16.1 | 20.1 | 25.0 | 29.0 | 32.7 | 31.6 | 30.1 | 33.6 |
| 유가증권 | 1.0 | 1.2 | 1.3 | 1.5 | 1.6 | 6.6 | 13.7 | 9.3 |
| 사금융저축 | 44.2 | 39.4 | 32.8 | 26.6 | 20.7 | 16.3 | 13.0 | 11.6 |
| 계(契) | 21.9 | 18.5 | 15.9 | 11.2 | 10.0 | 8.5 | 7.3 | 7.0 |
| 사채 | 22.3 | 20.9 | 16.9 | 15.4 | 10.8 | 7.8 | 5.7 | 4.6 |
| 합계 | 100.0 | 100.0 | 100.0 | 100.0 | 100.0 | 100.0 | 100.0 | 100.0 |

* 출처: 국민은행, 「가계금융이용실태조사」, 각 연도(박찬종, 앞의 논문(2021), 253쪽 표 재인용).

를 살면서 나머지 자금으로 주식투자에 나섰다거나, 집을 저당 잡혀 대출받은 자금으로 투자에 나섰다는 사연도 넘쳤다. 개미군단의 참여 열기로 증권사 직원들이 "집에 못 들어가는 날이 비일비재"하다는 가운데, 1988년 공모주 청약에는 100대 1의 경쟁률이 넘는 종목이 허다했다.[032]

특히 농촌에까지 몰아친 주식 열풍에 대해서는 1989년 국회에서도 문제로 다뤄졌다. "시골까지 증권교실이니 증권사 점포망을 확장해줬더니" "농사지어봤자 무슨 이익이 있소 책임지고 농사짓는 것 10배 이상 이문 남겨줄 테니 돈을 맡기시오"라며 농민을 부추기고 있고, 그 결과 농민들이 영농자금을 들고 전부 증권시장으로 향하는 실정이라고 했다. 또한 증권사들이 점포망 신설 명목으로 지역 땅값을 마구 올리며 지방 도시의 부동산 투기 붐을 선도하고 있다고도 했다. 1989년 3월 말 농협은 영농의욕 저하, 농촌자금 유출 등을 초래하는 군 단위 이하 증권회사 지점 신설을 억제해달라고 정부에 건의했다.[033]

주식 열풍은 여성 중심의 대표적 재산증식 수단인 '계' 활동의 위축으로도 이어졌다.[034] 계 자금이 주식시장으로 흘러갔기 때문으로, 이는 〈표 3〉의 가계저축 구성변화에서도 확인할 수 있다. 사금융 저축은 1980년대 들어 꾸준히 줄어들었지만, 1987년까지는 그 흡수처가 공금융 은행과 제2금융이었던 반면, 1988~89년에는 유가증권이 그 자리를 대신했다.

다만 지방 신규 투자자의 70~80%가 주식을 아예 모르는 등 새로운 '개미 군단'의 대다수가 주식시장의 원리나 용어조차 익히지 못한 채 진입하고 있다는 점은 큰 문제였다. 투자의 위험성에 대한 자각은 부족한 가운데, 막연한 재산증식의 희망, 혹은 '일확천금'의 꿈을 안고 주식 구매에 나선다는 진단이었다.[035]

물론 이를 기회로 삼아 전통적으로 재력이나 정보를 이용해 거대 매매차액을 얻는 '큰손'과 내부자거래를 일삼는 기업들에 더하여, 신규 투자자들을 속여 돈을 벌려는 이들 역시 대거 등장했다. 포철과 한전 '국민주' 청약 과정이 대표적이었다. 중하위층에 해당하지 않는 수십만 명이 온갖 편법을 써서 청약에 나섰고, 사장은 직원의, 농·축협 직원은 지역 주민의 이름을 도용하여 수십·수백 주를 불법 취득하였다. 불법 사례가 속출하자 검찰은 포철주의 경우 5백 주 이상 매집한 투기자만 문제 삼겠다고 선을 긋기도 했다.[036] 돈을 벌고 싶다는 개인의 욕구가 과열된 주식시장과 만나며 '한탕'을 위해 수단과 방법을 가리지 않도록 나아간 것이다. 그러나 아래와 같이 주식시장은 1990년 들어 투자자들의 기대를 크게 배신한다.

### 2) 폭락의 국면―'개미군단'의 비명

1989년 4월 1일, 한국 증시사상 최초로 종합주가지수가 1,000선을 넘겼다는 환호는 한순간이었다. 그 이후 증시는 거대 공모주 물량이 쏟아짐에도 힘을 받지 못하는 정체 상태에 놓였고, 1989년 말부터 하락이 가속화되었다. 오르기만 하는 줄 알았던 주가가 연일 하락하는 생소한 광경에 투자자들의 불안감은 높아갔고 거래량은 급감했다.

〈표 4〉 1989~1993년 주식종목 및 주가지수

| 항목명 | 1989 | 1990 | 1991 | 1992 | 1993 |
|---|---|---|---|---|---|
| 종목수(개) | 1,284 | 1,115 | 1,013 | 1,014 | 1,045 |
| 주가지수 평균 | 918.73 | 746.00 | 657.98 | 585.73 | 728.37 |

* 출처: 한국은행경제통계시스템(https://ecos.bok.or.kr/EIndex.jsp).

화들짝 놀란 정부 역시 주식시장을 살리려 '극약처방'을 아끼지 않았다. 증시가 안정될 때까지 투자신탁회사가 주식을 무제한 매입하도록 지시한 1989년 '12·12조치'를 시작으로, 각종 물량 과잉공급 억제조치는 물론, 부동산 자금의 증시 환류를 위하여 분당신도시 분양 당첨 발표일도 앞당겨졌다. 1990년 5월에는 증권사·은행 등이 4조 원 규모의 '증권시장안정기금'을 발족하고 자금을 투여하기 시작했다. 9월에는 "세계 증시사상 유례없는 상품"이라는 보장형 수익증권펀드 2조 6천억 원어치가 발매되었다. 하지만 거의 모든 조치는 반짝효과에 그쳤을 뿐이었다. 주가지수는 한때 500선까지 붕괴되었고, 〈표 4〉와 같이 1992년 주가지수 평균은 1989년에 비해 40%가량 폭락했다.

이는 곧 하락에 비례하여 그만큼 돈을 잃은 이들의 대거 발생을 의미했다. 퇴직금의 절반 이상을 날린 이들부터, 집을 처분하고 투자한 돈이 반토막 난 회사원, 20년 동안 모은 돈을 모두 날렸다는 구두닦이까지 가지각색의 사연이 난무했다. 돈을 빌려 주식에 투자한 이들의 경우 원금에 이자 부담까지 더해졌다. 특히 전국적인 '국민주' 홍보와 더불어 증시가 정점에 올랐던 1988~1989년 투자에 뛰어든 이들의 손해가 극심했다.

분을 참지 못한 투자자들의 직접적인 항의 농성에서는 '증권시장 폐쇄하라', '경제팀 물러나라', '대통령은 책임져라' 등의 구호가 외쳐졌고, 혈서가 나붙었다. 남대문시장에서 노점상을 하며 1988년 '국민주' 배정을 계기로 주식투자에 나섰다는 한 여인은 전세자금과 빌린 돈까지 모두 날렸다며 여의도 증권사 객장에서 자살을 기도했다. 고객들을 자극하지 않기 위해 증권사에는 "객장에서 함부로 웃지 말라"는 내부 지시가 내려졌고, 투자자들의 폭력 시위에 증권사가 영업을 중단하기도 했다.[037]

배정주식 자체가 6~7주에 불과했기에 하락장과는 별개로 이미 '저소득층 소득향상'이라는 명분은 무색해져 있던 '국민주'에조차 불똥이 튀었다. 그나마 상장 직후 빨리 매도한 이들은 다행이었다. 높았던 초기 시가가 하락하면서 "국민주는 '궁민주(窮民株)'"로 전락했다.[038] 한전주의 경우는 청약 2년 뒤인 1992년 발행가를 밑도는 가격으로 떨어졌다. 특히 청약 당시 3년 이상 장기보유 의무를 가진 30% 할인가격 매입자 및 신탁가입자들의 경우, 포철주는 1991년, 한전주는 1992년의 증시 폭락기에야 주식을 찾을 수 있었기에 예금 금리는커녕 수익조차 못 얻는 경우도 발생했다.[039] 이 속에서 노태우 정부가 공약한 한전(2차), 국민은행, 통신공사 등의 추가적 '국민주' 매각은 전면 중단되었다.[040]

하지만 주가 폭락기의 여파 중 하이라이트는 따로 있었다. 바로 '깡통계좌 정리'였다. '깡통계좌'는 증권회사로부터 돈을 빌리거나 외상으로 주식을 매입했으나, 주가 하락으로 실제 투자원금은 사라져 보유주식을 모두 팔아도 융자금과 외상금을 갚을 수 없는, 담보율 100% 미만의 말 그대로 '깡통'처럼 빈 계좌를 지칭했다. 주가 하락이 본격화한 1990년부터 '깡통계좌'가 급증했고, '깡통계좌'를 포함한 증권사의 미수금 및 미상환금 전체 규모는 1조 2천억 원으로 추산되었다.[041] 깡통계좌의 주인들이야말로 손에 쥔 것 이상의 과다한 욕심을 부린 이들이었다. 하지만 투자손실을 만회할 기회를 누구보다 기다리고 있던 것도 이들이었다.

그러나 주가 급락으로 자금난에 처해 있던 증권사와 어떤 수로든 증시회복 계기를 마련하려던 재무부는 이들을 기다려주지 않았다. 재무부와 증권사 사장단은 1990년 9월 8일 긴급모임을 갖고, 담보비율이 100% 미만인 '깡통계좌'—소위 '악성 대기매물'에 대해 10월 10일 일제히 반대매매할 것을 결정했다. 반대매매란 증권사가 투자자들의 의사와 상관없이 강제로 주식을 매각, 채권을 확보하는 조치였다.[042]

1개월간의 유예기간이 주어졌지만, 당장의 추가 담보 여력이 없는 투자자들이 취할 방도란 없었다. 예고되었던 1990년 10월 10일, 증권안정기금은 새벽부터 나서서 25개 증권사들로부터 통보받은 '깡통계좌' 처분물량을 10월 8일 가격 수준에서 일괄 강제 매수했다. 최종 정리 물량은 980억 5천만 원 규모로 집계되었다. 그런데 이는 10월 8일자 증권사들이 제출한 정리대상 물량 2,400억 원의 40%를 조금 넘는 수준이었고, 증권사들이 반대매매를 결정했던 9월 8일자 기준 '깡통계좌' 4,500억 원 규모에 비해서는 21%에 불과한 것이었다. 한 달 동안 약 3,500억 원, 그리고 10월 9일 하루 만에 무려 1,400억 원가량의 물량이 '깡통계좌'에서 벗어났던 것이다.

물론 어렵게 돈을 구하여 담보부족금액을 채워넣고 빠져나온 이들도 있었다. 하지만 많은 수가 증권사의 묵인·공조하에 부동산, 제3자보증, 혹은 콘도회원권이나 골프회원권 등까지 추가 담보로 인정받으며 변칙적인 방법으로 벗어났다는 사실이 곧 드러났다. 증권사 스스로 '깡통계좌는 모두 정리한다'고 내건 원칙이 무색하게 단골 '큰손'은 추가 담보도 받지 않고 대상에서 제외시켜주기도 했다. 그 속에서 결국 10월 10일 강제정리 대상자가 된 것은 "돈 없고 힘없는" 개미 투자자들이었다. 더욱이 서울 지역 투자자들은 거의 없고, 대부분이 1989년 이래 증권사 지방 점포 수와 더불어 급증했던 지방 투자자들로 밝혀졌다.[043]

'깡통계좌' 강제정리로 보유주식을 모두 처분당한 이들의 분노와 좌절은 깊었다. 한순간에 전 재산을 날린 투자자들은 객장에서 통곡했고, '깡통계좌'로의 전락에 책임이 있는 증권사 직원들은 잠적했다. '주재민(株災民)'이라는 신조어까지 등장했다. 항의시위와 증권사 전광판 파괴 등이 잇따랐다. 어떤 이들은 증권사에서 도끼 난동을 벌이거나 자해했고, 1억 8천여만 원을 잃은 한 투자자는 투신자살했다. 더욱이 '깡통계좌' 주인들에게 이어진 것은 반대매매에도 메꿔지지 못한 미수금을 모두 받아내겠다는 증권사의 소송이었다.[044]

하지만 이후에도 주가는 내리막을 이어갔다. '개미군단'은 주식시장을 급속히 떠났다. 아니, 떠날 수밖에 없었다. 1990년 말까지 70만 명이 주식시장을 떠났고, 1992년 중순에는 '국민주'를 포함한 투자자들의 등록계좌 수 499만 개중 52.5%가 휴면계좌로 전락했다.[045] 이 가운데 1990년 말 탤런트 김성원은 '깡통계좌' 주주들과 주가 하락에 돈을 잃은 이들의 처지를 대변하는 〈내가 바보지〉라는 노래를 발표하며 큰 화제를 모았다.[046]

> 풀 벌레 소리 슬피 우는데 / 새벽 2시 알리는데
> 낯설은 천정 바라보며 / 오늘 밤도 잠 못 이루오
> 반찬값 아껴 버스값 아껴 허리 졸라 마련한 내 집
> 30여 년 일한 퇴직금 그 모두가 어디로 갔나
> 소박한 설계 속에 내일을 꿈꾸었는데
> 어이해 이렇게도 내 모든 것 앗아버리나
> 그 무슨 잘못으로 증권시장 무너졌을까
> 철없이 곤히 잠든 저 아이들 어쩌면 좋아
> 내게 남은 것은 깡통계좌라는데(김성원 노래, 정풍송 작사·작곡)

## 4. '개미군단' 파국의 저류 — 정부와 자본의 움직임

이 장에서는 사람들을 주식투자로 이끈 마케팅 차원을 넘어, 보다 저변에서 다량의 '깡통계좌'를 발생시키고 증시의 급격한 추락 자체를 유발한 요인을 좀 더 짚어보려 한다. 나아가 대다수 일반 투자자의 손실과 달리, 이 가운데에서도 이익을 본 이들이 존재했다면 이들은 누구이며 어떻게 가능했는지를 당대 주식시장의 실태 속에서 살펴보려 한다.

우선 개미 투자자들과 가장 긴밀한 관계로서 이들의 주식거래를 매개해주었던 증권회사다. 1980년대 후반 증시호황으로 증권사가 얻어낸 이익은 막대했다. 국회에 보고된 바에 따르면, 1988년도 25개 증권사의 영업이익은 자기자본의 70~80% 이상으로 다른 업종에 비해 엄청난 호황이었고, 1989년 5월 현재 수준이라면 130% 이익까지 예측되었다.[047] 아래의 1990년도 손익계산서만 해도, 이미 증시가 하락세에 돌입한 시점이어서 당기순이익은 1985년보다 낮아졌지만, 영업수익은 1980년에 비하여 20배 가까이 늘어나 있음이 확인된다.

특기할 지점은 증시활황기 거래량의 증가와 더불어 거래수수료가 증권사 순익 규모를 좌우하는 가장 중요한 수입원으로 부상했다는 점이다. 1988년의 경우만 해도, 25개 증권사 총 영업수익 1조 9,650억 원 중 수수료 수입이 9,210억, 금융수익이 4,392억, 증권매매 이익 5,972억, 기타 70억 원으로 수수료 비중이 가장 높은 47%를 차지했다.[048] 그만큼 각 증권사마다 수수료 수익과 비례하는 약정실적[049] 경쟁이 치열해졌고, 지방 점포 증설 경쟁도 그 일환이었다. 이는 매매회전율을 높이기 위한 단기적 투자행위의 조장을 수반했다. 특히 대거 등장한 초보 투자자가 주요 대상이 되었는데, 이들의 투자금을 증권사 직원들이 '알아서 굴려주는' 방식의 '일임매매'가 만연한 가운데 단기투자가 행해졌다. 당시 증권거래법 제107조는 증권사 직원이 고객의 돈을 위탁받아 매매할 수는 있으

| 결산기 말 | 영업수익 | 영업비용 | 경상이익 | 당기순이익 |
|---|---|---|---|---|
| 1980 | 120,222 | 93,471 | 5,062 | 3,865 |
| 1985 | 388,288 | 297,051 | 51,620 | 37,166 |
| 1990 | 2,078,760 | 1,860,376 | 28,395 | 29,617 |

* 출처: 한국증권업협회, 『한국증권업협회 50년사 자료집』, 2003, 345쪽.

나 사전에 수량, 가격, 매매 시기 등은 고객과 합의가 이뤄져야 한다고 규정하였다. 하지만 증권사들의 수수료 수입 경쟁이 심화하면서, 증권사에서 고객의 동의 없이 임의로 주식 사고팔기를 계속하고(소위 '임의매매'), 심지어 증권사 신용거래까지 더해가면서 약정실적을 올리는 경우가 빈번해졌다.[050]

하루가 다르게 주식가격이 오르는 증시 상승기에 이는 큰 문제가 아닐 수 있었다. 과정이 어떻든 고객들은 결과적으로 돈을 벌 수 있었기 때문이다. 문제는 1989년 말 증시가 하락하면서였다. 어떻게든 수익 감소를 모면하기 위한 증권사의 임의매매는 더욱 빈번해졌지만, 임의거래 직후 주가가 떨어지면 투자자의 손해는 피할 수 없게 되고 그 과정이 반복되면 손실은 눈덩이처럼 커지기 마련이었다. 증권사의 부추김에 융자를 받았다거나 외상거래까지 행해진 경우라면 순식간에 '깡통계좌'로 전락할 수 있었다. 실제 1990년 말 강제정리 대상이던 다수의 '깡통계좌'가 이러한 과정의 산물이었다.[051]

'깡통계좌' 정리 전후로 증권사 직원의 책임을 묻는 고객의 폭력과 투자손해액 보전 요구가 빗발쳤던 것도 그 귀결이었다. 회사의 실적 압박 속에 고객은 물론 주변 친지의 돈까지 끌어다가 불법 임의매매·신용거래를 한 경우가 태반이었던 증권사 직원들은 집을 팔고 빚까지 지며 개인 변상에 내몰리기도 했다. 손해보상 요구에 눌리다가 고객의 집에 불을 지르고 자살을 한 직원도 생겨났다. 하지만 수익 극대화를 위해 뒤에서 불법 행위를 조장·압박한 증권사는 정작 아무런 책임을 지지 않았다. '깡통계좌' 강제정리로 일정한 손실보전을 한 이후에도 증권사는 미처 받아내지 못한 미수금 및 미상환금에 대해 연이어 소송을 제기했음은 물론 산하 직원에게 미회수 원금에 대한 변상을 강요하였다.[052]

위의 상황이 개미 투자자들을 궁지로 몰아넣은 증권사 영업 방식의 일 단면이었다면, 증시의 급격한 상승에 이어 가혹한 폭락을 초래한 요인도 찾아볼 수 있다. 증시폭락 요인에 대해 당대 증권 전문가들은 경기침체, 신도시 아파트 분양, 금융실명제 예고, 노사분규, 과소비 등 입장만큼 다양한 의견을 내놓았다. 하지만 주식 물량 과다공급만큼은 주요 원인으로 공통되게 지목하였다. 과대하게 풀려나온 주식 물량이 누적되면서 가격이 하락하고 거래가 급감했다는 것이다. 유독 왕성했던 기업공개와 유무상증자, 그리고 국민주 보급 등에 따라 늘어난 상장주식이 그 주된 재료였다.[053] 하지만 단순 물량 공급 차원만이 아니라 이들 기업은 증시 폭락을 이끈 주식시장의 모순과 증시 거품을 증폭시킨 중요 행위자였다는 점에서 좀 더 짚어볼 필요가 있다.

주지하다시피 주식시장의 순기능은 기업의 직접자금 조달에 있다. 그전까지 대주주의 경영권 보호를 위해 공개를 꺼렸던 기업들조차 주가 대호황 앞에서 경쟁적으로 기업을 공개하고 주식시장을 통한 투자금 모집에 나서는 것은 진귀한 광경이었다. 다만 공통적으로 기업-대주주의 최대 이익 확보에 부합하기 위한 철저한 수법들이 더해졌다. 신주 발행에서 우선주의 비중 최대화, 기업공개 과정의 소위 '물타기', '뻥튀기' 전법 등이 대표적이었다.

우선 기업은 대주주의 경영권 보호를 위해 의결권 없는 우선주 중심으로 신주를 발행하며 부담 없이 주식 물량 증대에 힘을 보탰다. 1989년 신주 모집에서는 우선주 발행금액이 유상증자 총액의 27% 이상을 차지하는 기록을 남겼다. 경영권 침해 우려가 없기에 우선주는 대량매각에 의해 대주주가 막대한 시세차익을 얻는 주요 수단으로 이용되었고, 1989년 국정감사에서는 이를 과도히 실행했던 사례들이 문제로 다뤄졌다.[054]

주식시장을 통한 기업과 대주주 이익의 최대 확보 노력은 소위 '물타기' 및 '뻥튀기' 공개 등에서 가장 빛을 발했다. '물타기' 공개는 기업공개 전에 무상증자나 유상증자를 통해 주식 수를 과도하게 늘려놓은 후 공개하는 것을 의미했다. 대주주 지분율이 높은 여건에서 행해지는 무상증자는 기업 내부유보 이윤을 대주주에게 넘겨주되 그만큼 주당 기업가치는 낮아져야 했으나, 주식 발행 가격은 예외 없이 높게 설정하며 큰 이득을 남기도록 했다. 공개 전 대량의 유상증자 역시 주식 액면가와 상장 후 시장가격 간의 차액만큼을 대주주에게 보장했다. 이는 기업 주식이 상장되는 즉시 주가가 단기간에 급등했던 증시 호조건 아래서 기존 주주들에게 혜택이 집중되도록 만드는 방식이었다.

'뻥튀기'는 정확한 기업분석에 의해 공모주 발행가격이 산정되기보다는 앞서의 '물타기'로 증대시킨 자본금을 바탕으로 기업가치를 과장시켜 공모주 가격을 높이는 행위였다. 특히 1988년 7월부터 발행가 상대가치 적용, 즉 기업 내부가치에 기준을 둔 것이 아닌 이미 상장되어있는 동종 기업 중 높은 주가를 가진 회사를 골라 그에 준하는 발행가격을 설정할 수 있게 되면서 '뻥튀기' 공개가 심화되었다.[055]

특히 1989년도는 주식공모를 통한 기업자금 조달 규모가 가장 큰 해였던 만큼 '물타기' 증자와 '뻥튀기' 공개가 성행했다. 총 126개 신규 공개 회사 가운데 121개사가 공개 전 1년 이내에 58.5%(3,925억 원)의 무상증자와 38.9%(2,613억 원)의 유상증자를 실시하였고, 공개 기업들의 평균 발행가도 1988년도의 9천 원대에서 1만 3천 원대로 52% 높게 설정되면서 기업 자체와 해당 대주주 이익 보전의 최대화를 꾀했다. 공개 직전 유·무상증자를 통해 자본금 규모를 5배 이상 늘린 경인전자, 사조산업, 내외반도체 등은 물론, 10배 이상 늘린 상아제약의 사례도 있었고, 중하위소득층을 위한다는 한전 '국민주'까지 기업가치에 비해 발행가를 '뻥튀기'하였다는 의혹을 받았다.[056] 특히 아래의 현대그룹은 화제의 중심에 섰다.

1989년 국정감사를 통해 정주영 등 현대그룹 개인 대주주들이 그룹 계열사 공개 전 무상증자 등을 통해 약 2,100억 원의 자본이익을 남겼다는 사실이 드러났다. 금강개발의 경우 기업공개 전 400%의 '물타기' 무상증자를 실시하여 102억 원이었던 자본금을 520억 원으로 늘렸고, 현대해상화재는 자체 자산가치나 수익가치가 각각 9천 원대, 6천 원대에 불과하자 상대가치를 적용하여 2만 6천 원의 '뻥튀기' 발행가격을 정하였다. 결과적으로 1988년 말 현대그룹 5개 계열사의 자본금 1,022억 원은 공개 전 두 배 이상의 '물타기' 증자를 통해 총 2,310억 원으로 증액되었고, 상대가치를 적용하며 주식시장으로부터는 2,158억 원을 조달했다. 더욱 논란이 된 것은 이 중 실질적 기업자금으로 산입된 것은 372억 원뿐이고, 나머지 2천억 원 가량은 대주주의 기존 소유주식 매출로, 풀려나온 주식과 반대로 증시에서 빠져나온 금액 모두 대주주 개인 주머니로 들어갔다는 점이었다.[057]

'물타기'와 '뻥튀기' 자금조차 기업의 생산자금으로 쓰인다면 그나마 긍정적일 수 있겠으나, 현실은 대주주 창업자 이익의 보장 수단이었다. 현대그룹을 위시하여 주식이동을 통한 재벌의 변칙적 증여와 상속이 본격 시작되었던 것도 이때부터였다. 기업과 대주주들이 증시에서 조달한 자금으로 부동산 '재테크'에 몰두한 것 역시 이때가 시발이었다. 1988년 말 30대 재벌의 유가증권 수익이 전체 순익의 36%를 넘어선 것과 더불어 10대 재벌의 소유토지액이 전년 비 20.5% 증가했던 것은 대기업이 증시를 통해 얻은 자금을 증권과 부동산투자에 넣는다는 증거였다. 1989년에는 30대 재벌의 부동산 매입자금 80%가 주식 공모를 통해 조달한 4조 원어치 유상증자로부터 충당되었다고 진단되었다.[058]

증권사는 또 다른 의미에서 큰 조력자였다. 증권사 스스로 자사 주식에 두 배 이상의 '뻥튀기' 발행가를 붙여 내놓으며 증시 거품 형성에 기여한 데 더하여, 증권사 간 기업공개 주선 경쟁을 벌이며 실적 부풀리기 부실 분석, 발행가격 '뻥튀기' 등을 통한 고객 유치에 주력했다. 회계법인 역시 부실한 기업운영을 묵인·방조하거나 분식회계에 앞장서며 이에 동참했다. 기업 간에는 '돈을 벌려거든 공개하는 방법이 지름길'이라는 말이 유행처럼 돌았다.[059]

결국 하락세가 본격화된 1990년부터 기업들에서도 문제가 터져 나왔다. 9월 모피수출업체 대도상사의 부도를 시작으로, 1992년까지 총 34개 상장기업의 연쇄부도였다. 주가 하락에 기름을 부은 이 사태 역시 한국 증시사상 처음 겪는 일로, 이들 대다수가 '물타기'로 자본금을 부풀린 후 1988~89년 증시에 나온 기업이었음이 드러났다. 또한 공통적으로 공개 시점부터 주간증권사나 공인회계사와 결탁하여 허위 재무제표나 부실감사보고를 제출했으며, 정부 역시 이를 제대로 조사하지 않고 공개를 허용했다는 점도 밝혀졌다. 대주주 등이 부도가 알려지기 직전에 주식을 대거 처분하며 미리 이득을 챙겼던 것도 공통적이었다.[060]

결국 자금난에 처한 기업들이 쉽게 돈을 구하기 위해 기업공개를 추진했고, 이를 몰랐던 일반투자자들만 일방적인 피해를 입었다. 물론 이에 더하여 주식시장의 고전적인 불공정거래 수법들, 예를 들면 내부자거래, 주작조작, 위장분산 등의 '작전' 역시 성행했고 불어난 증시에 걸맞게 '작전' 금액은 더욱 커졌다.[061]

한편 이 모든 상황 전개의 바탕에는 주식시장 부양을 위해 수단을 아끼지 않은 정부의 정책이 자리했다. 2장에서 살펴봤듯, 정부는 증시 급등에 크게 고무되었고, 주력의 일 순위를 물량공급—기업의 유상증자와 기업공개 확대에 두었다. 이를 위해 기업공개를 위한 각종 혜택을 더욱 늘렸음은 물론이다. 그리고 그 초점은 아래와 같이 기업공개를 회피하던 기업의 가장 큰 이유였던 경영권과 창업자 이익의 최대 보장으로 기울었다.

지분에 영향을 받지 않고 현금화할 수 있는 무의결권 우선주 발행이 독려되었고, 시가발행제 적용 범위는 계속 확대되었다. 지속적으로 완화되었던 각종 규제는, 규제완화의 종합판이라고 할 수 있는 1988년 6월 정부의 '증권업무 자율화방안'으로 이어졌다. 말 그대로 증권사의 업무 및 상장·공개기업의 업무 범위를 자율화하고, 정부 규제를 대폭 축소하는 대신 증권당국은 사후감독에만 치중하겠다는 것이었다. 이를 통해 공개 예정 기업은 손쉽게 자산재평가를 통해 무상증자 재원을 마련할 수 있었고, 발행가격도 기업과 주관증권사가 자율적으로 결정할 수 있게 되었다. 기업공개 시 상대가치에 의한 발행가 산정이 가능해진 것도 이때부터였다.[062] 정부는 기업 재무구조 개선 및 자금조달 비용 절감을 목표로 위 방안을 추진했다고 했으나, 이는 동시에 기업들의 '물타기'와 '뻥튀기' 공개를 부채질했다.

물론 정부는 물량 확대책과 동시에 투자 수요 창출에도 골몰했고, '국민주' 보급도 그 일환이었다. 여기에는 앞서 지적했듯 1987년의 시민·노동자 항쟁 이후, 국민의 '체제 내화' 의도가 깔려 있었다. 문제는 이렇게 일반인들을 대거 주식시장으로 끌어들였음에도 1989년 말부터 본격화된 주가 급락이었다. 각종 신문 독자란에는 '보통사람'들을 증권시장으로 끌어들인 정부에 대한 원망과 비판이 빗발쳤다.

막대한 정치적 부담에 직면한 정부는 서둘러 증시부양 조치들을 마련했다. 강도가 셌던 것은 1989년 12월 12일의 '12·12조치', 그리고 1990년 들어서의 증시안정기금 설정과 앞에서 살펴본 '깡통계좌' 정리였다. 그중 '12·12조치'는 정부의 다급함을 반영하듯, "최후의 카드", "극약처방"이라 평가받은 것으로, 한국은행 돈을 풀어 3개 투자신탁회사가 무제한 주식을 사들이게 지원하는 한편, 기존에는 주식매입에서 현금 40%를 내야만 가능했던 위탁증거금과 신용보증금을 대용증권(代用證券)으로 대신할 수 있도록 한 것 등이었다. 특히 후자는 현금 없이도 주식투자를 할 수 있게 만든 조치로, '가수요' 확대의 최대치를 담았다. 뒤이어 1990년 3월에는 금지되어왔던 증권사 주식에 대한 신용융자까지 최초 허용되었다.[063]

극단적 방안이라도 효과적이라면 다행이었겠으나, 실상은 그렇지 못했다. 대용증권을 통한 거래 전면화는 신용거래를 크게 부추겼다. 증시하락 속에 미수금·미상환융자금 규모는 그 연체이자까지 더해지며(각 19% 및 13%) 급격히 증가했고, 증시가 오를 기회마다 해당 주식은 매물로 쏟아지며 주가하락을 부추겼다. 이는 또한 대량의 '깡통계좌' 발생의 주요 원인이 되었다. 실제 '깡통계좌' 강제정리를 당했던 이들이 내보인 억울함에는 증권사의 일임·임의매매에 더하여 '12·12조치'의 외상거래 확대 조치가 빠지지 않고 등장했다.[064] '12·12조치'는 침몰해가는 증시에 깃발을 꽂아 수많은 이들이 난파선에 더욱 탑승하게끔 만드는 효과를 냈다.

'12·12조치'의 또 다른 한 축, 한국은행 발권력으로 주식매입 자금지원을 선포한 방안 역시 빠르게 한계에 달했다. 당시 3개 투자신탁회사는 자기자본의 6배가 넘는 2조 7,692억 원의 주식을 매입했으나, 급격한 통화증발 앞에서 자금지원은 1989년 12월 말로 종료되었다. 그 후유증으로 투자신탁사들은 1990년부터 극심한 경영난에 처했고 한동안 기관투자자로서의 기능을 회복하지 못했다.[065]

1990년 5월 8일 증권사·은행·보험·상장사들로 하여금 약 4조 원을 목표로 '증시안정기금'을 설립케 하고 해당 기금으로 주식 사들이기에 나섰던 조치 역시 큰 효과를 보지 못했다. 주가 하락을 막는 데 급급하여 체계적 운영이 불가능했고, 가시적 성과가 없자 기금은 1992년 12월 휴면에 들어갔다. 오히려

'12·12조치' 및 중안기금의 주식매입 시마다 정보에 앞선 대주주와 전문 투자자들이 반짝 오른 가격에 보유주식을 대량으로 매각하며 큰 이득을 보는 경우가 다반사였다. 그리고 이러한 이익금은 증시로 되돌아오는 대신 1990년대 초 부동산 폭등의 주요 재원으로 빠져나갔다.[066] 결과적으로 정부와 기관투자자들이 나서서 대주주의 주식을 사주고 이득을 보장해준 셈이었다.

물론 이 밖에도 정부는 각종 대책을 강구했고, 공언했던 금융실명제마저 증시하락의 주요인으로 거론되자 시행 자체를 전면 폐지했다. 하지만 1992년으로 예정된 자본시장의 부분적 공개 일정과 그 전까지 달성해야 하는 증시 규모 확대라는 과제 앞에서 과감한 기업 규제에는 좀처럼 나서지 못했다. 사실상 당시 정부의 증권감독기구도 열병처럼 찾아온 증시 활황에 대비할 준비를 갖추고 있지 못했다. 증권감독원 내에서는 감리요원 부족으로 기업공개 승인에 결정적인 기업 재무제표 심사가 제대로 이뤄지지 못했다. 1989년 9월 현재 총 600여 개 상장기업과 580여 개 증권사 지점이 30여 명의 증권감독원 검사국 인원만으로 조사·관리되던 실정이었다.[067] 큰 기업일수록 허다한 의혹조차 법적 문제는 없다고 처리되었고, 로비와 관련된 뒷말만 무성히 남았다.


## 5. 나오며

국내 증시 개막 이래 최대규모였던 1980년대 후반 증시호황은 일장춘몽으로 끝났다. 열병처럼 찾아온 호황기를 맞아 정부는 물론 증권사, 기업 등 주식시장 내의 모든 경제주체는 각자 이해의 최대치를 얻기 위해 열성적으로 나섰다. 이 가운데 일반 국민들 역시 "서민을 위한" '국민주' 공세와 "너도 부자가 될 수 있다"는 도처의 소리에 이끌려 주식시장에 발을 들였다. 최초 '개미군단'의 등장이었다. 이처럼 능동적 투자 대중은 1980년대 팽배했던 중산층 욕구와 더불어 이를 자극하는 사회정치적 기제의 작동하에서 발현되었다. 하지만 투자의 위험성에 대한 자각은 부족했고 주식시장은 냉혹했다. 주가가 폭락하자 수단을 불문한 증권사와 기업의 최대이익 추구 앞에서 '개미'들이 얼마나 무력하게 동원되었는지 드러나기 시작했다. 주가폭락 역시 정부의 물량공세 정책과 증권사·기업의 '물타기', '뻥튀기' 수법 등을 통한 증시의 과다 거품 부양에 큰 책임이 있었다.

물론 급하강 장세는 주식시장에 들어선 모든 주체에게 타격을 가했다. 다급해진 정부는 크고 작은 부양책으로 이를 수습하려 했고, 막대한 돈풀기 작전이 펼쳐졌다. 하지만 일시적 효과만 가능했을 뿐 종국에는 도리어 주가지수의 반토막을 부채질했다. 다만 주가의 반짝 반등 때마다 정보에 빠른 대주주들에게 주식 매도 기회를 줌으로써 결과적으로 이들의 이득은 보장해줄 수 있었다. 이 가운데 남은 것은 더욱 위축된 일반 개미 투자자들이었다. '12·12조치'를 위시한 부양조치는 침몰해가는 증시에 마지막 희망이라도 잡으려는 개미들을 추가로 탑승하게 만들어 '깡통계좌' 강제정리와 같은 더 큰 파국을 낳았다. 당시 실태를 두고, 『한겨레』는 "주식투자자들을 착취하는 증시 남용"[068]이라 명명하기도 했다. 특히 정부는 그토록 '국민을 위한 주식시장'을 제공하겠다고 외쳤음에도, 친자본·증시부양 정책과 국민 포섭·회유 정책 간에 모순이 증폭될 때마다 전자의 손을 확실하게 들어줬다.

그렇다면 '국민주'를 앞세워 서민층까지 적극적으로 증시에 끌어들였던 정부의 정책 의도는 실패한 것으로 볼 수 있을까? 주식시장을 통해 "중산층의 폭을 넓히겠다"는 경제적 유인은 1990년대 초 증시폭락과 '개미군단'의 대거 이탈로 일단 성공하지 못했다. 하지만 주식 소유가 야기하는 경제외적 효과—개인의 체제내화 촉진에 대해서는 실패라 단언하기 어려워 보인다. 결과적으로 '국민주'를 내세운 노태우는 1987년 대선에서 승리했고 정권 임기를 채웠다. 증시폭락 앞에 "정권퇴진" 구호까지 불사했던 개미들의 분노로 잠시 역효과가 일기도 했으나, 1992년 말 단계적 증시개방이 진척됨과 동시에 조금씩 회복하기 시작한 주가는 증시를 떠나지 않고 버틴 일부 개미들의 마른 목을 축여주며 부분적이나마 개미들을 다시 주식시장으로 불러들였다. 아울러 구체적 수치화는 어려우나 1990년대 이후 가속화 한 친자본사회로의 전면화·보수화 요인 중의 일부로서 대중의 주식소유가 발휘한 효과는 지속 검토되어야 할 과제라고 생각한다. 이와 연관되는 우리사주조합, 그리고 당대 개미 투자자에 대해서는 향후 추가적인 분석을 준비해보겠다.

**이정은**

국사편찬위원회 편사연구사로 재직 중이다. 한국 현대사를 전공했고, 산업화와 재벌의 성장, 그에 따른 사회 변화 전반에 관심을 두고 있다. 최근 논저로는 「군사정부, 부정축재 대자본가들을 만나다」, 「1950년대 나일론 유행의 정치경제적 조건과 자본의 대응」 등이 있다.

# 7

# 버블기 일본에서 나타난
# 투기·투자의 특징과 그 의미

## 1. 들어가며

이 장에서는 1980년대 후반의 버블기에 일본에서 나타난 투자 혹은 투기 행동의 특징을 분석하고 그것이 일본 경제에 미친 영향을 재검토한다. 이 시기의 일본 버블에 대해서는, 전 세계 다른 지역·시대와 마찬가지로 장기적인 금융완화가 배경이 되었다는 점, 버블 붕괴가 현재까지 이어지는 장기불황의 원인이 되었다는 점이 잘 알려져 있다. 따라서 이 장에서는 일본의 특징에 주목하면서 경제주체의 투자·투기 행동을 검토하고자 한다.

일본 버블의 특징으로는 먼저 토지가격과 주식가격이 동시에 밀접한 연관관계를 맺으면서 급등했다는 점을 지적할 수 있다. 이 현상의 배경에는 자금수요자(기업)와 자금 공급자(가계) 간의 자금융통(금융)이 은행을 매개로 이루어지는 간접금융체제였다는 점, 그리고 은행은 토지를 담보로 융자하는 '토지본위제' 관행이 확립되어 있었다는 점이 존재했다. 따라서 본문에서는 '일본형' 금융시스템의 특징과 관련시켜 버블의 발생 및 확대 과정을 검토한다.

한편 버블은 시대와 지역의 차이를 막론하고 어느 정도의 집단적인 흥분·열광(manias)[001] 혹은 도취적 열병(euphoria)[002]을 동반하는데, 일본에서도 예외가 아니었다. 당초 은행과 일부 기업에 국한되던 투기가 광범한 기업, 나아가 가계(개인)에까지 확대되어 새로운 시대가 도래할 것이라는 장밋빛 환상이 전국적으로 확산되었다. 이러한 투기 열풍을 조장한 사회적 분위기를 대표하는 개념으로 '재테크'에 주목한다. 1980년대 초까지 자금의 조달이라는 의미로 주로 사용되었던 재무가 당시 유행하던 하이테크와 결합되어 새롭게 탄생한 '재테크'라는 용어는 전통적인 일본 기업과 가계의 행동 원리와는 다른 양상을 잘 표현하고 있기 때문이다. 또한 도취적 열병에 빠졌던 버블기 일본 사회의 분위기를 잘 보여주는 현상으로 은행·기업·개인의 도적적 해이 혹은 전통적인 일본인의 '경제관념'에서 일탈한 직업윤리·소비행태에도 주목한다. 이 과정에서 버블에 대한 사회 전반의 인식 및 버블 붕괴 후의 대응 방향에 대한 시사점을 발견할 수 있을 것으로 기대되기 때문이다.

　이상의 문제의식하에서 이 장의 구성은 다음과 같다. 먼저 2절에서는 일본 버블기의 개요에 대해 살펴본다. 구체적으로는 버블의 발생 및 붕괴 원인, 버블의 규모와 영향에 대해 선행연구를 간략하게 정리한다. 이어지는 3절에서는 이러한 버블의 발생 과정을 일본적 금융시스템과 연관시켜 분석하고, 기업의 재테크가 버블을 확대시키는 구조에 대해서도 살펴본다. 4절에서는 가계(개인)의 저축 구성 변화 이유를 개인 재테크를 중심으로 검토한다. 5절에서는 당시 버블을 인식하지 못했던 원인을 살펴보고, 버블기에 나타난 가치관 및 소비행태의 변화와 그 의미를 살펴본다. 결론에서는 이상의 분석 내용을 간단하게 요약하고, 버블이 이후 일본 경제에 미친 영향에 대해 필자의 소견을 제시하고자 한다.

## 2. 헤이세이(平成) 버블의 발생과 붕괴

　일본에서 1980년대 후반에 발생한 버블이란 1986년 12월부터 1991년 2월까지 51개월간의 지가·주가의 이상 급등 현상을 말하는데, 1989년 1월부터의 헤이세이(平成) 연호기에 발생했다고 하여 헤이세이 버블이라고도 불린다. 여기서 이상 급등이란, 토지 및 주식의 정상적인 가치(펀더멘털)에 비해 너무 많이 상승했다는 의미이다. 그런데 펀더멘털에는 토지의 활용 및 기업의 수익에 대한 장래 기대가 포함되어 있어 그것을 객관적으로 측정하기 곤란하다. 버블이 한창일 때, 그것을 지적하는 견해는 항시 소수이고 대부분의 전문가는 '이번만은 (가격상승의 근거가 있기 때문에 과거 버블과는) 다르다', '새로운 시대가 도래했다'

고 주장한다. 헤이세이 버블기에도 그러했다.[003] 1988년 말에 일본의 최대 증권 회사인 노무라 증권이 전 세계의 신문·잡지에 게재한 다음과 같은 광고가 당시 분위기를 알려주는 대표적인 예다. "일본의 주가가 너무 높다고 하는 의견은 마치 프톨레마이오스의 천동설에 집착하는 고루한 주장으로, 이제는 코페르니쿠스의 지동설로 사고를 전환시켜야 한다."[004]

버블의 배경으로는 1986년부터 장기간 지속된 금융완화 정책이 있는데, 이 정책은 '플라자 합의'라는 주요한 국제적 경제협조노선과 관련이 있다. 즉 1960년대 베트남전쟁 이후 지속된 미국 경제의 상대적 지위 하락과 독일·일본의 경쟁력 향상은 1970년대에도 지속되었는데, 1980년대 들어서는 미국의 재정·무역의 쌍둥이적자 문제가 심각해졌다. 이 문제를 해결하기 위한 국제적 정책 협조가 1985년 10월의 플라자 합의였다. 그에 의해 일본 엔화의 달러에 대한 평가는 급속히 절상되어 합의 전 달러당 250엔에서 120엔대로 하락했다. 이러한 급격한 엔고에 의한 수출감소 등으로 경기가 위축될 것을 우려한 일본은행이 1986년 초반에 금융완화정책을 실시했다. 1986년 1월 당시 5%였던 기준금리(중앙은행과 시중은행과의 거래에 적용되는 금리)를 수차례 인하하여 87년 2월에는 2.5%가 되었다. 그런데 당초 의도했던 경기후퇴는 발생하지 않았기 때문에 87년 후반기에는 금리를 다시금 인상할 계획이었으나, 87년 10월에 발생한 블랙먼데이(세계 주가 동시 급락)로 연기하게 되었다(표 1 참조).[005]

그 결과 1983년에 8,800엔이던 닛케이평균주가[006]는 1987년 10월에 2만 6,600엔, 1989년 말에는 3만 8,915엔으로 급등했다(그림 1 참조). 그리하여 일본의 전체 주식가격의 합(시가총액)은 미국의 1.5배, 세계 전체의 45%를 차지하게 되었다. 국영 일본전신전화공사가 민영화된 NTT 주식은 1987년 2월부터 일반에 매각되었는데, 그 시가총액은 미국의 대표적 기업인 AT&T, IBM, GE, Exxon, GM을 전부 합한 것보다 컸다. 전술한 노무라 증권의 시가총액은 미국 증권회사 전체

| 연월 | | 주요 내용 |
|---|---|---|
| 1985년 | 9월 | 플라자합의: 선진5개국이 과도한 달러고 시정에 합의 |
| 1986년 | 1월 | 일본은행이 기준금리 5.0%를 2년 3개월 만에 인하 |
| | 12월 | 버블경기 개시 |
| 1987년 | 2월 | NTT주식 상장. 기준금리가 2.5%로 과거 최저수준 |
| | 6월 | 종합보양지역정비법(리조트법) 시행 |
| | 10월 | 뉴욕 시장에서 촉발된 세계동시 주가 하락(블랙먼데이) |
| 1988년 | 1~2월 | 도쿄역 반경 60km의 공시지가가 전년비 60% 초과 상승률 기록 |
| | 7월 | 리쿠르트 사건 |
| 1989년 | 5월 | 일본은행이 기준금리 인상에 착수 |
| | 12월 | 대장성이 영업특금 금지 통달. 닛케이 평균주가 3만 8,915엔 기록 |
| 1990년 | 3월 | 대장성이 부동산융자 총량규제 통달 |
| | 8월 | 일본은행 기준금리 6%로 인상 |
| 1991년 | 2월 | 버블경기 종식 |
| | 6월 | 노무라 증권의 손실보전 사건 발각 |
| | 7월 | 일본은행 기준금리 인하로 전환. 이토만 사건 |
| | 8월 | 오노우에 누이 체포 |

* 자료: 「特集·最後の証言 バブル全史」, 『東洋経済』, 2017. 5. 20, 30~31쪽에서 필자 정리.

의 시가총액을 상회했다.[007]

주식가격과 거의 같은 수준으로 토지가격도 급등했다. 일본에서 토지가격은 2차대전 후 끊임없이 상승했으나, 이 시기에 다시금 급속히 상승했다. 도쿄권 공시지가의 전년비 상승률을 보면 1987년 1월 23.8%, 1988년 1월 65.3%로, 1986년부터 급등세를 나타냈다. 그 결과 도쿄 도심에서 반경 60km 내에 5억 엔 이상의 토지자산 보유자가 100만 명을 초과하게 되었다. 이는 신규 주택 구입 희망자 입장에서는 지옥과 같은 상황이었다. 도쿄의 아파트 가격(23평 기준)은 1990년 현재 샐러리맨 평균 연수입의 10배, 도심부에서는 20배나 되었다(그림 2).[008]

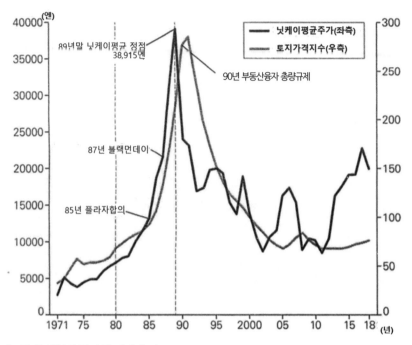

〈그림 1〉 **일본의 주가 및 지가 추이**
* 자료: 永野健二, 『バブル』, 新潮社, 2019, 17쪽.
* 닛케이평균주가는 매년말 종가 기준
* 토지가격은 6대 도시 전체 용도 평균의 가격지수(2000년 3월 말=100)


이처럼 지가 상승에 따른 주택 문제, 그리고 자산가격 상승에 따른 사회적 격차 문제가 심각해지자 버블을 종식시켜야 한다는 압력이 강해졌다. 그리하여 1989년 5월에 드디어 기준금리가 인상되기 시작하여 90년 6월에는 6%까지 상승했다.[009] 또한 1989년 말에는 주가 급등의 주요 원인으로 3절에서 다시 설명하는 특정금전신탁(특금) 제도를 금지시키고, 1990년 1월에는 지가를 안정화시키기 위해 부동산 대출 총량규제를 실시하게 되었다. 그에 따라 주가는 1989년 말, 지가는 1990년 말에 정점에 달한 후 급속히 하락하여 버블은 붕괴되었다. 버블이 붕괴되자 그 과정에 잠복되어 있던 부정사건이 표면화되었다.[010]

이상과 같은 버블 과정에서 국민의 대부분은 버블의 혜택을 입지 못했다. 당시의 호황은 민간기업의 투자와 개인소비가 주도했는데, 그에 대한 주가와 지가상승에 의한 자산효과가 그다지 크지 않았다. 예를 들어, 1987년 하반기부터 지속적으로 버블현상을 주장했던 노구치 유키오(野口悠紀雄) 히토츠바시대학 교수는 먼저 지가상승이 실물경제에 미친 긍정적인 영향은 거의 없었다고 지적했다. 다음으로 주가상승에 의한 수익이 기업의 설비투자 증가로 이어진 효과도 제한적이었으며, 가계의 금융자산의 실질소비에 대한 탄성치는 0.16으로 그다지 크지 않았다고 주장했다.[011] 즉 당시의 호황은 버블이 없었더라도 충분히 가능했다는 것이다.

## 3. 버블기 은행과 기업의 투자·투기 행동

앞에서 금융완화를 배경으로 주가와 지가가 동반 상승하는 현상을 확인했는데, 이 절에서는 그 구조를 일본적 금융시스템 및 기업의 재테크 행동과 연관시켜 구체적으로 확인해보자.

기업이 내부에 축적한 자금(내부유보) 이상의 필요자금을 외부에서 조달하는 방법으로는 중개기관의 유무에 따라 직접금융(주식, 사채)과 간접금융(은행차입금), 변제 필요성 유무에 따라 자기자본(주식)과 타인자본(사채, 은행차입금)이 있다. 일반적으로 미국과 유럽의 기업은 직접금융의 비중이 높은 데 비해, 일본은 차입금의 비중이 높은 것으로 알려졌다. 이는 일본의 경우 산업화 초기에 직접금융에 필요한 사회적 여유 자금이 충분하지 않았기 때문인데, 간접금융 시스템을 정비해가는 과정에서 정부-은행-산업계 간의 관계가 긴밀한 '일본적 금융시스템'이 형성되었다.[012]

즉 정부는 '호송선단행정'을 통해 금융기관 간의 경쟁을 조정하여 도산을 방지하고 필요한 산업 부문에 자금이 융자되도록 지도하였으며, 은행은 주요 거래기업의 메인뱅크가 되어 임원파견 등을 통해 기업의 경영 활동을 모니터링하였다. 모니터링 과정에서 습득한 정보에 기초하여 기업에 필요한 자금을 융자하였는데, 물론 최후의 수단으로 토지를 담보로 설정하였다. 이러한 시스템은 외자에 의존하지 않은 채 국내자본을 총동원함으로써 항상적인 자금 초과수요 상태에 있던 1970년대까지 효과적으로 운용되어 전체적인 일본 경제성장의 기반을 금융 면에서 지원할 수 있었다.

그런데 고도성장기에 은행의 최대 대출처였던 제조업 부문의 대기업이 1970년대 후반부터 내부자금을 축적하고 직접금융시장을 이용하게 되면서 은행에 대한 의존을 줄이는 '은행이탈' 현상을 보이기 시작하여 1980년대에 그 움직임이 가속화되었다. 더구나 1980년대에는 금리자유화 등 금융자유화가 진전되어 기업의 자금조달비용은 더욱 감소하고, 반대로 은행의 수익압박은 더욱 심각해졌다. 이러한 상황에서 1980년대 중반에 토지가격이 급등하기 시작하면서 은행과 기업은 모두 당시까지와 다른 행동을 보이게 되었다.

### 1) 버블기의 은행 행동 ―부동산업·부실 융자 확대

앞서 지적한 바와 같이 1980년대 중반부터 수도권을 중심으로 시작된 지가 상승은 1987년 7월에 전국 각지의 개발을 촉진하는 '종합보양지역정비법'(리조트법)이 제정되면서 전국으로 확대되었다. 그 결과 토지 '함익'이 증대되어 은행이 기업에 융자할 수 있는 한도가 확대되었다. 당시 일본 회계 제도상 기업의 대차대조표 자산 항목에 토지는 구입할 당시의 취득원가(장부가)로 기재하도록 되어 있어 현실의 토지가격(시가)과 차이가 상당했는데, 그 시가와 장부가의 차이가 함익이었다. 함익의 규모는 매우 커서, 예를 들어 1986년 3월 20일자 『일본

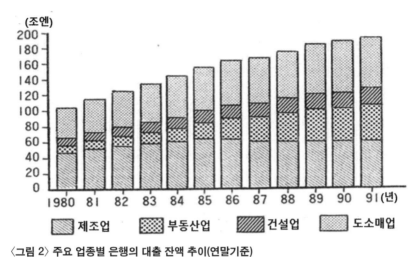

(조 엔)

경제신문』의 기획기사에 의하면, 당시 미쓰비시 지소(부동산)의 토지·건물의 장부가는 거의 제로였으나 시가는 7조 7,500억 엔에 달했다.[013]

그런데 앞서 지적한 바와 같이, 제조업 부문 대기업의 은행이탈이 본격화되었기 때문에 1980년대 후반에는 융자액의 절대치가 감소하였다(그림 2). 따라서 이 시기에는 중소기업과 제조업 외의 업종, 특히 부동산업에 대한 융자가 대폭 증가했다.[014] 부동산업에 대한 융자잔액은 1984년에 제조업의 27%였으나 89년에는 74%에 달했고, 전체 융자에서 차지하는 부동산업 융자 비중은 1984년의 6.9%에서 91년 11.6%까지 상승했다. 1985~91년간 부동산업용 은행융자액은 30조 엔에 달했는데, 그 밖에 은행에서 논뱅크를 경유하는 부동산융자도 상당액에 달했다.[015] 부동산업에 대한 은행의 융자 확대는 부동산기업의 토지매매 증가를 통해 지가를 더욱 상승시키고, 그것을 담보로 융자가 확대되는 순환이 이루어졌다. 2절에서 소개한 지가버블의 종식을 위한 부동산융자 총량규제 정책은 이러한 배경에서 나온 조치였던 것이다.

## 2) 버블기의 기업 행동 —재테크

버블기는 이상과 같은 은행 행동의 변화를 가져왔을 뿐만 아니라, 제조업을 비롯한 '은행이탈' 업종 대기업의 행동에도 큰 변화를 가져왔다. 저비용으로 자금을 조달하거나 여유자금을 활용하는 방법으로서의 '재테크'를 본격적으로 실시하기 시작한 것이다. 재테크라는 용어는 『일본경제신문』이 83년 7~9월에 연재한 「재테크의 시대」에서 시작되어 1985년 이후 일반적으로 정착되었다. 합리적인 재무전략을 통해 기업이 본업 외의 수익(영업외수익)에도 관심을 가져야 한다는 의도였는데, 그 배경에는 기업 내 여유자금의 증가와 금융자유화가 있었다.

재테크 방법으로는 먼저 자유화 금리 상품을 이용한 정기예금이 있었다. 1979년 5월부터 단행된 예금금리 자유화는 단계적으로 진행되어 1985년에는 시장금리연동형 예금이 도입되었다. 그 결과 1987년에는 사채 이자율이 연 5% 정도인 데 비해 금융상품 수익률은 연 7~8%에 달하게 되었다. 이처럼 은행이 높은 수익성 예금상품을 제시했던 것은, 당시까지도 아직 예금획득 경쟁이 잔존하고 있었고, 대기업의 은행 이탈을 억제하기 위해 관계를 유지할 필요가 있었으며, 향후 증권업무로 진출할 경우를 대비하려는 의도하에 은행이 기업에게 매우 유리한 조건으로 CP(기업어음) 등을 인수했기 때문이었다.[016] 따라서 기업으로서는 리스크 없이 이자율 차익을 획득할 수 있었기 때문에 본업보다 재테크에 주력할 유인이 발생했고, 나아가 재테크 자금을 확보할 목적으로 부채 자금을 조달하는 경우가 많아졌다.[017]

그러나 이 시기 기업 재테크의 중심은 특금(특정금전신탁)과 펀트라(펀드 트러스트)였다.[018] 특금은 사실상 증권회사가 자유롭게 운용하는 영업특금이었는데, 대신 증권회사는 위탁자(기업)에게 수익을 보증했다. 즉 기업으로서는 리스크를 수반하지 않으면서도 정기예금보다 높은 수익을 보장받을 수 있었다. 따라서 기업은 이들 특금에 재테크할 자금을 조달하는 데 전념하게 되고, 특금 규모는 급속히 확대되었다.[019]

그런데 지가상승은 함익을 통해 주가상승으로 이어져 기업의 재테크 자금 조달을 원활하게 하는 데 기여했다. 우선 토지함익이 클수록 주식시장에서는 해당기업의 가치가 높은 것으로 평가했다. 실제로 앞서 소개한 미쓰비시 지소의 주가는 해당 기사가 게재된 당일에 상한가를 기록했다. 그리고 도쿄만에 광대한 토지를 보유하고 있는 기업('워터프런트' 기업)의 주가가 급등하였다.[020] 주가상승은 에쿼티 파이낸스(신주 발행에 의한 자금조달) 유인을 강화시키고, 그에 의해 조달된 자금은 증권회사 및 은행을 통해 다시 부동산업에 융자됨으로써 지가상승을 다시금 증폭시켰다. 지가상승과 주가상승이 상호 침투하여 일체화된 '유포리아'가 확산되는 과정이었던 것이다.[021]

## 4. 버블기 가계(개인)의 투자·투기 행동

### 1) 가계의 저축 구성 변화 ―예금에서 주식으로

지금까지 지가 및 주가상승과 연관된 은행과 기업의 행동을 검토했는데, 이 절에서는 가계(개인)의 행동을 살펴보기로 한다. 일반적으로 가계는 국민경제상 기업에게 노동력을 제공한 대가로 얻은 소득의 일부를 기업이 생산한 재화를 소비하는 데 충당하고 나머지를 저축한다. 저축은 리스크와 수익률에 따라 예금, 보험, 주식 등 다양한 유형으로 이루어지는데, 1980년대 후반에는 저축 규모 및 저축 유형 구성에 큰 변화가 나타났다(표 2).

먼저 전반적인 호경기를 반영하여 평균소득과 저축액이 큰 폭으로 증가했다. 특히 저축액의 증가 속도가 더욱 빨랐다. 1980년대 전반에는 가구당 연간

<h2 style="text-align:center">〈표 2〉 가구당 유형별 저축 잔고 증감액 추이</h2>

단위: 천 엔

| | 1977~80 | 1980~83 | 1983~86 | 1986~89 | 1989~92 |
|---|---|---|---|---|---|
| 보통예금 | 19 | 19 | 85 | 231 | 94 |
| 정기예금 | 910 | 703 | 552 | 835 | 2,383 |
| 생명보험 | 354 | 348 | 604 | 1,022 | 734 |
| 주식·신탁 | 98 | 85 | 488 | 1,744 | -1,263 |
| 채권·신탁 | 74 | 187 | 30 | 60 | 20 |
| 금전신탁 | 52 | 101 | 24 | 45 | 186 |
| 금융기관 외 | 16 | 26 | 49 | 78 | 104 |
| 합계 | 1,523 | 1,469 | 1,832 | 4,015 | 2,258 |
| 기말저축잔액 | 5,794 | 7,263 | 9,095 | 13,110 | 15,368 |
| 기말부채잔액 | 1,772 | 2,077 | 2,843 | 3,742 | 3,926 |
| 연간 순저축 | 4,022 | 5,186 | 6,252 | 9,368 | 11,442 |
| 평균 연수입 | 4,300 | 5,101 | 5,521 | 5,927 | 7,156 |

* 자료: 古野高根, 「平成バブルと社会的プロセス試論」, 2002, 25쪽(https://u-air.net/workshop/board/furuno20020401.htm).

저축 규모가 가구당 연평균소득과 비슷한 수준이었으나, 1980년대 후반에는 1.5배 수준이 되었다. 다음으로 저축 구성을 보면, 예금 비중의 하락과 보험 및 주식의 비중 상승이 대조를 이루었다. 즉 1977~80년에 전체의 61%를 차지하던 예금은 1980~83년에는 49%, 1983~86년에는 35%, 1986~89년에는 27%로 급속히 하락했다. 그와 대조적으로 주식은 1977~80년의 6%에서 1983~86년에는 27%, 1986~89년에는 43%로 급상승했다. 즉 버블기에는 전통적인 저축 수단인 예금에서 주식으로 대전환을 이루었음을 알 수 있다. 물론 버블 붕괴 후 주가 급락의 영향으로 대폭적인 저축감소가 발생했고, 다시금 예금 위주의 저축 구성으로 환원했음을 확인할 수 있다.

가계의 저축 구성에서 주식의 비중 상승은 주식에 참여하는 개인 주주가 증가했음을 시사한다. 실제로 1985년에 1,629만 명이던 개인주주 수는 그 후 매

〈표 3〉 투자주체별 주식보유 추이(주식수 기준)

단위: %

| | 공공기관 | 금융기관 | 투자신탁 | 증권회사 | 사업법인 | 외국인 | 개인 | 합계 |
|---|---|---|---|---|---|---|---|---|
| 1980 | 0.2 | 37.3 | 1.5 | 1.7 | 26.0 | 4.0 | 29.2 | 100.0 |
| 1983 | 0.2 | 38.0 | 1.0 | 1.9 | 25.9 | 6.3 | 26.8 | 100.0 |
| 1989 | 0.7 | 42.3 | 3.7 | 2.0 | 24.8 | 3.9 | 22.6 | 100.0 |
| 1992 | 0.6 | 41.3 | 3.2 | 1.2 | 24.4 | 5.5 | 23.9 | 100.0 |

* 자료: 古野高根,「平成バブルと社会的プロセス試論」, 2002, 24쪽.

년 10%씩 증가하여 1990년에는 2,560만 명이 되었다. 또한 향후 저축을 늘릴 경우에 가장 중시할 유형으로 주식을 꼽은 가계의 비중도 1985년에는 2.6%였으나 1990년에는 11.2%까지 급상승했다.[022]

그러나 개인주주의 증가 추세와는 달리 투자주체별 주식보유 비중 추이를 보면 1980년대 동안 일관되게 개인은 외국인과 함께 비중이 하락하고 있었다(표 3). 즉 개인의 비중은 1980년의 29.2%에서 1989년에는 22.6%까지 하락했다. 대신 금융기관과 투자신탁의 비중이 상승했다. 이는 개인의 절대적인 주식보유수가 증가했음에도 금융기관과 투자신탁의 주식보유 증가세가 더 컸기 때문이 아니라, 1980년대에 개인은 순매도, 투자신탁과 금융기관은 순매수가 더 많았기 때문이다.[023] 즉 개인(가계)은 버블기에 주식상승을 주도한 주체는 아니었다.

한편 이 시기에 매수를 주도한 금융기관과 투자신탁은 앞에서 설명한 기업의 재테크 현상과 관련 있는 것으로 보인다. 즉 은행의 경우 거래기업과의 주식상호보유 때문에 주식보유 비중이 높기는 하지만, 주식매매를 직접 담당하지는 않는다. 따라서 은행 부문의 비중 상승은 특금·펀트라 등의 계정인 것으로 보인다. 그리고 특금의 자금은 사업법인이 상당부분을 점하고 있기 때문에 버블기에 사업법인의 비중이 실제로는 〈표 3〉의 수치보다 더 높았을 것으로 추정된다.

## 2) 개인(가계)에 대한 투자·투기 권유

버블기 개인의 주식투자가 전반적인 주가상승을 주도하지는 않았지만, 새롭게 주식시장에 참여하는 수는 크게 증가했는데, 그 배후에는 '개인 재테크' 붐이 있었다. 기업을 대상으로 한 재테크가 확산되면서 개인 재테크라는 용어도 1980년대 중반부터 보급되기 시작했다. 그 중심은 대부분 주식투자에 관한 것이었는데, 이는 기업과 달리 정기예금 이자 차액을 이용할 수 있는 정도의 거액 예금 보유자가 적었기 때문일 것이다.

1986년 1~2월 주요 신문의 '머니'란에는 개인 재테크를 대상으로 한 대형 신기획이 속속 편성되었다.[024] '머니 & 라이프'(마이니치), '위크엔드 경제'(아사히), '가정경제신문'(요미우리), 'Monday Nikkei'(닛케이)가 그것인데, 그 의도는 "독자 여러분이 자신의 자산운용을 고려할 때 귀중한 힌트를 충분히 얻을 수"(마이니치) 있도록 하는 것이었다.

그런데 개인들에게 본격적인 주식투자 혹은 투기 심리를 일깨운 것은 1986년 말의 NTT 주식 신청을 둘러싸고였다. NTT는 1985년에 전신전화공사에서 민영화되어 탄생한 조직으로, 1,560만 주의 비발행주식 중 4년간 780만 주를 매각한다는 방침을 결정하고 1986년도에 195만 주를 방출한다고 발표했다. 최초의 매출가격은 119.7만 엔으로 결정했는데, 신청자 수는 1,060만 명으로 경쟁률은 6.4배에 달했다. 그리하여 1987년 2월에 165만 명의 주주가 탄생했는데, 두 달 뒤인 1987년 4월에 주가는 318만 엔으로 급등했다.[025]

이를 계기로 샐러리맨의 주식투자 사례를 소개하는 기사가 빈번해졌다. 대부분 적극적으로 투자·투기를 선동하는 경우가 많았다. 예를 들어, NTT 매매로 700만 엔의 수익을 올린 샐러리맨이 주식 구입에 필요한 자금을 은행 차입으로 충당한 사례에서는, "제 정도 연령이 되면 500만 엔 정도 빌려주니까요. 이처럼 금리가 낮을 때 은행을 이용하지 않으면 언제 합니까? 통쾌했습니다"[026]라는 식이었다. 버블 후기가 되면 이러한 논조는 적극적으로 레버리지 투자를 권유하는 식으로 강해졌다. "샐러리맨의 경우, 차입을 해서 점프하지 않는 한 '넓은 집에서 살고 싶다', '노후를 보장할 수 있는 자산을 만들고 싶다'는 꿈은 실현불가능하다. 예전에 '차입은 죄'라고 했지만, 그러한 경제철학은 금융경제가 아직 발달하지 않았던 시대, 금리가 높았던 시대의 얘기다. 머니경제 시대를 살고 있는 샐러리맨으로서는 기업만큼 고도의 자금조달·운용의 재테크 능력은 없을지 모르나, 적어도 그 흉내를 내려고 도전하여 자산 만들기와 쾌적한 생활설계를 해야 한다."[027]

이러한 분위기 속에서 주식투자에 참여하는 인구는 급속히 증가했다. 종래의 샐러리맨에서 학생, 주부 등이 새롭게 주식시장에 진입했는데, 증권회사는 이들을 상대로 한 치밀한 판촉전략을 구사하였다. 최대 증권사인 노무라 증권의 경우 고객 수가 500만 명에 달했는데, "그들 대부분이 주부이며, 노무라에서 받은 저금통에 저축하고, 노무라가 개발한 게임소프트로 주식투자 컴퓨터 게임을 즐기며, 노무라의 추천에 순순히 응하고(매도 의견은 없었다), 매월 수천 명의 노무라 영업담당자 중 한사람에게 저축을 맡기러 갔다."[028]


## 5. 버블기의 사회상 — 과도한 자신감과 모럴 해저드

### 1) 버블에 대한 인식

이상에서처럼 버블기 일본은 전반적으로 열광·도취적 열병 상태에 빠져 있었다. 그렇다면 이에 대하여 문제점을 지적하고 경고하는 움직임은 없었을까?

먼저 일본 버블의 가장 큰 특징인 지가상승에 대해서는 1988년도 『경제백서』에서 당시의 지가가 수익률을 감안한 이론적인 가격을 크게 뛰어넘는 수준에 있다고 지적했으나, 이 견해를 지지하는 연구나 매스컴의 논조는 거의 보이지 않았다.[029] 제2차 세계대전 이후 일본은 '지가는 반드시 상승한다'는 '토지신화'에 사로잡혀 있었기 때문이다. 1980년대 후반의 급등 현상도 도쿄 지역으로의 일극 집중 현상과 도쿄가 아시아의 금융 중심지가 될 것이라는 전망에 따른 것으로, 즉 버블이 아닌 펀더멘털의 상승으로 받아들여졌다. 실제로 1988년판 『국토이용백서』는 도쿄권을 중심으로 한 지가상승은 실수요에 의한 것이라고 설명했다.

따라서 지가는 버블이기 때문에 자연스럽게 붕괴할 것이라는 경고는 거의 없었고, 대신에 지가상승에 의한 자산격차 확대, 샐러리맨의 주택취득 문제를 해결할 정책을 요구하는 논조가 대부분이었다. 이러한 논조를 반영하여, 전술한 바와 같이 1990년 초에 부동산융자 총량규제를 실시했지만, 1990년 6월 시점에서도 "투기수요는 없어질 것이지만, 기업의 집중화 경향이 이어지는 대도시, 특히 수도권을 중심으로 사무실 빌딩 수요가 왕성하고 개인용 평균가격의 아파트, 단독주택 수요가 강하기" 때문에 1991년 말까지 지가는 유지될 것이라는 예상도 발표되었다.[030]

주가 급등 역시 지가상승과 마찬가지로 버블이 아니라 가격상승의 근거가 충분한 것으로 보는 견해가 많았다. 증권회사는 연일 테마주를 제시하면서 주가의 상승을 선전하고, 주식 전문가도 대부분 강세를 전망했다. PER(주가수익률)로 보면 국제적으로 매우 높은 일본의 주가 수준도 자산가치를 중시한 Q비율로 설명이 가능하다는 주장이 대세를 이루었다.[031] 이 설명은 기업이 보유한 토지의 함익을 고려할 때, 일본 기업의 높은 주가 수준은 합리적이라는 것으로, 앞서 소개한 토지담보대출과 주가상승이 순환되는 당시 현상을 추인하는 역할을 했다.[032]

이처럼 버블기 당시에는 지가와 주가의 급등 현상이 충분한 근거가 있는, 즉 거품이 아니라 실체에 기반한 결과라는 인식이 압도적으로 강했다. 그 배후에는 1970년대 두 차례의 오일 쇼크를 구미 제국에 비해 효율적으로 극복하고, 당초 우려했던 플라자 합의에 의한 엔고 불황이 내수 전환과 수출경쟁력 향상으로 현실화되지 않은 데서 온 일본 경제의 위상에 대한 자신감이 있었다. 미국의 사회학자 보겔(Ezra F. Vogel)이 『세계 제일의 일본(Japan as Number One: Lessons for America)』을 발표한 것은 1979년이었는데, 버블기에 들어 일본 사회는 그것을 피부로 느끼게 되었다고 할 수 있다. 다만 1970년대까지 일본 사회가 자국의 경제력을 과소평가하고 있던 것과는 대조적으로 버블기에는 과도한 자신감에 빠져 버블에 대한 인식이 안이했던 것이다.

### 2) 버블기의 모럴 해저드

버블기에는 전통적인 일본인의 경제관념과는 다른 '배금주의적' 가치관이 등장하고 만연하게 되었다. 먼저 개인의 경우, 소비자금융(할부, 신용카드)에 의한 차입금이 1985년에 5,600억 엔에서 89년에는 5조 4,900억 엔으로 급증했고, 자기파산도 1986년 11,058건에서 1991년에는 24,653건으로 크게 늘었다. 전자는 차입에 대한 저항감, 후자는 변제에 대한 책임의식이라는 전통적인 일본인의 행동패턴이 약화된 것의 반증이라고 할 수 있는데,[033] 그 배후에는 후술하는 고가 소비품의 소비와 재테크 자금조달, 나아가 자산격차 확대에 따른 근로의욕 저하라는 버블기에 새롭게 나타난 행동·의식의 변화가 있었다.

재테크를 중심으로 한 기업의 행동 변화는, 앞서도 설명했지만 버블 붕괴 후에 곧바로 그 부작용의 직격탄을 맞았다. 1991년에 9,575건의 기업도산이 발생했는데, 도산기업의 부채 총액 중 61.5%는 부동산업과 재테크 투기 실패에 의한 것이었다.[034]

한편 전통적인 일본인의 직업윤리와는 다른 위법행위 혹은 모럴 해저드 현상이 만연하기도 했다. 증권회사의 개인들을 상대로 한 과도한 테마주 띄우기와 '주가 작전 세력'과의 연계,[035] 골프장 회원권 판매를 둘러싼 사기 행위, 부동산 매매 과정에서의 폭력단 동원 등이 빈번하게 화제가 되기도 했지만, 이후의 일본 경제에 심각한 영향을 끼친 것은 은행의 모럴 해저드였다. 앞서 〈표 1〉에서 언급했던 바, 1991년 7월에 표면화된 이토만 사건은 전형적으로 은행과 반사회 세력(야쿠자)의 연계를 보여주었고, 논뱅크 중 주택금융전문회사(주전)를 계열회사로 설립하여 신용이 의심스럽거나 반사회 세력과 관련이 있는 융자 건을 그곳에 의뢰하는 방법을 대부분의 은행들이 실시하였다. 이처럼 "표면의 사회가 배후 사회에 끌려다녔기 때문에"[036] 버블 후 불량채권이 엄청나게 불어나는 결과를 초래하였다. 일본에서 금융업 및 은행원에 대한 사회적 평가는 전통적으로 매우 높았고 일본형 금융시스템을 효율적으로 운영할 수 있는 기반이 되었는데, 그것이 버블기에 붕괴되었던 것이다.

물론 "(기업의 재테크) 풍조가 만연하면 인심은 황폐해지고 기업은 본래의 건전한 활력을 잃고 나라는 쇠퇴한다"[037]며, 여유자금이 있다면 기업은 설비투자와 연구투자에 투입해 장래에 대비해야 한다고 주장하는 기업도 있었고, 기업의 재테크를 권장하는 매스컴에 대해 "국민의 경제관념을 파괴시키든가 아니면 경제계의 안정을 필사적으로 붕괴시키려고 하는 것으로밖에 생각할 수 없다"[038]고 개탄하는 원로 경제학자도 있었지만, 사회 전반의 분위기를 바꿀 수는 없었다.

### 3) 버블기의 소비행태

버블기 일본 사회는 소비행태 면에서도 그 이전과는 다른 양상을 보였다. 우선 소비의 다양화·고급화 현상이 두드러졌다. 명품 및 고급차 붐, 유흥(디스코텍)·레저(스키장) 소비문화의 확산이 대표적인 소비행태였고, 개성화된 소비를 추구하는 '신인류'의 등장이 주목을 받았다. 그런데 이러한 현상은 버블이라기보다는 성숙경제 단계로의 진입 혹은 호황기의 일반적인 특징으로, 다른 지역과 시대에도 나타나는 공통점이라고 할 수 있다.

다음으로는 투기와 소비가 혼재된 행위로, 일본의 버블을 상징하는 에피소드로 자주 거론되는 그림 및 골프장 회원권에 대한 투기·소비가 있다. 미술품 구입의 시초는 1987년에 야스다해상보험(현, 손보 저팬)이 고흐의 〈해바라기〉를 미술품 거래가격으로서는 과거 최고가의 3배 이상인 4,000만 달러에 구입한 것이었다. 그 후 후기 인상파 작품을 중심으로 일본 기업 및 개인의 그림 구입이 급증하여 이들 작품 가격 급등의 원인이 되기도 했다.[039]

그런데 이러한 그림 구입은 공급량이 제한된 품목에 대한 주식투자를 대체하는 투자로 최초의 버블로 일컬어지는 튤립에 대한 투기와 비슷하다고도 할 수 있다. 실제로 이 시기 일본의 그림 투자는 미국 맨해튼 지역의 19세기 건축 주거지에 대한 투자와 비슷하며, 당시 인상파 그림의 국제가격은 일본 주식시장의 흐름과 연동되었다는 주장도 있다.[040] 즉 이 시기 일본인의 국제 명화 구입 붐은 일부 전형적인 '과시소비'의 예도 있지만,[041] 대부분은 소비가 아닌 주식투자의 일환이었으며, 해외 부동산 구입과 유사한 투기행위였다고 할 수 있다.

골프장 회원권의 투기·소비도 마찬가지로 해석할 수 있다. 즉 그림 투자가 개인기업가 등 극소수의 최상층에 한정되었다면, 골프장 회원권은 부유층의 과시소비와 투기가 결합된 대상이었다. 그림만큼은 아니더라도 유명 골프장 회원권은 소수로 한정되어 있기 때문에 주식을 대체할 수 있는 투자 대상이 되었다. 은행이 회원권 구입 자금의 90%를 상한으로 융자했고, 은행 차입 시 회원권을 담보로 이용할 수 있다는 점도 주식과 마찬가지였다.

## 6. 결론 — 버블 경험의 영향

이상 본문에서 검토한 내용을 간단히 정리해보자. 1980년대 후반 일본에서는 엔고불황에 대처하기 위한 금융완화정책이 장기간 실시되는 과정에서, 은행 중심의 간접금융체제의 한계가 전면화되면서 지가상승과 주가상승이 상호 연계되는 버블이 발생했다. 버블을 극대화시키고 붕괴의 후유증을 심각하게 한 가장 중요한 이유는 은행의 부동산융자 확대였다. 더구나 그 일부는 반사회 세력과 연계되어 거대한 불량채권으로 변화했다. 기업은 여유자금을 이용한 재테크에서 한 걸음 더 나아가, 주가상승으로 용이해진 에퀴티 파이낸스에 의해 조달한 자금을 증권회사를 통해 다시금 금융자산에 투자함으로써 버블의 규모를 확대시켰다. 전반적으로 주식투자를 권유하는 분위기 속에서 개인들의 주식참가도 증가했으나 주가상승을 주도하지는 않았다.

버블 과정에서 지가와 주가의 이상 급등을 지적하는 의견은 매우 적고 압도적인 다수는 일본 경제의 실력을 반영한 현상으로 받아들였다. 그러한 과도한 자신감은 전반적으로 일본 사회 내에 종래와 다른 경제관념과 모럴 해저드를 확산시켰다. 배금주의적 사상이 만연하는 가운데 버블기의 소비행태도 그 이전 시대와는 다른 고급화·다양화의 양상을 띠었는데, 전반적으로 다른 지역·시대의 버블기 특징에 공통되는 현상이 많았다.

이상과 같은 특징을 보인 버블기에 일본의 은행, 기업, 가계(개인) 모두 이전 시기와는 다른 행동 양상을 나타냈다. 그러한 행동이 금융자유화와 일본의 국제적 위상 변화 등 새로운 환경에 적응하기 위해서는 필수불가결하다는 주장이 버블기에는 다수를 점했다. 그러나 버블이 붕괴되고 후유증을 처리하는 과정에서 은행의 불량융자 실태가 폭로되면서 버블 시대의 행동이 만악의 근원인 듯한 트라우마로 작용하기 시작했다. 불량채권 처리를 위한 공적자금 투입이 1990년대 초반에 실시되지 못한 이유도 버블기의 은행 행동에 대한 국민들의 반감 때문이었고, 현재까지도 이어지는 소비침체는 버블기의 과시소비에 대한 반동 때문인 것으로 보인다. 그 결과 불황이 당초 예상을 훨씬 뛰어넘어 장기화되고 있는 것으로 생각된다.

또한 일본형 경제시스템에 대한 인식이 이중적인 양상을 보이는 것도 버블에 대한 트라우마와 관련이 있는 것으로 보인다. 즉 일본형 경제시스템의 근간은 이해관계자 중심형 기업지배구조, 간접금융 중심의 금융시스템, 장기고용 등의 고용시스템, 모노즈쿠리를 강조하는 생산시스템인데, 버블기의 경험으로부터 주주 중심형 기업지배구조와 직접금융체제 중심의 금융시스템으로의 전환에는 동의하면서도, 고용시스템과 생산시스템을 전환하려는 움직임은 그다지 크지 않다. 고용시스템과 생산시스템에 대한 이러한 낙관적인 신념 또한 재테크 중시라는 버블의 트라우마가 반대 방향으로 작동하고 있기 때문인데, 그로 인해 IT혁명과 중국의 부상에 따른 생산시스템 변혁의 필요성에 둔감한 결과를 초래하고 있는 것으로 판단된다.

**여인만**

현재 강릉원주대학교 국제통상학과 교수로 재직 중이다. 일본 경제사·경영사를 전공했고, 최근의 관심 주제는 일본의 경험과 비교하여 한국 주요 산업의 발전 과정을 분석하는 것이다. 대표 논저로는 『日本自動車工業史』, 『日本経済の戦後復興』(공저), 「한일 경제분업관계의 역사와 대한 수출규제의 의미」 등이 있다. inman@gwnu.ac.kr

# 3부

확장하는, 투자 권하는 사회

# 8

## 토지독점에 기초한 부동산 재벌의
## 도시지배와 '홍콩 현상'

# 1. 서론

## 1) 시민의 일상을 억압하는 부동산 재벌

서울보다 인구는 적으면서 면적은 1.82배 큰 아시아의 작은 섬 홍콩은 우리에게 무엇인가? 향나무를 실어 나르는 항구가 있었다고 해서 붙여진 이름인 홍콩(香港)은 누구에게는 꼭 가보고 싶은 매력적인 여행지로 다가올 것이다. 다른 누구에게는 중국 본토와의 정치적 갈등에 따른 민주화 운동의 성지로 다가올 것이다. 그런데 우리가 간과하지 말아야 할 것이 하나 있다. 거의 모든 토지가 도시정부 소유인 홍콩은 동아시아에서 중요한 토지개혁 모델이라는 점이다. 홍콩은 중국 최초의 경제특구이자 실험공간인 선전(深圳)을 거쳐 중국 토지제도 개혁개방의 모델이 되었다. 더 나아가 중국을 통해 베트남과 북한의 경제특구 토지개혁에 영향을 미쳤다. 실제로, 2015년 11월에 북한이 라선경제특구 내 북한 기업에 투자하는 외국자본의 경영 활동과 이윤을 보장한다고 발표했을 때, 『한국경제신문』(2015년 11월 18일 기사)은 북한이 라선경제특구를 '일국양제(一國兩制)'의 홍콩식 모델로 개발하려 한다고 분석했다.[001] 이 정도면 홍콩은 자유무역항과 중국에 속한 특별행정구를 넘어 동아시아 국가 토지개혁 모델의 상징으로 자리매김해도 될 것 같다.

그런데 홍콩 시민은 전혀 행복하지 않다. 이는 최근 현상도 아니다. 1927년 홍콩을 방문한 루쉰은 홍콩의 미래를 예견한 듯하다. 그는 홍콩이 "하나의 섬에 불과하지만 중국의 모든 도시가 맞이할 현재이자 미래"라고 말했는데, 이는 홍콩이라는 식민도시가 서양 주인과 부유한 중국인을 제외한 나머지 민중이 착취의 대상으로 전락하는 불평등 체제에 빠질 것을 이야기한 것이었다.[002] 실제로 홍콩이 1997년에 중국 본토로 반환되기 이전부터 이미 내부에 사회경제적 모순이 누적되면서, 대외적인 이미지와는 달리 시민들은 일상에서 고충을 겪고 있었다. 세계 최고 수준의 주택가격과 임대료 수치, 좁디좁은 방에 거주하는 홍콩 시민들의 모습을 담은 기사는 이제 식상할 정도다. 2020년 기준 한국의 지니계수가 0.33일 때 홍콩은 0.54로, 빈부격차가 한국보다 심각했다.

그 원인은 무엇일까? 본 연구는 홍콩 시민들이 경험하는 일상의 분노와 사회경제적 모순을 거슬러 올라가면 그 중심에 영국 식민지 시기부터 형성된 잘못된 토지제도가 자리하고 있다는 문제의식에 기초하고 있다. 조금 더 구체적으로 설명하면, 재벌 친화적인 홍콩 정부의 방관과 협력으로 토지제도와 부동산 시장이 부동산 개발사 재벌들에게 유리하게 작동하면서 시민들의 일상을 억압하는 지배구조가 형성되었다고 본다. 이러한 구조에서 중산층은 부동산 투자자로 나서기도 하지만 결국 부동산 재벌의 지배구조에 종속되어 추락하고 만다.

홍콩의 부동산 재벌들은 홍콩 토지제도의 결함을 너무 잘 이용하여 토지와 주택 분야는 물론이고 시민들의 일상과 밀접한 교통, 전기, 가스, 통신 같은 부문에 이르기까지 지배력을 확장했다. 그 결과 시민들이 일상에서 겪는 경제적 고통이 최고점에 달하자, 시민들은 민주화 운동을 전개하여 주체적으로 삶의 질을 개선하고자 했다. 이러한 점에서 시민이 원하는 제도변화를 가져올 수 있는 행정장관 직선제는 매우 중요한 이슈였다. 청년 주도로 진행된 2014년 우산혁명과, 2019년 범죄인 송환법 반대 운동은 바로 이런 맥락에서 읽어야 한다.

현재 홍콩 사회에서 부동산 개발사 재벌 문제야말로 정치, 경제 문제의 중심에 자리하고 있다는 인식이 확산되고 있다. 중국 정부는 한편으로 '국가안전법'을 제정하여 홍콩의 시민운동을 억압하면서도, 다른 한편으로 경제적 불평등에 대한 분노를 잠재우기 위해 재벌들에게 공공임대주택 공급 확대를 요구하고, 신계지역 신도시 개발계획을 발표하는 등 다양한 대책을 강구하고 있다. 그러나 홍콩 부동산 재벌 개혁에 대한 분명한 입장은 아직 표명되지 않았다.

## 2) 본 연구의 목적

이러한 문제의식에서 본 연구의 목적은 1997년 일국양제 이전부터 진행되어온 홍콩식 토지제도의 특징과 한계를 밝히고, 소수 부동산 재벌이 홍콩식 토지제도에 기초하여 어떻게 교통, 전기, 가스 등 시민의 일상과 밀접한 부문에 이르기까지 세력을 확장해 나갔는지 분석하고, 마지막으로 이로 인해 초래된 사회경제적 문제를 '홍콩 현상'이라는 개념으로 살펴봄으로써, 부동산 재벌의 도시지배 전략을 비판적으로 살펴보는 것이다.

본 논문은 결론으로, 토지, 주택, 교통, 전기, 가스 등 시민의 일상을 지배하는 자원과 서비스를 '도시 커먼즈(urban commons)'로 규정하고, 자본주의와 사회주의 정부를 막론하고 도시 커먼즈는 투기와 독점의 대상이 될 수 없음을 주장한다. 이러한 주장은, 토지의 공동소유 및 관리라는 홍콩의 장점이 제대로 발현되기 위해서는 선거 민주주의로는 한계가 분명하며, 토지와 같은 도시 커먼즈가 투기와 독점이 대상이 되지 않으면서도 지속가능한 발전에 활용되도록 공동체 의식 향상과 제도적 뒷받침이 결부되어야 함을 내포한다. 정부가 이러한 과제를 제대로 감당하지 못하면 도시는 주기적인 경제위기와 사회위기를 피할 수 없게 된다.

## 3) 이론적 기초: 토지와 도시 커먼즈

홍콩이나 중국처럼 도시 토지가 정부 소유임에도 불구하고 토지사유제 국가와 거의 동일하게 지대추구(rent-seeking) 문제가 발생하는 이유는 토지사용권자가 납부하는 토지사용료, 즉 지대를 일시불로 납부하면서 지대가 자본화되고(land rent capitalization), 동시에 토지사용료가 제대로 환수되지 못한 채 부동산 개발사와 개인 투자자 등의 주머니에 돌아가기 때문이다. 그래서 자본화된 지대는 본질상 토지사유제 아래의 지가와 성질이 비슷해진다.

학문적으로, 지대자본화란 미래의 매년도 지대를 자본화율로 할인하여 현재가치로 전환한 후 모두 더하는 것을 의미한다. 홍콩처럼 토지가 정부 소유인 경우 토지사용 기간만큼 자본화되는 반면, 토지사유제 아래서는 사용기간이 무한대이기 때문에 자본화 기간도 무한대가 된다. 이렇게 설명하면 지가와 지대는 본질상 같아 보이지만, 지대가 자본화되면 중요한 변화가 발생한다. 지대는 '이미' 생산된 부의 일부로 '생산물시장'에 속하는 반면, 지가는 '아직' 생산되지 않은 미래의 부로 '자산시장'에 속하게 되기 때문이다.

토지가 '지가'라는 옷을 입고 자산시장에 진출하면 부동산담보대출의 대상이 되어 막대한 양의 신용화폐가 은행을 통해 창조된다. 그리고 부동산 매매 차익을 노리는 투기적 수요의 대상이 된다. 이제 토지공유제와 토지사유제를 구분하는 것은 무의미해진다. 결국 이런 시스템에서 부동산 투기, 화폐유동성 과잉 및 그로 인한 거품의 형성과 붕괴(boom and bust)는 피할 수 없게 된다. 홍콩과 중국이 지대를 매년 납부하는 방식(토지연조제) 대신 지대를 자본화하여 일시불로 납부하는 방식(토지출양제)에 크게 의존하게 되면서 대자본에 의한 도시지배와 '홍콩 현상'은 피할 수 없게 되었다.[003]

토지 등 공유자원이 아무리 중요해도 민주주의 정부에서건 사회주의 정부에서건 심지어 식민지 정부에서건 공유자원이 독점과 투기의 대상이 되는 것을 피할 수 없는 것 같다.[004] 자본주의 도시 홍콩은 특이하게도 식민지 정부, 민주주의 정부의 특성이 중첩되어 있으며, 여기에 더해 중국 본토로부터 사회주의 통치체제의 영향력이 강화되고 있다. 이러한 문제의식에서 토지 등 공유자원의 공공성을 지켜내고 시민의 일상을 보호하며, 지속가능한 사회를 추구하는 데 커먼즈 개념은 매우 중요하다. 다만 현대와 같은 도시화된 사회에서, 정부의 관리체계 바깥에 있는 자연자원에 대한 전통 공동체의 소유와 관리라는 기존 커먼즈 개념의 한계를 극복할 필요가 분명하다. 그래서 필자는 '도시 커

먼즈(urban commons)' 개념을 수용하게 된 것이다.[005]

커먼즈(commons)를 간략하게 정의하면, "우리가 생존과 복지(well-being)를 위해 상호간에 의존하는 것들"이다.[006] 데이비드 볼리어(David Bollier)는 조금 더 구체적으로 커먼즈를 4가지로 정의한다. 이 중에서 "공유 가치와 커뮤니티 정체성을 보존하는 자원들의 장기 관리(stewardship)를 위한 사회 시스템", "함께 물려받거나 창조하며, 우리의 자녀들에게 물려주어야 하는 부. 공동의 부는 천부 재능, 도시 인프라, 문학 작품과 전통, 지식을 포함"이라는 정의가 도시 커먼즈와 밀접한 관련을 갖는다. P2P 이론가인 마이클 바우웬(Michel Bauwens)은 〈그림 1〉과 같이 4가지 카테고리로 커먼즈의 차원을 설명한다. 이 중에서 물질적이면서 만들어진 것에는 사회 커먼즈(인프라 같은 공유된 재화, 도서관 및 공공 안전)이 있다. 이처럼 데이비드 볼리어의 개념과 마이클 바우웬의 개념에는 자연자원에 해당하는 전통적인 커먼즈 개념을 넘어 도시의 공유자원까지 포괄하는 도시 커먼즈 개념이 담겨 있다.

앞서 정의된 커먼즈의 논리를 따른다면, 사유화된 토지는 공유자원 또는 커먼즈에서 제외된다. 그런데 실정법상 사유화된 토지는 공유자원에 속하지 않는다는 것을 인정한다 하더라도, 자연이 비옥도 및 입지 형태로 부여했으며, 이에 더해 인구증가, 기반시설의 설치 및 도시화 등 사회 전체의 노력에 의해 상승하는 토지가치인 지대는 경제 이론상 개인의 소유가 될 수 없다.[007] 지대는 토지라는 공유자원의 요체로, 커먼즈에 속한다. 토지를 누가 소유하고 있느냐는 중요하지 않다. 따라서 이러한 새로운 차원의 도시 커먼즈 개념은 홍콩 사회의 문제를 해결할 대안 담론의 기초가 된다. 홍콩 시민들이 토지 및 토지에서 발생하는 지대를 커먼즈로 인식하게 되면, 대자본 편향적인 정부에게 보다 분명한 개혁을 요구할 수 있다. 게다가 이 개념은 시민들을 공동체로 결집하여 새로운 대안을 모색할 수 있는 사유의 기초로 작동할 수 있다. 이러한 점에서

〈그림 1〉 4가지 카테고리로 구성된 커먼즈의 유형

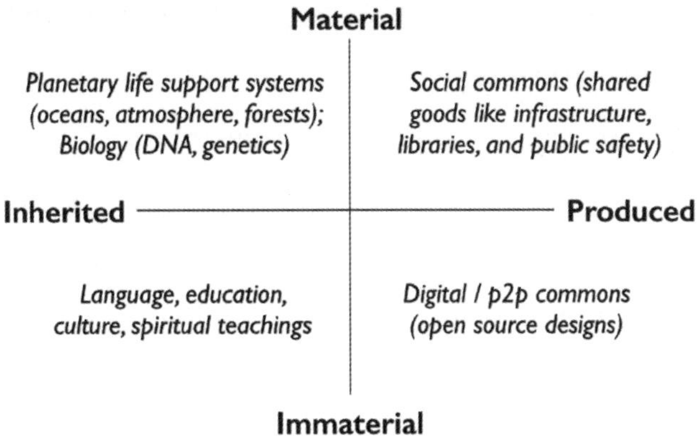

**Material**

Planetary life support systems
(oceans, atmosphere, forests);
Biology (DNA, genetics)

Social commons (shared
goods like infrastructure,
libraries, and public safety)

Inherited ──────────┼────────── Produced

Language, education,
culture, spiritual teachings

Digital / p2p commons
(open source designs)

**Immaterial**

* 출처: José Maria Ramos ed., The City as Commons: A Policy Reader, the Commons Transition Coalition, Melbourne, Australia, 2016, p. 3.


커먼즈는 자연스럽게 사회적 경제(social economy)와 연결된다. 커먼즈는 사회적 경제에서 중요한 공동체 자산의 역할을 감당하기 때문이다.


## 2. 홍콩 토지제도의 특성과 한계[008]

### 1) 중국 반환 이전 홍콩 토지제도의 형성

홍콩은 영국의 점령 및 조차(租借) 시기에 따라 순차적으로 홍콩섬, 까우룽(九龍)반도, 신계(新界)로 구성된다. 홍콩섬은 제1차 아편전쟁(1840)으로 영국군에 의해 점령되었으며, 1842년 난징조약을 체결하면서 청이 공식적으로 양도했다. 홍콩섬은 빅토리아 시티(Victoria City) 건립과 총독부 신설(1843)이 보여주듯, 홍콩의 핵심부로 발전했다. 까우룽반도는 제2차 아편전쟁(1860)으로 베이징조약이 체결되면서 영국에 할양되었다. 신계는 1898년 영국이 99년간 조차한 곳으로, 유효기간은 1997년까지였다. 신계는 중국 선전경제특구와 홍콩을 지리적으로 이어준다 신계에 영구양도 방식이 아닌 조차 방식이 적용되면서, 1997년에 홍콩 전체가 반환되는 원인이 되었다.

홍콩의 핵심부인 홍콩섬이 점령될 당시 식민지 토지제도가 형성되기 시작했다. 전쟁이 진행되던 1841년 5월, 당시 영국 선장이던 엘리엇(Elliot)은 홍콩섬 토지 전체를 공유(the Crown)로 선포했다. G. B. 엔다콧은 『홍콩의 역사』에서 그 배경에 대해 다음과 같이 짚었다. 당시 모든 영국 식민지는 토지투기 때문에 몸살을 앓고 있었으며, 지가상승에 따른 투기가 예상되어 좋은 부지를 확보하고 미래 발전을 보장하기 위해서 섬 전체를 공유(the Crown)로 선포한 것이었다.[009] 토지투기는 홍콩의 출발과 함께 시작된 문제였다.

홍콩섬을 공유로 선포한 엘리엇은 다음과 같은 명령을 발표하고 토지제도의 가이드라인으로 삼도록 했다. 토지를 팔지 말고 임대할 것(75년), 토지개발권을 공공에게 부여할 것, 경매를 위해 '연간' 지대 최저가격을 설정할 것, 최고의 연간 지대 입찰자에게 임대할 것, 정부에 통지하지 않는 사적인 토지거래는 금지할 것 등이었다. 엘리엇이 제시한 기본 원칙은 홍콩 토지제도의 기초를 다지는 데 중요한 의미를 가졌다. 필자는 이러한 원리에 기초한 토지제도를 '공공토지임대제'로 칭한다. 그런데 이는 아쉽게도 얼마 가지 않아 후퇴하게 된다.

### 2) 토지 임차기간과 지대납부 방식 후퇴

엘리엇이 제시한 공공토지임대 원칙에는 크게 임차기간 및 지대납부 방식 두 가지 점에서 변화가 발생했다.[010] 먼저 임차기간이 길어졌다가 줄어들었다. 초기인 1843년에 결정된 건축용지와 기타용지의 임차기간은 각각 75년과 21년이었다. 토지사용을 희망하는 이들은 공개 경매를 거쳐 토지사용권을 획득했다. 그런데 토지사용자 특히 영국 상인자본가들이 75년의 임차기간에 불만을 표하면서, 1848년 영국 정부는 '무상'으로 75년 기간을 999년으로 연장했다. 그리고 1860년에 까우룽섬의 영토권이 영국에 귀속되면서 기존 토지소유자들 역시 보상을 받은 후 임차기간 999년의 토지사용자로 전환되었다. 그러다가 38년 후인 1898년, 영국 정부는 999년의 임차기간을 문제시하여 홍콩 총독에게 999년의 임차기간 제도를 폐지하고, 75년을 새로운 임차기간으로 설정하도록 명령했다. 그러나 토지사용자의 강한 반대에 직면하면서 부득이하게 75년의 '무상' 연장을 허용한 후에야 제도변화가 가능해졌다.

이러한 흐름은 1984년, 중국과 영국 정부 사이의 홍콩 반환 협상에서도 이어진다. 홍콩은 식민통치 초기부터 이미 지대 일시불 방식을 적용하면서 동시에 임대가치를 기준으로—시세를 반영하지 않은 낮은 금액의—명목지대(rent)를 부과하고 있었다. 그런데 홍콩 반환을 둘러싼 협상 과정에서 홍콩 정부는 명목지대 수준을 다시 인상할 생각이 없었으며, 50년 기한의 토지사용권 연장에 대하여 일시불 지대를 요구하지도 않았다. 같은 해에 중국 및 영국 정부가 체결한 「공동선언」 부록 제3항은, 1997년 6월 2일 또는 그 이전에 기한이 도래하는 모든 토지사용권에 대해 '무상'으로 50년 재연장한다는 양국 정부의 합의를 담고 있었다.[01] 「공동선언」에 반영된 토지임대 관련 내용을 요약하면 다음과 같다. 영국 통치 시기에는 모든 계약에서 최초 계약 시점에 일시불 토지사용료 금액에 해당하는 프리미엄(premium)을 수령하고 이후 매년 저렴한 명목지대를 징수했다. 그러나 홍콩이 중국에 반환되면서부터는 일시불 프리미엄을 추가로 받지 않는 대신, 매년 토지 임대가치 시세의 3%를 징수하여 세수를 확대할 수 있도록 했다.[012]

정리하면, 토지사용자의 강력한 이해관계로 인해 임차기간이 변동되면서 지대환수체계 역시 무너졌다. 임차기간 재조정과 반환 시 무상 연장, 지대 일시불에 따른 불충분한 지대환수 등은 홍콩에서 부동산 개발사에 의한 토지독점이 형성되는 기초가 되었다.

현재 홍콩에서 일시불 방식에 따른 토지사용료 납부는 3단계로 이루어진다. 1단계: 임차계약 초기 단계 → 2단계: 임차계약 수정단계 → 3단계: 임차계약 연장단계에서 모두 일시불로 토지사용료(프리미엄)를 납부한다. 앞서 언급한대로 매년 납부하는 명목지대가 이미 고정되어 있기 때문에, 홍콩 정부는 임차계약 초기단계(1단계)에서 일시불 수입을 극대화하고자 한다. 그래서 이 단계의수입이 가장 크다. 다음으로, 임차계약 수정을 희망하는 토지사용자는 토지국에 신청하여 공식 허가를 얻으면 임차계약 수정으로 인해 발생하는 토지가치증가분에 대해 개발이익(betterment charge)을 일시에 납부해야 한다. 마지막으로, 토지사용 기한이 되어 임차계약을 연장하고자 할 경우 추가된 사용기간에 해당하는 지대를 일시불로 납부해야 한다.

홍콩 토지제도가 갖는 한계에도 불구하고, 전체 재정수입에서 토지사용료 수입이 큰 비중을 차지했다는 점은 부정할 수 없다. Phang의 연구에 따르면, 1970년부터 임차한 토지를 대상으로 분석한 결과, 홍콩은 1970년부터 1991년 사이에 발생한 토지가치 증가 부분의 39%를 환수했다.[013] 이 기간의 토지사용료 수입이 정부 재정 총수입의 21%를 차지했으며, 정부 총 기초시설 비용의 80% 이상을 차지했다. 1982년에는 그 비율이 35%로 상승했으며, 총 기초시설비용의 109%로 상승하여 가장 높은 수준에 이르렀다. 좀 더 최근 자료를 살펴보면, 『사우스차이나모닝포스트』는 홍콩 정부의 가장 큰 수입원이 '공공토지임대'라고 보도하면서, 2018년 홍콩 정부 수입 중 42%가 '토지 프리미엄 및 인지세'였다고 밝혔다. 또 2019년 4월부터 시작된 정부 회계에서는 수입의 33%, 1,970억 홍콩달러(한화 약 30조 129억 원)가 토지 프리미엄 및 인지세였다.[014] 2020/21년 회계연도를 살펴보면, 홍콩 정부 재정에서 토지경매 및 임대수입이 차지하는 비중이 22.8%였다.[015] 큰 흐름으로 보면 토지에서 발생하는 수입이 재정에서 차지하는 비중은 감소하고 있다.

그런데 문제는 토지사용료의 높은 비중이 여전히 정부로 환수되지 않고 부동산 개발사와 개인의 주머니로 돌아갔다는 점 외에, 토지에서 확보한 수입이 다시금 도로 등 기초시설 설치비용으로 쓰여 일반 시민에게 사회복지 형태로 돌아가지 않는 재정 구조이다. 즉, 회수한 토지사용료 수입은 '자본사업 예비기금(The Capital Works Reserve Fund)'의 형태로 도시 기초시설 설치에 쓰이면서 다시금 토지가치를 상승시켜 결국은 부동산 개발사에게 이익이 귀속되는 일종의 '폐쇄적인 토지사용료 순환구조'가 형성된다는 점이다.

### 3) 홍콩식 토지제도의 구조적 한계

먼저, 토지사용료 일시불 및 낮은 수준의 명목지대는 고지가의 핵심 원인으로 작용했다. 만약 정부가 매년 토지에서 발생하는 지대 전부를 환수한다면 지가가 높아질 수 없으며 오히려 '0'으로 수렴하게 된다. 그런데 홍콩 지가는 일시불 방식 때문에 초기에 고지가가 형성되었으며, 낮은 수준의 명목지대는 투기수요를 자극하여 지가가 급등하는 원인이 되었다. 1970~1995년 기간의 임대수입 구성이 홍콩 지가가 높은 원인을 설명한다. 1970~1995년 기간의 토지임대 총수입 67,147백만 미국달러 중에서 매년 토지사용료 납부액이 차지하는 비율은 겨우 4%에 불과한 반면, 일시불 수입이 96%를 차지한다. 또한 일시불 수입 중에서 1단계 수입이 75%로 가장 높은 비중을 차지하며, 2단계 수입은 20%, 3단계 수입은 1%를 차지한다.[016] 이로써 알 수 있듯이, 홍콩 정부가 1단계 수입에 지나치게 의존하게 되면서 지가 앙등을 초래하였다.

홍콩이 1단계 일시불 수입에 의존한 원인은 다음과 같다. 홍콩의 명목지대가 낮은 수준으로 고정되어 있으며(1단계), 재개발 추진 시 임차계약을 재협상하는 과정이 어려웠으며(2단계), 계약 연장 시 납부하는 일회성 대금에 대해 임차인들이 강렬하게 반대했기에(3단계), 결과적으로 1단계에서 가장 많은 수입을 확보하려고 노력했기 때문이었다.

다음으로, '지나친 초기 일시불 의존 및 낮은 명목지대' 구조는 높은 진입장벽 및 토지독점을 형성하게 되었고, 토지독점은 다시 주택가격의 급등과 부동산 투기 및 금융 불안정성을 초래했다. 1단계 경매 일시불 금액이 몇 백만 홍콩 달러나 되기 때문에 거대 자본가만이 경매시장에 참여할 수 있다. 그러다 보니 소수의 부동산 개발사가 공급을 독점하게 되었다. 한 통계에 따르면, 홍콩 전체 주택의 70%가 7대 개발사에 속했으며, 55%는 4대 개발사에, 25%는 한 개발사에 속했다. 이들 자본가는 대체로 금융산업과 밀접한 관계를 맺기 때문에 부동산 가격 폭락은 금융위기를 초래할 가능성이 크다. 그리고 비록 1단계 경매 일시불 금액이 높다 하더라도, 미래의 토지가치 증가를 완전히 환수할 수 없다. 결과적으로 이러한 현상이 부동산 투기를 초래하고, 다시 주택가격의 상승을 초래한다. 특히 1984년 홍콩 정부가 1997년 6월 27일 만기가 도래하는 모든 토지 임차계약을 '무상'으로 2047년까지 연장한 사건은 부동산 투기를 더욱 부추기는 계기가 되었다.

세 번째로, 토지사용료 일시불 방식과 부동산담보대출의 결합으로 부동산 시장에 유동성 과잉이 초래되고 부동산투기가 극심해지면서 1997년의 금융위기가 초래되었다. 부동산업과 건설업은 홍콩 증권시장에서 45%를 차지하는데, 이러한 수치는 싱가폴의 13%, 말레이시아의 8%, 일본의 2%, 영국의 10%보다도 훨씬 높다.[017] 과거 20년 동안 부동산 관련 대출이 GDP에서 차지하는 비중은 20~30%에 이르다가 1998년에 무려 70% 수준에 육박하였다. 1980년대 초, 개인 주택 구매에 사용된 대출이 GDP의 8%를 차지하였는데, 1998년에 이르러 그 비율은 40%에 이르렀다.[018] 이처럼 부동산 건설과 구매 과정에서 발생한 대량의 은행담보대출이 부동산 시장에 진입하면서 부동산업이 지나치게 빠르게 확장했을 뿐만 아니라, 홍콩의 경제성장이 지나치게 부동산업에 의존하게 되었다. 이 과정에서 중산층 투자자가 부동산투기에 참여하게 되면서 부동산 시장의 거품 증가를 초래하였다.

## 3. 토지독점에 기초한 부동산 재벌의 도시지배

### 1) 홍콩의 소수 부동산 재벌 개요

앨리스 푼은 『홍콩의 토지와 지배계급』에서 당시 홍콩의 소수 부동산 재벌 개요를 소개하면서 재미있는 통계를 제시했다. 미국 헤리티지재단이 작성한 「2010 경제자유지수보고서(Index of economic freedom)」에서 16년 연속으로 홍콩이 경제 자유도 세계 1위를 차지했다는 내용이었다. 그래서 최근은 어떤지 확인해보았다. 결과는 놀라웠다. 홍콩은 그 이후로도 2020년까지 1위를 유지했다.[019] 그런데 아쉽게도 2021년부터 홍콩과 마카오는 평가 대상에서 제외되어 더 이상 홍콩이 1위를 하는 통계는 보기 어렵게 되었다.

홍콩의 경제 자유도가 25년 연속 1위라는 것은 칭찬할 만한 일인가? 앨리스 푼은 이에 대해 부정적이다. 자유방임 정책으로 경쟁 정책과 관련 법률 및 규제 기구가 부족해서 산업과 경제가 집중되기 때문이라는 것이다. 그렇게 해서 형성된 것이 바로 홍콩의 부동산 재벌들에 의한 홍콩 경제의 지배구조이다. 홍콩 부동산 재벌의 특징은 가문 형식을 띤다는 점이다. 소수 가문들이 회사의 소유와 경영에서 가문의 영속성을 추구한다. 이처럼 불공정한 경제 구조에서 시장 지배력을 확보한 소수의 가문들이 부를 영속화하면서 시민들에게 지배력을 행사하는 것은 중세 봉건제도와 다르지 않다고 보았다. 홍콩의 상위 3개 개발사의 주택시장 점유율은 77%로 추산되었다.[020]

부동산 재벌은 기업인수 및 합병을 통해 주택을 포함하는 부동산, 전기, 가스, 공공버스·페리, 슈퍼마켓 부문을 장악했다. 모두 시민의 일상과 직결된 영역들이다. 그리고 이러한 부문들은 모두 독점 성격이 강하여 일반적으로 도시 정부가 공급의 주체가 된다. 그런데 홍콩 정부는 그 공급주체의 범위를 부동산 재벌에게 개방한 것이다. 여기에 해당하는 가문은 청쿵그룹의 리카싱(李嘉誠) 가문, 선훙카이 부동산그룹의 궈더셩 가문, 헨더슨 랜드의 리자오지 가문, 신스 제발전 그룹의 정위퉁 가문, 워프/휠록 그룹의 바오위강 가문, CLP 그룹의 카두리 가문이다. 이들 가문의 창업자들은 성실한 노력과 탁월한 경제적 판단으로 토지 및 부동산 부문에서 발판을 마련하여 재력을 확보한 후에 앞서 언급한 돈이 되는 부문으로 영역을 확장했다. 푼은 그 과정을 상세히 제시했다.[021]

이들 여섯 가문 중에 네 가문은 홍콩 경제가 침체기이던 2003년에 『포브스』가 선정한 세계 억만장자 순위에 올랐다. 『포브스』의 2010년 순위를 보면 리카싱이 약 210억 미국달러, 리자오지는 185억 미국달러, 궈 형제는 170억 달러에 달했다.[022] 5개 부동산 대재벌은 판매되는 민간 주택의 50%를 공급하고 있으며, 지난 10년간 값싼 대출로 인해 2003년 이후 주택가격이 5배나 오르자 이들의 자산도 급증했다. 『포브스』의 2019년 분석에 따르면, 홍콩의 50대 부자 중 18명 (36%)이 부동산 재벌이었다. 홍콩에서 '슈퍼맨'으로 알려진 리카싱은 수십 년간 홍콩에서 가장 부유한 인물로 재산이 2018년에 317억 달러에 달하는 것으로 추산됐다.[023]

### 2) 부동산 재벌 사례: 리카싱의 청쿵그룹[024]

한국 사회에 잘 알려진 홍콩의 부동산 부호는 리카싱이다.[025] 리카싱의 청쿵그룹이 토지독점에 기초해서 경제적 지배력을 확장한 과정을 구체적으로 살펴보면, 앞에서 언급한 여러 요인들을 보다 입체적으로 파악할 수 있다.

1928년 광둥성에서 태어난 리카싱은 열한 살 때 홍콩으로 이주했다. 그는 플라스틱 꽃 제조사업으로 큰돈을 벌어 이를 발판으로 홍콩 부동산 시장에 뛰어들었다. 청쿵그룹의 대표인 청쿵 홀딩스는 1960년대부터 성장한 홍콩의 대표적인 개발업체다. 이 기업이 추진한 대표적인 주거사업으로 왐포아 가든(94개의 타워에 11,224채), 킹스우드 빌라(58개 타워에 15,880채), 롱 라구나시티(38개의 타워에 8,072채)가 유명하다. 청쿵 홀딩스는 2009년 12월 즈음, 향후 5, 6년간 부동산 개발을 지원하기에 충분한 토지은행을 보유하고 있었다. 이 기업은 일찍부터 다른 분야와 홍콩 바깥 지역에 진출하여 국제적인 대기업으로 자리매김했다.

리카싱은 기업 매매를 통해서도 막대한 수익을 창출했다. 1979년 홍콩-상하이은행으로부터 허치슨 왐포아의 주식을 대량 매입했으며, 1985년 홍콩랜드로부터 홍콩전기를 인수했다. 1992년 캐나다 회사인 허스키 오일을 인수했다.

리카싱은 또 두 아들을 통해서도 사업을 확장했다. 리카싱이 청쿵 홀딩스와 허치슨 왐포아 회장을 맡고, 장남 빅터는 청쿵 인프라와 CK생명과학 회장이며, 차남 리차드는 PCCW 회장이다. 리차드는 아버지의 스타TV에서 일한 경력을 살려서 스타TV 매각(1993), 퍼시픽 센추리 그룹 설립(1993), 인텔과 공동으로 태평양 컨버전스 코퍼레이션(Pacific Convergence Corporation) 설립(1998) 등 굵직한 사업을 추진했다. 이러한 사업 추진에 홍콩 정부와 중국 정부의 도움이 있었다. 장남 빅터는 청쿵 홀딩스의 부회장을 맡았으며, 1986년 밴쿠버 엑스포 부지 복합개발사업을 성공적으로 추진했다. 또한 호주의 중요한 전력자산을 구매하여, 홍콩인프라와 홍콩전기는 호주에서 가장 큰 전기 공급업체가 되었다.

리카싱의 청쿵그룹 자산 규모는 2014년 기준 320억 미국달러로 홍콩의 다른 재벌들보다 앞섰다.[026] 청쿵그룹을 포함하여 홍콩의 재벌들이 문어발식 경영으로 비판받는 한국 재벌과 비슷한 양상으로 구멍가게부터 공공사업까지 주무르고 있지만, 사업확장의 기본 전략은 독과점이 가능한 도시 기반시설 사업과 공공사업이다.

그런데 최근 중국 2위 부동산 개발회사 헝다그룹이 2021년 12월 6일에 채권 이자 8,250만달러를 갚지 못해 결국 채무 불이행 상태에 빠졌다. 헝다그룹을 홍콩 재벌들과 비교하면 부동산을 발판으로 확장했다는 점은 동일하지만, 재미 있게도 사업확장 영역은 프로축구 구단, 전기차, 생수, 태양광 시장 등 나름 경쟁이 치열한 분야들이다. 이는 홍콩 재벌들이 독과점 시장에 진출한 것과 비교된다. WSJ 등은 2014년 11월 4일 기사에서, 홍콩 재벌이 중국 본토에 수십~수백억 달러를 투자했기 때문에 중국 정부는 기본적으로 홍콩 재벌이 홍콩을 지배하는 시스템이 유지되길 바란다고 분석했다. 그런데 2016년에 시진핑이 중앙경제공작회의에서 "집은 사는 곳이지, 투기의 대상이 아니다(房子是用来住的, 不是炒的)"라고 언급한 이래, 중국 정부는 3개 지표를 기준으로 부동산 개발 업체의 재무건전성을 평가 및 관리해오고 있다. 그리고 시진핑이 최근 공동부유론을 강조하면서 중국 본토의 헝다, 완다, 비구이위안 등 굴지의 부동산 기업의 부채 위기에 적극적으로 나서지 않고 있다. 이러한 맥락에서 향후 중국 정부가 홍콩 부동산 재벌에 대해 어떤 정책을 펼칠 것인가는 매우 중요하다.

### 3) 부동산 재벌의 도시지배 형성 요인 개요

홍콩 부동산 재벌의 도시지배 형성 원인에 대해 앨리스 푼은 다음과 같이 압축적으로 설명하고 있다. 저자는 토지제도, 산업 집중, 그리고 엄청난 부의 불균형이 여러 사회적, 경제적 병폐를 야기시켰다고 종합적으로 진단한다.

부동산 부문과 적어도 하나의 독점 부문 또는 경쟁 결여 부문을 오가면서, 홍콩의 경제 영주들은 세계에서 가장 부유한 이들과 맞먹는 부를 쌓을 수 있었다. 이는 본질적으로 불공평한 토지제도와 부동산 개발사 우호적인 토지 및 주

## 〈표 1〉 부동산 재벌의 도시지배 형성 요인

| 분야 | 내용 |
|------|------|
| 토지 | · 영국 식민정부 시기부터 추진된 토지제도의 왜곡 |
| 정책 | · 고지가 정책: 토지 프리미엄을 통한 막대한 토지 매각수익 의존<br>· 1984년 영중 공동선언에서 1년에 50헥타르 이하로 토지공급 제한<br>· '9개항 계획'을 통해 개발용지 경매 일시 중단 및 HOS 공공주택 공급 중단<br>· 경쟁법 및 소비자보호법 부재로 산업 및 경제 집중과 낮은 경쟁력 |
| 경제 | · 토지은행, 공공시설/서비스 기업 인수합병, Letter A/B, 신청 리스트 방식 등을 활용하여 저렴한 토지 비축<br>· 토지독점, 주택시장 독점, 임대변경 제도 등을 통해 막대한 개발이익 향유<br>· 부동산 독점을 기초로 금융권력 획득<br>· 반경쟁적 인수합병을 통해 슈퍼마켓, 공공시설/공공서비스, 선박, 언론, 보험, 카지노, 호텔 등 부문 등 다른 경제 부문에 대한 지배구조 확장<br>· 경기 불황기에는 부동산 판매 수입 대신 안정적인 임대료와 관리비 수입 향유. 호황기에는 초과 임대료 요구<br>· 중국 본토로부터 투기적 자금 유입 및 부동산 구매 |
| 정치 | · 홍콩 정부와 재벌 간 정경유착<br>· 재벌의 정치 참여 강화 및 입법의회 지배<br>· 중국 본토의 홍콩 지배전략 가속화: 일국양제의 실질적인 폐기<br>· 행정장관 직접 선거권 부재로 시민들의 정책 욕구 전달체계 마비 |
| 구조화 | · 정치-경제의 악순환 구조 형성<br>· 소수 재벌이 정치를 장악, 자기들에게 유리한 정책 추진 및 개혁에 저항 |

* 자료: 앨리스 푼, 『홍콩의 토지와 지배계급』 내용을 기초로 직접 작성.

택정책, 경쟁 규제의 부재 그리고 친기업 정부 때문이다. 다른 말로, 토지제도의 작동과 비경쟁적인 기업 환경의 결합은, 정부가 배후에서 감독 역할을 하면서 추악한 괴물로 성장할 것으로 보이는 몇 개의 경제적 거물들을 만들어냈다.[027]

홍콩의 부동산 재벌이 토지독점을 기초로 여러 사업분야로 확장하여 시민의 일상을 경제적으로 지배했을 뿐만 아니라 정치 부문에서도 지배력을 확보하여 정치, 경제 분야에 걸쳐 도시를 지배하게 된 요인들을 정리하면 〈표 1〉과 같다. 요인별 자세한 설명은 생략한다.

부동산 재벌의 도시지배를 정리하면 다음과 같다. 소수의 부동산 재벌이 친기업 정부의 방관과 협력을 등에 업고 막대한 토지와 농지를 확보하여 토지 사용권 경매시장에서 우월한 위치를 점하고, 부동산 개발에서 막대한 부를 취득하였다. 그 재력을 이용하여 도시 기초시설 부문에까지 확장하여 도심 부지를 추가적으로 확보할 뿐만 아니라 안정적인 사업수익을 창출하는 구조를 만들었다. 부동산 재벌의 금융조직 확장은 이러한 구조의 정점에 있다. 여기에 홍콩의 카지노 사업도 빠질 수 없다. 그런데 부동산 재벌이 토지독점에 기초하여 다른 분야에까지 지배력을 확장해갔기에 마치 부동산 재벌이 어떤 주범으로 보일 수 있지만, 그 내면을 보면 홍콩 정부가 수립한 토지제도와 각종 경쟁규제 정책이 근본 원인에 해당한다고 볼 수도 있다.

### 4) 홍콩 정부의 정치구조와 토지공급 제약요인

〈표 1〉에서 부동산 재벌의 도시지배 형성 요인을 압축적으로 제시했는데, 그중에서 중요한 요인으로 홍콩 정부의 정치구조와 토지공급 제약요인을 살펴보자.

홍콩 정부는 지금까지 친기업 성향을 보여왔다. 홍콩특별행정구의 수장인 행정장관은 선거인단에 의해 선출된다. 현재 홍콩에선 인구 3%에 해당하는 246,440명만이 홍콩 행정장관 선거인단 1,200명을 선출할 투표권을 갖는다. 게다가 선거인단은 4개 그룹(정치인 집단, 교수 등 전문가 집단, 금융 등 산업 대표단, 노동자 집단)의 '직능단체'로 나누어 각각 300명씩 선출된다. 2014년 당시 전체 선거인단 1,200명 중에서 재벌이 700명을 차지하기도 했다. 뿐만 아니라 후보자는 두세 명으로 제한하고, 친중국 성향의 소수 이익집단에 의해 지배되는 지명위원회의 동의를 얻어야 한다.[028] 따라서 일반 시민들의 의견이 선거 과정에서 제대로 반영되기 어렵다. 이로 인해 홍콩은 여전히 '식민체제'의 굴레를 벗어나지 못하고 있다. 과거 영국이 주도하는 자본주의 체제의 식민지였다면, 오늘날 중국의 일국양제 체제에서 그 관성이 이어지고 있다.

다음으로 홍콩의 토지공급 제약요인이 어떻게 부동산 재벌의 도시지배를 가능하게 했는지 살펴보자. 홍콩은 언뜻 보기에 산이 많아 토지공급에 물리적인 제약이 있는 것처럼 보이지만 몇 가지 통계를 들여다보면 이러한 인식은 오류가 많다는 것을 알 수 있다. 우선 홍콩은 St. Jones 성당 부지를 제외하고 나머지 전체에 해당하는 95%의 토지가 정부 소유다. 이 중에서 84%가 미개발지이다.[029] 김원중은 조금 다른 통계를 제시하는데, 전체 홍콩 토지의 67%가 그린벨트 혹은 공원에 해당한다.[030]

이러한 상황에서 개발용 토지가 충분히 공급되지 못하고 있다. 먼저 1984년 영중 공동선언에서 1997년까지 1년에 50헥타르 이하로 토지공급을 제한했었다. 물론 홍콩 반환 이후로 폐지되기는 했지만, 홍콩 정부는 간척을 이용해 1985년에서 2000년까지 3천 헥타르, 연간 200헥타르 이상의 토지를 공급했다. 그러나 2001년에서 2013년까지의 공급면적은 겨우 570 헥타르에 불과했다.[031] 산업 컨설팅을 전문으로 하는 부동산서비스 회장 니콜라스 브룩(Nicholas Brooke)은 정부가 지난 20년간 토지를 공급하지 않으면서 고지가가 형성되는 데 일조했다고 비판한다.[032]

그런데 홍콩에 개발 목적으로 공급할 토지가 없는 것이 아니다. 바로 신계 지역을 중심으로 농지가 있다. 그런데 문제는 약 4천 헥타르에 달하는 홍콩 전체 농지 중 거의 80%가 방치되어 있다는 것이다.[033] 그 이유는 원주민이 정옥권(丁屋權)이라는 토지소유 특권을 누리고 있으며, 무엇보다 부동산 재벌들이 대규모 농지를 점유하고 있기 때문이다. 중국의 선전과 인접한 홍콩의 신계지역은 농지가 많아 일찍이 1960년대부터 신도시 개발지로 선정되었다. 그런데 신계가 영국 조차지로 넘어간 1898년 이전에 태어난 원주민과 그 부계 남성에게 보상 차원에서 집을 지을 수 있는 권리인 정옥권을 부여했다. 장정아(2018)는 이 권리를 가부장적인 특권으로 인식하면서, 이 권리를 집을 짓는 데 활용하는 게 아니라 이윤을 위해 권리를 팔거나 농지를 임차하면서 재개발 과정에서 여러 문제가 발생하고 있다고 분석했다.[034] 그래서 홍콩의 부동산 시장 관계자들은 "토지 자체는 부족하지 않다. 대신 의지가 부족한 것이다"라고 하며, 방치된 산업용지나 농지 등을 적극적으로 이용할 것을 제안했다.[035]

농지 문제는 부동산 재벌의 농지 보유와 연결된다. 신도시 개발 이익을 노리는 주체가 바로 앞서 살펴본 거대 부동산 재벌들이기 때문이다. 앨리스 푼은 자신의 저서에서 그 배경과 과정 등을 자세히 언급했다. 최근 통계를 살펴보면, 리카싱과 궈탁셩은 1970년대에 1평방피트당 10홍콩달러(HK$10)에 신계 농지 사용권을 매입하기 시작한 이래, 홍콩의 부동산 재벌들은 약 1억 평방 피트

**〈그림 2〉 부동산 재벌의 농지 보유(2018년 말 기준)**

(단위: 백만 평방피트)

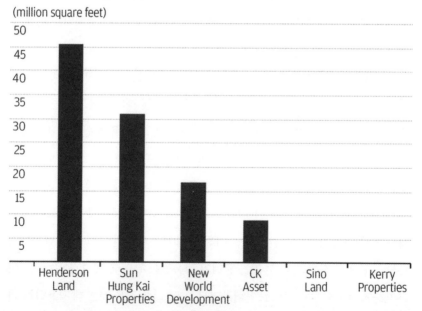

Source: Company, BofA Merrill Lynch Global Research

SCMP

의 농지를 보유하고 있다.[036] 〈그림 2〉는 2018년 말 기준 부동산 재벌들이 보유하고 있는 농지의 규모다. 부동산 재벌들이 대규모 농지를 보유하는 이유는 신도시 개발계획 등의 대상 부지로 선정되면 이익 극대화가 가능하기 때문이다.

## 4. 부동산 재벌의 도시지배에 따른 '홍콩 현상'

### 1) '홍콩 현상'의 개요

토지제도가 후퇴하면서 형성된 고지가 제도는 다른 정책들과 결부되면서 소수 부동산 개발사에게 유리한 제도적 기초가 되었다. 물론 이 구조에서 홍콩 정부도 막대한 토지사용권 매각수익을 누렸다. 부동산 재벌의 지대추구와 홍콩 정부의 묵인 내지 방관으로 형성된 부동산 재벌의 도시지배는 다양한 사회경제적 문제를 초래했다. 앨리스 푼은 총체적으로 다음과 같이 설명한다.

경제적으로는 자원과 에너지의 상당 부분이 부동산 시장으로 흘러 들어가면서 홍콩의 경제 기반이 수십 년간 점점 축소되고, 이전의 산업들도 죽어가고 있다. 직업의 수와 직업의 다양성도 계속해서 줄어드는 추세이다. 수십 년 동안 구축된 토지독점을 통해서 거대 개발사들은 임대 시장의 통제권을 갖게 되었다. 그로 인해 홍콩의 임대료는 세계 최고 수준으로 유지되었다. 이러한 살인적인 임대료가 소상공인들의 생존에 심각한 위기를 초래했다. 그리고 높은 집값과 임대료로 인해 홍콩 시민들은 거주의 질이 계속해서 하락했다. 대다수의 저소득층은 좁게 구획된 아파트에서 살아야 하고, 심지어 전문직들조차도 주택 소유가 불가능한 꿈이라고 생각하는 지경에 이르렀다. 문제는 여기서 끝나는 것이 아니다. 과도한 임대료는 소비자물가를 치솟게 하는 직접적인 원인이 되었고 이는 일반 시민의 생활 수준을 낮추는 결과를 가져왔다. 이러한 악순환은 토지사용권을 보유한 사람들만 점점 더 부유해지고 그렇지 않은 사람들은 몰살에 가까운 위험에 처하게 되는 이른바 '홍콩 현상'을 야기했다. 계속해서 벌어지는 부의 격차는 도저히 메울 수 없는 수준으로 치닫게 되었다. 동시에 소외된 계층은 감당할 수 없는 거주 비용과 엄청난 생활비로 인해서 영원한 고통을 감내하고 있다.[037]

한마디로 일반 시민들이 일상을 영위하기에 홍콩의 도시경제 구조는 너무 버겁다는 것이다. 2014년 11월, 우산혁명이 일어나자 미국의 『CNN머니』, 『월스트리트저널(WSJ)』 등도 홍콩 재벌들의 독과점으로 인한 부익부 빈익빈 현상이 홍콩 민주화 시위를 촉발한 주요 원인 중 하나라고 꼽았다. 특히 『CNN머니』의 "일상생활에서 장을 보고, 전등을 켜고, 버스를 타는 것까지 재벌의 손을 거치지 않을 수 없다"는 지적은 매우 인상적이다.[038]

홍콩이 처한 사회경제적 어려움은 몇 가지 통계로도 확인이 가능하다. 홍콩의 지니계수는 1981년 0.45에서 2016년 0.54로 꾸준히 상승했다. 0.5가 넘으면 폭동을 우려할 만한 수준이라고 한다. 우산혁명이 일어난 시점은 지니계수가 0.5를 넘는 2014년이었다. 홍콩의 2019년 기준 최저임금(시간당)은 37.5홍콩달러로, 당시 기준 환율로 한화 5,716원에 불과했다. 당시 한국의 최저임금은 8,350원이었다. 월평균 중위소득 50%에 미치지 못하는 빈곤층이 계속해서 증가하고 있으며, 2018년에는 18.6%가 빈곤층에 속했다. 소비자물가지수도 가파르게 상승하고 있다. 2015년을 100으로 볼 때, 2019년에 110.9까지 올랐다. 당시 한국은 104.8이었다.[039]

다음으로 살펴볼 중요한 것이 주거 문제이다. 1997년 아시아 금융위기가 발생하면서 홍콩의 주택가격은 급락했다. 특히 2003년에 사스(SARS) 사태가 발생하면서 약 7년 동안 가장 높은 주택가격 대비 1/3 수준으로 하락했다. 이를 계기로 홍콩 정부는 규제를 완화하고 공공임대주택 공급을 줄여 나가면서 자가 중심의 경기부양책을 펼치기 시작했다. 이후 주택가격은 다시 오르기 시작하여, 2009년을 기준으로 해도 3배 이상 올랐으며, 장기적으로 볼 때 무려 17년간 상승세가 이어지고 있다.[040] 홍콩의 주택시장과 주택정책을 분석한 김수현(2020)은 주택가격 상승요인으로 금융 유동성 확대, 중국 경제성장의 영향, 토지공급 제약 등을 제시했다.[041]

주택가격 상승 수준을 몇 가지 통계로 확인해보자. 2019년 4월 부동산 서비스 기업 CBRE가 발표한 「글로벌 리빙 보고서」에 따르면, 홍콩의 평균 집값은 한화 약 14억 원으로 세계 최고를 기록했다. 당시 19.4㎡(약 5.8평) 크기 원룸도 약 11억 원에 팔렸다. 고급주택 평균 가격도 약 78억 원으로 홍콩이 세계 1위였다.[042] 한국 언론에 소개된 몇 가지 통계를 살펴보자. 홍콩 정부가 발표한 저소득층 주거환경 통계에 따르면, 조사대상 물건의 중간에 해당하는 '중앙치' 주택 면적은 겨우 10㎡였고, 월 임대료는 한화로 약 61만 5천 원이었다.[043] 다른 통계치를 보면, 홍콩 시민들은 월 2만 홍콩달러(약 300만 원) 이상의 임대료를 부담했으며, 이는 가구당 평균 소득의 70%에 달했다.[044] 주택 구입도 쉽지 않다. 주택가격은 지역마다 천차만별인데 2019년 1월 즈음에 신계 지역인 추엔완(Tsuen Wan)에 위치한 시티워크(Citywalk, 荃新天地) 2기 아파트의 경우, 건축면적 102㎡(전용면적 77㎡)의 주택가격이 17억 7천만 원이었다. 홍콩은 이미 1평당 1억 원이 넘는 아파트가 즐비하다. 최근 분양되는 아파트는 9평이 넘지 않는다고 한다. 대부분 1980년대 이후 세대가 4평에 4억 원 하는 초미니 아파트를 분양받는데, 주택가격의 90%를 은행 대출로 충당하면서 평생 채무의 늪에 빠져든다.[045]

주택가격이 이렇게 높고 공공임대주택 대기자가 많다 보니, 홍콩 사람들은 쪽방에 거주하거나 홈리스 신세가 되는 길밖에 없다. 홍콩에서는 홈리스가 맥

〈표 2〉 부동산 재벌의 도시지배에 따른 '홍콩 현상'

| 분야 | 현상 |
|---|---|
| 토지, 부동산 | · 높은 땅값, 주택가격, 상가 임대료<br>· 슈퍼마켓 생필품 가격 상승<br>· 공공시설, 공공서비스(전기, 가스, 버스, 페리, 통신) 요금 상승<br>· 투기 수요에 따른 주기적인 부동산 거품 형성 및 붕괴 |
| 사회경제 | · 중산층 붕괴, 중소기업 퇴출<br>· 일자리와 창업 기회 위축<br>· 저임금, 빈부격차 심화 |
| 금융 | · 가계부채 심각<br>· 주기적인 금융위기 |
| 정치 | · 중국 정부의 국가안전법 제정 및 시민통제 강화<br>· 행정장관 직선제 등 시민운동 전개<br>· 홍콩의회, 시민의 동선 파악 앱 설치 요구<br>· 언론통제 강화 |

도널드에서 잠을 청한다고 한다. 2017년에 홍콩의 NGO 단체인 '달팽이 아파트 문제 해결을 위한 플랫폼(全港關注劏房平台)'에서 흥미로운 조사를 진행했다. 이 조사에 따르면, 30년 이상 된 낡은 건물 중 약 42퍼센트가 쪽방으로 개조됐다. 아파트 하나를 평균 4.3개의 쪽방으로 개조하여 평균 월세 40~60만원을 받는 수준이다.[046]

홍콩 현상은 부동산 이슈에 국한되지 않는다. 조금 더 큰 구조에서 보면 투기 수요에 따른 주기적인 부동산 거품 형성 및 붕괴와 금융위기는 물론이고 정치 분야에서 행정장관 직선제를 요구하는 시민운동이 전개되었으며, 이에 대응하여 중국 정부는 국가안전법을 제정(2020)하고 시민통제를 강화했다. 최근에는 홍콩의 친정부파 위원들이 캐리 람에게 리브홈세이프(Leave Home Safe, 安心出行) 애플리케이션의 실명제 추진 및 건강코드와의 연동을 요구하기까지 했다. '리브홈세이프' 애플리케이션을 실명제로 하고 중국의 건강코드와 연동하게 되면 중국에서 홍콩 시민의 모든 동선을 추적 가능하다.[047] 이 외에 지난 6개월 사이에 홍콩의 대표적인 진보 언론인 『빈과일보』(2021년 6월 폐간), 『스탠드 뉴스』(2021년 12월 29일 폐간), 『시티즌 뉴스』(2022년 1월 2일 정간)가 잇달아 폐간 혹은 정간을 발표했다. 이처럼 다양한 차원의 '홍콩 현상'을 정리하면 〈표 2〉와 같다.

『사우스차이나모닝포스트』(SCMP)는 한 연구자를 인용하여 다음과 같이 홍콩 시민이 처한 상황을 압축해서 정리하고 있다. "간단히 그리고 직설적으로 말해서 홍콩인들은 부동산 소유자와 그렇지 않은 사람들 두 부류로 나뉜다. 시간이 지날수록 빈부격차는 커지고 무주택자들은 점차 좌절한다. 그들은 미래를 보지 못한 채 절망 속에서 살고 있다."[048]

### 2) 부동산 투자로 몰락한 중산층 사례

홍콩 현상이 전개되는 와중에 홍콩 사회의 중심축인 중산층은 어떤 입장이었으며 어떤 경제적 선택을 했는지, 그리고 어떤 변화들이 있었는지는 매우 중요하다. 홍콩 중산층의 정치 경제적 견해는 향후 홍콩이라는 도시가 어떤 방향으로 흘러갈지를 알려주는 나침반이기 때문이다.

우선 언급할 것은, 홍콩의 중산층은 홍콩의 중국 반환 논의가 진행되던 시기에도 어떤 정치적 입장을 밝히지 않았다. 그러다가 1997년 아시아 외환위기로 타격을 받으면서 오랫동안 문제시하지 않았던 홍콩 스타일의 시장주도 자본주의에 의문을 표하기 시작했다. 그렇다고 해서 2000년대 초반이 지나서도 자신들의 분노를 정치적 액션으로 표출하지는 않았다.[049]

홍콩의 중산층은 정치적 입장에서는 보수적이었지만 부동산 투자에 있어서는 적극적이었다. 그런데 문제는 중산층들이 부동산 게임의 큰 판을 읽지 못했다는 것이었다. 홍콩 정부가 고지가 정책으로 재정수입의 많은 비중을 확보하면서 부동산 개발사 역시 고지가 정책을 통해 이익을 확대할 수 있는 다양한 전략을 추구하였다. 여기에는 시민들을 부동산 투자시장에 끌어들이는 전략도 포함된다. 일반 시민들, 특히 중산층은 이들의 먹잇감이 되는 것을 주저하지 않았다.

홍콩의 중산층이 부동산 투자에 빠지게 된 이유는 간단하다. 막대한 돈을 벌 수 있다고 판단했기 때문이다. 앨리스 푼은 그의 책에서 상징적인 사례 하나를 상세하게 설명하고 있다.[050] 한 사례를 깊이 살펴보면, 중산층이 어떤 기대로 부동산 투자에 참여했으며 어떤 과정을 거치면서 몰락하게 되었는지 생생하게 확인할 수 있다.

당시 개발사에서 근무하던 A는 방 4개짜리 고급 아파트(매달 4만 미국달러 주택담보대출 상환)를 소유하고 있고, 두 자녀는 국제학교에 보낼 정도였으며, 아내도 투자은행에 다니는 직장인이었다. 부부는 한 달에 15,500 미국달러의 수입이 있었으며, BMW를 타고 주말에는 고급 식당에서 외식도 하고 스포츠도 즐기던 홍콩 중산층의 표본이었다. 그러다가 부동산 투자로 수익을 누리는 친구를 따라 1997년 여름 샤틴(Shatin)의 호화 프로젝트에 관심을 두고 110만 미국달러의 고층 아파트를 매입했다.[051] 그들은 계약금 30%를 결제하기 위해 통장에 가지고 있던 33만 5천 미국달러를 모두 쏟아부었으며, 부동산 담보대출로 76만 1천 미국달러를 빌리면서 매달 6,450 미국달러를 상환해야 했다. 그러다 1997년 홍콩에 금융위기가 닥쳤고, 샤틴의 아파트는 54만 2천 미국달러로 50% 가량 크게 떨어졌다. 설상가상으로 A는 다니던 회사가 파산하면서 해고되었고, 살던 아파트를 팔아 작은 임대아파트로 이사를 갔다. 그런데 아내의 임금이 10% 삭감되면서 투자했던 샤틴 아파트 담보대출 상환을 체납하게 되었다. 이후의 과정은 쉽게 예측 가능하다. 결국 2001년에 아내도 해고되면서 부부는 은행에 의해 파산 선고를 받았다. "중산층이 힘들게 부를 축적하는 데 수년이 걸렸지만, 탕진하는 데는 잘못된 결정 하나와 놀라울 정도로 짧은 시간이면 충분했다."

1997년 금융위기에 따른 부동산 시장 붕괴와 경기 침체로 홍콩의 무수한 중산층이 하위 계층으로 전락했다. 홍콩특별행정구 통계에 따르면, 2009년 상반기에 홍콩 시민의 약 17.9%인 약 123만 6,000명이 저소득층 또는 빈곤층 가정으로 분류되었다(2018년에는 18.6%가 빈곤층). 편중된 부는 홍콩 사회를 부유한 지배 계층과, 생존을 위해 고군분투하는 가난한 다수로 갈라놓았다. 희생을 당한 중산층 사람들은 대부분 고액 연봉의 전문가, 회사 임원, 공무원, 교사, 사업가들이었다. 그들 중 다수는 부동산에 투자할 여분의 현금을 은행에 가지고 있었다. 그들은 민첩하게 부동산 투자 시류에 편승했고, 레버리지(계약금 30%, 은행 대출금 70%)가 높아 매우 위험한 게임임에도 불구하고, 주저 없이 빠른 수익을 기대하며 저축한 돈을 쏟아부었다. 일부는 게임 지분을 늘리기 위해 자신의 집과 사업을 은행 대출의 담보로 이용하기도 했다.[052]

홍콩의 중산층은 여느 사회의 중산층과 마찬가지로 정치적으로 상당히 보수적이어서 자신의 정치적 견해를 분명히 피력하지 않았다. 그러나 부동산 시장 붕괴와 투자 실패로 자신과 가족, 동료들이 중산층에서 탈락하게 되면서 거리로 나서게 되었다. 기존 중산층을 포함한 일반 시민들은 경제적 고충이 심각해지면서 거리로 나와 친재벌 정부와 권력자들을 보호하고 약자들을 박해하기 위해 취해진 냉혹하고 불공정한 정책들에 항의했다. 식민지 이후 시대에 교사, 의사, 중산층, 사회복지사, 공무원, 연금수혜자, 외국인 가정도우미, 심지어 노년층까지 대규모로 대중시위를 벌였다. 이러한 일들은 우리가 잘 알고 있는 우산혁명(2014)과 범죄인 본국 송환법 시위(2019) 이전에 전개된 일들이다. CNN. com 기사는 2002년 당시 홍콩의 생생한 사회상을 생생하게 묘사하고 있다.[053]

### 3) 홍콩 시민들의 대안 모색

지금까지 홍콩이 영국 식민지 시기부터 누적되어온 토지제도의 한계와, 이에 기초하여 부동산 재벌들이 토지독점 및 막대한 개발이익을 향유하면서 홍콩이 사회경제적 모순에 빠지게 되었음을 살펴보았다. 이러한 문제를 해결하기 위해 앨리스 푼은 다양한 정책적 처방을 제시했지만, 그 수행주체가 결국은 홍콩 정부라는 점에서 정부를 상대로 긴 싸움을 해야 한다. 그런데 조금만 시각을 달리하면 억압받는 시민들이 주체가 되어 아래로부터 새로운 대안을 모색하는 저항이나 실험을 전개하고 있음을 알 수 있다. 이러한 흐름을 간략하게라도 살펴보면 대안 모색을 위한 사유가 거대한 정책 중심으로 매몰되는 함정에 빠지지 않을 수 있다. 홍콩 시민들의 아래로부터의 저항과 대안 모색 흐름은 도시 커먼즈와 연결된다.

홍콩 사회를 깊이 있게 살펴본 장정아(2013, 2021)에 따르면, 2000년대 후반 홍콩의 대표적 상징 중 하나인 스타페리(天星) 부두와 종탑 철거 등 일련의 사건들을 거치며, 일반 대중들도 정부의 일방적인 철거와 재개발에 의문을 품기 시작했다. 토지제도와 자본독점의 문제, 그리고 부동산 개발사와 정부의 결탁으로 형성된 정치경제적 권력에 대한 문제제기도 시작되었다. 중국 대륙과 철도 인프라를 연결하기 위한 홍콩 정부의 농촌 지역 철거에 맞서면서 이러한 흐름은 도시에서뿐만 아니라 신계지역의 농촌사회를 중심으로 전개되기 시작했다. 부동산 재벌이 운영하는 체인점에서 물건을 사지 않고 지역에서 생산한 농산물을 구매하는 운동을 전개한 삼쉬포 사례도 중요하다. 이러한 흐름은 자연스럽게 기존의 정치경제체제에 대한 비판에서 나아가 일상 생활공간에서 대안적 경제체제를 모색해야 한다는 주장으로 발전했다. 신계지역의 또 다른 사례인 채원촌 사례는 토지의 중요성을 일깨운 소중한 사례다. 장정아는 이 사건을 계기로 홍콩 시민들이 사실상 최초로 토지가 홍콩인에게 어떤 의미이고 어떻게 쓰여야 정의로운지를 이야기하기 시작했다고 평가했다. 이러한 흐름과 에너지가 '홍콩토지연맹'의 설립과 운동으로 이어졌다는 점이 그 증거다. 토지 정의 운동은 부동산 패권 타도, 인민의 거주 권리 수호, 홍콩 농업의 회복을 통한 도시와 향촌의 공존, 모든 층위에서의 민주 실현을 목표로 내세웠다.[054]

아래로부터의 운동에 사회적 경제(social economy)를 결합한 사례도 있다. 김주영(2019)은 역시 신계 지역에 위치한 틴수이와이 신도시에서 전개된 사회적 경제 계획인 틴지족와이(天姿作圍)의 구체적인 활동을 분석했다. 틴수이와이 신도시는 1973년 당시 인구증가에 따른 주택 수요를 충족시키기 위해 아파트 단지가 공급된 홍콩 내 9개 지역 중 하나이다. 당시 사업지역 대부분의 토지를 매입한 MCL이라는 민간 컨소시엄이 개발이익을 극대화하기 위해 고밀도의 아파트를 짓고 단지 내 상가를 독점하면서 물가가 높게 형성되었다. 이 외에도 중심가와 멀리 떨어져 있는 등 주거환경이 좋지 않아 틴수이와이 신도시는 2004년 이후 자살, 가정폭력, 살인사건 등이 꾸준히 발생하는 슬럼의 도시가 되었다. 이러한 지역사회 문제에 직면하면서 자본 독점적인 경제체제에 저항하고 주민들의 삶의 질을 개선하기 위해 사회적 경제 원리를 적용한 사업이 추진되기 시작했다. 그 출발은 2008년 공동구매계획이었으며, 오늘날 6개의 소조직으로 발전했다.[055]

홍콩 도심에서 사회적 주택을 공급하는 사회적 기업 라이트 비(Light Be) 사례도 눈여겨 볼 필요가 있다. 라이트 비는 싱글맘에게 저렴한 주택을 공급하는 라이트 홈(Light Home) 사업도 추진하고 있다.[056] 라이트 비는 재미있게도 홍콩의 부동산 재벌과 협력관계를 맺고 있다. 최근 시민들의 비난이 커지자 홍콩의 부동산 재벌들은 토지를 기부하면서 성난 민심을 달래고 있는데,[057] 라이트 비 사례도 그 연장선에 있다. 라이트 비의 설립자 Ricky Yu는 사회주택을 지을 땅을 찾고 있었는데, 2016년에 홍콩 최대 지주의 3세인 청(Cheng)에게 제안을 했고, 둘 사이의 관계가 이어져오다가 청은 2019년 9월에 New World Development Limited가 보유한 농경지의 5분의 1을 홍콩 정부 및 라이트 비를 포함한 비영리 단체에게 기부한다고 발표했다.[058]

그렇다고 홍콩에서 시민 중심의 아래로부터의 저항과 대안 경제체제 모색이 어떤 큰 줄기를 형성하고 있지는 않다. 김주영도 사회적 경제는 "저항의 시작점"이라며 과도한 의미 부여와 거리두기를 하고 있다.[059] 그럼에도 불구하고 이러한 흐름은 세계적인 자본주의의 흐름 속에서 지역의 중요성을 강조하면서 소수가 획득할 수 있는 개발이익에만 골몰하는 경제에 반발하는 성격임은 분명하다. 그리고 틴지족와이의 사회적 경제 계획이 '전형홍콩(轉型香港, Transition Hong Kong)', 즉 전환과 변화를 궁극적인 목표로 확장되고 있는 것에서 알 수 있듯이,[060] 홍콩 시민이 주체로 등장하여 대자본의 토지독점에서 비롯된 자본주의 경제체제를 극복하려는 물줄기는 더욱 커질 것이다.


## 5. 결론—도시 커먼즈의 중요성

지금까지 토지독점을 기초로 소수의 부동산 재벌과 정부가 공식·비공식적 협력을 통해 지배구조를 구축하게 되면서 기존 중산층을 포함한 일반 시민들이 구조적인 모순에 빠져 헤어나오지 못하게 됨을 살펴보았다. 마이클 바우웬의 정의에 따르면, 토지, 주택, 교통, 전기, 가스 등 시민의 일상을 지배하는 자원과 서비스는 '도시 커먼즈(urban commons)'에 해당한다. 그런데 토지, 주택 등 도시 커먼즈가 대자본에 의해 지배되면 결국 시민들은 노예로 전락하게 된다. 그리고 자본주의 시장경제 시스템에서 주기적인 경제위기와 사회위기를 피할 수 없게 된다.

필자는 그동안 토지제도의 중요성을 강조하는 연구를 진행해왔다. 그런데 홍콩 사례에서 자본이 가진 힘에 의해 토지제도의 내용과 정부의 태도가 좌지우지되는 것을 확인하면서, 기존 접근법을 수정해야 할 필요성을 인식하게 되었다. 즉, 도시 커먼즈를 둘러싸고 자본과 정부 및 시민이 전개하는 투쟁의 관점으로 토지제도를 재해석해야 한다는 것이다. 홍콩에서 중심추 역할을 제대로 감당해야 할 정부는 언뜻 시민의 편에 서는 것 같으면서도 결국 대자본의 입장을 대변하고 있다. 토지 자원의 소유자인 정부가 자본의 편에 서면 시민은 기댈 곳이 없어진다. 시민이 주체적 역량을 키워야 하는 이유다.

이제 홍콩은 어디로 가야 하나? 우선 자본–정부–시민의 힘 사이에 세력균형을 이뤄야 한다. 그렇게 하려면 정부 대표는 물론 하위 지자체 대표가 시민의 선택을 받아야 한다. 그리고 시민도 결국은 자기 이익에 투표하기 때문에 얼마든지 토지제도 후퇴 등 도시 커먼즈를 왜곡할 수 있다. 그래서 도시 커먼즈에 대한 시민들의 높은 수준의 사회적 합의는 매우 중요하다. 결국 시민들의 높은 공동체 의식에 기초하여 정부 정책과 자본독점을 관리해야 한다.

**조성찬**

하나누리 동북아연구원 원장으로 재직 중이다. 박사학위 과정에서 중국과 북한의 토지정책을 연구했고 최근의 관심 주제는 토지와 금융으로 구성된 사회연대경제(SSE)이다. 대표 논저로 『중국의 토지개혁 경험』(공저), 『북한 토지개혁을 위한 공공토지임대론』, 「북한 경제특구 공공토지임대제 모델 연구―법률적 적용가능성 검토를 중심으로」 등이 있다. 제2회 김기원 학술상(2017)을 수상했다. landjustice@hotmail.com.

# 9
# 자가소유 사회의 한계
— 2010년 이후 영국의 자산기반 주택 정책

## 1. 들어가며

자가소유는 영국과 미국 등 앵글로 색슨 국가의 대표적 특징으로 알려져 있다. 주택을 보유하는 것을 이상적인 삶의 형태로 인식하고, 정부는 자가소유에 초점을 맞춘 주택 정책을 펼친다. 그러나 실제로 영국이나 미국의 국민이 다른 국가의 국민과 비교하여 더 많이 주택을 보유하고 있을까? 2020년 기준 영국 잉글랜드[001]의 자가점유율은 63.8%, 미국의 경우 65.8%로 유럽연합 국민의 70%가 자가보유 주택에 거주 중인 것과 비교해서 오히려 낮은 것으로 조사되었다.

영국의 경우를 더 살펴보면, 자가점유율이 2002년 69.5%로 정점을 찍은 뒤 다시 하락하기 시작하여 2016년 62.4% 수준으로 감소하였으며, 이는 자가점유율이 1984년 수준으로 되돌아갔음을 의미한다.[002] 이후 자가점유율은 다시 소폭으로 증가하기 시작하여 2020년 기준 63.8%로 조사되었다. 이 과정에서 1986년 9%에 못 미쳤던 민간 임대의 비중은 2016년 20.4%까지 증가하였고, 1980년까지 30%를 웃돌던 사회주택 거주자의 비중은 2020년 16.7%까지 감소하였다.[003] 이러한 변화는 자가소유 영역과 사회주택[004] 영역의 비중이 함께 감소하는 가운데, 민간 임대 영역이 증가하는 주택 수요를 흡수하고 있음을 의미한다.

특히 〈그림 1〉을 통해 확인할 수 있듯이, 자가소유 비중의 축소는 상대적으로 젊은 계층에서 진행 중이다. 경제 활동에 가장 왕성하게 참여하고 있는 35~44세 집단의 경우 1991년 78%가 주택을 보유하고 있었으나, 2016/17년 그 비중이 52%까지 감소한 뒤, 이후 소폭 증가하여 2018/19년 기준 55%까지 다시 증가하였다.[005] 자가소유 비중의 축소는 35세 미만 젊은 계층에서 더 두드러져 앞으로 영국에서 자가소유사회는 과거의 기억 또는 이상으로만 남을 가능

### 〈그림 1〉 연령대별 자가소유 가구의 비율

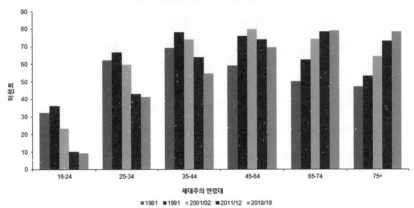

■1981 ■1991 ■2001/02 ■2011/12 ■2018/19

* 출처: Ministry of Housing, Communities & Local Government, *English Housing Survey 2019 to 2020*, 2020.

성이 커 보인다. 2017/18년 기준 한 해 동안 공공과 비영리 영역에서 사회주택 분야에 61.7억 파운드를 투자하였고, 같은 해 영국 정부의 주택 공급 관련 예산이 114억 파운드에 달하는 상황임을 생각해볼 때,[006] 자가보유 영역과 사회주택 영역이 축소되고, 가장 선호도가 낮은 거주 유형인 민간 임대가 증가하는 추세는 취약계층과 미래세대의 주거 안정성이 점차 위협받고 있음을 의미한다.

영국 정부는 그럼에도 불구하고 2010년 이후 자가소유를 확대하기 위한 정책을 더욱 적극적으로 펼치고 있다. 이 글은 이러한 정책적 움직임의 한계에 초점을 맞추고자 한다. 여기서 '한계'란 자가소유 확대를 위해 많은 자원을 투입하고 있음에도 불구하고 자가소유 가구의 비중이 정체된 상황과 사회주택 영역이 축소됨으로서 취약계층의 주거환경이 위협받는 상황, 자가소유자가 되었으나 채무로 인해 주거 안정성이 위협받을 수 있는 가구가 양산되는 상황을 의미한다. 이 글은 이러한 한계들에 대한 깊이 있는 이해를 위해 2010년 이후 변화에 초점을 맞춰 정부의 정책 자료와 통계 자료, 연구 보고서와 언론 자료들을 분석하였다. 이러한 한계들에 대한 분석은 이념뿐만 아닌 실질적 정책적 도구를 통해 국민들을 자가소유로 편입시키는 과정을 보여주며, 이러한 과정에서 희생되는 자원과 배제되는 계층들을 밝혀낼 수 있는 기회를 제공한다.

이 글은 다음과 같이 구성된다. 2절에서는 영국의 자가소유사회 등장 배경을 역사적 맥락에서 살펴봄으로써 2010년 이후 자가소유 관련 정책이 적극적으로 추진된 배경을 살펴본다. 이후 현재 자가소유를 촉진하기 위해 추진 중인 주요 정책인 지분대출 주택, 지분공유 주택 및 사회주택 매입 우선권 제도를 3, 4, 5절에서 각각 분석하였다. 3절과 4절에서는 자가소유자가 되었으나 채무로 인해 주거 안정성이 위협받을 수 있는 가구가 양산되는 상황을, 4절과 5절은 사회주택 영역이 축소됨으로서 취약계층의 주거환경이 위협받는 상황과 깊은 관계가 있다. 6절에서는 2010년 이후 진행된 이러한 정책들이 어떤 의미를 가지는지, 기존의 제도와 비교하여 어떠한 차이점이 있는지에 초점을 맞춰 분석하고자 한다.


## 2. 자가소유 사회의 추진 배경

역사적으로 영국은 자가소유 중심의 사회가 아니었다. 제1차 세계대전 직후 영국의 자가보유율은 20%에 그쳤고, 국민 대부분은 민간에서 임대하는 주택에서 거주하고 있었다. 또한, 제2차 세계대전 중인 1942년 베버리지 보고서(Beveridge Report)가 발표되는 등 복지국가가 사회의 주요 이념으로 부상하며 지방정부 주도로 대규모의 사회주택이 공급되었고, 그에 따라 1970년대 후반 기준 사회주택이 전체 주택 재고의 31%에 달했을 정도로 여전히 임차가 보편적인 주거형태로 존재하였다. 주택의 자가점유율이 50%를 넘은 것은 1960년대 후반, 60%를 넘은 것은 1982년으로, 말패스(Peter Malpass)가 지적한 바와 같이 자가소유 중심의 사회가 실제로 실현된 것은 비교적 최근의 일임을 알 수 있다.[007]

자가소유를 촉진하기 위한 정치적, 이념적 움직임은 1920년 무렵부터 존재하였으나, 자가소유가 이념적으로 강조된 것은 대처 총리가 주도하는 보수당이 정권을 잡은 1979년 이후로 보아야 할 것이다.[008] 보수당 정권은 사회주택이 자유시장경제와 자본주의적 개인주의의 정당성을 훼손하고, 노동의 탈상품화를 촉진한다는 점에서 자가소유의 증대를 통해 정치적 지지를 확보하여 장기 집권을 노리고자 했고, 이를 추진하기 위한 여러 주택 정책을 도입했다.[009] 그 주요 내용을 살펴보면, 우선 공급자와 수요자의 모기지 시장 진입 장벽을 낮춤으로써 모기지를 통한 주택 구매가 활발해지기 시작했고, 지방정부의 주택 공급 역할을 축소하여 민간과 비영리 영역이 주도적으로 주택 공급을 담당하게 되었으며, 사회주택 매입 우선권(Right to Buy) 제도를 도입하여 기존의 사회주택 소유권이 정부에서 개인으로 이양될 수 있도록 한 것을 들 수 있다.[010]

자가소유사회의 달성에는 이러한 정부의 역할을 무시할 수 없으나, 자가소유사회의 궁극적 실현은 개인의 자발적 참여 없이는 불가능하다는 점에서 개인의 동기 또한 고려할 필요가 있다. 우선 로널드(Richard Ronald)가 주장한 바와 같이, 1970년대 초반과 1980년대 후반 주택시장이 폭등하며 주택이 자산 증식을 위한 가장 효과적인 수단으로 인식되기 시작하였다.[011] 이후 영국의 주택시장은 1990년대 초반 잠시 내림세를 맞이하였으나, 세계 금융위기 직전까지 부동산 시장은 꾸준히 호황을 구가했으며, 1980년부터 2013년까지 연평균 6.9% 주택가격이 상승하여 부동산 시장의 불패신화가 현재까지 진행 중이다.[012] 또한, 임대주택의 낙인화로 인해 자가 주택이 유일한 대안으로 인식되기 시작하였다. 사회주택에 대한 투자가 점차 감소하고 기존 사회주택 단지의 게토화로 인해 사회주택에 대한 낙인화가 이루어지면서 개인은 모기지 대출 등의 지원을 받아 주택을 구매하거나 기존에 거주 중인 사회주택을 매입하여 사회적 지위를 안정시키고자 하는 동기가 부여되었다.

이러한 주택시장의 변화는 '자산기반 복지(Asset-based Welfare)'의 추진과도 연관되어 있는데, 이는 개인이 부동산 등 자산에 대한 투자를 통해 부를 증식하고, 이를 활용해 개인이 복지에 대해 더 많은 책임을 지는 것으로, 국가는 이를 위한 지원에 초점을 맞춰 복지 정책 제공하는 것을 의미한다.[013] 1997년 집권한 신노동당은 시장자유주의를 기반으로 한 상품화의 정치를 표방한다는 점에서 기존 보수당 정권과 그 결을 함께 하고 있고, 따라서 '자산기반 복지'를 바탕으로 한 주택의 상품화는 신노동당 정권 시기에 더욱 강화되었다.[014] 이 과정에서 일상생활 전반이 모기지, 연금, 보험 등을 통해 금융 시장과 점차 연계되고, 자산 증대를 위해 금융 시장 참여를 강요받는 일상생활의 금융화 또한 빠르게 진행되었다.[015] 자산기반 복지사회의 유지를 위해서는 부동산 시장이 임금 상승률보다 빠른 속도로 지속적으로 상승해야 하는데, 신노동당 정권의 경우 2007~2008년 세계 금융위기 직전까지 부동산 가격 거품을 방조하는 통화 정책을 통해 부동산 투기를 부추겼고, 그 결과 2009년 부동산 시장은 1980년 이후 가장 큰 폭인 7.6% 하락한 뒤 2010년 보수당 주도의 연립정권에 정권을 이양하게 된다.

노동당 집권하의 영국 사회를 "망가진 영국(Broken Britain)"으로 묘사했던 데이비드 캐머런 총리는 집권 후 발표한 주택 정책 보고서에서 주택 공급 부족을 영국 사회가 당면한 주요 문제로 인식하고 주택시장을 활성화해 영국을 재건할 것을 선언하였다.[016] 캐머런 총리는 그 방법으로 주택 공급과 관련된 각종 규제를 완화하고, 사회주택 사유화 및 사회주택 영역의 민영화를 추진하며, 주택담보대출비율을 95%까지 완화하는 정책 등을 제안하였다. 더 나아가 캐머런 총리는 2015년 총선에서 단독집권에 성공한 뒤 열린 전당대회에서 보수당을 "자가소유의 정당(Party of Home Ownership)"으로 규정하고, 영국의 더 많은 가정이 집을 보유하고 있어야 한다고 주장하며 자가소유 중심의 주택 정책을 더욱 적극적으로 펼칠 것을 선언하였다.[017] 특히 기존의 저소득층을 위한 주택 정책이 임대주택을 중심으로 진행되었음을 비판하며, 주택 정책을 급진적으로 바꾸어 기존에 임대주택으로 공급되던 저소득층을 위한 주택을 분양을 위한 주택으로 공급할 것을 발표하였다.[018]

이후 보수당 정권은 지분대출 주택(Shared Equity)과 지분공유 주택(Shared Ownership) 제도를 확대 및 강화하고 사회주택 매입 우선권(Right to Buy) 제도를 확대함으로써 자가소유 확대를 적극적으로 모색하였다. 이러한 정책들은 전통적으로 주택을 완전히 소유하거나 모기지를 통해 소유하는 것이 아닌 지분을 일부 소유하고 잔여 지분에 대해 임대료를 계속 내거나 정부와 함께 주택을 소유하는 것과 같은 새로운 형태의 자가소유 주택 공급에 초점을 맞추고 있다는 점에서 이전 노동당 정권 시기와 차이점이 두드러진다. 2010년 이후 잉글랜드의 자가소유 가구는 100만 호가량 증가하였는데, 이 중 절반 이상이 앞으로 살펴볼 세 가지 정책에 의해 공급된 것으로 추정될 만큼 보수당 정권의 새로운 주택 정책은 현재 주택 시장에 많은 영향을 미치고 있다. 하프너(Marietta E. A. Haffner) 등은 이러한 주택 유형들에 관한 연구가 부족함을 지적하며, '경계적 자가소유(Edges of Homeownership)'가 자가소유를 향한 주거 사다리에 오를 수 있는 기회를 제공하면서도 다른 한편으로 내외부적 위기에 가장 취약한 계층을 양산하고 있다고 비판하였는데, 이후 본문에서는 경계적 자가소유 주택이 어떠한 형태로 실제로 양산되고 있는지 살펴보고자 한다.[019]

## 3. 지분대출(Shared Equity) 주택

우선 보수당 정권이 경계적 자가소유 확대를 위해 도입한 주요 정책으로는 정부가 주택 구매를 위한 지분을 대출해주는 지분대출 주택(Shared Equity) 제도를 들 수 있다. 사회주택 운영 주체인 주택조합 등은 정부의 지원을 통해 사회주택 입주자 및 입주 대기자, 간호사, 경찰관 등 필수인력을 대상으로 25%의 지분대출을 통해 주택 구매를 지원하는 제도를 1999년부터 운영해왔다는 점에서 본 제도는 완전히 새로운 제도는 아니다.[020] 그러나 보수당은 2011년에 "퍼스트바이(FirstBuy)" 제도를 통해 중산층 무주택자를 대상으로 지분대출 주택을 도입하였고, 2013년에는 "헬프 투 바이(Help to Buy)"란 이름으로 소득 제한을 없애는 등 지분대출 주택 제도를 대폭 확대함으로써 주택 소유를 희망하는 다양한 계층이 정부의 지원을 통해 주택을 구매하도록 유도하고자 하였다. 이 제도를 위해 2013년 4월부터 2021년 6월까지 약 8년간 209억 파운드의 정부 자금이 지원된 것으로 조사되었으며, 339,347명이 본 제도를 통해 주택을 구매한 것으로 조사되었다.[021] 영국 감사원은 2013년 이후 신규 공급된 주택의 38%가 본 제도를 통해 공급되었다고 발표하기도 했을 만큼 지분대출 주택이 현재 자가소유 확대에 큰 역할을 하고 있다.[022]

"헬프 투 바이(Help to Buy)" 지분대출 주택의 형태를 더 살펴보면, 주택공급업체가 지분대출 주택 형태로 주택 판매를 희망할 경우 정부에 이를 등록하고, 주택 구매 희망자는 주택가격의 75%를 모기지로 조달하며 나머지 20% 비용은 정부가 융자를 통해 제공하는 제도이다. 따라서 주택 구매자는 집값의 최소 5%만 부담하면 주택을 구매할 수 있게 된다. 실제로 절반 이상의 주택 구매자가 집값의 5%만을 부담하고 주택을 구매한 것으로 조사되었으며, 22%의 구매자는 주택가격의 5~10%를 지불한 것으로 나타나 안정된 소득이 있으나 예금이 상대적으로 부족한 가구들이 주택을 구매할 수 있게 된 것으로 이해된다. 본 제도의 혜택을 받기 위한 소득의 제한은 없으나 지역마다 주택가격의 상한선이 정해져 있으며, 현재 본 제도의 혜택을 받기 위해서는 주택을 보유하지 않았던 생애 최초 구매자여야만 한다. 또한, 런던의 경우 2016년 4월부터 주택가격의 40%까지 융자를 제공하고 있는 특징이 있다.

정부의 융자는 5년간 무이자로 제공되며, 6년차에는 융자금 잔액의 1.75%를 이자로 내야 하며, 이후 매년 소매물가지수에 2%를 더한 만큼 이자가 증가한다. 한편 융자금의 경우 최초 융자금의 최소 10% 단위로 상환할 수 있고, 대출 시점 기준 25년 내로 완전히 상환되어야 하는데, 상환금이 원금이 아닌 상환 시점의 감정 평가액을 토대로 산정된다는 점을 주목할 필요가 있다. 따라서 부동산 가격이 상승할 때 상환액이 증가하고, 반대로 부동산 가격이 하락할 때 상환액도 함께 감소하는 구조로 부동산 시장이 호황일수록 정부의 손해가 감소하고 주택 구매자의 부담이 증가하는 구조임을 알 수 있다. 실제로 잉글랜드의 경우 2013년 4월부터 2021년 3월까지 8년간 주택가격이 연평균 5.3%, 런던 지역의 경우 평균 6% 인상되었음을 고려할 때 주택 구매자에게 집값 상승으로 인한 융자 부담이 추가로 돌아가고 있다. 특히 최대 40%까지 정부 융자가 가능했던 런던 지역 주택 구매자는 그 부담이 상대적으로 증가하고 있다.

주택가격의 인상은 장기적 관점에서 정부가 손해 없이 융자금을 회복할 수 있음을 의미하나, 대규모 정부 예산이 지분대출 주택 제도에 투입됨으로써 사회주택 확충 등 저소득층을 위한 주거 정책에 사용될 수 있는 예산이 줄어들었다. 실제로 2017/18년 기준 주택 공급 관련 정책을 총괄하는 지역사회·지방정부(Department for Communities and Local Government)의 주택 관련 예산의 30%가 본 제도에 투입되고 있는 것으로 파악되어 주거 취약계층에 대한 지원이 장기적으로 감소하고 있음을 알 수 있다.[023] 또한 카롯지(Felipe Carozzi) 등의 최근 연구에 따르면 본 제도는 주택가격의 상승을 부추기고 있어 주택 구매자 역시 정부의 지원으로 얻는 혜택보다 주택가격 상승으로 입는 피해가 더 큰 것으로 조사되었다.[024] 결국 지분대출 주택은 더 비싸진 주택을 빚으로 충당하여 구매하는 경계적 자가소유를 부추기는 제도임이 드러나고 있다. 특히 런던의 경우 본 제도로 인해 전체 주택가격이 6% 상승한 것으로 조사되었고, 주택공급업체들은 실제 주택 공급이 필요한 지역보다 공급이 쉬운 곳에 주택을 짓는 경향이 큰 것으로 나타나 본 제도의 효용성에 대한 의구심이 전반적으로 제기되고 있다.[025] 이 제도의 가장 큰 수혜자는 더 비싼 가격으로 주택을 공급하고 있는 주택공급업체들인 셈이다. 또한, 지분대출 주택 제도를 통해 주택을 구매한 가구의 중위소득은 2014년 6월 기준 39,837파운드에서 2021년 6월 기준 54,904파운드로 증가하여, 점차 고소득층에게 혜택을 주는 제도가 되고 있음을 알 수 있다.

## 4. 지분공유(Shared Ownership) 주택

지분공유(Shared Ownership) 주택 제도는 2015년부터 2021년까지 저소득층의 자가소유 기회 확대를 위해 최대 40만 호의 주택을 할인된 가격으로 공급하고자 진행된 보수당 주택 프로그램의 하나로 만들어졌다. 지분공유 주택은 주택구입 희망자가 주택조합(Housing Association)이나 지방정부가 보유한 주택의 25~75%에 해당하는 지분을 매입하고, 나머지 지분에 대해서는 주택 보유 주체에게 할인된 임대료를 납부하는 제도이다. 2021년 말 기준 약 20만 가구가 지분공유 주택에 거주 중으로 조사되었다.[026] 최초 연간 임대료는 잔여 지분의 최대 3%로 제한되며, 매년 소매물가지수에서 0.5% 더한 수치까지 인상될 수 있다. 입주자는 지분을 추가로 매입하여 임대료를 줄일 수 있으며, 지분을 모두 구매 시 차지권(leasehold) 형태로 주택을 소유하게 된다.

지분공유 주택을 구매하기 위해서는 현재 주택을 보유하고 있지 않아야 하며, 연 소득이 런던 내 주택을 구매하고자 할 때 가구당 9만 파운드 이하, 런던 외 지역의 경우 8만 파운드 이하여야 하나 주택가격의 상한선은 제한되어 있지 않다. 2019년 기준 영국의 소득 10분위 중 9분위(상위 20%) 가구 평균 가처분소득이 71,838파운드임을 고려할 때, 본 제도는 사실상 모든 가구가 주택을 구매하는 데 활용할 수 있는 제도로 볼 수 있다.[027] 실제로 한 조사에 의하면 2016/17년 런던에서 지분공유 주택을 구매한 가구의 72%가 소득 상위 40%에 속하는 것으로 조사되어 집값이 상대적으로 비싼 런던과 같은 지역에서 고소득층이 상대적으로 혜택을 받고 있음이 조사되었다.[028] 지분의 경우에는 2019/20년 기준 평균 41%의 지분을 최초 취득하며, 이 중 85%를 모기지로 조달하여 주택 취득을 위해 17,252파운드만을 지불하는 것으로 나타났다.[029] 이는 주택가격의 평균 6.5%만을 지불함으로써 주택을 소유하는 기회를 얻을 수 있음을 의미한다.

한편, 본 제도는 앞서 언급한 바와 같이 기존에 저소득층을 위한 사회주택 공급에 활용되던 예산을 활용한다는 점에서 문제점을 가진다. 2010년 보수당 정권 집권 직후 신규 부담가능주택(Affordable Housing)[030]의 65% 가까이 공급되던 사회임대료(social rent) 주택[031]은 현재 11%까지 그 비중이 감소하여 지분공유 주택과 부담가능 임대료(affordable rent) 주택[032]으로 공급이 대체되었고, 이는 취약계층의 주거환경이 점차 위협받고 있음을 의미한다. 현재 잉글랜드의 부담가능주택은 4~5년 단위로 대규모로 추진하는 부담가능주택 공급 프로그램(Affordable Homes Programme)에 의해 운영되는데, 이때 정부는 보조금 지급 요건으로 특정 유

<표 1> 지분대출 주택과 지분공유 주택의 비교

| 구분 | "Help to Buy" 지분대출 | 지분공유 |
| --- | --- | --- |
| 공급 주체 | 민간 공급업체 | 주택조합 등(정부 보조금 일부 지원) |
| 소유구조 | 구입자, 중앙정부, 은행 | 구입자, 주택조합, 은행 |
| 소득 제한 | 없음 | 있음(런던, 비런던으로 구분) |
| 주택가격 제한 | 있음(2021년 이후 지역별 차등) | 없음 |
| 최소 보증금 | 집값의 5% | 5%의 지분 |
| 금융 부담 | 정부 융자금 이자와 모기지 이자 | 모기지 이자와 임대료 |
| 지원 대상 | 생애 최초 구입자 대상(2021년 이후) | 무주택자 대상 |
| 대상 주택 | 신축 주택만 해당 | 관계없음 |

형의 주택 공급을 요구하는 바, 이 과정에서 사회임대료 주택을 배제하고, 부담가능 임대료 주택과 지분 소유지분 공유 주택 중심의 주택 공급을 명시함으로써, 주택조합 등 정부 보조금에 의존하여 부담가능주택을 공급하는 주체가 선택의 여지없이 저소득층을 배제하는 주택 유형을 중심으로 주택을 공급하게 되었다. 이러한 변화는 주택조합을 경계적 자가소유를 촉진하는 주체로 소환하는 계기가 되었으며, 전통적으로 비영리 성격을 가지고 사회주택을 공급해온 주택조합의 정체성을 흔드는 계기가 되었다.[033]

특히 2015년 7월 총선에서 보수당이 단독 과반에 성공한 이후 자가소유 촉진을 위한 추동을 강화하며, 2016년 4월 "지분공유 부담가능주택 프로그램 (Shared Ownership and Affordable Homes Programme) 2016~2021"을 발표하였는데, 41억 파운드 예산의 본 프로그램은 사회임대료 주택을 완전히 배제하고 지분공유 주택을 공급하는 데 그 예산의 대부분을 활용하기로 하여 사회임대료 주택의 점진적 사멸이 예상되기도 했었다. 이러한 움직임은 2016년 6월 진행된 브렉시트 찬반투표의 여파로 2005년부터 보수당을 이끌던 데이비드 캐머런 총리가 사임한 뒤 2017년 4월 그렌펠 타워(Grenfell Tower) 화재가 발생하는 등 저소득층의 주거환경에 대한 사회적 관심이 증가하며 제동이 걸리게 되었는데, 새롭게 임명된 테리사 메이 총리는 사회임대료 주택과 부담가능 임대료 주택의 공급을 위한 예산을 추가로 배정하며 사회임대료 주택의 사멸에 대한 우려는 잠시나마 일단락되었다. 그러나 최근 발표에 따르면 "지분공유 부담가능주택 프로그램 2016~2021"을 통해 지어진 주택 중 4%만이 사회임대료 주택으로 지어진 것으로 나타나 사회임대료 주택의 지속적인 감소 추세는 현재까지 계속되고 있다.[034] 지분대출 주택과 지분공유 주택의 개념이 일부 유사하게 여겨지는 바 두 제도의 차이점을 비교한 내용은 〈표 1〉과 같다.

## 5. 사회주택 매입 우선권(Right to Buy)

마지막으로 사회주택의 사유화를 통해 자가소유를 촉진하는 사회주택 매입 우선권(Right to Buy) 제도를 알아보고자 한다. 1980년부터 진행되어 대처 정부의 주요 주택 정책으로 널리 알려진 본 제도는 그 세부 내용이 계속 변화해왔으나, 사회주택에 일정 기간 이상 거주한 입주자에게 할인된 가격으로 주택을 매입할 기회를 제공한다는 취지는 계속 이어져왔다. 1980년부터 현재까지 217만 호의 사회주택이 이 제도를 통해 입주자에게 매각된 것으로 조사되었으며,[035] 이 제도는 사회주택 재고가 1980년 전체 주택 재고의 31%에서 2019년 기준 17%로 감소하는 데 가장 큰 영향을 미친 요인으로 지목받고 있다.[036] 잉글랜드의 지방정부가 보유했던 사회주택은 1980년 510만 호에 달하였으나 2020년 기준 158만 호로 대폭 감소하였다.[037] 지방정부는 이렇게 매각된 사회주택을 대체하는 신규 사회주택을 공급해야 할 의무가 있으나, 할인된 매각 대금으로 새롭게 주택을 공급하는 것이 매우 어려운 상황에서 지방정부는 매각대금을 중

앙정부에 반납하는 방법을 선택하고 있는 상황이다.[038]

현재 지방정부의 사회주택 공급 기능이 주택조합 등 민간 영역으로 대부분 이양된 상황에서 이 제도는 그 임무를 다한 것으로 여겨졌다. 상대적으로 환매성이 높은 유형의 사회주택들은 제도 초기부터 이미 매각되었으며, 현재 남은 지방정부 소유의 사회주택들은 슬럼화된 사회주택 단지 내에 위치해 있어 그 가치가 떨어지거나 입주자가 지불 능력이 없는 경우로 볼 수 있을 것이다.[039] 따라서 매입 우선권 제도를 통해 소유권이 이전되는 주택의 물량은 2009년 기준 연간 2천 호 수준으로 급감했었다. 그럼에도 불구하고 보수당은 2010년 집권 후 매입 우선권 제도를 강화하여 사회주택의 사유화를 계속 진행하고자 하였으며, 이를 통해 2010년 이후 10년 동안 218,002호의 사회주택이 추가로 매각되는 실적을 거두었다.

그 내용을 더 살펴보면, 우선 주택의 최대 할인율 제한을 완화함으로써 2007/08년 24%에 그쳤던 평균 할인율이 2013년 기준 평균 47%로 대폭 증가하였고, 주택조합 소유 사회주택의 경우 이보다 더 큰 평균 51% 할인된 가격으로 주택의 매각이 진행됐다. 주택조합으로부터 매입된 주택은 지방정부에서 주택조합으로 소유권이 이전된 주택 및 1997년 이후 정부 지원을 통해 공급된 사회주택에만 해당하는 것으로 주택조합이 보유한 모든 주택이 매입 우선권 제도의 대상이 되는 것은 아니었으나, 2015년 이를 주택조합 소유의 모든 사회주택을 대상으로 확대해 시행할 계획을 발표하였고, 2018년 1년간 시범 사업을 진행하였다. 현재 251만 가구가 주택조합 등이 소유한 사회주택에 거주하고 있고, 이 제도가 완전히 실행되면 약 22만 가구가 매입 우선권을 추가로 행사할 것으로 예상하는 만큼, 본 계획이 실제로 시행된다면 사회주택의 사유화가 가속될 것으로 예상한다.[040] 또한 현재까지 매입 우선권 제도를 통해 사유화된 주택 중 40%가 민간임대로 활용되고 있어 이 제도를 투기적 목적에 활용하는 사

례가 적지 않은 것으로 조사되었다.[041]

한편 매입 우선권 제도와 유사하게 영국 정부는 2019년 10월 지분 공유권 (Right to Shared Ownership) 제도를 발표하여 향후 공급되는 사회주택의 사유화 가능성을 열어두었다. 이 제도는 2021년 이후 정부의 보조금 지원을 받아 새롭게 공급되는 사회주택을 대상으로 진행될 예정이며, 지분공유 주택과 유사하게 사회주택 거주자가 거주 중인 주택의 지분을 최소 10%, 최대 75% 사들일 수 있도록 허용하고, 이후 단계적으로 지분을 매입하여 이를 완전히 소유하는 것을 허용하는 내용을 골자로 하고 있다. 본 제도 역시 기존에 존재하던 사회주택 구매(Social Homebuy) 제도를 개량한 제도로, 사회주택 구매 제도의 경우 사회주택을 보유한 주택조합이 자발적으로 참여하는 제도지만, 지분공유권의 경우 정부의 보조금을 받아 공급되는 모든 사회주택을 대상으로 적용된다는 점에서 구별된다. 사회주택 입주자 절반가량이 하위 20% 소득 집단에 속하고 있다는 점에서 본 제도의 실효성에 의구심이 제기되나, 여전히 영국 정부의 자가소유 확대를 위한 의지를 보여주는 사례로 볼 수 있을 것이다.

## 6. 2010년 이후 진행된 자가소유 촉진 정책에 대한 분석

여러 한계들에도 불구하고 보수당은 왜 이러한 경계적 자가소유 정책을 추진해온 것일까? 다양한 사회경제적, 정치적 요인과 이에 관한 분석이 있겠으나 자가소유가 보수당의 집권을 연장시킬 수 있을 것이란 믿음을 빼놓을 수 없을 것이다. 실제로 여러 정치 분석가들은 2010년 이후 보수당이 계속 집권할 수 있는 이유를 자가소유에서 찾고 있다.[042] 2019년 총선에서 채무 없이 주택을 자가 보유하고 있는 사람의 57%, 모기지를 통해 주택을 보유하고 있는 사람의

43%가 보수당에 투표한 반면, 노동당에게 투표한 사람은 각각 22%와 33%에 그쳤다.[043] 또한 보수당이 확보한 365석 중 영국 전체 평균 자가보유율보다 높은 선거구는 315개로 보수당은 자가 보유율이 높은 지역에서 상대적으로 지지기반을 확보하고 있다. 앞서 언급한 바와 같이 보수당은 자가소유 확대를 천명하며 정당의 지지율을 유지하기 위한 여러 정책을 도입할 필요가 있었다. 그러나 세계 금융위기 이후 '긴축재정'을 내세우며 당선된 보수당 정부는 자가소유 확대를 위해 많은 예산을 투입할 수 없었기 때문에 이러한 경계적 자가소유를 확대하는 방향으로 정책을 펴게 된 것으로 보아야 할 것이다.

따라서 2010년 이후 보수당의 주택 정책은 기존의 사회주택 분야를 와해시킴과 동시에 최소한의 투자를 통해 경계적 자가소유를 확대한다는 점에서 기존의 주택정책과 뚜렷한 차이점을 보인다. 실제로 정부의 주택 분야 자본투자는 노동당 집권 말기인 2008/09년 90억 파운드까지 확대되었으나, 보수당 집권 이후 점차 감소하여 2015/16년 31억 파운드까지 줄어들었다. 주택 건설을 위한 재정지원이 대폭 감축된 것이다.[044] 또한 2008년 2월부터 현재까지 영국의 주택 가격 지수는 1.5배 상승하였으나, 실질임금은 금융위기 직전인 2008년 2월 수준을 지금까지 회복하지 못하고 있어 개인의 주택 구입 여력은 오히려 감소한 것을 알 수 있다. 이러한 상황에서 주택 구입을 촉진하기 위해서는 경계적 자가소유의 확대와 초저금리의 유지가 필수적이었을 것이다.

보수당의 이러한 정책들은 자가소유 비중을 소폭이나마 증가시킬 것으로 예상되나 이로 인한 여러 부작용이 동반될 수 있다는 점에서 우려를 자아낸다. 우선 앞서 언급한 바와 같이 정부의 주택 예산이 자가소유 촉진을 위한 사업들에 집중되면서 기존의 사회주택 재고와 신규 공급이 점차 줄어들어 주택을 소유할 여건이 안 되는 취약계층의 주거환경이 더욱 위협받게 되는 문제점을 들 수 있다. 현재 116만 가구가 잉글랜드 지방정부의 사회주택 입주 대기자 명단에 공식적으로 등록된 가운데,[045] 코로나19 사태로 인해 2022년에는 입주 대기자가 최대 210만 가구까지 증가할 수 있다고 예측되어 사회주택의 부족은 점차 심각한 사회 문제로 대두될 가능성이 크다.[046] 특히 2015년 이후 연평균 약 33,500호의 사회주택이 공급되었고, 이 중 임대료가 가장 저렴한 사회임대료 주택의 경우 연평균 공급이 6,400호에 그친 점을 고려할 때 사회주택 공급 증가를 위한 대책이 시급하다.[047] 하지만 이를 위한 정부의 지원은 점차 줄어들고 있어, 향후 노숙인으로 내몰리거나 열악한 환경의 민간임대 주택에 거주하는 취약계층의 수가 더 늘어날 것으로 예상한다.

또한, 여전히 주택을 구매하기 위해서는 모기지를 통해 주택 구매 자금의 일부를 조달해야 한다는 점에서 취약계층이 아니더라도 신용이 상대적으로 부족한 개인은 현재 진행 중인 자가소유 정책의 혜택을 받을 수 없다는 문제점이 존재한다. 앞서 살펴본 바와 같이 영국 정부의 강력한 자가소유 추진은 정책뿐만 아니라 이념적으로 추진되고 있는 바, 주택을 소유한 계층과 소유하지 못한 사람들 간의 사회적 계층화가 가속화되고, 주택 임대에 대한 사회적 낙인화가 증가할 것으로 예상한다.[048] 또한 2017년 기준 35세 미만 주택 구매자의 3분의 2가 부모의 재정지원을 통해 주택을 구매했고, 향후 부모의 재산이 주택 구매 여부에 미치는 영향이 커질 것으로 예상되어 사회경제적 계급을 재생산하는 매개로서의 주택의 역할이 강화될 것으로 보인다.[049]

모기지를 통한 자가소유는 저소득층을 지나친 채무의 덫에 빠뜨릴 수 있다는 점 또한 우려스럽다. 2018년 3월 기준 총 1.3조 파운드에 달하는 영국의 가계부채 중 91%가 부동산 관련 부채로 가계 채무에 부동산이 미치는 영향이 절대적임을 알 수 있다.[050] 부동산 관련 채무가 있는 가구는 영국 전체 가구의 절반에 해당하는 약 920만 가구로 평균 126,500파운드의 부채를 가지고 있는 것으로 조사되었다.[051] 앞서 언급한 바와 같이 주택을 통한 자산기반 복지를 실현하기 위해서는 주택가격이 점차 상승해야 하는데, 이는 새롭게 주택시장에 진입하는 가구들의 모기지에 대한 부담이 함께 증가함을 의미한다. 이는 모기지 상환 기간의 증가로 나타나는데, 2005년 기준 전체 모기지 대출 중 27%에 불과하던 35년 상환 모기지의 비중이 2017년 17%까지 증가하였고, 30~35년 상환 모기지 역시 8%에서 20%로 증가하여, 개인이 부담해야 할 금융비용이 점차 증가하고 있음을 알 수 있다.[052]

과다한 가계 채무는 향후 금융 시장이나 주택 시장이 위기를 경험할 때 개인의 안녕에 치명적 영향을 미칠 수 있다. 영국의 앞선 부동산 거품 붕괴와 경제위기를 살펴보면, 1991년부터 1995년까지 모기지 체납으로 인해 압류당한 주택은 30만 호가 넘으며, 2007~2008년 세계 금융위기 이후에도 5년간 20만 호에 달하는 주택이 채무를 감당하지 못해 압류당했다.[053] 주택 소유가 개인에게 더 많은 선택권과 자유를 준다는 인식과 달리, 부채를 바탕으로 한 주택 소유는 오히려 시장의 위기에 신속한 대처를 어렵게 하는 원인이 될 수 있으며, 또한 일상을 지배하는 금융화의 논리는 채무불이행을 구조적 문제보다는 개인의 문제로 간주하여 주택을 압류당한 개인들은 사회적 배제를 경험할 가능성이 크다. 특히 경계적 자가소유는 상대적으로 저소득층을 대상으로 하는 바, 향후 이들 가구는 이러한 문제에 더욱 쉽게 노출될 것으로 예상한다.


## 7. 맺음말

현재 영국 정부가 적극적으로 추진 중인 자가소유 정책은 다양한 측면에서 그 한계가 드러나고 있다. 특히 자가소유 가구 비중이 정체되어 있고, 젊은 층의 자가소유율이 계속 낮아지고 있다는 점은 이러한 정책의 본질적 한계를 보여준다. 특히 주택을 구매하는 젊은 층의 상당수가 부모의 지원을 받고 있다는 점에서 부동산 자산을 기반으로 한 사회적 양극화가 가속화될 것으로 예상된다. 또한 이 과정에서 취약계층을 위한 정부의 예산과 공적 자원을 전용함으로써 사회주택 영역이 점차 축소되고 민간 임대 시장이 지속해서 증가하는 상황은 향후 취약계층의 주거환경을 점차 위협하고 이들에 대한 사회적 배제를 가속화할 것이라는 점이 특히 우려스럽다.

경계적 자가소유 정책을 통해 주택을 구매한 개인들이 얻는 사회경제적 안정의 실제 효과에 대한 의문 역시 제기된다. 이미 돌링(John Doling)이 언급한 바와 같이, 자가보유가 임대와 비교하여 항상 장점이 있지 않으며, 또한 시대적 상황에 따라 각기 다른 주거유형이 가지는 장단점이 계속 변화한다.[054] 이러한 점을 고려할 때 경계적 자가소유를 택한 개인들의 대부분은 많게는 주택가격의 95%에 해당하는 금융비용을 계속 납부해야 한다는 점에서 할인된 임대료로 영구적으로 제공되는 사회주택과 비교하여 장점이 명확하지 않으며, 또한 단순하지 않은 지분 구조로 인해 이러한 주택들의 거래가 상대적으로 어렵다는 점에서 오히려 개인의 자유를 제한하는 장치가 될 수도 있다. 따라서 실업과 같은 개인의 부득이한 상황으로 채무의 상환이 어려울 때 주택 압류뿐만 아니라 신용 문제까지 함께 경험할 수 있다는 점에서 개인이 받을 피해가 사회주택 영역의 입주자보다 더 클 것을 예상할 수 있으며, 자산기반 주택 정책은 이들을 복지의 사각지대로 내몰 공산이 크다.

킹(Peter King)은 사회주택 매입 우선권 제도가 개인의 적극적인 참여 없이는 성공적이지 못했음을 지적하며, 자가소유를 향한 개인의 욕구를 강조하였으나,[055] 앞서 살펴본 바와 같이 이는 정부가 추진해온 주택 시장 개편 속에 선택을 강요받는 개인의 상황을 간과하고 있다. 정부는 사회주택의 공급을 감소시킴으로써 경계적 자가소유 또는 민간 임대로 개인의 선택권을 양분하고, 자가

소유 확충에 정부의 자원을 집중시킴으로써 개인뿐만 아니라 기존에 사회주택의 공급을 담당하던 비영리 조직까지 구조적으로 자가소유를 중심으로 하는 주택시장에 참가해야 하는 환경을 조장하고 있다. 이러한 변화는 2절에서 언급한 것과 같이 개인뿐만 아니라 비영리 영역 등 사회 전반의 금융화를 추구하는 국가의 방향을 보여준다. 영국 정부가 추구하는 이러한 부동산 기반의 자산복지사회는 주택시장의 지속적인 호황을 통해서만 달성될 수 있는데, 이 과정에서 채무를 기반으로 자신의 복지를 책임져야 하는 계급과 금융 시장에 접근이 어려운 취약계층이 점차 배제된다는 점에서 이러한 사회의 미래에 대해 의구심이 제기된다.

**오도영**

현재 부산대학교 도시공학과에서 조교수로 재직 중이다. 지역 및 도시계획을 전공했고, 최근에는 동아시아 국가의 도시 수출 시도에 관한 연구를 진행 중이다. 대표논저로는 "The university and East Asian cities: the variegated origins of urban universities in colonial Seoul and Singapore", *Covid-19 in Southeast Asia: Insights for a Post-Pandemic World*(공저) 등이 있다. dyoh@ln.edu.hk

# 중국의 핀테크 기업과 국가

# 1. 서론

2017년 8월 18일 중국 국영방송 CCTV는 주식투자에 빠진 중국 농민공의 사연을 보도했다.[001] 1997년 장쑤성(江苏省) 농민 평춘홍(冯春红)은 아내와 함께 대도시 쑤저우(苏州)로 들어가서 건설공사 현장 노동을 시작한다. 부부는 3년 동안 고생하여 빚을 갚은 후, 틈나는 대로 건설 관련 기술을 배우면서 악착같이 모은 돈과 친인척으로부터 빌린 돈 10만 위안으로 마침내 2006년 쑤저우에서 계약금을 내고 아파트까지 구입한다. 이후 큰 회사로 옮긴 평춘홍은 주변 동료들의 '주식투자(炒股)' 얘기에 혹하여 긁어모은 돈으로 주식투자에 나서지만, 투자금액의 70% 손실을 보고 만다. 때마침 부동산 열풍으로 가격이 폭등한 자신의 아파트를 판 돈으로 다시 주식투자를 하지만, 주식가격이 등락을 거듭하는 바람에 별다른 수익을 거두지 못한다. 이때, 평춘홍은 기존 자신의 투자가 아무런 지식도 없이 '감'과 '귀동냥'에 의존했다는 점을 깨닫고 투자비법 서적을 학습하고 인터넷 정보를 수집한다. 침식을 잊고 학습과 정보수집에 열중한 결과 2012년 구입한 주식이 적중하여 현재는 그간의 손실을 꽤 만회했다고 한다. CCTV 보도는, 앞으로는 주식투자를 잘해서 다시 아파트도 구입할 수 있다는 꿈을 가지고 있다고 말하면서 환히 웃는 부부의 얼굴을 클로즈업하면서 끝난다.

CCTV 보도는 주식투자 자체의 위험성이 아니라 '감'과 '귀동냥'에 의존하는 주식투자의 위험성을 경고하면서, 침식을 잊을 정도로 매진한 '학습'과 '정보수집'을 통한 주식투자는 위험성을 최소화시키고 밝은 미래를 보장한다는 메시지를 던진다. 즉 주식투자 열풍 자체는 문제없으며 투자자가 '학습'과 '정보수집'을 통한 '이성적 투자'를 하면 된다고 하면서, 결국 문제는 투자자 개인이라는 메시지를 던지고, 평춘홍이 투자한 주식의 상장사 이름까지 명시한다.

이 글은 2007년 이후 본격화된 중국 주식투자 열풍에 따라 '국민 주식투자(全民炒股)'가 시작되었고, 2010년대 들어서는 알리바바(Alibaba), 앤트파이낸셜(Ant Financial)과 같은 핀테크(Fintech) 기업의 금융상품을 통해 대출받은 농민공, 노동자, 대학생, 직장인 등 서민층까지 주식투자에 뛰어드는 과정을 분석한다. 이 분석을 통해, 주식투자 열풍이 증시 부양을 통해 경제를 활성화시키려는 '국가'와 정보통신기술업체로 위장하고 사실상의 '인터넷 고리대금업(网络高利贷)'을 통해 폭리를 취한 '기업'의 합작품이라는 점을 밝히고자 한다.

평춘홍은 농민공이다. 농민공은 중국 특유의 도농이원구조(urban-rural dual system) 속에서 비(非)도시호구이기 때문에 노동에 대한 정당한 대가를 받지 못하며, 도시호구 소지자에게 제공되는 교육, 의료, 주택 등과 관련된 혜택을 전혀 받지 못하는 '2등 시민'이다. '2등 시민' 농민공에게 주식투자는 리스크가 매우 큰 경제적 행위임에도, CCTV 보도는 '학습'과 '정보수집'에 의한 '이성적 투자'를 통해 기존의 실패를 일정하게 만회한 농민공 평춘홍의 사례를 보여주면서 주식투자는 나쁜 것이 아니고 문제는 투자자 개인에게 있다는 점을 부각시킨다. 그럼으로써 결과적으로 농민공들에게도 주식투자를 부추긴다.

중요한 것은 이러한 주식투자 열풍을 배경으로, 기존 디지털 기업들이 설립한 핀테크 기업인 앤트파이낸셜, JD파이낸셜(JD Financial: 징둥닷컴의 금융사업 부문), 두샤오만(Du Xiaoman Financial: 바이두의 금융사업 부문) 등이 손쉬운 대출을 미끼로 농민공, 노동자, 대학생, 직장인 등 서민층을 대상으로 고리대금업을 하고 있으며, 이러한 소액대출 수익이 기업 전체 수익의 상당 부분을 차지하고 있다는 점이다.[002] 사실 2000년대 들어서 거시경제구조의 전환을 모색하던 중국 정부는 경제적, 행정적, 기술적 지원을 통해 초창기 핀테크 기업이 단시일 내에 성장할 수 있도록 도왔고, 동시에 기존 국유은행의 높은 문턱으로 대출받기 힘들었던 서민들이 핀테크 기업의 신용평가 플랫폼에 의해 결정된 자신의 신용도에 따라 핀테크 기업으로부터 소액대출을 받고 높은 이자를 지불하는 현실을 용인했다.

이 글은 디지털 기업이 정보통신기술업으로 위장하고 농민공, 노동자, 대학생, 직장인들과 같은 서민들을 대상으로 인터넷 고리대금업을 하고, 서민들은 이 대출금으로 주식투자 열풍에 동참하며, 중국 정부는 그 과정에서 산업의 발전과 경제의 '파이(pie)'를 키운다는 명분으로 핀테크 기업의 폭리와 서민들의 주식투자 열풍을 사실상 방조하는 과정을 분석한다.

중국 정부의 주식시장 정책과 핀테크 기업의 신용대출에 관한 기존 연구는 긍정적인 평가가 지배적으로, 금융과 정보통신기술을 결합시켜서 새로운 시장을 창출하고 산업 규모를 확대했다는 혁신에 대한 상찬이 주요 내용이다.[003] 최근 강화된 중국 정부의 핀테크 기업 규제에 대해서도 '독과점 완화, 시장경쟁 공정성, 소비자 권익 보호, 관리 감독 강화' 등의 문제를 제기할 뿐 정부가 산업의 발전과 경제의 파이를 키운다는 명분으로 핀테크 기업의 성장을 적극적으로 지원했고 독점 및 불법행위를 제대로 처벌하지 않았다는 점을 적극적으로 지적하지 않는다. 특히 핀테크 기업 '규제'에 관한 연구도 법률규제에 초점이 맞춰져 있다. 따라서 중국 정부가 '금융서비스 소외층'에 대한 혜택을 강조하면서 대대적으로 추진하고 있는 '포용적 금융'이 실제로는 핀테크 기업의 서민층 고리(高利) 신용대출에 의해 실현되고 있으며, 그 과정에서 핀테크 기업은 '자산유동화 증권' 발행 등의 방식으로 막대한 수익을 거두었다는 점을 비판하지도 않는다.[004] 포용적 금융에 대해서는 긍정적인 평가가 지배적이다.[005] 중국 정부나 관방 기구도 핀테크 기업에 대한 긍정적인 태도를 유지하고 있다.[006]

이 글은 다음과 같이 구성된다. 2장에서는 2000년대 들어서 디지털 기업이 중국 정부의 대대적인 지원으로 성장하는 과정을 분석한다. 3장에서는 2010년대 들어서 디지털 기업이 핀테크 기업으로 전환하여 서민들을 대상으로 하는 인터넷 고리대금업으로 성장하는 과정을 분석하고, 농민공·대학생·직장인 등 서민들이 소액대출을 통해 주식투자 열풍에 동참하는 과정을 밝힌다. 특히 2016년부터 중국 정부가 추진하고 있는 포용적 금융 정책 담론을 배경으로, 핀테크 기업은 소규모 자기 자본금이지만 '자산유동화 증권' 발행 방식으로 저소득층에 대한 고리의 신용대출을 실시하여 막대한 수익을 거두고 있다는 점을 강조한다. 4장 결론에서는 앞의 내용을 정리하고, 2020년 11월 중국 정부가 취한 앤트파이낸셜의 기업공개 중지는 디지털 기업의 핀테크 사업에 대한 완전 금지가 아니라 일정한 조건부 금지이며, 오히려 '규제 샌드박스' 조치를 통해 핀테크 산업 발전을 지원하고 있기 때문에, 향후 경기변동 상황에 따라서 핀테크 소액대출을 통한 '국민 주식투자'를 부추길 가능성도 있음을 지적한다.

## 2. '국민 주식투자'의 시대

2007년 중국은 주식투자 열풍에 휩싸였다. 2007년 1월 새해 벽두부터 유력 매체 『베이징 청년보(北京靑年報)』는 주식투자에 관련해서 주목해야 할 사실들로 베이징 올림픽 특수, 철도건설, 세제통합, 농산품, 의료개혁, 신에너지원 등을 지목하여 투자를 부추겼다.

'상하이 종합지수(上海证券交易所综合服务指数, SSE INDEX)'는 연초 1,161.06에서 시작하여 3월 3,000선으로 올라섰고, 10월 16일에는 역대 최고인 6,092.06까지 치솟았다(그림 1 참고). 당시 중국은 2003년부터 연속 5년간 평균 10%를 상회하는 GDP 성장률을 기록하고 있었고, 무역수지 흑자 폭 확대, 해외직접투자(FDI)의 유입 등으로 증가한 유동성이 주식투자로 몰려 주가는 급격히 상승 중이었다.[007]

이후 상하이 주가지수는 미국발 글로벌 금융위기 등으로 다시 폭락을 거듭하여 2008년 말에는 1,820.81까지 급락하지만, 2013년 들어서 다시 상승하기 시작하여 2015년 6월 5,106.04까지 올라갔다가, 2016년 2월 2,749.57까지 급락하고 이후에도 소폭 반등과 하락을 거듭했다.

2007년 중국 언론은 "2007년 국민 주식투자의 해", "투자 철칙 22개", "패닉 투자"와 같은 기사를 쏟아내면서 주식투자 열풍을 소개했다.[008] 그 외 대학생, 직장인 등 일반 서민의 주식투자에 관한 기사도 있었다.[009] 이 기사는 공부에는

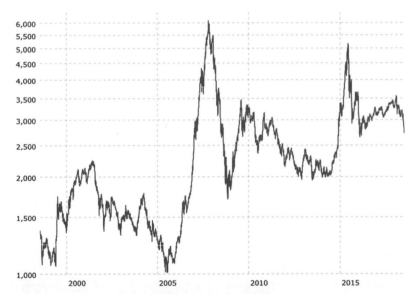

〈그림 1〉 상하이 주가지수 역대 추이(1998년 7월~2018년 7월)
* 출처: 「China Stock Market – Shanghai Composite Index」(https://www.macrotrends.net/2592/shanghai-composite-index-china-stock-market-chart-data)(검색일: 2022년 1월 5일).

취미를 못 붙이고 주식투자에 '꽂혀서' 등록금과 생활비를 모두 털어 투자했다가 빈털터리가 될 뻔했으나, 식음과 학업을 전폐하고 연구한 결과 고수익을 창출한 윈난(云南)대학생의 사연, 직장인들이 출근해서 업무는 소홀히 하면서 하루종일 모니터를 들여다보면서 펀드투자에 빠진 사연 등을 보도하고 있다. 또한 2015년에는 주가 폭락으로 투자금 10만 위안(元)을 날리고 자살을 시도한 대학 졸업생, 100만 위안 투자금 손실을 보고 투신자살한 중년 남자, 3천 위안 투자금 손실로 투신자살을 시도한 농민공 등, 주식투자 열풍에 빠진 서민들의 이야기를 중국 인터넷에서 흔하게 볼 수 있었다.[010]

그야말로 "국민 주식투자(全民炒股)"에 빠진 중국은 2008년 글로벌 금융위기를 전후한 주가 대폭락과 그 이후에도 지속적으로 크고 작은 등락을 거듭한 불안정한 주가 변동 추이에도 불구하고, 2015년 4월 17일 현재 증권계좌 합계가 모두 1억 9천 800만 개에 달할 정도로 주식투자 열풍이 식지 않고 있었다.[011] 중요한 것은 이러한 주식투자 열풍의 배후에는 물론 2000년대 첫 10년 동안 매년 평균 10% GDP 증가라는 고속성장을 이어간 중국 경제의 '실력'도 있었지만, 정부의 역할이 매우 중요했다는 사실이다.[012]

첫째, 중국 정부는 2008년 글로벌 금융위기를 통해 수출감소, 무역수지 악화, 연해 지역 기업도산, 실업 증가 등을 겪으면서 기존의 '저가 상품 수출에 의한 무역 흑자 획득'에 기초한 경제성장 전략을 거대한 인구에 기초한 '내수확대'를 통한 경제성장 전략으로 전환하는 정책을 추진하게 된다.[013] 이 과정에서 내수확대를 가져올 소비 증가를 위해서는 국민의 '실탄'을 마련해줄 필요가 있었는데, 중국 정부는 국민이 당시 급등하고 있던 주식에 대한 투자 수익을 통해서 '실탄'을 마련하게 하도록 금리와 지급준비율을 인하했다.

둘째, 중국 정부는 『인민일보(人民日報)』 등 관영언론을 통해서 국민에게 주식매입을 권장하고 주식시장에 긍정적 전망을 투사하여 주식투자를 부추겼다. 실제로 앞서 언급한 2008년 말 대폭락의 상황에서도 『인민일보』는 "주식시장, 추운 겨울을 지나고 나면 봄이다"라는 제목의 칼럼을 통해 건강한 거시경제 상황과 거품이 빠진 합리적 주식가격을 지적하면서 투자자들을 안심시키고, 향후 금융업, 부동산, 공공사업 등 분야의 밝은 전망을 강조하면서 투자기회를 놓치지 말라고 주문했다.[014] 『인민일보』는 2015년 1월 5일에도 "주식시장은 우리를 기대감으로 충만하게 한다"라는 기사를 통해 긍정적 전망을 쏟아냈다. 심지어 2015년 5월에도 "주식시장의 장기간 활황추세는 변동 없다"는 호언장담을 했다.[015] 하지만 〈그림 1〉에서 보이듯이 2010년 7월, 2015년 6~8월에도 주가는 폭락했다.

셋째, 중국 정부는 2015년 6월의 주가폭락 이후에도 종래의 금리 및 지급준비율 인하부터 국유기업 주식매도 금지, 증시안정기금 조성 등의 조치를 취하는데, 이번에도 『인민일보』는 "주식시장 위기에 정부개입은 국제적인 관례"라는 기사를 통해서 과거 주식시장 위기에 대한 각국 정부의 개입 사례를 들어 정부개입을 정당화하면서 "단기적인 급락"에 휘둘리지 말고 정부를 믿고 "장기적인 투자"를 통해 수익을 거둘 것을 주문했다.

이상과 같이 중국 정부는 2007년 시작된 증시호황을 배경으로 경제성장 전략 전환 차원에서 '국민 주식투자'를 부추겼는데, 2008년, 2015년 반복된 크고 작은 주가 폭락과 급등에도 불구하고 기본적으로는 주식투자를 고무하는 정책 조치와 관영언론 선전을 지속해왔다.

여기서 중요한 것은 대학생, 노동자, 농민, 직장인과 같은 서민을 이러한 '국민 주식투자'에 내몬 배경에는 단지 국가의 방조와 부추김과 뿐만 아니라, 기존 국유은행의 높은 문턱으로 일반 서민들이 대출을 받기 힘든 현실 속에서 표면적으로 정보통신기술업을 내세우고는 사실상 '인터넷 고리대금업(网络高利贷)'을 한 기업들이 있었다는 점이다. 이들 기업은 고리의 소액대출을 통해 서민의 주식투자 열풍을 부추겼고, 정부는 관련 산업을 성장시키고 시장의 '파이'를 키우겠다는 명분으로 이들 기업의 행태를 사실상 방조 용인했다. 또한 정부는 '포용적 금융(普惠金融)'을 내세워 일반 서민들에게도 신용대출 요건을 완화함으로써 서민들의 주식투자를 위한 '실탄'을 제공했다는 점도 중요하다.

다음에서는 중국 핀테크 기업이 정보통신기술 기업을 위장하고 사실상 인터넷 고리대금으로 성장하는 과정과 그 과정에서 정부의 역할을 살펴보자.

## 3. 핀테크 기업과 중국 정부

### 1) 핀테크 기업의 형성

핀테크 기업은 중국 정부의 전폭적인 지원에 힘입어 급속도로 성장할 수 있었다. 1999년 알리바바 창립 당시, 중국은 아직 인터넷 보급률이 낮고 전산망도 제대로 갖춰지지 않았으며, 특히 온라인 상거래는 매우 낯선 분야였다. 알리바바는 기존 현금 거래가 보편적이고 신용카드 보급률이 매우 낮은 상황에서 온라인 결제를 도입하였고, 이후 스마트폰 사용률이 급속히 증가하자 기존 온라인 결제를 모바일 결제로 전환하고 QR코드를 이용한 편리한 결제 방식을 도입하여 2014년 중국 전체 모바일 결제시장의 80% 이상을 점하게 된다.[016]

알리바바는 모바일 결제시장을 기반으로 핀테크 사업으로 확장해 나갔다. 2002년 알리바바는 당시 온라인 상거래 업체의 거래기록 정보를 제공하고 회원들이 해당 정보를 사용하여 상대 업체의 신용도를 판단하는 '청신통(诚信通)'을 내놓는다.[017] 2010년 6월 알리파이낸스(AliFinance)를 설립하고 타오바오(taobao)

와 티몰(Tmall) 등 자체 온라인 상거래 플랫폼 사용자와 기존 국유은행인 공상은행(工商银行)과 건설은행(建设银行)의 대출을 중개해주는 상품인 '이다이퉁(e贷通)', '이룽퉁(易融通)'을 시작했다.[018] 2013년에는 알리바바와 텐훙펀드(Tianhong Fund)가 공동으로 위어바오(YueBao)라는 단기투자신탁(머니마켓펀드, money market fund) 상품을 출시했는데, 상품 가입자는 알리바바 모바일 결제 플랫폼인 알리페이(Alipay) 충전액 중 사용하고 남은 잔액을 위어바오에 투자하여 텐훙펀드가 운용하여 수익을 창출할 수 있다. 2017년 4월 위어바오 자금 규모는 1조 위안을 넘어섰으며, 위어바오 가입자 숫자는 3억 2500만 명에 달했다.[019]

2014년 알리바바는 그룹의 모바일 결제, 자산관리, 대출, 보험 등의 금융 관련 서비스를 통합하여 핀테크 전문 기업 앤트파이낸셜(Ant Financial)을 출범시켰다.[020] 앤트파이낸셜은 2015년 마이뱅크(MYbank)를 설립하여 기존 국유은행 중심의 금융서비스에서 배제된 중소기업, 농민, 소상공인 등을 대상으로 하는 소액대출을 개시한다.

또한 2015년 앤트파이낸셜 마이뱅크를 통해서 알리페이 플랫폼과 연계한 소액대출 상품 제베이(Jiebei)를 출시하고, 자체 개인 신용평가 시스템 '즈마신용(Zhima Credit)'을 통해 구축된 개인 신용도에 따라서 대출을 개시했다.[021] 즈마신용은 해당 사용자의 온라인 거래 결제 내역, 신용카드 연체 여부, 각종 요금 납부 상황, 모바일 결제 내역, 재테크 상품 가입 등의 데이터를 기초로 개인 신용도 점수를 결정했다.

이상을 요약하면, 알리바바는 알리페이를 통해 모바일 결제 시장을 장악하고, 이를 기초로 앤트파이낸셜을 설립하고, 마이뱅크를 통해 위어바오, 제베이 등의 금융상품을 판매하여, 단기투자신탁, 인터넷 은행, 소액대출에 특화된 핀테크 기업으로 성장했다. 중요한 것은 알리바바가 앤트파이낸셜을 매개로 핀테크 기업으로 성장 전환되는 과정에 중국 정부는 전폭적인 제도적 정책적 지원을 제공했다는 점이다.

첫째, 핀테크 기업에 대한 감독이 거의 없던 2014년 이전 시기, 중국 정부는 「비금융기구의 결제서비스 관리 방법」과 「실시 세칙」을 통해 알리페이와 같은 제3자 결제서비스를 공식적인 감독 대상으로 포함시킴으로써, 사실상 비(非)금융업 분야 기업의 금융업 진출을 위한 근거를 제공했다.[022] 또한 「은행법」에 비금융업 분야 기업의 대출 중개와 온라인 거래 회원사의 거래정보 제공 관련 규정이 명확하지 않았지만, 중국 정부는 알리파이낸스가 타오바오와 티몰 등 자체 온라인 상거래 플랫폼 사용자들에 대한 소액대출 금융상품인 '이다이통', '이룽통'을 시행하도록 허용했다. 즉 정부는 관련 규정이 모호한 상황에서도 정보통신기술 기업의 금융업 진출을 허용한 것이다.

둘째, 2014년 3월 중국 정부는 '민영 은행'의 신규 설립을 허용한다.[023] '중국 은행보험감독관리위원회(中國銀行保險監督管理委員会)'는 알리바바와 텐센트 등 비금융업 분야 민영기업의 은행설립을 신규 허용하여, 2015년 알리바바 마이뱅크와 텐센트 위뱅크(WeBank)가 설립되었다. 정부는 중소기업 금융서비스 확대와 기존 국유은행 중심 은행업계의 경쟁력 강화를 명분으로 금융업이 아닌 정보통신기술 기업의 민영 은행 신규설립을 허가함으로써, 향후 이들 기업이 핀테크 기업으로 전환할 수 있도록 지원한 것이다. 또한 중국 정부는 2014년 4월 3일에 '중국 인터넷 금융협회(中國互联网金融协会)'를 정식 비준하면서 정부의 관리감독과 업계의 자율원칙 병행을 밝힘으로써, 사실상 핀테크 업계의 자율경영에 방점을 두는 조치를 취한다.[024]

셋째, 민영기업 알리바바가 자체적으로 구축한 신용평가 플랫폼 '즈마신용'이 중국 정부의 인가를 획득하게 되었다는 점이다. 2015년 1월 중국 정부는 「개인 신용정보 수집 업무 준비 작업의 개선에 관한 통지」를 발표하여 8개 신용평가 회사를 공식허가했는데, 여기 포함된 알리바바 즈마신용과 '텐센트

신용정보 수집회사(騰訊征信有限公司)'는 비금융업이고 나머지 6개는 모두 금융업 분야였다.[025] 국가는 민영기업의 신용평가 플랫폼을 공식허가했고 이를 통해 비금융업 기업 알리바바는 핀테크 사업을 위한 기초를 확보할 수 있었던 것이다.

### 2) '포용적 금융'과 중국 정부

중국 정부는 2010년대 들어서 급속히 성장한 정보통신기술 기업이 핀테크 기업으로 전환되는 데 있어서 사전 승인과 사후 규제라는 입장을 가지고 관련 산업의 발전과 시장의 파이를 먼저 키우고 나중에 문제가 되는 부분을 규제하는 방식을 취해왔다.[026] 중요한 것은, 중국 정부의 전폭적인 지원에 힘입어 급속도로 성장한 핀테크 기업이 단지 중소기업이 아니라 소상공인, 대학생, 노동자, 농민, 직장인 등과 같은 서민들에 대한 고리의 소액대출을 원활하게 시행할 수 있으려면, 단지 '정보통신기술을 활용한 선진적 금융상품 개발을 통한 산업의 발전과 시장의 파이 확대'라는 명분만으로는 부족하고, 이러한 핀테크 기업의 금융상품이 실제로 서민들에게 도움이 된다는 적극적인 '정책 담론(policy discourse)'이 필수적이라는 사실이다.

즉 '핀테크 산업 성장을 통한 시장 확대를 위한 관련 업계에 대한 전폭적인 정부 지원'은 기업발전을 위한 명분으로는 설득력이 있지만, 그것 자체만으로는 일상생활을 영위하는 서민들에게는 큰 설득력을 가지지 못하기 때문에, '핀테크 산업 성장'이 기업만이 아니라 서민에게 도움이 된다는 설득력을 가지기 위해서는 새로운 정책 담론이 필요했다. 여기서 등장한 정책 담론이 바로 '포용적 금융(普惠金融 financial inclusion)'이었다.

포용적 금융은 2015년 유엔 총회장에서 2016~2030년 15년 동안 추진할 '지속가능발전목표(SDGs)'로 거론됨으로써 각국의 정책 담론에 본격 등장하기 시작했다.[027] 포용적 금융은 소득 양극화가 심화되는 현실을 배경으로, 기존 금융서비스에서 배제되거나 소외된 소상공인, 빈곤층, 노동자, 농민 등의 저신용자 저소득층에게 금융서비스를 제공함으로써 개인과 지역에게 경제적 발전의 기회를 제공하는 것을 의미한다. 간단히 말해서, 금융소외층의 '금융 접근성'을 높이는 것이다.

하지만 이 포용적 금융 개념은 정상적인 금융서비스 접근권을 갖지 못한 이들에게 개선된 금융시장의 선택권을 제공한다는 목표를 설정함으로써, 빈곤의 원인을 사회경제적 불평등과 권력 관계가 아니라 단순한 시장 접근성의 문제로 환원시키고, 사회적 문제로서의 빈곤을 개인화시키는 이데올로기적 효과를 가진다는 비판이 있다. 즉 포용적 금융은 사회적 집단들이 처한 사회경제적 구조적 문제를 '후경화'시키고, 개인적 금융시장 접근성을 '전경화'시킴으로써 빈곤을 개인의 문제로 귀결시킨다는 것이다.[028]

중국에서 포용적 금융은 2016년 「포용적 금융 발전 추진 규획(2016~2020년)」과 2018년 「중국 포용적 금융 발전 상황 보고」를 통해 중국 정부에 의해 공식화되었다. 중국에서도 포용적 금융은 중소기업(小微企業), 주변부 지역 주민, 노동자, 농민, 빈곤층, 장애인, 노인 등 저소득층에 대한 금융서비스의 문턱을 낮추자는 게 골자다.[029]

특히 중국의 포용적 금융 정책 담론에는 두 가지 측면이 두드러진다. 첫째, 핀테크 플랫폼을 통해 저소득층에게 금융서비스를 제공한다는 것이다. 기존 저소득층이 까다로운 국유은행의 대출심사를 통과하지 못해서 금융서비스에서 배제 혹은 소외되었으므로, 민영기업이 주도하는 핀테크 기업의 플랫폼을 통해서 저소득층이 손쉽게 소액대출 등의 금융서비스를 받게 하자는 것이었다. 둘째, 장기간 지속되고 있는 글로벌 경제불황으로 실물경제 중심의 성장이 어려워지자, 중국 정부는 14억 내수 소비시장 활성화를 경제성장 동력으로 활용하기 위해서는 소비자 금융을 발전시키는 것이 필요하다고 인식했다는 점이다. 이를 위해서 중국 정부는 포용적 금융 개념을 도입하여 기존 대기업, 고소득층, 중산층이 아닌 '저소득층'에 대한 금융서비스 접근성 제고를 통해 소액대출을 활성화하여 소비를 확대하려는 의도를 지니고 있었다.[030]

간단히 말해서, 중국에서 포용적 금융은 정보통신기술업으로 위장한 사실상의 인터넷 고리대금업체인 핀테크 기업으로 하여금 저소득층을 대상으로 하는 소액대출을 실시하게 하여 국내 소비를 활성화시키고 내수 소비시장을 성장시키는 데 강조점이 있다. 이러한 포용적 금융 정책의 효과에 대한 중국 정부의 공식 평가는 매우 긍정적이다.[031]

문제는 포용적 금융을 통한 소액대출의 사용에 대해 사실상의 규제가 없는 상황에서, 대출금이 주식투자 등에 불법적으로 사용되고 있다는 점이다. 예를 들어 앞서 언급한 앤트파이낸셜의 소액대출 금융상품 제베이, 텐센트 위뱅크의 소액대출 금융상품 웨이리다이(微粒貸) 등으로 받은 대출금을 많은 노동자, 농민, 소상공인, 직장인 등 서민층이 주식투자에 사용하고 있는 것이 현실이다.[032]

사실 대출금의 불법 주식투자는 새로운 현상이 아니다. 앞서 보았던 중국 주식투자 열풍이 시작된 2007년, 국유은행 대출금을 주식투자에 사용한 대형 국유기업 2개가 처벌받은 적도 있다.[033] 이때는 국유은행 문턱이 높아서 일반 서민 대출은 힘들었으나, 2016년 전후 포용적 금융이 제기되고, 2015년 등장한 제베이, 웨이리다이 등 핀테크 기업의 인터넷 소액대출 금융상품이 활성화되면서 포용적 금융의 대상인 노동자, 농민, 노인, 장애인, 대학생, 청년 등 저소득층이 이러한 금융상품을 이용하여 받은 대출금을 약관을 위반하면서 주식투자에 사용하는 현상이 급속히 확산된 것이다.

더군다나 핀테크 기업들은 자기 자본금으로 소액대출을 시행한 것이 아니

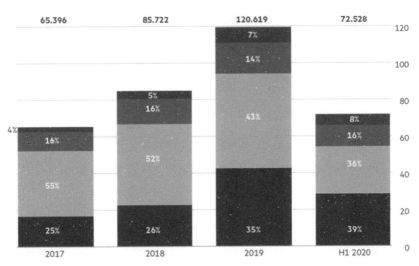

## Ant's growing share of revenue from lending

Revenue share by business line (Rmb bn)

- Innovation initiatives and others
- Insurance (InsureTech)
- Wealth Management (InvestmentTech)
- Payments
- **Lending (CreditTech)**

| | 65.396 | 85.722 | 120.619 | 72.528 |
|---|---|---|---|---|
| | | | 7% | 8% |
| | | 5% | 14% | 16% |
| | 4% | 16% | 43% | 36% |
| | 16% | 52% | | |
| | 55% | | | |
| | 25% | 26% | 35% | 39% |
| | 2017 | 2018 | 2019 | H1 2020 |

Numbers in bars show % share of total revenue
Source: company
© FT

〈그림 2〉 앤트파이낸셜 전체 수익에서 신용대출의 비중 증가
* 출처: 「Ant's huge lending business powers $30bn IPO」(https://www.ft.com/content/935401f8-a374-4c15-ba8a-12c600ac3443)(검색일: 2022년 1월 5일).

었다. 2017년 앤트파이낸셜 제베이의 등록 자본금은 30억 위안에 불과했는데, 소액대출 총액은 자본금의 100배가 넘는 3,600억 위안이었다. 이것이 가능했던 이유는, 앤트파이낸셜이 소액대출 채권을 기초로 발행한 '자산유동화 증권(ABS Asset Backed Assets)'을 금융기관에 담보로 제공하여 대출금을 받고, 이 돈으로 다시 소액대출을 시행하여 그 채권으로 다시 자산유동화 증권을 발행, 금융기관에서 대출받은 돈으로 소액대출을 시행하는 방식을 무수히 반복했기 때문이었다.[034] 〈그림 2〉가 보여주듯이, 2017~20년 앤트파이낸셜의 전체 수익에서 소액대출(Lending)이 차지하는 비중은 지속적으로 증가했다.

즉 중국 정부는 각종 조치와 관영 언론을 통해 사실상 서민들의 주식투자를 부추기고 핀테크 기업 발전을 정책적으로 지원했으며, 핀테크 기업 지원을 합리화하고 핀테크 기업이 제공하는 금융서비스에 대한 규제를 완화하여 우선적으로 사업을 육성해 '파이'를 키우고 사후적으로 문제를 해결한다는 정책 기조를 취했다. 결과적으로 포용적 금융이라는 정책 담론을 통해 핀테크 기업의 고리대금업을 사실상 방조했다. 앤트파이낸셜과 같은 핀테크 기업은 자산유동화 증권 발행으로 자기 자본금의 100배에 달하는 거액을 고리로 노동자, 농민, 대학생, 청년 등 서민층에게 신용대출하여 막대한 수익을 거뒀고, 고리로 대출을 받은 일부 서민들은 불법적으로 대출금을 주식투자에 사용한 것이다.

물론 2016년부터 중국 정부는 흔히 'P2P 대출업체'라고 불리며 사기, 폭리, 불법 자금 조달 등을 일삼던 인터넷 고리대금업체에 대한 단속을 지속했고, 2020년 11월에는 과거 5천 개가 넘던 기존 업체 중 3개만 남기고 모두 사업을 접게 되었다.[035] 하지만 이 'P2P 대출업체'들도 원래는 중국 정부의 대대적인 포용적 금융 실시와 핀테크 기업 육성 차원에서 실시된 지원에 힘입어 폭발적으로 성장한 것이었다. 그런데 단속 과정에서도 앤트파이낸셜과 같은 '빅테크(BigTech)'들은 살아남았다. 자금 제공자와 자금 필요자를 단순 연결해주는 'P2P 대출업체'와는 달리, 알리바바 앤트파이낸셜은 중국 정보통신기술 '굴기'의 상징인 핀테크 기업이었기 때문에 2020년 11월에야 비로소 최후로 단속 대상이 된 것이다.

## 4. 결론

2007년 시작된 주가 상승을 계기로 주식투자의 성공과 실패는 곧 개인의 합리적 선택의 결과라는 관점에서 중국 정부는 정책 조치와 관영 언론을 통해 주식투자 열풍을 부추겼다. 그 과정에서 노동자, 농민, 대학생, 직장인 등의 서민층도 리스크가 큰 주식투자에 몰렸다. 중국 정부는 2010년부터 발전하기 시작한 정보통신기술 업체들에 대한 정책적 지원을 통해서 이들 업체가 핀테크 기업으로 성장하도록 도왔고, 비금융업 분야 핀테크 기업들은 정부의 용인하에 민영 은행 설립과 금융상품 출시를 통해 막대한 수익을 거두기 시작했다. 특히 2016년부터 중국 정부는 서민층의 금융서비스 접근 제고라는 '포용적 금융' 정책 담론을 통해서 핀테크 기업이 이들 서민층에게 인터넷 고리대금업을 시행할 수 있도록 방조했다. 서민층은 고리로 조달한 대출금을 약관을 위반하면서 주식투자에 사용하여 사회적 문제가 될 정도였다. 이러한 분위기 속에서 5,000개까지 늘어난 'P2P 대출업체'에 의한 사기, 폭리, 불법 자금 조달 등의 문제가 심각해지자 정부의 단속도 강화되었지만, 앤트파이낸셜, JD파이낸셜, 두샤오만 등 빅테크 기업은 건재했다.

물론 2020년 연말 중국 정부에 의한 앤트파이낸셜 기업공개 중지 조치를 계기로 빅테크 기업에 대한 규제도 강화되었다. 중국인민은행(中国人民银行), 중국은행보험감독관리위원회, 중국증권감독관리위원회, 국가외환관리국 등 4대 금융당국은 11월 2일과 12월 26일에 앤트파이낸셜의 마윈(马云)과 이사장 등에 대한 '웨탄(约谈, 예약면담)'을 실시하여 빅테크 기업에 대한 규제 시작을 예고했다.[036] 2020년 들어서 중국 정부는 시장독과점, 기존 금융시장 질서에 대한 도전, 디지털 기업 데이터 수집이 국가 안보에 미치는 영향 등의 문제를 이유로 앤트파이낸셜로 대표되는 핀테크 기업에 대한 규제를 강화하기 시작했다. 핀테크 기업의 소액대출이 노동자, 농민, 대학생, 직장인 등 서민층의 무분별한 소비와 주식투자 열풍을 조장하여 사회적 문제가 되고 있는 것도 이러한 규제 강화의 중요한 이유이다. 실제로 핀테크 기업의 광고에 혹하여 고리의 신용대출을 소비와 주식투자에 사용했다가 문제가 된 사연들을 최근 언론 보도에서도 쉽게 찾아볼 수 있다.[037]

그런데 중요한 것은 중국 정부의 핀테크 기업 규제는 '일시적 조치'라는 점이다. 실제로 앤트파이낸셜 기업공개 중지 직후인 12월, 중국인민은행은 '핀테크 기업 규제 샌드박스(金融科技監管沙盒)' 시점(試點)을 베이징(北京)에 설치하고 핀테크 기업 '규제 샌드박스(regulatory sandbox)' 정책 실험을 개시했다.[038] 2021년 2월에는 9개 지역 86개 시점을 공표하기에 이르렀다.[039] 즉 중국 정부는 핀테크 기업을 완전히 도태시킨 것이 아니라 일부 문제점을 시정하는 방향으로 정책을 취하고 있으며, 오히려 '규제 샌드박스'를 통해 핀테크 산업의 장기적인 발전을 추진하고 있는 것이다.

또한 최근에 중국 정부는 앤트파이낸셜의 소액대출 금융상품 화베이, 제베이를 인민은행의 신용평가시스템(中國人民銀行征信系統)에 통합시키는 조치를 통해 앤트파이낸셜이 축적한 금융정보 데이터를 공유할 수 있게 했다.[040] 즉 민영기업의 금융정보 데이터 독점을 방지하기 위해 정부가 행정권력을 동원하여 기존 국유은행이 해당 데이터를 공유할 수 있게 한 것이다. 이러한 조치는 자본에 대한 국가권력의 견제일 수는 있지만, 이것이 곧 핀테크 기업의 인터넷 고리대금업의 문제를 근본적으로 시정하는 것은 아니다. 오히려 정부는 '규제 샌드박스' 제도를 통해 핀테크 산업의 발전을 명시적으로 지원하고 있다. 이렇게 볼 때, 향후 거시경제의 변동에 따라 내수시장 확대를 명분으로 중국 정부가 핀테크 기업의 인터넷 고리대금업 규제를 완화하여 서민층의 주식투자 열풍이 재연될 가능성은 상존한다고 할 수 있다.

아울러 2020년 기업공개 중지 이후 중국 정부는 핀테크 기업에 대한 지배력을 강화하기 위해서 앤트파이낸셜을 금융지주회사로 재편하게 하고, 기존 소비자금융 부문을 통합하여 충칭(重庆)에 '충칭앤트소비금융회사(重庆蚂蚁消费金融公司)'를 설립하게 하였다. 앤트파이낸셜이 50% 지분을 소유하고 중앙정부 재정부(财政部)가 대주주로 있는 난양상업은행(南洋商业银行)과 화룽자산(华融资产)이 20% 지분을 소유한 충칭앤트소비금융회사는 기존 화베이, 제베이 등의 소액대출 사업을 담당한다. 2021년 12월에는 국유기업 '중국신다자산관리주식유한회사(中国信达资产管理股份有限公司)'가 충칭앤트소비금융회사의 증자 참여를 결정하여 충칭앤트소비금융회사 전체 지분에서 국유지분의 비중은 28%로 증가할 것으로 예상되었다.[041]

**박철현**

국민대학교 중국인문사회연구소 HK연구교수로 재직 중이다. 사회학을 전공했고, 최근의 관심 주제는 중국 동북(東北)지역, 국유기업, 노동자, 역사적 사회주의, 만주국, 동아시아 근대국가, 기층 거버넌스, 도시 등이고, 대표 논저로는 『도시로 읽는 현대중국』 1, 2(편저), 『세계의 지속가능한 도시재생』(공저) 등이 있다.

미주

# 미주

## 1. 시장을 이길 수 있는가? / 김승우

**001** A. Preda, *Framing finance: the boundaries of markets and modern capitalism*, Chicago and London, University of Chicago Press, 2009, p. 5.

**002** 투자결정 과정에서 개인의 심리적 요인들이 반영된다고 주장하는 행동 금융학 (Behavioral Finance)은 합리적인 투자자라는 믿음을 뒤흔들어버린 2008년 금융위기 이후에 관심을 받고 있다. 그러나 이것은 시장의 효율성이라는 '제한적 합리성(bounded rationality)'에서 파악할 수 없었던 주가의 폭등과 폭락이라는 '비이성적 과열(irrational exuberance)'을 이해하려고 한 시도이지 그 전제 자체를 부정한 것은 아니다. R. J. Shiller, 이강국 역, 『비이성적 과열』, 알에이치코리아, 2014.

**003** C. Mackay, 이윤섭 역, 『대중의 미망과 광기』, 필맥, 2018[1841].

**004** M. de Goede, "Mastering 'Lady Credit': dircourses of financial crisis in historical perspective", *International Feminist Journal of Politics*, 2(1), 2000.

**005** M. de Goede, *Virtue, fortune, and faith: a genealogy of finance*, Minneapolis, University of Minnesota Press, 2005. p. 42. 한편, 경기변동을 통해 주가추세의 '순환성'에 주목한 일부 투자자들은 태양 흑점의 폭발 주기를 따른 정치경제학자 제본스(W. S. Jevons)의 경기 변동론을 활용하여 주가 예측을 시도했다.

**006** M. de Goede, 'Resocialising and repoliticising financial markets: contours of social studies of finance', *Economic Sociology Newsletter* 2005, pp. 19~28.

**007** 금융의 사회적 연구는 푸코(M. Foucault)의 통치성(governmentality), 버틀러(J. Butler)의 수행성(performativity) 이론 등을 활용한다. T. Bennet, L. McFall and M. Pryke, "Editorial: cultural/economy/social", *Journal of Cultural Economy*, Vol. 1, No. 1, 2008, pp. 1~7.

**008** K. R. Brine and M. Poovey, *Finance in America: an unfinished story*, Chicago and London, University of Chicago Press, 2017, pp. 20~21.

**009** 최근 자본주의(history of capitalism)의 연구는 인종과 경제적 차이를 금융 제도를 통해 설명하고자 한다. M. Baradaran, *The color of money: black banks and the racial wealth gap*, Cambridge, MA, Harvard University Press, 2019.

**010** J. Ott, *When Wall Street met Main Street: the quest for an investor's democracy*, Cambridge, Harvard University Press, 2011.

**011** J. Ott, "The Free and Open People's Market": political ideology and retail brokerage at the New YOrk Stock Exchange, 1913-1933", *Journal of American History*, Vol. 96, Issue 1, 2009, pp. 44~71.

**012** K. Heinemann, *Playing the market: retail investment and speculation in twentieth-century Britain*, Oxford, Oxford University Press, 2021.

**013** 이에 관한 미국 월가(Wall Street)의 논쟁은 다음의 기사를 통해 확인할 수 있다. "Can you beat the stock market?", *Fortune*, 1983. 12. 26.

**014** 대표적으로는 다음을 들 수 있다. P. Bernstein, 강남규 역, 『세계 금융시장을 뒤흔든 투자 아이디어』, 이손, 2006; J. Fox, 윤태경 역, 『죽은 경제학자들의 만찬』, 서울, 2010.

**015** M. de Goede, *Virtue, fortune, and faith*; F. Jovanovic, "The construction of the canonical history of financial economics", *The History of Financial Economics*, 40(2), 2008; K. R. Brine and M. Poovey, *Finance in America: an unfinished story*, Chicago and London, University of Chicago Press, 2017.

**016** 이러한 방법론에 관해서는 다음을 보시오. M. de Goede, "Resocialising and repoliticising financial markets: contours of social studies of finance", *Economic Sociology Newsletter*, 2005; M. Pryke and P. du Gay, "Take an issue: cultural economy and finance", *Economy and Society*, 36(3), 2007.

**017** A. Preda, "Financial knowledge, documents, and the structure of financial activities", *Journal of Contemporary Ethnography*, 31, 2002, p. 207.

**018** A. Preda, *Framing finance: the boundaries of markets and modern capitalism*, Chicago and London, University of Chicago Press, 2009, pp. 114~115. 오늘날 여러 경제방송의 하단에서 제공되는 실시간 주가변동 정보를 통해 초기 표시기 테이프의 모습을 상상할 수 있다.

**019** D. Hochfelder, ""Where the common people could speculate": the ticker, bucket shops, and the origins of popular participation in financial markets, 1880~1920", *Journal of American History*, 93(2), 2006, p. 340. 표시기의 보급은 뉴욕주식거래소의 정보 독점권에 도전한 무허가 중개소(bucket shop)의 설립으로 이어지기도 했다.

**020** Preda, *Framing finance*, p. 154~156.

**021** Ibid., pp. 136~43.

**022** Ibid., p. 258.

**023** R. Rhea, 박정태 역, 『다우이론』, 굿모닝북스, 2005[1932], 16쪽; S. Fraser, *Every man a speculator: a history of Wall Street in American life*, New York, Harper Perennial, 2006, p. 257.

**024** Preda, *Framing finance*, pp. 155~156.

**025** Ibid., p. 10; P. Hamilton, 박정태 역, 『주식시장 바로미터』, 굿모닝북스, 2008[1922].

**026** Rhea, 『다우이론』, 7쪽. 그는 일간 주가차트를 작성하여 구독자들에게 판매했다.

**027** Preda, *Framing finance*, pp. 166~167.

**028** Hochfelder, ""Where the common people could speculate"", p. 336; 또한 제1차 세계대전의 전쟁비용 마련을 위해 미국 정부가 발행한 자유채권(Liberty Bond)을 계기로 더 많은 일반 대중이 증권시장으로 몰려들었다. J. Ott, *When Wall Street met Main Street: the quest for an* investors' democracy, Cambridge, MA, Harvard University Press, 2011.

**029** 대표적으로는 1925년에 설립된 인코퍼레이티드 인베스터스(Incorporated Investors) 사를 들 수 있다. D. B. Henrique, 김상우 역, 『뮤추얼 펀드 제국 피델리티』, 굿모닝북스, 2006.

**030** J. Ott, ""The free and open people's market": political ideology and retail brokerage at the New York Stock Exchange, 1913~1933", *Journal of American History*, 96(1), 2009, p. 44.

**031** 이 시기에 관해서는 다음을 보시오. F. L. Allen, 박진빈 역, 『원더풀 아메리카』, 앨피, 2006.

**032** J. Livermore, E. Lefebvre, 윤지호, 노혜숙 역, 『위대한 투자자, 제시 리버모어』, 원앤원 북스, 2007, 29쪽.

**033** 위의 책, 205쪽.

**034** C. Dow 외, 박정태 편역, 『주가의 흐름』, 굿모닝북스, 2010, 163쪽.

**035** R. N. Elliott, 이형도 편, R. Chang 역, 『엘리어트 파동이론』, 이레미디어, 2006.

**036** 위의 책, 117쪽.

**037** Rhea, 『다우이론』, 82쪽.

**038** "내부자는 대개 남들에게 떠들어가면서 주식을 매도하지 않기 때문이다." 위의 책, 171쪽.

**039** G. Loeb, 박정태 역, 『목숨을 걸고 투자하라』, 굿모닝북스, 2008, 148쪽.

**040** Rhea, 『다우이론』, 155쪽.

**041** 위의 책, 156쪽.

**042** de Goede, *Virtue, fortune, and faith*, pp. 58~85.

**043** Fraser, *Every man a speculator*, p. 415.

**044** 1933년 글래스-스티걸법(Glass-Steagall Act)은 고객의 예치금이 주식투기에 활용되는 것을 방지하고자 상업은행업과 투자은행업을 분리했고, 그 결과 J. P. 모건사(Morgans)는 투자은행인 모건 스탠리(Morgan Stanley)와 상업은행인 J. P. 모건으로 나눠졌다.

**045** Brine and Poovey, *Finance in America*, pp. 141~147.

**046** Fraser, *Every man a speculator*, p. 456.

**047** J. M. Keynes, 조순 역, 『고용, 이자 및 화폐의 일반이론』, 비봉출판사, 2007, 183, 186쪽.

**048** 투자자로서 케인즈에 관한 논의로는 다음을 들 수 있다. J. E. Woods, "On Keynes as an investor", *Cambridge Journal of Economics*, 37, 2013.

**049** B. Graham and D. L. Dodd, *Security analysis*, New York, Whittlesey House, 1934.

**050** B. Graham, *The intelligent investor: a book of practical counsel*, New York, Harper & Brothers, 1949.

**051** Graham and Dodd, *Security analysis*, p. 1.

**052** Brine and Poovey, *Finance in America*, pp. 148~151.

**053** B. Graham, 강남규 역, 『현명한 투자자』, 국일증권경제연구소, 2002, 174쪽.

**054** B. Graham and D. L. Dodd, 박길수 옮김, 『증권 분석』, 리딩리더, 2008, 71쪽.

**055** Graham and Dodd, *Security analysis*, pp. 23, 26~27.

**056** R. Gutmann, *How credit-money shapes the economy*, New York, M. E. Sharpe, 1994.

**057** Graham and Dodd, *Security analysis*, p. 67.

**058** P. Fisher, 박정태 역, 『위대한 기업에 투자하라』, 굿모닝북스, 2005.

**059** 1945년 창간호는 다음과 같이 협회의 목적을 밝혔다. ① 전문직 윤리의 확립 및 유지, ② 분석 기술의 향상, ③ 분석가들의 사고 및 상호 정보 교류, ④ 증권분석가의 능력과 증권시장 작동원리에 대한 대중의 이해 증진. C. Tatham Jr., "A brief history of the society", *The Analysts Journal*, 1(1), January 1945, pp. 3~4. 오늘날 투자업계 현장의 목소리를 전달하고 있는 『파이낸셜 애널리스츠 저널(Financial Analysts Journal)』의 전신이 바로 이 잡지이기도 하다.

**060** 뉴욕 주(州) 법원은 자금의 보전과 안정적인 소득 조달을 투자의 전제조건으로 보았기 때문에 가격하락의 위험을 안고 있는 보통주를 신탁이 보유할 수 있는 자산으로 인정하지 않았다. 1869년 킹 대 탈본(King v. Talbot) 판례는 투자 대상을 엄격하게 제한했다.

**061** J. Brooks, *The Go-Go years: the drama and crashing finale of Wall Street's bullish 60s*, New York, John Wiley, 1999[1984].

**062** 주식시장이란 "결국 대중 심리의 게임"이라고 믿었던 체스트넛(G. Chestnutt)은 차트 읽기를 통해 당대의 슈퍼스타 자산관리인으로 떠올랐다. G. E. Kaplan and C. Welles, *The money managers*, New York, Random House, 1969, p. 256.

**063** Bernstein, 『세계 금융시장을 뒤흔든 투자 아이디어』, 145쪽.

**064** 위의 책, 207쪽.

**065** B. Malkiel, 박세연 역, 『랜덤워크 투자수업』, 골든어페어, 2020, 205~206쪽.

**066** Bernstein, 『세계 금융시장을 뒤흔든 투자 아이디어』, 47쪽.

**067** 김승우는 두 이론이 전후 냉전 시기에 대한 상이한 정치적 입장을 대변했다고 주장한다. 전자는 국가의 개입을 반대하고 자유시장을 옹호한 신자유주의, 후자는 전시 경험에 따라 자원의 효율적 배치를 논의했던 게임이론과 합리적 선택 이론이라는 자본주의적 민주주의에 뿌리를 두고 있다. 김승우, 「'과학적' 투자 담론의 냉전적 기원」, 『사총』 95, 2018. 9.

**068** Jovanovic, "The construction of the canonical history of financial economics"; C. Hildreth, *The Cowles Commission in Chicago, 1939~1955*, Berlin and Heidelberg, Springer-Verlag, 1986.

**069** E. Fama, "Random walks in stock market prices", *Financial Analysts Journal*, 21(5), 1965.

**070** Malkiel, 『랜덤워크 투자수업』, 181~182쪽.

**071** 위의 책, 206쪽.

**072** 위의 책, 208쪽.

**073** E. L. Bishop III and J. R. Rollins, "Lowry's reports: a denial of market efficiency?", *Journal of Portfolio Management*, 4(1), 1977.

**074** Bernstein, 『세계 금융시장을 뒤흔든 투자 아이디어』, 240, 246쪽.

**075** H. Markowitz, "Portfolio selection", *Journal of Finance*, 7(1), 1952, p. 77. 이탤릭은 원문.

**076** Malkiel, 『랜덤워크 투자수업』, 248, 249쪽.

**077** 위의 책, 263쪽.

**078** D. McKenzie, *An engine, not a camera: how financial models shape markets*, Cambridge, MA, MIT Press, 2006, p. 81.

**079** Ibid., p. 82.

**080** Malkiel, 『랜덤워크 투자수업』, 484쪽.

**081** P. A. Samuelson, "Challenge to judgment", *Journal of Portfolio Management*, 1(1), Fall 1974, p. 18.

**082** A. A. Berle and G. C. Means, *The modern corporation and private property*, rev. ed., New York, Hartcourt, Brace and World, 1967, p. xxiii.

## 2. 1920년대 플로리다 부동산 개발 붐과 과열 투기 / 박진빈

**001** Christopher Knowlton, *Bubble in the Sun: The Florida Boom of the 1920s and How It Brought on the Great Depression*, New York: Simon & Schuster, 2020; Gregg Turner, *The Florida Land Boom of the 1920s*, Jefferson, NC: McFarland & Company, 2015.

**002** David Leon Chandler, *Henry Flagler: The Astonishing Life and Times of the Visionary Robber Baron Who Founded Florida*, New York: Macmillan, 1986; Carl Hungness, *I Love to Make the Dirt Fly! A Biography of Carl G. Fisher, 1874~1939*, Madison, IN: Carl Hungness Publishing, 2015; Mark Foster, *Castles in the Sand: The Life and Times of Carl Graham Fisher*, Gainesville: University Press, of Florida, 2000; David Nolan, *Fifty Feet in Paradise: The Booming of Florida*, Orlando: Harcourt Brace Jovanovich, 1984; Avra Moore Parks, *George Merrick's Coral Gables: "Where Your 'Castle in Spain' Are Made Real!"*, Miami: Centennial Press, 2006.

**003** Chandler, *Henry Flagler*, pp. 75~94.

**004** Knowlton, *Bubble in the Sun*, pp. 9~10.

**005** Turner, *The Florida Land Boom*, pp. 13~15.

**006** William Brown, Jr. and Karen Hudson, "Henry Flagler and the Model Land Company", *Tequesta*, vol. 96, no. 1, 1996, pp. 46~78.

**007** Richard Barry, "Slavery in the South To-day", *Cosmopolitan Magazine*, XLII, March 1907, p. 5; Bryan Bowmman and Kathy Roberts Forde, "How Slave Labor Built the State of Florida Decade

After the Civil War", *The Washington Post*, May 17, 2018.

008 Federal Writers Project, *Florida: A Guide to the Southern-Most State*, New York: Oxford University Press, 1939, p. 208.

009 Turner, *The Florida Land Boom*, p. 27.

010 F. L. 알렌 저, 박진빈 역, 『원더풀 아메리카』, 앨피, 2006, 351쪽.

011 Knowlton, *Bubble in the Sun*, pp. 53~54; Foster, *Castles in the Sand*, pp. 136~160.

012 "1920-Mangrove Forest Destruction on Miami Beach", 1920~1929 Miami Area Historical Photos Gallery, https://www.pbase.com/image/79822495 (검색일자: 2021. 12. 27); Hungness, *I Love to Make the Dirt Fly!*, pp. 64~69.

013 Knowlton, *Bubble in the Sun*, pp. 56~58.

014 Turner, *The Florida Land Boom*, p. 17.

015 Foster, *Castles in the Sand*, pp. 172~199.

016 Hungness, *I Love to Make the Dirt Fly!*, pp. 87~97.

017 Kenneth Ballinger, *Miami Millions: The Dance of the Dollars in the Great Florida Land Boom of 1925*, Miami: The Franklin Press, 1936, pp. 170~173; Turner, *The Florida Land Boom*, p. 29; Knowlton, *Bubble in the Sun*, pp. 111~112.

018 Turner, *The Florida Land Boom*, p. 105; Foster, *Castles in the Sand*, pp. 119~135.

019 Hungness, *I Love to Make the Dirt Fly!*, pp. 71~72; Knowlton, *Bubble in the Sun*, pp. 116.

020 1920년대에 대한 전반적 이해를 위해서는 F. L. 알렌의 『원더풀 아메리카』를 참고.

021 Bruce Barton, *The Man Nobody Knows*, Indianapolis: Bobbs-Merrill Company, 1925.

022 Raymond Vickers, *Panic in Paradise: Florida's Banking Crash of 1926*, Tuscaloosa, AL: University of Alabama Press, 1994, pp. 17~18; Knowlton, *Bubble in the Sun*, p. 172.

023 Turner, *The Florida Land Boom*, p. 19.

024 Federal Writers Project, *Florida*, p. 48.

025 Turner, *The Florida Land Boom*, pp. 106~107.

026 Parks, *George Merrick's Coral Gables*, p. 13.

027 Turner, *The Florida Land Boom*, pp. 60~67.

028 Knowlton, *Bubble in the Sun*, pp. 70~76, 143~144, 212~215.

029 T. H. Weigall, *Boom in Paradise*, New York: Alfred King, 1932, pp. 128~137; Nolan, *Fifty Feet in Paradise*, pp. 175~179.

030 Michael Brocker and Christopher Hanes, "1920s America Real Estate Boom and the Downtuen of the Great Depression", in Eugene N. White, Kenneth Snowden, and Price Fishback, eds., *Housing and Mortgage Markets in Historical Perspective*, Chicago: University of Chicago Press, 2014, pp. 161~201; Natacha Postel-Vinay, "Debt Dilution in 1920s America: Lighting the Fuse of a

Mortgage Crisis", *Economic History Review*, vol. 70, no. 2, May 2017, pp. 559~585.

**031** Knowlton, *Bubble in the Sun*, pp. 174~175.

**032** Ballinger, *Miami Millions*, pp. 97~90, 113~118.

**033** Nolan, *Fifty Feet in Paradise*, pp. 191~192.

**034** Turner, *The Florida Land Boom*, p. 42.

**035** Knowlton, *Bubble in the Sun*, pp. 37~40.

**036** Donald Curl, *Mizner's Florida: Florida Resort Architecture*, Cambridge: MIT Press, 1987.

**037** Mizner Development Corporation, Boca Raton (1925) from the Collections of the Boca Raton Historical Society and Museum, https://www.bocahistory.org/eGallery/upload/Boca%20 Raton%20Historical%20Society/Boca%20Raton%20Historical%20Society/Files/OurHistory_ MDCBR1925I.pdf(검색일자: 2021. 12. 17); Knowlton, *Bubble in the Sun*, pp. 66~69.

**038** Eugene White, "Lessons from the Great American Real Estate Boom and Bust of the 1920s", in Fishback, et al, eds., *Housing and Mortgage Markets*, pp. 115~158.

**039** Vickers, *Panic in Paradise*, pp. 59~68.

**040** Vickers, *Panic in Paradise*, pp. 95~113.

**041** Caroline Seebohm, *Boca Rococo: How Addison Mizner Invented Florida's Gold Coast*, New York: Clarkson Potter, 2001.

**042** Vickers, *Panic in Paradise*, p. 5, pp. 95~113.

**043** Turner, *The Florida Land Boom*, pp. 71~76, 85~89, 114~124.

**044** Knowlton, *Bubble in the Sun*, pp. 117~121; 알렌, 『원더풀 아메리카』, 356~357쪽.

**045** *New York Times*, October 14, 1925.

**046** Knowlton, *Bubble in the Sun*, p. 210.

**047** Nolan, *Fifty Feet in Paradise*, pp. 221~230; Air Worldwide, "Top 10 Historical Hurricanes: What Would They Cost Today?" https://www.verisk.com/insurance/visualize/top-10-historical-hurricanes-what-would-they-cost-today/ (검색일자: 2022. 1. 4).

### 3. 한국의 땅 투기 열풍, 언제부터 시작됐을까? / 최은진

 * 이 글은 필자의 논문 「일제하 토지 투자 열풍: 일본인 지주·자본가의 한국 토지 매입 전략과 수익」, 『역사비평』 139, 2022를 보다 대중적으로 수정·보완한 것이다.

**001** 이 글에서 '투자'는 단순히 "이익을 얻기 위해 어떤 일이나 사업에 자본을 대거나 시간이나 정성을 쏟는 일"을 가리키고, '투기'는 "기회를 틈타 (투자보다 크게) 큰 이익을 보려고 하는 일"을 가리킨다.

**002** 경제정의실천시민연합, 「성명: 한국부동산원 전국주택가격조사 발표에 대한 입장」, 2021. 8. 20.

**003** 이재명, 윤석열 각 선거공보물(2022) 참고.

**004** 이윤갑, 『일제강점기 조선총독부의 소작정책 연구』, 지식산업사, 2013, 57~69·93~105쪽; 정연태, 『식민권력과 한국 농업』, 서울대학교출판문화원, 2014, 15~212쪽.

**005** 淺田喬二, 『增補 日本帝國主義と舊植民地地主制』, 龍溪書舍, 1989, 67~92·114~166쪽; 홍성찬, 「일제하 금융자본의 농기업 지배」, 『동방학지』 65, 1990; 이규수, 『식민지 조선과 일본, 일본인』, 다할미디어, 2007, 67~117쪽; 하지연, 「일본인 회사지주의 식민지 농업경영」, 『사학연구』 88, 2007; 하지연, 『일제하 식민지 지주제 연구』, 혜안, 2010; 하지연, 『식민지 조선 농촌의 일본인 지주와 조선 농민』, 경인문화사, 2018, 133~320쪽; 최원규, 『일제시기 한국의 일본인 사회』, 혜안, 2021, 181~415쪽.

**006** 淺田喬二, 앞의 책, 67쪽; 이윤갑, 앞의 책, 58쪽; 정연태, 앞의 책, 44~46쪽.

**007** 하지연, 앞의 책, 2010, 81쪽.

**008** 정연태, 앞의 책, 47쪽.

**009** 農商務省, 『韓國土地農産調査報告: 黃海道』, 1905, 94·193쪽; 農商務省, 『韓國土地農産調査報告: 京畿道·忠淸道·江原道』, 1905, 329·726~727쪽; 農商務省, 『韓國土地農産調査報告: 慶尙道·全羅道』, 1905, 303·545~546쪽.

**010** 김용섭, 『한국근대농업사연구』 II, 지식산업사, 2004, 502쪽; 하지연, 앞의 책, 2010, 83~84쪽.

**011** 이규수, 앞의 책, 88쪽.

**012** 朝鮮公論社, 『紳士名鑑』, 1917, 316쪽; 鎌田白堂, 『朝鮮の人物と事業: 湖南編(第1輯)』, 實業之朝鮮社出版部, 1936, 227·243쪽; 高橋三七, 『事業と鄕人 第1輯』, 實業タトムス社·大陸硏究社, 1939, 512쪽; 淺田喬二, 앞의 책, 123~124쪽.

**013** 성업공사, 『종결 법인 참고철: 주식회사 웅본농장』, 1934, 425쪽; 하지연, 앞의 책, 2018, 203·206쪽; 최원규, 앞의 책, 200~201·208쪽.

**014** 淺田喬二, 앞의 책, 144~145쪽; 이규수, 앞의 책, 115쪽.

**015** 統監府 農商工務部, 『韓國ニ於ケル農業ノ經營』, 1907, 8쪽; 大橋淸三郎 外 編, 『朝鮮産業指針』, 開發社, 1915, 285~286쪽; 朝鮮興業株式會社, 『朝鮮興業株式會社二十五年誌』, 1929, 2·4쪽; 朝鮮興業株式會社, 『朝鮮興業株式會社三十周年記念誌』, 1936, 61·68쪽; 淺田喬二, 앞의 책, 143~146·150~159쪽; 하지연, 앞의 책, 2010, 46~47·59·102~104·114~116·120~125·167~168쪽; 최원규, 앞의 책, 320쪽.

**016** 「不二興業會社分離」, 『釜山日報』 1917. 9. 15; 不二興業株式會社, 『不二興業株式會社農業及土地改良事業成績』, 1929, 5~8쪽; 藤井寬太郎, 「조선의 수리개간사업과 余의 체험」, 『朝鮮』 174, 1929, 40~41쪽; 藤井寬太郎, 「干拓事業に就て」, 『朝鮮鐵道協會

會誌』9-1, 1930, 61쪽; 朝鮮及滿洲社, 「朝鮮の事業界(其一): 不二興業株式會社の事業」, 『朝鮮及滿洲』 339, 1936, 141쪽; 淺田喬二, 앞의 책, 128·130쪽; 이규수, 앞의 책, 71·74·03··04쪽.

**017** 藤井寬太郎, 『六十にして天命を知る』, 1942, 13~14쪽.

**018** 大橋淸三郞 外 編, 앞의 책, 194쪽; 「不二興業 增資」, 『매일신보』 1920. 3. 28; 李如星·金世鎔, 『數字朝鮮硏究』 1, 世光社, 1931, 18쪽; 朝鮮及滿洲社, 앞의 책, 141쪽; 홍성찬, 앞의 글, 257쪽.

**019** 藤井寬太郎, 「全北農場初期の經營と灌漑の苦心」, 『藤井寬太郎自敍傳』, 1940년경.

**020** 최원규, 앞의 책, 200쪽.

**021** 大橋淸三郞 外 編, 앞의 책, 727쪽; 이영학, 「한말 일제하 식민지주의 형성과 그 특질」, 『지역과 역사』 21, 2007, 134·146~147쪽; 최원규, 앞의 책, 358~370·412쪽.

**022** 朝鮮實業株式會社, 『創業十五年誌』, 1919, 6쪽; 淺田喬二, 앞의 책, 122쪽.

**023** 朝鮮實業株式會社, 『第15期營業報告書』, 1920, 1·11쪽.

**024** 朝鮮興業株式會社, 「株主姓名表」, 『第16期營業報告書』, 1920, 1·2·14쪽.

**025** 大藏省 管理局, 『昭和22年 引揚法人現況調査』, 1947, 120쪽.

**026** 허수열, 『일제 초기 조선의 농업』, 한길사, 2011, 40~41쪽.

**027** 朝鮮農會, 『朝鮮農業發達史: 政策篇』, 1944, 96~100쪽; 이윤갑, 앞의 책, 59쪽; 정연태, 앞의 책, 46·57~58·80~87·90쪽.

**028** 統監府 農商工務部, 앞의 책, 6쪽; 藤井寬太郎, 『朝鮮土地談』, 1911, 4~5쪽; 淺田喬二, 앞의 책, 73~76쪽; 장세훈, 「자본주의 사회의 토지독점과 토지투기」, 『경제와 사회』 7, 1990, 77~78쪽; 이규수, 앞의 책, 115쪽; 하지연, 앞의 책, 2010, 83쪽; 이윤갑, 앞의 책, 62~63쪽; 정연태, 앞의 책, 96~99·105·127·131쪽; 최원규, 앞의 책, 250쪽.

**029** 大橋淸三郞 外 編, 앞의 책, 1쪽; 淺田喬二, 앞의 책, 144쪽; 하지연, 앞의 글, 859·867쪽.

**030** 東山農事株式會社, 『第1回事業報告書』, 1920, 1~4쪽; 東山農事株式會社, 『第2回事業報告書』, 1921, 1쪽; 學習院大學 東洋文化硏究所, 『引揚會社現況槪要報告書綴』 1, 1946, 94쪽.

**031** 高橋龜吉, 『日本財閥の解剖』, 中央公論社, 1930, 105쪽.

**032** 大橋淸三郞 外 編, 앞의 책, 322~324쪽.

**033** 淺田喬二, 앞의 책, 130쪽.

**034** 度支部 長官→京畿道 長官, 「東洋拓殖株式會社所有地地稅二關スル件」, 1909. 1. 10; 京畿道 長官→度支部 長官, 「京城府管內所在東洋拓殖株式會社所有地二對シ課稅二關スル件」, 1912. 12. 26; 朝鮮總督府 稅務科, 『地稅例規』, 1913년경; 東洋拓殖株式會社, 『東洋拓殖株式會社二十年誌』, 1928, 37~38쪽; 淺田喬二, 앞의 책, 116~117쪽; 김석준, 「동양척식주식회사의 농장확장과 그 경영형태」, 한국정신문화연구원, 1988,

130~137쪽; 김용섭, 『한국근현대농업사연구』, 지식산업사, 2000, 284~285쪽; 하지연, 앞의 책, 2018, 268쪽.

035 黑瀨郁二, 『東洋拓殖會社』, 日本經濟評論社, 2003, 44·64~65쪽.

036 北崎房太郎, 『東拓三十年の足跡』, 東邦通信社出版部, 1938, 3쪽.

037 東洋拓殖株式會社, 『事業槪況』, 1919, 1쪽; 朝鮮農會, 앞의 책, 122~124·312~313쪽.

038 東洋拓殖株式會社, 앞의 책, 1919, 21쪽; 東洋拓殖株式會社, 『東洋拓殖株式會社三十年誌』, 1939, 239~241쪽.

039 김준보, 『토지 문제와 지대이론』, 한길사, 1987, 66쪽.

040 淺田喬二, 앞의 책, 384~399쪽.

041 「사설: 투기적 토지 매매」, 『매일신보』 1912. 6. 1.

042 「地方廳公文: 朝鮮總督府忠淸北道訓令第1號」, 『朝鮮總督府官報』 1912. 11. 19.

043 「토지 투기자의 곤궁」, 『매일신보』 1913. 3. 5.

044 조선총독부 편, 박찬승·김민석·최은진·양지혜 역, 『국역 조선총독부 30년사』 상, 민속원, 2018, 52쪽; 朝鮮農會, 앞의 책, 337~338쪽; 정연태, 앞의 책, 153·169~176·183~184쪽; 이영호, 『근대 전환기 토지정책과 토지조사』, 서울대학교출판문화원, 2018, 31~32쪽.

045 정태헌, 『일제의 경제정책과 조선 사회』, 역사비평사, 1996, 65~68쪽.

046 하지연, 앞의 책, 2010, 127쪽.

047 淺田喬二, 앞의 책, 129~130쪽; 이규수, 「일제하 토지회수운동의 전개과정」, 『한국독립운동사연구』 19, 2002, 6~9쪽.

048 東亞經濟時報社, 「日海興業(株)」, 『朝鮮銀行會社要錄』, 1921; 民衆時論社, 『朝鮮功勞者銘鑑』, 1935, 633쪽.

## 4. 한국 주식시장의 기원 / 이명휘

001 "2019년 618만이었던 주주 수는 2020년 300만 명, 2021년에는 465만 명이 증가하여 2021년 12월 1,384만 명." 『2021년 12월 결산 상장법인 주식소유자현황』, 2022. 3. 17. 한국예탁결제원 보도자료.

002 "전 국민이 보유하고 있는 금융자산은 국민소득 대비 9.69배(2019년), 가계자산 중 금융자산의 비중은 43.4%(2020년), 주식 비중 20.8%", 한국은행, 『2021년 자금순환』, 2022. 4. 7. 보도자료.

003 박영철·콜, 『한국의 금융발전—1945~1980년』, 한국개발연구원, 1984, 41~43쪽.

004 김낙년·박기주·박이택·차명수 편, 『한국의 장기통계』 II, 해남출판사, 2018, 1011쪽.

005 한국은행, 「자금순환계정」(2022. 4. 7); "증권시장 시가총액은 약 2조 3,700억 달러, GDP

대비 122%로 2021년 기준 세계 15위", The World Federation of Exchange, *WFE Monthly Report*, 2021. 12.

**006** 한국거래소의 파생상품 거래규모는 2001년부터 2011년까지 전 세계 거래소 중 1위 자리를 지키다가 정부의 규제강화로 규모가 줄어 현재 한국거래소 파생상품 거래량은 세계 8위, 아시아 거래소 중에서는 3위이다. 「세계 파생상품 시장 현황 및 최근 한국의 이슈」, KIEP 기초자료, 2020. 12. 14; 「주식파생상품시장 전망」, 삼성증권, 2021.

**007** 윤봉한·임웅기, 『한국의 증권시장』, 세경사, 1986, 59~62쪽.

**008** 兪吉濬, 『兪吉濬全集』 1권, 「西遊見聞」, 『兪吉濬全集』 4, 一潮閣, 1971.

**009** 金玉均, 「會社設」, 『漢城旬報』 1883. 11. 20.

**010** 李基俊, 『韓末西歐經濟學導入史硏究』, 1995, 46~49쪽.

**011** 이면우, 『회사법』, 1905, 10~11쪽; 최종고, 『한국법학사』, 박영사, 1990, 81~143쪽.

**012** 『日韓通商協會報告』 11호, 1896년 7월, 346쪽(이승렬, 『제국과 상인』, 2007, 78쪽에서 재인용).

**013** 이승렬, 『제국과 상인』, 2007, 93~96쪽.

**014** 朝鮮總督府鐵道局 編, 『朝鮮鐵道四十年略史』, 1940.

**015** 김동철, 「경부선 개통 전후 부산 지역 일본인 상인의 투자동향」, 『민족문화연구』 28, 2006, 40쪽.

**016** 1910년 기준 경성에서 일본인 인구가 2천 명 이상이었던 5개 지역은 회현동, 충무로, 필동, 남산, 명동이었고 충무로와 회현동에는 일본인이 3,500명 이상 거주한 것으로 알려져 있다. 전종한, 「도시 본정통의 장소 기억—충무로·명동 일대의 사례」, 『대한지리학회지』 48권 3호, 2013, 438쪽; 靑柳綱近太郞, 『最近京城案內記』(구태훈·박선옥 역, 『일본인의 경성 엿보기』, 2011).

**017** 中村郁, 『株式會社京城株式現物取引市場沿革誌』, 1923, 11~18쪽.

**018** 『황성신문』 1907. 3. 11.

**019** 中村郁, 『株式會社京城株式現物取引市場沿革誌』, 1923, 4~5쪽; 朝鮮取引所, 『朝鮮取引所史』, 1937, 35~36쪽.

**020** 高杉東峰, 『朝鮮金融機關發達史』, 實業タイムス社, 1940, 590~591쪽.

**021** 동양척식주식회사, 『東洋拓殖株式會社三十年誌』, 1939.

**022** 『대한매일신보』 1908. 4. 29.

**023** 朝鮮取引所, 『朝鮮取引所史』, 1937, 35~36쪽.

**024** 中村郁, 『株式會社京城株式現物取引市場沿革誌』, 1923, 4쪽.

**025** 中村郁, 『株式會社京城株式現物取引市場沿革誌』, 1923, 19~28쪽.

**026** 이명휘, 『식민지기 조선의 주식회사와 주식시장 연구』, 성균관대학교 박사논문, 1999, 166쪽.

027 「朝鮮紡織設立準備」, 『每日申報』 1917. 4. 11; 「朝鮮紡織株募集, 朝鮮にて2千株」, 『朝鮮時報』 1917. 9. 14; 「紡織株の好況」, 『朝鮮時報』 1917. 9. 23.

028 『부산일보』 1917. 9. 16. "조선방직 회사의 주식은 전부 발기인이 인수하기로 했지만, 조선 거주자 중에서 응모 희망자가 많고 특히 발기인이 보유하고 있는 주식의 일부를 나누어 부산, 목포 기타 지역에서 공모할 것이라 한다. 부산에는 2천 주를 할당하기로 했다."

029 대주주는 山本條太郎(3,325주), 上野行藏(2,519주)였으며 최창립, 방규환, 김용태 등 한국인도 주주로 참여하였다.

030 「朝鮮紡織其後」, 『朝鮮時報』 1918. 9. 7.

031 정병욱, 「農工銀行·朝鮮殖産銀行의 운영주체와 조선인 참여자의 지위」, 『민족문화연구』 38권, 2003, 17~18쪽.

032 「殖銀株主總會告知」, 『부산일보』 1918. 9. 13.

033 설립 시 조선인 주주는 35% 정도, 약 2,800명 정도로 추산된다. 1921년 자본금 3천만 원, 1939년에는 6천만 원까지 증자를 공모로 조달하였고, 조선 지역 거주자의 비중(35%)과 조선인의 비중(2%)이 하락하였다. 정병욱, 앞의 책, 19쪽.

034 수도기일에 결제를 하거나, 도중에 반대매매(샀던 주식을 팔고, 팔았던 주식을 삼)를 하여 차액을 결제한다. 상품거래소에서 유래된 이 방법은 보통 계약일로부터 6개월 이내의 매월 말 기일에 거래를 하기 때문에 한월거래(限月取引)라고도 불린다. 계약을 월말의 기일로 하는 거래를 당한(当限), 6개월마다 월말을 기일로 하는 것을 선한(先限)이라 부르고 그 중간에는 월의 명칭을 붙여 9월한 등으로 불렀다. 주식거래소에서는 2차 대전 전에 3개월을 기일로 하는 삼한월제(三限月制)의 정기거래가 행해졌다. 藍淸, 『取引用語辭典』, 1938.

035 이명휘, 『식민지기 조선의 주식회사와 주식시장 연구』, 1999, 167쪽.

036 홍성찬, 「1920년대의 경성주식현물취인시장 연구」, 『경제사학』 22호, 1997, 54~57쪽.

037 홍성찬, 「1920년대의 京城株式現物取引市場 연구」, 『經濟史學』 22호, 1997, 56쪽 주22 참조.

038 『한국증권거래소10년사 부록』, 1970, 21~23쪽.

039 中村郁, 『株式會社京城株式現物取引市場沿革誌』, 1923, 7쪽.

040 『한국증권거래소10년사 부록』, 1970, 22~25쪽.

041 『每日申報』 1919. 11. 17; 홍성찬, 앞의 글, 62쪽.

042 『每日申報』 1920. 1. 28.

043 4호 시장은 부산, 대구, 군산, 목포, 진남포 등 미곡의 집산지 및 이출항에 미곡상을 중심으로 견본거래를 하는 미곡시장이 해당된다.

044 『每日申報』 1919. 1. 29.

045 홍성찬, 앞의 글, 70쪽; 中村郁, 『株式會社京城株式現物取引市場沿革誌』, 1923, 8~9쪽.

046 이명휘, 앞의 책, 268~269쪽.

047 『每日申報』 1920. 8. 30.

048 朝取株式硏究會, 『朝取』, 1939; 朝鮮總督府殖産局, 『取引所關係事項調查表』, 1929, 83~86쪽.

049 "40만 원의 건축비를 들여 신축된 경성주식현물시장의 9백 평 사옥은 일제강점기 경성의 명동을 증권거리로 구획 짓는 상징적인 건축물이었다." 이현상, 「제73화 증권시장―회사령폐지」, 『중앙일보』 1981. 3. 21.

050 『한국증권거래소10년사 부록』, 1970, 22~25쪽.

051 井上新一郎, 「朝鮮の産業法規と總督府の態度」, 『紊亂の極に在る朝鮮取引所界』, 1930, 51~54쪽.

052 이명휘, 앞의 책, 187~189쪽.

053 『한국증권거래소10년사 부록』, 1970, 41~45쪽.

054 김명수, 「재조일본인(在朝日本人) 토목청부업자 아라이 하츠타로(荒井初太郎)의 한국진출과 기업활동」, 『경영사학』 26권 3호, 2011, 301~320쪽.

055 방효순, 「조선인쇄주식회사와 직원수첩」, 『근대서지』 15호, 2017.

056 이병학(1866~1942)은 대한제국의 관료(통신원 전화과 주사)로 출발, 일제강점기 중추원 참의(1921~1924)를 지냈다. 1907~1908년 대구수형조합소(大邱手形組合所) 평의원, 1908년 동양척식주식회사 설립위원, 1912년 대구은행 창립 발기인, 경상농공은행 이사, 1918년 조선식산은행 설립위원 및 상담역, 대구주조 사장, 경일은행 이사, 1921년 조선생명보험 이사, 1922년 조선화재해상보험 이사, 1932년 조선증권금융 설립 발기인을 지냈다. 친일반민족행위진상규명위원회, 「이병학」, 『친일반민족행위진상규명보고서』 IV-12, 2009, 900~917쪽.

057 이명휘, 앞의 책, 189~194쪽.

058 朝鮮殖産銀行調査課, 『朝鮮における工業化会社の資本構造調査』, 1935, 7~19쪽.

059 『朝鮮時報』 1934. 12. 14.

060 『每日申報』 1935. 2. 8.

061 朝鮮總督府理財科, 『1943年度朝鮮內産業資金調達法調』; 大藏省, 『日本人の海外活動に關する歷史的調査―朝鮮編』, 1946, 55쪽.

062 "태평양전쟁 말기 주식시장이 없어진 이후 주식증권 매매는 침체해 있던 바 지난 11월 조선증권구락부가 조직되어 증권시장 개설에 노력 중인데 최근에는 회원 간 매매가 있을 정도이며 미구에 일반시장도 개설될 것이다. 그리고 매매가 있는 주식으로는 경방 400원, 경방신 280원, 식은 280원, 조선은행 350원, 조선면자(朝鮮麵子, 조선밀가루) 150원, 경남철도 150원, 삼양상사 100원, 서울화재 130원, 조운 200원 등 도합 9개로 등

장하는 주식도 앞으로 증가할 수도 있다." "앞으로도 시장에 나올 수 있는 주식은 거의 다 적산에 관한 것임으로 적산귀속이 명확해지기까지 매물증가는 기대하기 어려울 것 같다."『동아일보』 1946. 10. 20.

063 송대순(조선증권취인소 거래원, 丸大證券 경영, 金益證券 취체역지배인 겸임), 조준호(조선증권취인소 거래원, 동아증권미두주식회사 사장), 김광준(김광준주식중매점 거래원), 김주묵(藤本빌브로커 사원) 등 증권계 인사들은 1947년 증권구락부라는 동업조합을 설립하였다. 대한증권업협회,『증권협회십년지』, 1963, 2~3쪽, 15~16쪽.

064 "국민경제의 원동력인 기업체의 정상발전을 조장하기 위하여 해방 직후부터 증권실물시장 개설이 요청되어오던 중 이의 구현을 건의코자 일반 재계유지와 각계 기업주를 망라하여 조선증권구락부를 창설하였다. 간부 씨명은 다음과 같다. 회장 김익동, 부회장 김광준, 이사장 송대순."『동아일보』 1948. 10. 20; 약 40명의 증권계 인사들이 모여 조직한 증권구락부는 기성도(明治증권취체역), 황도성(대한증권전무취체역), 전기영, 이상규(山高증권 사원), 김영기(昭和증권사원), 이완희(동아증권사원), 한윤경(저축은행장), 김경진(식산은행 이사, 이재국장) 등이 참여하였으며, 1947년 7월 남대문에서 창립총회를 열었다. 정기적으로 회비를 갹출하고 전기영, 김영기가 간사의 역할을 맡기로 하였으며 증권매매를 위한 시장재건에 주력한다는 목표하에 우선 증권회사를 설립하기로 하였다.『한국증권거래소 10년사』.

065 『한국증권거래소 십년사』, 40쪽.

066 위의 책, 41쪽.

067 이영훈·박기주·이명휘·최상오,『한국유가증권백년사』, 해남출판사, 2005, 240~252쪽.

068 위의 책, 253~255쪽.


## 5. 중산층의 부동산 투기와 사회적 공간의 위계화 / 송은영

001 한양학인,「재계의 괴걸 홍종화(洪鍾華)·김기덕(金基德) 양씨(兩氏), 돌현한 일천만 원의 양대부호 일대기」,『삼천리』 1932년 12월호, 20~25쪽에서 인용 및 요약.

002 이호철,「등기수속」,『신동아』 1964년 9월호.

003 UNKRA 주택이 도시빈민들을 위해 직접 자금과 자재를 투입하여 지은 주택인 데 반해, 미국 국제협조처인 ICA(International Cooperation Agency)의 지원을 받은 ICA 주택은 희망자에게 융자해주어 지은 주택을 의미한다. 결과적으로 사업의 성과가 저조했다는 평가가 있으나, 총건축비의 90%를 융자해준 사업이었으니 꽤 큰 금액이 지원된 경우라고 할 수 있다. 박철수,『한국주택 유전자』 1, 마티, 2021, 431~459쪽.

004 이호철,「여벌집」,『월간중앙』 1972년 1월호. 이 단락의 인용문들은 모두 이호철의 소설

집 『이단자』(창작과비평사, 1976), 32~50쪽을 참조하였다.

005 손정목, 『서울 도시계획 이야기』 3권, 한울, 2005, 116~150쪽. 2019년 SBS의 〈그것이 알고 싶다〉와 KBS의 〈추적 60분〉이 이를 취재하여 여러 증언들을 방송함으로써 이 사실은 세간의 화제가 되었다.

006 송은영, 『서울 탄생기—1960~70년대 문학으로 본 현대도시 서울의 사회사』, 푸른역사, 2018, 358~359쪽 참조.

007 이상록, 「1980년대 중산층 담론과 호모 에코노미쿠스의 확산」, 『사학연구』 130호, 2018, 292~298쪽 참조.

008 김영모, 『한국사회계층연구』, 일조각, 1982; 김경동, 「중간계급의 정체와 중산층 사회의 신화」, 『월간조선』 1983년 11월호; 홍두승, 「한국사회계층연구를 위한 예비적 고찰」, 『한국사회의 전통과 변화』, 범문사, 1983 등 참조.

009 이상록, 앞의 글, 298쪽.

010 「중산층, 젊은 층 가장 큰 변수」, 『동아일보』 1987. 11. 4.

011 윤흥길, 『말로만 중산층』, 청한문화사, 1989, 301~304쪽.

012 작가의 후기를 인용하자면 "왜소한 체구에 볼품 없는 용모의 중년 회사원, 솥뚜껑 운전하는 재주밖에 없는 한 평범한 주부의 남편, 자식들 뒷바라지에 갈비뼈가 휘는 아버지, 고지식한 천성 때문에 직장에서 인정 못 받고 늘 물만 먹어야 하는 만년 과장, 울적한 심사를 걸핏하면 술로 달래는 사이에 어느덧 버릇이 된 딸꾹질 때문에 얻게 된 아름답지 못한 별명"이 특징이다. 윤흥길, 위의 책, 307쪽.

013 박영한, 『우리는 중산층 I: 장미 눈뜰 때』, 세계사, 1990; 박영한, 『우리는 중산층 II: 굿바이 미스터 캐주얼』, 세계사, 1991 참조.

014 1990년대 말 이후 부동산 시장의 금융화와 주택의 금융 자산화 현상에 대해서는 강내희, 『서울의 생김새—도시적 형태의 시학』, 문화과학사, 2021, 3장 참조.

015 박완서, 「낙토(樂土)의 아이들」, 『한국문학』 1978년 1월. 여기서는 『배반의 여름—박완서 단편소설 전집』 제2권, 문학동네, 2006, 306~307쪽에서 인용.

016 박완서, 『서울 사람들』, 글수레, 1984. 여기서는 박완서의 『그대 아직도 꿈꾸고 있는가』(삼진기획, 1989)에 실린 판본으로 인용하였다.

017 박완서, 『그대 아직도 꿈꾸고 있는가』, 삼진기획, 1989, 106쪽.

018 박완서, 「서울 사람들」, 위의 책, 300~301쪽.

019 복부인에 대한 담론에 대해서는 다음을 참조. 송은영, 앞의 책, 393~399쪽; 황병주, 「1970년대 '복부인'의 경제적 표상과 문화적 재현」, 『사학연구』 140호, 2020.

020 박영한, 「우리는 중산층: 283회」, 『조선일보』 1989. 12. 6.

021 박영한처럼 박완서도 아파트 채권 입찰장의 살벌한 풍경에 대해서 글을 쓴 바 있다. 박완서, 「아파트 채권 입찰」, 『동아일보』 1983. 12. 3.

**022** 1980년대 후반 이후 "자가소유권의 확보와 행사에 몰두하는 중산층 자가소유자"에 주목한 김명수의 문제의식은 이와 상통한다. 그에 따르면 한국 부동산 시장은 "주거라는 삶의 '필요'를 충족하려는 생활전략을 넘어, 그러한 '목적' 자체를 사회적 생계 경합의 '대상'이나 '수단'으로 활용하는 특수한 상황"이다. 김명수, 『내 집에 갇힌 사회—생존과 투기 사이에서』, 창작과비평사, 2020, 6~8쪽.

**023** 이 부분은 단행본 2권으로 출간될 때 삭제되고, 분양사무실 앞에 남편이 직접 나타나 아내에게 훈계하는 내용으로 수정되었다. 신문 연재 당시에는 아내 자신이 죄책감과 회의감을 가지고 있으며 어쩔 수 없이 현실에 순응하는 것처럼 나오는데, 단행본으로 출간될 때는 교수인 남편이 훈계하고 아내는 속물처럼 그 의견을 묵살하는 것처럼 수정되었다. 남편의 훈계 내용은 다음과 같다. "봐. 우리가 어떻게 살아왔나. 만약 우리가 저런 데 가담이나 하고 그러면 우리 살아온 게 말짱 헛거가 돼요. 무슨 얘긴지 알았어? 우린 신혼 때 아이스박스에다 신발장으로 사과궤짝을 엎어놓고도 행복할 수 있었어. 어제의 신념을 발로 걷어차버리고 내몰라라 하면서 앞으로 냅다 내달리겠단 건 우리 자신을, 우리 자신의 과거를, 말짱 배반하고 부정하는 짓이야. 나는, 아니 우리는, 우리 방식대로 이 어려움을 뚫고 나가야 한단 말야. 저 사람들 방식은 너무 냄새가 나. 우린 저렇게 고급스런 아파트에서 여유를 누리며 살면 안 되는 거요. 분양이고 딱지고 지랄이고 다 걷어치워. 우리가 세상의 달콤한 술에 취해 있는 동안 우린 가난하고 핍박받는 사람들의 고통을 잊게 돼." 박영한, 『우리는 중산층 2: 굿바이 미스터 캐주얼』, 세계사, 1991, 260~270쪽.

**024** 천규석, 「망국의 부동산투기 대행진」, 『한겨레신문』 1988. 10. 12.

**025** 이지천, 「악질적 부동산 투기 서민들 깊은 위화감」, 『조선일보』 1988. 2. 16.

**026** 변형윤, 「셋방살이 설움을 아십니까」, 『한겨레신문』 1988. 8. 25.

**027** 양귀자, 「13·15·18평의 꿈」, 『한겨레신문』 1989. 8. 31.

**028** 조형근은 사적 소유권에 근거하여 주택 문제를 해결하려는 방안에서 벗어나 공공임대주택을 많이, 그리고 도시 전체에 흩어놓고 고소득 주거단지와 혼합되어 지어야 한다고 주장한다. 아울러 시세가 아닌 소득을 기준으로 임대료를 설정하며, 소득을 증대하고 체계적으로 복지를 지원하는 방안도 제시한다. 조형근, 「공공임대주택에 대해 말하기, 그리고 함께 말하기」, 『문화과학』 106호, 2021, 90~91쪽 참조. 참고로 소득, 용도, 형태, 구성원을 다양하게 혼합하여 도시 구성을 복합적으로 해야 한다는 생각은 일찍이 제인 제이콥스가 주장한 것이다. 제인 제이콥스, 유강은 옮김, 『미국 대도시의 죽음과 삶』, 그린비, 2010.

**029** 정대수, 「현대의 시지프스 신화—아파트란 신기루를 쫓은 2백일」, 『마당』 1983년 5월 호.

**030** 박완서는 이 기자와 비슷한 경험을 한 뒤 채권 입찰과 아파트에 붙는 프리미엄에 대해

"엄청난 불로소득으로 수고해서 돈 버는 사람을 모욕하고 맥빠지게" 하는 측면을 비판하는 칼럼을 썼다. 박완서, 「날림에 춤춘 그 허욕의 프리미엄」, 『경향신문』 1983. 2. 19; 박완서, 「잃어버린 우리 동네」, 『동아일보』 1984. 3. 22.

**031** 김명수, 앞의 책, 143~156쪽 참조. 이 문제는 87년 6월항쟁의 사회적 효과, 특히 경제민주화와 토지공개념 도입 등의 논의가 들끓게 된 상황과 관련이 있다.


## 6. 1980년대 후반 증시호황기 '개미'의 탄생과 시련 / 이정은

**001** 「주식시장의 '제3의 물결'」, 『매일경제』 1999. 6. 4.

**002** 이에 대해서는 이정은, 「자본시장 육성과 기업공개—1967~1973년 전경련의 추진과 기업의 시행을 중심으로」, 『역사문제연구』 34, 2015; 이명휘, 「증권발행시장의 형성과 한국투자(개발)공사—1968~1976년 자본시장 육성책을 중심으로」, 『경영사연구』 33-4, 2018 참고.

**003** 반면 은행예금과 적금이 51.1%, 계 38.1%, 보험 24.4%, 사채(돈놀이)가 5.7% 등이었다. 「전 국민 경제의식 조사」, 『매일경제』 1982. 3. 24; 「주부들 증권투자 너무 모른다」, 『매일경제』 1985. 9. 3.

**004** 이영훈·박기주·이명휘·최상오, 『한국의 유가증권 100년사』, 증권예탁결제원, 2005; 장진모, 『주식의 역사』, 한국경제신문, 2006 등.

**005** 이상록, 「1980년대 중산층 담론과 호모 에코노미쿠스의 확산」, 『사학연구』 130, 2018; 박찬종, 「한국 신자유주의의 사회적 기원」, 『경제와사회』 130, 2021.

**006** 「과열증시, 투자자는 누구인가」, 『동아일보』 1986. 3. 10; 「지방증권투자자 설문조사」, 『매일경제』 1988. 2. 26.

**007** 강선대, 「증시의 효율적 관리」, 『동아일보』 1987. 4. 6.

**008** 「국민주 개발 증시발전 촉매제」, 『매일경제』 1986. 10. 28; 「자본시장 90년대 전면개방」, 『경향신문』 1987. 4. 23. 기업공개(IPO: Initial Public Offering)는 기업의 전반적 경영 내용 공개를 의미하고, 좁은 의미로는 주식공개를 의미한다.

**009** 정부의 기업공개 및 유상증자 촉진 방안 정책의 흐름은 이영훈 외, 앞의 책, 379~386쪽 참조. 경영권과 창업자 이익 보장조치에 대해서는 본고 4장에서 부언하겠다.

**010** 「인터뷰 박종석 재무부 증보국장」, 『매일경제』 1986. 8. 19; 「포철 공개작업 착수」, 『매일경제』 1986. 10. 25; 「국민주 개발 증시발전 촉매제」, 『매일경제』 1986. 10. 28. 1986년 10월 당시 포철의 주식 지분율은 재무부 32.7%, 산업은행 39.2%, 4개 시중은행이 25.6%, 대한중석 2.5%였다.

**011** 「국민주란」, 『매일경제』 1986. 10. 28; 「국민주」, 『매일경제』 1987. 5. 23; 윤계섭, 「증시 동

향 따른 물량 조절 중요」, 『매일경제』 1987. 11. 10 등.

**012** 「포철주 49% 내년부터 일반매각」, 『매일경제』 1987. 6. 17; 「포철 연내 공개키로」, 『매일경제』 1987. 7. 7; 「포철 내년 상반기 공개」, 『조선일보』 1987. 9. 5 등.

**013** 「국민주로 저소득층 배정」, 『경향신문』 1987. 11. 3; 「정부주 중하위층에 우선배정」, 『매일경제』 1987. 11. 3; 「국영기업 성장과실 서민에 일부환원」, 『매일경제』 1987. 11. 4.

**014** 「본격화되는 국영기업 민영화작업」, 『조선일보』 1987. 4. 3.

**015** 이에 대해서는 이정은, 앞의 글, 2015 참조.

**016** 손병두 구술(2014. 4. 14), 「1960~1970년대 산업화·경제개발에서의 민간경제단체의 역할」(2014년도 국사편찬위원회 구술자료수집사업).

**017** 「반공경제체제 제창하는 증권업계의 관제탑」, 『경협』 1968년 4월.

**018** 「증시의 효율적 관리」, 『동아일보』 1987. 4. 6; 대한민국 국회, 「제13대 국회 재무위원회 회의록. 제146회(5차)」, 1989. 5. 22.

**019** 「정부보유주의 국민주화안」, 『매일경제』 1987. 11. 5; 「국민주 구상의 허실」, 『조선일보』 1987. 11. 5.

**020** 「국민주와 분배의 철학」, 『경향신문』 1987. 11. 4; 「국민주 비판에 할 말 있다」, 『조선일보』 1987. 11. 7; 「경제교실」, 『매일경제』 1987. 11. 10; 「정중동의 노사 관계」, 『매일경제』 1987. 12. 5.

**021** 「전국민 주주화 추진」, 『동아일보』 1987. 11. 4; 「야당도 "증시육성"」, 『매일경제』 1988. 5. 2; 「증시에 큰 관심」, 『매일경제』 1988. 5. 12; 「"전국민 주주화시대 열어야"」, 『경향신문』 1988. 7. 27.

**022** 「5면 하단광고」, 『매일경제』 1986. 3. 26; 「쉽게 쓴 경영서적 많이 나와」, 『동아일보』 1986. 12. 3; 「내가 제일 많이 벌었다」, 『매일경제』 1987. 4. 2; 「매경 투자게임」, 『매일경제』 1987. 1. 1; 「증권연구소들 투자 게임 붐」, 『매일경제』 1987. 3. 25; 「상장기업 분석 책자 줄이어」, 『매일경제』 1988. 5. 16 등.

**023** 「'초보자를 위한 증권강좌」, 『매일경제』 1986. 7. 14; 「여성 위한 투자상담실」, 『조선일보』 1987. 2. 1; 「초보자 증권강좌에 5백여 명 몰려」, 『매일경제』 1987. 4. 23; 「저금리시대엔 주식투자가 유리」, 『매일경제』 1987. 8. 3; 「증권강좌 성황」, 『매일경제』 1990. 12. 16 등.

**024** 「공모주 일반청약 폐지」, 『동아일보』 1987. 5. 22; 「공모주 농어민에도 우선배정」, 『경향신문』 1987. 11. 11; 「공모주 청약제 어떻게 달라지나」, 『매일경제』 1987. 12. 30 등.

**025** 국민주신탁의 경우, 은행 측은 국민주와 더불어 같은 액수의 채권을 사서 함께 관리했다. 즉 10만 원어치 국민주를 배정받아 신탁에 가입한다면 국민주대금 10만 원에 다시 채권매입액 10만 원을 추가로 내야 했다. 「국민주 배정」, 『동아일보』 1988. 2. 16.

**026** 대표적으로 「국민주 보급 문답풀이」, 『경향신문』 1987. 12. 2; 오동휘, 「'국민주' 어떻게 사야 하나」, 『월간 샘터』 1988. 3; 「포철주 청약절차」, 『월간 양계』 1988. 4; 김문순, 「국민

주를 사려면」, 『월간 샘터』 1989. 5; 「한전주 청약 문답풀이」, 『한겨레』 1989. 5. 23 등.

027 「지방순회 증권 계몽」, 『매일경제』 1988. 1. 8; 「건전투자 지방강연회」, 『매일경제』 1988. 2. 9.

028 「증권사 읍 단위 출장소 건의」, 『매일경제』 1988. 4. 29; 「지방 금융권 본격 형성」, 『매일경제』 1989. 5. 8; 「89 증권 이슈들」, 『경향신문』 1989. 12. 28.

029 「최종집계 포철주 청약」, 『조선일보』 1988. 4. 14; 「정상가 청약자에 6주」, 『매일경제』 1989. 6. 20; 「한전주 장기보유자 40주 배정」, 『한겨레』 1989. 6. 21.

030 한국증권거래소, 앞의 책, 1991, 277쪽.

031 「국민 14%가 주식 소유」, 『경향신문』 1990. 4. 13; 「위기 증시, "이대로 곤란하다"」, 『경향신문』 1990. 5. 2; 한국증권거래소, 앞의 책, 277~278쪽.

032 「증권 "열풍"」, 『조선일보』 1988. 2. 2; 「고주가시대 풍속」 〈4〉, 『매일경제』 1988. 2. 4; 「7개사 공모주 청약」, 『동아일보』 1988. 9. 22; 「공모주 청약경쟁 평균 백대1」, 『경향신문』 1988. 11. 24.

033 「농협, 정부에 대책 촉구」, 『조선일보』 1989. 3. 30; 「농촌 증권투자 피해 늘어」, 『경향신문』 1989. 3. 30; 대한민국 국회, 「제13대 국회 재무위원회 회의록. 제146회(2차)」, 1989. 5. 17.

034 「주식열풍에 계 위축」, 『매일경제』 1987. 8. 6.

035 「지방 증권투자자 설문조사」, 『매일경제』 1988. 2. 26; 「증시 풍토 이대로 좋은가」 〈1〉, 『매일경제』 1988. 8. 1; 「소액투자자 증시이해 부족」, 『한겨레』 1989. 4. 6; 「80년대를 되돌아본다」 (10), 『한겨레』 1989. 12. 29.

036 「국민주 부정청약 방지책 시급」, 『매일경제』 1988. 4. 2; 「포철주 청약 무자격자 많아」, 『동아일보』 1988. 4. 26; 「포철주 매집 지방 극심」, 『매일경제』 1988. 7. 2; 「포철주 대량매집 60여 명」, 『매일경제』 1988. 7. 11; 「한전주 '불법청약' 50만 7천 명 적발」, 『동아일보』 1989. 5. 22; 「국민주 사기청약 많아」, 『한겨레』 1989. 6. 8 등.

037 「주가폭락에 투자자들 잇단 항의」, 『조선일보』 1989. 12. 12; 「경제로비」, 『동아일보』 1990. 2. 27; 「침체 증시 울고 싶은 투자자」, 『동아일보』 1990. 3. 23; 「'설마'가 사람 잡은 "청천벽력"」, 『경향신문』 1990. 4. 27; 「주가폭락 비관 자살기도」, 『한겨레』 1990. 4. 28; 「지방 점포 곳곳서 객장 폐쇄」, 『동아일보』 1990. 4. 30; 「"근조" 써붙이고 손해사례 발표」, 『동아일보』 1990. 9. 15.

038 「주가 폭락 국민주가 선도」, 『동아일보』 1990. 4. 27.

039 「포철 신탁가입주 "사실상 손해"」, 『동아일보』 1991. 5. 15; 「'안정장치 없는 국민주' 뒤탈」, 『한겨레』 1992. 6. 25; 「원금도 못 건진 한전 국민주」, 『동아일보』 1992. 6. 26.

040 「국민주 추가보급 중단 검토」, 『한겨레』 1990. 3. 21; 「국민주 보급제 폐지」, 『매일경제』 1994. 3. 25.

**041** 「악성매물 급증 23% 차지」, 『경향신문』 1990. 8. 21; 「'깡통계좌' 만개육박」, 『동아일보』 1990. 8. 21.

**042** 「깡통계좌 정리」, 『매일경제』 1990. 9. 8; 「'적자계좌' 강제처분 파문 심각」, 『조선일보』 1990. 9. 12.

**043** 「'깡통계좌' 정리 강행」, 『동아일보』 1990. 10. 10; 「'형평성' 문제 불씨 남겨」, 『한겨레』 1990. 10. 11; 「파란 연속의 해」, 『한겨레』 1990. 12. 26; 「주식 '깡통계좌' 강제매각 1년」, 『동아일보』 1991. 10. 10 등.

**044** 「도끼 들고 난동」, 『경향신문』 1990. 10. 10; 「투자자 큰 반발」, 『매일경제』 1990. 10. 26.

**045** 「70만 명 주식 팔고 떠나」, 『매일경제』 1991. 1. 7; 「증시 침몰하는가」, 『경향신문』 1992. 8. 5.

**046** 「증권피해 서민의 한 노래로 달랜다」, 『한겨레』 1990. 10. 7; 「깡통계좌 가요 화제」, 『경향신문』 1990. 11. 7.

**047** 대한민국 국회, 앞의 글(1989. 5. 17).

**048** 「증권사 약정고경쟁 치열」, 『매일경제』 1987. 4. 8; 「주식투자비용 부담 커」, 『매일경제』 1988. 1. 12; 대한민국 국회사무처, 「1989년도 국정감사 재무위원회회의록」, 1989. 9. 29. 1988년 1월 기준으로 주식 매매수수료는 거래액에 따라 차등적이지만, 한번 사고파는 데 평균 1.7~2.1%의 부담이 물어졌다.

**049** 약정고, 약정금액이란 매수와 매도를 포함하여 주식을 매매한 총 거래대금을 의미한다.

**050** 「신용·거래한도 "유명무실"」, 『매일경제』 1988. 11. 30; 「불법 일임매매 "말썽"」, 『매일경제』 1988. 12. 6; 「주식 일임매매 말썽 잦아」, 『경향신문』 1989. 5. 19; 「임의매매 늘고있다」, 『매일경제』 1989. 8. 21; 「증권가」, 『매일경제』 1990. 3. 8.

**051** 「물가 맞물려 선택폭 좁아」, 『매일경제』 1990. 8. 20; 「임승기 씨」, 『매일경제』 1990. 9. 9; 「고객신용평가제도입 절실」, 『매일경제』 1990. 10. 11; 「대우증권 사장 김창희 씨」, 『경향신문』 1993. 8. 10.

**052** 「증시폭락 후유증 심각」, 『경향신문』 1990. 4. 24; 「떠도는 증시」 (1), 『경향신문』 1990. 7. 30; 「증권사 손실금 처리 어떻게 하나」, 『매일경제』 1990. 10. 26; 「증권사 직원 55% 변상 경험 있다」, 『매일경제』 1991. 8. 22; 「깡통계좌 원금회수 마찰」, 『매일경제』 1991. 10. 9; 「일임매매 총계좌액의 43%」, 『한겨레』 1993. 5. 26; 「손해배상 부담이 죽음 선택」, 『동아일보』 1994. 5. 9 등.

**053** 대한민국 국회사무처, 앞의 글(1989. 9. 29); 「올들어 주식 공급 82% 증가」, 『경향신문』 1989. 12. 20.

**054** 대한민국 국회사무처, 앞의 글(1989. 9. 29); 「증시침체 왜 이러나」, 『조선일보』 1990. 2. 28. 현재는 상법상 의결권이 없는 주식은 발행주식 총수의 25%를 초과할 수 없다.

055 「공개기업 무분별 증자」, 『경향신문』 1988. 8. 2; 「공개 전 증자 물타기 현상」, 『매일경제』 1988. 12. 24; 「기업공개, 외화내빈」 〈3〉, 『매일경제』 1989. 7. 14; 「상대가치 적용사 급증」, 『매일경제』 1989. 8. 17; 「주식발행가 49.5%」, 『한겨레』 1989. 10. 17.

056 「발행가 "뻥튀기" 의혹」, 『조선일보』 1989. 8. 5; 「기업공개, 대주주의 "황금밭"」, 『조선일보』 1989. 10. 1; 「공개 전 물타기 증자 96%」, 『한겨레』 1989. 12. 23; 「물타기·뻥튀기 극심」, 『매일경제』 1989. 12. 25.

057 대한민국국회 사무처, 앞의 글(1989. 9. 29); 「재벌 기업공개 악용 집중 추궁」, 『한겨레』 1989. 9. 30.

058 대한민국 국회, 「제13대 국회 재무위원회 회의록 제146회(5차)」, 1989. 5. 22; 대한민국국회 사무처, 앞의 글(1989. 9. 29); 정운영, 「연암 선생께 드리는 고언」, 『한겨레』 1990. 5. 4; 「변칙상속과 기업윤리」, 『경향신문』 1991. 10. 7.

059 「공개 주간사 회사 책임강화」, 『매일경제』 1988. 7. 18; 「기업공개 주선 과열경쟁」, 『조선일보』 1988. 8. 9; 「증시풍토 이대로 좋은가」 (9), 『매일경제』 1988. 8. 11; 「상장사 경상이익 '뻥튀기' 추정」, 『조선일보』 1990. 3. 23; 「부실공개 후유증 심화」, 『매일경제』 1991. 3. 15 등.

060 「투자자만 골탕」, 『조선일보』 1990. 9. 28; 「기업공개 "구멍"」, 『조선일보』 1991. 8. 3; 「소액투자자 12만 명 1,470억 손해」, 『한겨레』 1991. 12. 29; 「상장사 고의부도 13만 명 피해」, 『동아일보』 1992. 4. 24; 「부실기업 공개 막을 수 없나」 (상), 『한겨레』 1992. 7. 29; 「92년 증시 결산」, 『한겨레』 1992. 12. 29.

061 「투자자 보호는 "구두선"」, 『매일경제』 1989. 9. 29; 「주가조작 한탕에 수십억」, 『동아일보』 1991. 2. 22; 「기업실적과 주식시장」, 『매일경제』 1991. 3. 27.

062 「증권업무 69건 규제완화」, 『매일경제』 1988. 6. 3; 「법인·증권사 사전규제 완화」, 『매일경제』 1988. 6. 25; 「증시 풍토 이대로 좋은가」 〈9〉, 『매일경제』 1988. 8. 11; 「기업공개 전 유무상증자 제재없어」, 『한겨레』 1988. 12. 24; 대한민국국회 사무처, 앞의 글(1989. 9. 29).

063 「주식매입 여력 총동원」, 『매일경제』 1989. 12. 12; 「돈없이 주식거래 "위험천만"」, 『매일경제』 1989. 12. 14; 「속빈 외형성장에 주가 널뛰기」, 『동아일보』 1989. 12. 25; 「신용융자 "특혜" 말썽」, 『경향신문』 1990. 1. 22; 「증권사 주식 신용거래 허용」, 『매일경제』 1990. 3. 2.

064 「증권사 창구분쟁·사고 급증」, 『매일경제』 1990. 3. 9; 「침체 증시 울고 싶은 투자자」, 『동아일보』 1990. 3. 23; 「'적자계좌' 강제처분 파문 심각」, 『조선일보』 1990. 9. 12 등.

065 「멈출 줄 모르는 하락 행진」, 『한겨레』 1990. 8. 24; 「증시부양 희생양 멍에 못 벗어」, 『매일경제』 1990. 12. 10; 「'내리막 장세' 끝내 못살려」, 『조선일보』 1990. 12. 26; 「12·12 증시부양조치 3주년」, 『매일경제』 1992. 12. 11.

066 「증시안정기금 4조로」, 『동아일보』 1990. 5. 9; 「증안기금 제기능 잃었다」, 『조선일보』

1990. 6. 27; 「주식공급 억제책 실효 없다」, 『한겨레』 1990. 11. 13; 「증시안정기금이란 무엇인가」, 『중앙일보』 1994. 1. 13.

**067** 「공개 전 증자로 대주주 큰 차익」, 『한겨레』 1989. 9. 6; 대한민국국회 사무처, 앞의 글(1989); 「'특급로비' 위력 실감」, 『조선일보』 1989. 10. 29.

**068** 「기업공개, 외화내빈」〈3〉, 『매일경제』 1989. 7. 14; 「증시 '이상팽창'이 빚은 '물거품'」, 『한겨레』 1990. 8. 5.

## 7. 버블기 일본에서 나타난 투기·투자의 특징과 그 의미 / 여인만

**001** キンドルバーガー, 吉野俊彦·八木甫 訳, 『熱狂, 恐慌, 崩壊』, 日本経済新聞出版社, 2004(Charles P. Kindleberger, *Manias, Panics and Crashes: A History of Financial Crisis*, 4th ed, Palgrave Macmillan, 2000).

**002** ガルブレイス, 鈴木哲太郎 訳, 『バブルの物語』, ダイヤモンド社, 1991(J. K. Galbraith, *A Short History of Financial Euphoria*, Whittle Books, 1990).

**003** 참고로 『일본경제신문』에 버블 관련 기사가 등장한 회수를 보면, 1985년 8회, 86년 3회, 87년 1회, 88년 4회, 89년 11회, 90년 194회, 91년 2,546건이었다. 野口悠紀雄, 『バブルの経済学』, 日本経済新聞社, 1992, 27쪽.

**004** 위의 책, 26쪽.

**005** 이 시기에 독일과 달리 일본이 금리인상으로 정책을 전환하지 못한 이유로 미국의 압력을 중시하고 있는 견해도 있다. 이시이 간지, 「거품경제와 장기불황의 정치경제학적 분석」, 『일본비평』 15호, 서울대학교일본연구소, 2016. 8. 이러한 이유 외에 금리인상 단행이 지체된 이유로 가장 일반적으로 거론되는 것은 물가가 상당히 안정적이었다는 점이다.

**006** 도쿄증권거래소 제1부에 상장된 약 2,000개 주식 중 거래량이 많은 225주를 일본경제신문사가 선정하여 산출하는 지수. 닛케이평균 혹은 닛케이225로 쓰기도 한다.

**007** 野口悠紀雄, 『平成はなぜ失敗したのか』, 幻冬舎, 2019, 37쪽.

**008** 野口悠紀雄, 『バブルの経済学』, 日本経済新聞社, 1992, 99~100쪽. 일반적으로 임금만으로 구입 가능한 주택가격 한도는 도쿄의 경우 연수입의 5배 정도, 오사카와 나고야는 4배 정도였다.

**009** 1989년 12월에 대장성의 꼭두각시로 불렸던 전임자를 대신하여 새로 일본은행 총재로 부임한 미에노 야스시(三重野康)는 한 번도 주식에 손을 댄 적이 없다고 자랑하고 있던 만큼 버블 종식을 자신의 임무라고 인식했다고 한다. チャンセラー, 山岡洋一 訳, 『バブルの歴史』, 日経BP出版センター, 2000, 493쪽. 당시 매스컴으로부터도 이러한

행동을 '헤이세이의 오니헤이(平成の鬼平)'로 추앙받았다. 오니헤이는 에도시대를 배경으로 한 시대소설에 등장하는 정의로운 관리.

010 버블기의 부정 사건은 일본의 대표적인 금융기관이, 그리고 그러한 행위를 감독·규제해야 하는 대장성이 묵인하거나 인지하지 못했다는 점에서 일반 국민들에게 분노와 충격을 안겨주었다. 〈표 1〉에 게재한 이토만 사건은 스미토모 은행, 오노우에 사건은 일본흥업은행이 각각 관련되었다.

011 野口悠紀雄, 『バブルの経済学』, 日本経済新聞社, 1992, 200쪽. 버블에 의한 자산효과가 1980년대 후반의 경기에 어느 정도 영향을 미쳤는가에 대한 연구는, 이외에 資産価格変動のメカニズムとその経済効果に関する研究会, 「資産価格変動のメカニズムとその経済効果」, 『フィナンシャル·レビュー』, 大蔵省財政金融研究所, 1993.11, 19~21쪽이 있는데, 여기서도 노구치와 동일한 결론을 내리고 있다. 참고로 이 연구회에는 다치 류이치로(舘龍一郎) 도쿄대학 교수를 좌장으로 하여 대학교수, 노무라총합연구소 이사장, 일본경제연구센터 이사장이 참가하였는데, 노구치도 멤버였다. 한편 이후 이러한 문제에 대한 관심은 거의 없어지고, 자산효과의 비대칭성, 즉 버블붕괴 후의 역자산효과가 금융 및 실물 경제에 미치는 영향에 대해 논의가 집중되었다. 翁邦雄·白川方明·白塚重典, 「資産価格バブルと金融政策—1980年代後半の日本の経験とその教訓」, 『金融研究』, 日本銀行金融研究所, 2000. 12.

012 이에 대한 좀 더 자세한 설명은 정진성, 「3장 기업금융」, 정진성·김삼수·여인만, 『일본의 기업과 경영』, 한국방송통신대학교출판문화원, 2020을 참조.

013 永野健二, 『バブル』, 新潮社, 2019, 124쪽.

014 1984년 말에 중소기업에 대한 융자잔액은 대기업의 1.5배 정도였으나, 90년에는 3.5배가 되었다. 野口悠紀雄, 『バブルの経済学』, 日本経済新聞社, 1992, 126쪽.

015 논뱅크란 대금업, 리스, 신판, 주택금융회사 등 예금 등의 자금조달 수단을 가지지 않고 여신업무를 수행하는 금융기관을 의미하는데, 행정상의 제약이 은행에 비해 작아 1980년대 급성장했다. 버블기에 은행은 금융당국의 규제를 피해 이 논뱅크를 경유하여 부동산업에 융자했는데, 1984~90년간 그 규모가 10.8조 엔에 달했다. 위의 책, 129~130쪽.

016 資産価格変動のメカニズムとその経済効果に関する研究会, 「資産価格変動のメカニズムとその経済効果」, 『フィナンシャル·レビュー』, 1993. 11, 14쪽.

017 법인기업 부문의 양건(両建て)비율=(금융자산잔액/금융부채잔액)×100의 추이를 보면, 1984년 58%에서 87~88년 70~80%로 상승하였다. 野口悠紀雄, 『バブルの経済学』, 日本経済新聞社, 1992, 122쪽.

018 특정이란 특정금전신탁의 약어로, 위탁자가 신탁은행에 금전을 신탁하고 운용방법을 결정한다. 펀드 트러스트(지정금외신탁)는 특금과 달리 운용을 신탁회사에 일임하고

종료시점 당시의 신탁재산을 교부한다. 모두 수익을 보장하거나 손실을 보전한다는 약정이 되어 있어, 버블 붕괴 후 큰 사회문제가 되었다.

**019** 주식시장에 유입된 특금과 펀트라의 잔액은 1989년 말 현재 40조 엔으로 당시 도쿄 증권거래소 1부 시가총액 500조 엔의 1/10 규모에 달했다. 「特集·最後の証言 バブル全史」, 『東洋経済』, 2017. 5. 20, 62쪽.

**020** 대표적인 기업으로는 조선업의 이시카와지마 하리마 공업, 도쿄가스, 철강업의 니혼강관이 있다. 당시 증권분석가들 사이에서는 도쿄만의 상세지도를 펼쳐놓고 각 지역의 토지를 보유하고 있는 기업을 조사하는 것이 투자분석의 중심이었다고 한다. 「特集·最後の証言 バブル全史」, 『東洋経済』, 2017. 5. 20, 63쪽.

**021** 永野健二, 『バブル』, 新潮社, 2019, 123쪽.

**022** 資産価格変動のメカニズムとその経済効果に関する研究会, 「資産価格変動のメカニズムとその経済効果」, 『フィナンシャル·レビュー』, 1993. 11, 22쪽, 52쪽.

**023** 예를 들어 1987~89년간 투자주체별 주식 매매량을 보면, 개인은 34.2억 주 순매도인데, 투자신탁과 금융기관은 각각 45.3억 주와 118.4억 주의 순매수를 기록했다. 古野高根, 「平成バブルと社会的プロセス試論」, 2002, 24쪽.

**024** 原行雄, 「財テクブームを扇るマッチ·ポンプ」, 『文化評論』, 1986年 5月.

**025** 그러나 7월에는 225만 엔으로, 그리고 89년 10월에는 135만 엔으로 하락했다. 정부는 1987년 10월의 블랙먼데이에 의한 주가폭락에도 불구하고 당초 예정대로 87년 11월에 2차 방출(255만 엔), 88년 10월에 3차 방출(190만 엔)을 강행했는데, 버블 붕괴 후 92년에 주가는 50만 엔대로 하락했다. 참고로 1986년 1차 방출 이전에 노무라총합연구소가 기업가치를 기준으로 시산한 적정 주가는 50만 엔 정도였다고 한다. 永野健二, 『バブル』, 新潮社, 2019, 146~151쪽.

**026** 加藤仁, 「ニュープアの財テク巻き返し作戦」, 『Will』, 1988年 3月, 95쪽.

**027** 武藤修靖, 「お金の『借り方』『集め方』」, 『Will』, 1989年 3月, 82~83쪽.

**028** チャンセラー, 山岡洋一 訳, 『バブルの歴史』, 日経BP出版センター, 2000, 475쪽.

**029** 본고에서 자주 인용한 노구치 유키오(野口悠紀雄)가 예외적으로 1987년 11월에 처음으로 당시의 지가가 버블이라고 주장했다. 「特集·最後の証言 バブル全史」, 『東洋経済』, 2017. 5. 20, 32쪽.

**030** 資産価格変動のメカニズムとその経済効果に関する研究会, 「資産価格変動のメカニズムとその経済効果」, 『フィナンシャル·レビュー』, 1993. 11, 22쪽.

**031** 토빈의 Q는 주식시가총액/(자산총액-부채총액)으로 계산되는데, 이 비율이 1보다 작으면 분모의 자산(설비자산, 토지)을 매각하는 행동이 유리하다는 의미로 활용된다. 그런데 1988년 와카스기 다카아키(若杉敬明) 도쿄대학 교수를 좌장으로 하는 일본증권경제연구소 워킹그룹보고서는, 이 비율이 1보다 작은 상태는 현실의 분모의 시가평

가 자산(토지)이 분자인 주가에 충분히 반영되지 않고 있기 때문이라고 설명했다. 이에 대해 시장에서는 PER(주가수익률)이나 PBR(주가순자산배율) 등 기존의 척도로는 설명할 수 없었던 주가를 노벨경제학 수상자와 도쿄대학 교수가 해명한 것으로 받아들였다. 永野健二, 『バブル』, 新潮社, 2019, 129~130쪽.

032 버블 붕괴 후 버블기의 상황을 종합적으로 정리한 보고서는, 버블 당시 Q비율로 주가를 설명하려 한 데 대해 다음과 같이 지적하였다. 주가는 PER와 같은 배당할인모델로 설명하는 것이 일반적이지만, 특정 기업이 자산으로 보유하고 있는 토지 및 주식의 함익이 그 기업의 주가에 영향을 미쳐 가격 상승을 실현시킬 수 있기 때문에 Q비율로 주가를 설명할 수 있다는 설명이 오류는 아니다. 그러나 Q비율을 주가 척도로 사용한다고 해도 그것은 어디까지나 보조적으로 사용되어야 한다. 資産価格変動のメカニズムとその経済効果に関する研究会, 「資産価格変動のメカニズムとその経済効果」, 『フィナンシャル・レビュー』, 1993. 11, 67~68쪽.

033 위의 글, 23쪽.

034 위의 글.

035 도큐전철 주식이 1989년 말에 단기간에 3배로 급증했는데, 이 과정을 주도한 것은 야쿠자 조직 회장이었고, 그에게 노무라증권과 닛코증권이 간접적으로 필요자금을 융자했다. 「特集・最後の証言 バブル全史」, 『東洋経済』, 2017. 5. 20, 44쪽.

036 「特集・最後の証言 バブル全史」, 『東洋経済』, 2017. 5. 20, 44쪽. 당시 일본은행과 제네콘(종합건설사)은 모두 야쿠자와 공생하고 있어, 매출액의 5~10%는 야쿠자에 대한 경비로 계상하고 있었다는 지적도 있다.

037 伊藤昌寿(도레 사장), 「誤解された『財テク論』」, 『中央公論』, 1987年 3月号, 124쪽.

038 下村治, 「財テクは企業を滅ぼす」, 『文藝春秋』, 1987年 2月号, 112쪽.

039 チャンセラー, 山岡洋一 訳, 『バブルの歴史』, 日経BP出版センター, 2000, 486~492쪽.

040 平木多賀人・伊藤彰敏・竹沢直哉, 「絵画投資と金融資産バブル」, 『立教ビジネスレビュー』第4号, 2011. 1990년대 이후에는 일본 주식시장과 서양화의 연동이 약해진 대신 일본인 화가 작품과의 그것이 강해졌다고 한다.

041 다이쇼와제지(大昭和製紙)의 명예회장인 사이토 료에이(斎藤了英)는 고흐의 〈의사 가셰의 초상〉과 르느와르의 〈물랭 드 라 갈레트〉를 고가에 구입했는데, 자신이 죽은 뒤 그 그림들을 관속에 넣어 태워달라고 부탁하여 물의를 일으켰다.

## 8. 토지독점에 기초한 부동산 재벌의 도시지배와 '홍콩 현상' / 조성찬

**001** 김원중, 「홍콩특별행정구역의 토지공급 및 관리제도 고찰」, 『부동산분석』, 2016년 제2 권 제1호, 120쪽.

**002** 「2019년 홍콩은 어떤 모순 속에서 어떻게 싸워왔는가?」, 『플랫폼C』 2020. 1. 3.

**003** 이 이론은 필자의 2010년 박사학위 논문, 「中国城市土地年租制及其对朝鲜经济特区 的适用模型研究(중국 도시 토지연조제의 북한 경제특구 적용모델 연구)」에서 처음 제시했다. 본 내용은 관련 내용을 압축적으로 제시한 것이다. 다만 2016년 『역사비평』 에 제출한 논문에서는 '지가신용화폐론'으로 명명했는데, 개념의 혼란을 줄이기 위해 본 연구에서는 '지대자본유동화 이론'으로 명명하고자 한다.

**004** 조성찬, 「공유자원 사유화 모델에 기댄 제주국제자유도시 발전전략의 비판적 검토」, 『공간과 사회』 제26권 2호, 2016년 6월, 44~79쪽.

**005** 조성찬, 「도시재생에서 공유경제 실현을 위한 '토지가치 공유형 지역자산화 모델' 연 구」, 『입법·정책』 제14호, 서울특별시의회, 2016년 6월, 107~132쪽.

**006** José Maria Ramos ed., *The City as Commons: A Policy Reader, the Commons Transition Coalition*, Melbourne, Australia, 2016.

**007** 헨리 조지, 김윤상 옮김, 『진보와 빈곤』, 비봉출판사, 1997.

**008** 본 장은 서울대학교 아시아연구소(SNUAC)에서 발행하는 『다양성+아시아』(Diverse Asia) 2018년 6월호에 필자가 발표한 글, 「홍콩식 토지 공개념, 진정한 아시아의 해방구 가 되려면」을 바탕으로 작성한 것이다. 일부 내용은 책 『북한 토지개혁을 위한 공공토 지임대론』, 한울, 2019에도 활용되었다.

**009** G. B. Endacott, 윤은기 옮김, 『홍콩의 역사』, 한국학술정보, 2006, 43쪽, 66쪽.

**010** 위의 책, 95~96쪽.

**011** Cruden, Gorden N., *Land Compensation and Valuation Law in Hong Kong*, Hong Kong·Singapore· Malaysia: Butterworths, 1999. pp. 6~12.

**012** Vivian Sze Mun Ho, "The Land Administration System in Hong Kong", the Dissertation for the Hong Kong Polytechnic University, 2001(김원중, 「홍콩특별행정구역의 토지공급 및 관리 제도 고찰」, 『부동산분석』 2016년 제2권 제1호, 127쪽에서 재인용).

**013** Ibid., pp. 343~344.

**014** 「홍콩 경제 불평등이 만든 청년의 '엔드 게임'」, 『월간 워커스』 2019. 10. 3; Sandy Li, "Can Hong Kong break the stranglehold of the city's biggest developers on land reserves?", *South China Morning Post*, September 30, 2019.

**015** The 2020-21 Budget 홈페이지(김수현, 「홍콩은 집값이 왜 비싼가?—홍콩 주택시장의 구 조와 특성」, 『서울도시연구』 2020년 21권 4호, 118쪽에서 재인용).

016 Steven C. Bourassa and Yu-Hung Hong ed., *Leasing Public Land: Policy Debates and International Experiences*, Lincoln Institute of Land Policy, 2003, p. 161.

017 Ibid., p. 171에서 재인용.

018 任宏·王林著, 『中国房地产泡沫研究』, 重庆: 重庆大学出版社, 2008, 203~207에서 재인용.

019 https://www.theglobaleconomy.com/rankings/economic_freedom/(북한은 첫해인 1995년부터 2021년까지 최하위였음).

020 앨리스 푼, 조성찬 옮김, 『홍콩의 토지와 지배계급』, 생각비행, 2021, 32쪽, 44쪽, 55쪽.

021 위의 책, 57~78쪽.

022 위의 책, 84쪽.

023 Sandy Li, "Can Hong Kong break the stranglehold of the city's biggest developers on land reserves?", *South China Morning Post*, September 30, 2019.

024 앨리스 푼, 앞의 책, 57~62쪽 내용을 활용하여 재구성함.

025 리카싱 가문의 지배하에 있는 상장 기업들로는 청쿵 홀딩스, 허치슨 왐포아, 홍콩전기, 청쿵 인프라, CK생명과학, Tom.com, PCCW 등이 있다. 이들 기업의 시가총액은 2010년 5월 말까지 853억 미국달러에 달했다. 청쿵그룹(PCCW 제외)은 당시 54개국에 사업체를 두고 있었다. 그룹의 핵심 사업으로는 부동산 개발, 항만 및 관련 서비스, 통신, 호텔, 소매 및 제조, 에너지 및 인프라가 있다.

026 「홍콩의 재벌들 우산 혁명에서 왜 표적이 됐나」, 『서울신문』 2014. 11. 5(https://www.seoul.co.kr/news/newsView.php?id=20141105012016).

027 앨리스 푼, 앞의 책, 2021, 199쪽.

028 「홍콩 경제 불평등이 만든 청년의 '엔드 게임'」, 『월간 워커스』 2019. 10. 3.

029 김수현, 「홍콩은 집값이 왜 비싼가?—홍콩 주택시장의 구조와 특성」, 『서울도시연구』 2020년 21권 4호, 117쪽.

030 김원중, 「홍콩특별행정구역의 토지공급 및 관리제도 고찰」, 『부동산분석』 2016년 제2권 제1호, 121쪽.

031 위의 논문, 122쪽.

032 Sandy Li, "Can Hong Kong break the stranglehold of the city's biggest developers on land reserves?", *South China Morning Post*, September 30, 2019.

033 장정아, 「홍콩 땅을 지킨다는 것—홍콩 정체성에서 향촌과 토지의 의미」, 『현대중국연구』 2018년 19권 4호, 10쪽.

034 위의 논문, 9쪽.

035 SCMP, 2018. 6. 8; SCMP, 2018. 10. 9(김수현, 앞의 글, 2020, 119쪽에서 재인용).

036 Sandy Li, "Can Hong Kong break the stranglehold of the city's biggest developers on land

reserves?", *South China Morning Post*, September 30, 2019.

037 앨리스푼이 참여한 출판기념 북콘서트 발표자료 일부, 2021. 10. 30.

038 『서울신문』 2014. 11. 5.

039 「홍콩 경제 불평등이 만든 청년의 '엔드 게임'」, 『월간 워커스』 2019. 10. 3.

040 Huang, Juan and Shen, Geoffrey Qiping, "Residential housing bubbles in Hong Kong: identification and explanation based on GSADF test and dynamic probit model", *Journal of Property Research*, 2017, 34(2), pp. 108~128; Li, Victor Jing, "Housing policies in Hong Kong, China and the People's Republic of China", *ADBI Working Paper*, 2016, No. 566; Bloomberg, "Risks Loom for Hong Kong Housing Where 97% of People Make Profit", 2020. 4. 23 (김수현, 앞의 글, 2020, 111~112쪽에서 재인용).

041 김수현, 앞의 글, 2020, 114쪽.

042 「홍콩 경제 불평등이 만든 청년의 '엔드 게임'」, 『월간 워커스』 2019. 10. 3.

043 「홍콩, 10m²에 2.3명 거주 '극소주택' 사회문제화」, 『연합뉴스』 2018. 1. 23.

044 「홍콩 불안의 근원, 부동산 헤게모니를 들여다보다」, 『프레시안』 2019. 11. 29.

045 홍명교, 「홍콩은 불타는가—홍콩 사회의 모순과 홍콩 항쟁」, 『플랫폼C』 2020. 10.

046 위의 글.

047 인천대학교 중국학술원 중국화교연구소 차이나데일리브리프, 2022. 1. 13.

048 Sandy Li, "Can Hong Kong break the stranglehold of the city's biggest developers on land reserves?", *South China Morning Post*, September 30, 2019.

049 Tai-lok Lui, "Rearguard Politics: Hong Kong's Middle Class", *The Developing Economies*, 2003, XLI-2, pp. 161~183.

050 앨리스푼, 앞의 책, 215~219쪽.

051 여기서 '매입'의 대상은 토지사용권과 건물소유권이다. 한국에도 이와 유사한 형태로 '토지임대부 주택'이 있다. '토지임대부 주택'은 한때 '반값아파트'라는 별명을 얻기도 했다.

052 위의 책, 111쪽.

053 "The Inevitable Decline of Hong Kong and the Clash of Civilizations", *CNN*, June 26, 2002.

054 장정아, 「홍콩 로컬리티—지역 커뮤니티에 기반한 저항성의 모색」, 『중앙사론』 2021년 54집, 457~512쪽; 장정아, 「빈민가에서 문화유산의 거리로—홍콩 삼쉬포 지역 사례를 통해 본 도시권」, 『동북아문화연구』 제36집, 2013, 57~75쪽.

055 김주영, 「홍콩 '틴지족와이'의 사례를 통해 본 사회적 경제의 정치학」, 『비교문화연구』 25권 1호, 2019, 45~93쪽.

056 「가난한 자를 위한 한 평은 없다」, 『한겨레21』 제1063호, 2015. 5. 27.

057 "Major Hong Kong Developer Donates Land to Mitigate Housing Crisis", *Bloomberg*, 2019. 12. 30;

"Hong Kong Property Scion Says Affordable Housing a Top Priority", *Bloomberg*, 2020. 1. 10(김수현, 앞의 글, 2020, 118쪽에서 재인용).

**058** Sandy Li, "Can Hong Kong break the stranglehold of the city's biggest developers on land reserves?", *South China Morning Post*, September 30, 2019.

**059** 김주영, 「홍콩 '틴지족와이'의 사례를 통해 본 사회적 경제의 정치학」, 『비교문화연구』 25권 1호, 2019.

**060** 위의 글, 84~85쪽.

## 9. 자가소유 사회의 한계 / 오도영

**001** 이 글은 영국(잉글랜드, 웨일즈, 스코틀랜드, 북아일랜드) 인구의 85%가량을 차지하는 잉글랜드의 경험에 초점을 맞춘다. 따라서 이 글에서 다루는 지분대출 주택(Shared Equity), 지분공유(Shared Ownership) 주택, 사회주택 매입 우선권(Right to Buy)은 모두 잉글랜드에서 실행된 정책에 초점을 두고 있다. 이 글에서 인용하는 영국 정부 공식통계의 일부는 영국 전체를 대상으로만 제공되는 바, 이 경우 '영국'으로 명시하였고, 잉글랜드 관련 통계는 '잉글랜드'로 명시하였다.

**002** Ministry of Housing, Communities & Local Government, "Table 104 Dwelling stock: by tenure, England (historical series)", 2021(https://www.gov.uk/government/statistical-data-sets/live-tables-on-dwelling-stock-including-vacants).

**003** Ibid.

**004** 이 글에서는 할인된 임대료로 제공되는 임대주택을 지칭하는 용어로 사회주택을 사용하였다.

**005** Ministry of Housing, Communities & Local Government, *English Housing Survey 2019 to 2020*, 2020.

**006** Chartered Institute of Housing, *UK Housing Review 2019*, Coventry: Chartered Institute of Housing, 2019.

**007** Malpass, Peter, "Housing and the New Welfare State: Wobbly Pillar or Cornerstone?", *Housing Studies* 23(1), 2008, p. 6.

**008** 영국에서 자가소유 이념이 추진되는 과정에 대해서는 Malpass, Peter and Alan Murie, *Housing Policy and Practice*, 5th ed, London: Macmillan Press, 1999; Ronald, Richard, *The Ideology of Home Ownership: Homeowner Societies and the Role of Housing*, New York: Palgrave Macmillan, 2008 참고.

**009** Ronald, op. cit.

**010** 박준·손정원, 「영국 주택시장의 구조와 주택가격 상승에 대한 대응정책」, 『공간과 사회』 30, 2008; 오도영·박준·김혜승, 「영국 주거복지정책의 변화—2010년 이후 심화된 신자유주의적 변화를 중심으로」, 『공간과 사회』 52, 2015.

**011** Ronald, op. cit.

**012** Office for National Statistics, "Housing and home ownership in the UK", 2015(https://www.ons.gov.uk/peoplepopulationandcommunity/populationandmigration/internationalmigration/articles/housingandhomeownershipintheuk/2015-01-22).

**013** Doling, John and Richard Ronald, "Home Ownership and Asset-Based Welfare", *Journal of Housing and the Built Environment* 25, 2010; Watson, Matthew, "Planning for a Future of Asset-based Welfare? New Labour, Financialized Economic Agency and the Housing Market", *Planning, Practice & Research* 24(1), 2009.

**014** 김용창, 「자산기반 주거복지정책으로서 단기 공공임대주택의 지분공유제 주택으로 전환」, 『공간과 사회』 44, 2013; Watson, Matthew, "Constituting Monetary Conservatives via the 'Savings Habit': New Labour and the British Housing Market Bubble", *Comparative European Politics* 6(3), 2008.

**015** 오도영, 「금융화(financialization) 과정 속에서 본 영국의 저렴주택 제도」, 『공간과 사회』 61, 2017.

**016** Department for Communities and Local Government, *Laying the Foundations: A Housing Strategy for England*, London: Communities and Local Government Publications, 2011.

**017** Cameron, David, "Leader's speech, Manchester 2015", 2015.

**018** Ibid.

**019** Haffner, Marietta E. A., Rachel Ong, Susan J. Smith and Gavin A. Wood, "The Edges of Home Ownership: The Borders of Sustainability", *International Journal of Housing Policy* 17(2), 2017, p. 170.

**020** Office of the Deputy Prime Minister, "Explanatory Memorandum to the Social Landlords (Addtional Purposes or Objects) (Amendment) (England) Order 2005", 2005.

**021** Department for Levelling Up, Housing and Communities, "Help to Buy (equity loan scheme): data to 30 June 2021", 2021(https://www.gov.uk/government/statistics/help-to-buy-equity-loan-scheme-data-to-30-june-2021).

**022** National Audit Office, *Help to Buy: Equity Loan scheme – progress reivew*, 2019(https://www.nao.org.uk/wp-content/uploads/2019/06/Help-to-Buy-Equity-Loan-scheme-progress-review.pdf).

**023** Birch, Jules, "What a way to run a housing system", *Inside Housing* 2017. 9. 14(https://www.insidehousing.co.uk/comment/comment/what-a-way-to-run-a-housing-system-52393).

**024** Carozzi, Felipe, Christian A. L. Hilber and Xiaolun Yu, "On the economic impacts of mortgage credit expansion policies: evidence from help to buy", *CEP Discussion Paper*, 2020.

025 Ibid.

026 Cromarty, Hannah, "Shared Ownership (England): The Fourth Tenure?", *Commons Library Research Briefing*, 2021.

027 Office for National Statistics, "The effects of taxes and benefits on household income, disposable income estimate", 2021(https://www.ons.gov.uk/peoplepopulationandcommunity/personaland householdfinances/incomeandwealth/datasets/householddisposableincomeandinequality).

028 Wallace, Alison, *Exploring Shared Ownership Markets outside London and the South East*, York: Centre for Housing Policy, 2019, p. 68.

029 Ministry of Housing, Communities & Local Government, "Table 697: Financial Data on Shared Ownership sales(PRP only), 2010~11 to 2019~20", 2021(https://www.gov.uk/government/ statistical-data-sets/live-tables-on-social-housing-sales).

030 부담가능주택(Affordable Housing)은 개방시장에서 주택을 구매하거나 임대할 수 없는 국민들에게 제공되는 주택으로, 할인된 가격으로 분양되는 주택을 포함한다는 점에서 일반적으로 임대주택을 지칭하는 사회주택(Social Housing)과 구분된다. 본 용어는 2010년 보수당 집권 이후 활발하게 사용되기 시작하였다.

031 사회 임대료(social rent) 주택은 시세의 50% 수준의 임대료로 제공되는 사회주택으로, 비영리 주택조합과 같은 등록주택공급업체(Registered Provider)와 지방정부에 의해 운영된다.

032 부담가능 임대료(affordable rent) 주택은 보수당 정부가 2010년 이후 사회주택을 다양화하기 위해 도입한 새로운 사회주택 형태로 시세의 80% 수준에서 제공되는 것이 그 특징이며, 현재 사회주택의 주요 형태로 공급되고 있다.

033 Manzi Tony and Nicky Morrison, "Risk, commercialism and social purpose: Repositioning the English housing association sector", *Urban Studies* 55(9), 2018, pp. 1937~1938.

034 "Only 4% of homes funded through Affordable Homes Programme were for social rent", *Inside Housing* 2020. 2. 14(https://www.insidehousing.co.uk/news/news/only-4-of-homes-funded- through-affordable-homes-programme-were-for-social-rent-65022).

035 Ministry of Housing, Communities & Local Government, "Table 678: Social Housing Sales: Annual Sales by Scheme for England: 1980~81 to 2019~20", 2021(https://www.gov.uk/ government/statistical-data-sets/live-tables-on-social-housing-sales).

036 Wilson, Wendy and Cassie Barton, "A voluntary Right to Buy for housing association tenants in England", *Commons Library Research Briefing*, 2021.

037 Ministry of Housing, Communities & Local Government, "Table 104 Dwelling stock: by tenure, England(historical series)."

**038** "Making Right to Buy receipts go further", *Social Housing* 2019. 11. 7(https://www.socialhousing. co.uk/news/news/making-right-to-buy-receipts-go-further-64062).

**039** Jones, Colin and Alan Murie, *The Right to Buy: Analysis & Evaluation of a Housing Policy*, Oxford: Blackwell, 2006, p. 97.

**040** Wilson, Wendy and Cassie Barton, op. cit., p. 30.

**041** Cole, Ian, Stephen Green, Lindsey McCarthy and Ben Pattison, "The Impact of the Existing Right to Buy and the Implications for the Proposed Extension of Right to Buy to Housing Associations", 2015(http://shura.shu.ac.uk/14930/1/Full-Report-for-Select-Committee-141015final.pdf).

**042** "The Truth Behind the Tories' Northern Strongholds", *The Economist* 2021. 3. 31; "How Tory dominance is built on home ownership", *The New Statesman* 2021. 5. 12.

**043** The New Statesman, op. cit.

**044** Chartered Institute of Housing, "2022 UK Housing Review", 2022(https://www.ukhousingreview. org.uk/index.html).

**045** National Housing Federation, "The real 'social housing waiting list' is 500,000 more than official figures", 2020(https://www.housing.org.uk/news-and-blogs/news/the-real-social-housing-waiting-list-is-500000-more-than-official-figures/).

**046** Leckie, Clare, Rebecca Munro and Mark Pragnell, "Building Post-Pandemic Prosperity", 2021.

**047** Department for Levelling Up, Housing and Communities, "Table 1000: Additional affordable homes provided by tenure, England", 2021(https://www.gov.uk/government/statistical-data-sets/live-tables-on-affordable-housing-supply).

**048** Ronald, op. cit., pp. 210~211.

**049** Resolution Foundation, "House of the Rising Son (or Daughter): The Impact of Parental Wealth on Their Children's Homeownership", 2018(https://www.resolutionfoundation.org/publications/house-of-the-rising-son-or-daughter/).

**050** Office for National Statistics, "Household debt in Great Britain: April 2016 to March 2018", 2019(https://www.ons.gov.uk/peoplepopulationandcommunity/personalandhouseholdfinances/incomeandwealth/bulletins/householddebtingreatbritain/april2016tomarch2018).

**051** Ibid.

**052** "Goodbye 25-year mortgages, but are we walking into a borrowing trap?", *The Guardian* 2017. 7. 29(https://www.theguardian.com/money/2017/jul/29/goodbye-25-year-mortgage-borrowing-trap-35-year-deals).

**053** Department for Communities and Local Government, "Table 1300 Repossession and repossession prevention: number of outstanding mortgages, arrears and repossessions, United Kingdom, from 1969", 2014(https://www.gov.uk/government/statistical-data-sets/live-tables-on-repossessionactivity).

054 Doling, John, *Comparative Housing Policy: Government and Housing in Advanced Industrialized Countries*, London. Macmillan Press, 1997, p. 155.

055 King, Peter, *Housing Policy Transformed: The Right to Buy and the Desire to Own*, Bristol: Policy Press, 2010, pp. 85~101.

## 10. 중국의 핀테크 기업과 국가 / 박철현

001 「冯春红(格力洋河): 农民工省吃俭用入股市 一场辛苦为谁忙 20170817 投资者说」(https://www.bilibili.com/video/BV1LK4y1U7Q6); 「农民工用血汗钱炒股…全输光了! 一场辛苦为谁忙?(附央视视频)」(https://www.sohu.com/a/165697885_168424)(검색일: 2022년 1월 5일).

002 3장의 〈그림 2〉 참고.

003 김정심, 「4차 산업혁명을 선도하는 알리바바─핀테크와 신유통을 중심으로」, 『Korea Business Review』 제24권 제2호, 2015; 전수경, 『중국 핀테크 산업의 발전 현황과 정책 방향』, 대외경제정책연구원, 2018년 3월 14일; 「중국 핀테크 시장을 주도하는 BATJ」(https://dream.kotra.or.kr/kotranews/cms/news/actionKotraBoardDetail.do?SITE_NO=3&MENU_ID=180&CONTENTS_NO=1&bbsGbn=243&bbsSn=243&pNttSn=188546); 「中, BATJ·국유은행 손잡고 '디지털은행' 가속도」(https://www.ajunews.com/view/20171204162200614#PL2)(검색일: 2022년 1월 5일). 중국 학술정보 데이터 베이스 즈왕(知網 www.cnki.net)에서 '제목'에 '金融科技 創新'(핀테크 혁신)을 키워드로 검색하면 무려 2,279개의 자료(학술논문, 학위논문)가 검색될 정도로, 긍정적인 태도의 연구가 압도적 다수이다.

004 핀테크 기업 규제에 대한 연구로는 다음을 참고. 김영선, 「중국의 온라인 플랫폼 업계 규제 동향과 시사점」, 『세계경제 포커스』, 대외경제정책연구원, 2021년 6월 23일; 서봉교, 「핀테크와 빅테크, 규제 정책 변화에 대한 디지털 금융환경의 분석과 시사점」, 『한중사회과학연구』 19권 4호, 2021; 포용적 금융에 대해서는 3장을 참고. '자산유동화 증권'에 대해서도 그 '혁신성'에 대한 연구가 많고, 그 위험성에 대한 연구도 주로 법률 규제에 초점을 맞춰져 있으며, 자산유동화 증권의 발행과 운용에 있어서 정부의 역할에 대한 적극적인 비판은 보이지 않는다. 관련 연구 중 대표적인 것은 다음을 참고. 孙建军 李莉,「互联网金融企业资产证券化的实践─以蚂蚁花呗为例」,『中国市场』, 2019年 第36期; 叶梓楚,「互联网金融的风险防范分析」,『中国市场』, 2021年 第29期; 倪申东,「小额信贷公司资产证券化发展及前景」, 以蚂蚁小贷为例,『中国市场』, 2019年 第31

期. 한편, 플랫폼 기업에 대한 국가의 관리에 초점을 맞춘 연구도 있다. 박우, 「중국의 플랫폼 기업과 국가의 관리에 관한 탐색적 연구」, 『아시아리뷰』 제11권 제3호, 2021.

**005** 이은영, 「중국의 포용적 금융 정책과 주요 은행 사례 분석」, 『산은조사월보』 제746호, 2018년 1월.

**006** 중국 정부는 핀테크 산업 발전을 적극 지원하고 있다. 「国务院支持北京副中心金融科技创新发展, 数字经济规模或突破40万亿」(http://news.sohu.com/a/503806648_602344) (검색일: 2022년 1월 5일).

**007** GDP 성장률은 세계은행 통계를 참고. 「GDP growth (annual %) - China 1961~2019」, 2021. 03. 15(https://data.worldbank.org/indicator/NY.GDP.MKTP.KD.ZG?locations=CN, 2022. 01.05).

**008** 「2007全民炒股年」(http://www.lifeweek.com.cn/2010/1012/30041.shtml); 「炒基金的22条军规」(http://news.sina.com.cn/c/2007-01-11/142712011089.shtml); http://www.lifeweek.com.cn/2007/0830/19394.shtml(검색일: 2022년 1월 5일).

**009** 「人人都是股神」(http://www.lifeweek.com.cn/2007/0424/18455.shtml?from=singlemessage& isappinstalled=0)(검색일: 2022년 1월 5일).

**010** 「刚毕业大学生借10万炒股致血本无归 欲跳楼获救」(http://news.cnr.cn/native/gd/20150820/t20150820_519600492.shtml); 「唉!福建一47岁男子因借贷炒股亏损百万, 医院留遗书跳楼自杀身亡」(https://baijiahao.baidu.com/s?id=1665199424907894241&wfr=spider&for=pc); 「西安农民工开户炒股 一天亏了三千想要跳楼」(https://baijiahao.baidu.com/s?id=1672516529909110609&wfr=spider&for=pc)(검색일: 2022년 1월 5일).

**011** 한 명이 여러 계좌를 소유하고 있음을 감안하면, 1억 명의 중국인이 주식투자를 하고 있다고 추산된다. 다음을 참고. 「中国股民数量达一亿 资金反扑三行业(附股)」(http://www.bjzq.com.cn/dpfx/ShowArticle.asp?ArticleID=193418)(검색일: 2022년 1월 5일).

**012** 이하는 다음을 참고. 이현희, 「'정책시장'이 된 주식시장」, 『성균차이나브리프』 3권 4호, 2015, 91~92쪽.

**013** 2008년 글로벌 금융위기로 중국 연해 지역 중심으로 2600만 명의 실업자가 발생한 것으로 추산된다. 「Downturn in China leaves 26million out of work」(https://www.theguardian.com/business/2009/feb/02/china-unemployment-unrest)(검색일: 2022년 1월 5일).

**014** 「人民日报评论—股市的寒冬过去是春天」(http://finance.sina.com.cn/stock/stocktalk/200 81202/09075578528.shtml)(검색일: 2022년 1월 5일).

**015** 「人民日报海外版—股市长期牛市势头不会改变」(https://news.qq.com/a/20150508/026825.htm)(검색일: 2022년 1월 5일).

**016** 2019년 2분기 현재 중국 모바일 결제 시장은 알리페이(53.36%)와 위챗페이(39.47%)가 92.83%를 점유하고 있다. 「移动支付行业数字化进程分析—易观」(https://www.analysys.

cn/article/detail/20019477)(검색일: 2022년 1월 5일).

**017** 「阿里巴巴金融二三事(一): 阿里小贷的前世今生」(https://36kr.com/p/1641767485441)(검색일: 2022년 1월 5일).

**018** 이하 알리바바의 핀테크 기업으로의 전환의 전반적인 내용은 다음을 참고. 김정심, 앞의 글, 2015, 78~82쪽; 이현태·서봉교·조고운, 『중국 모바일 결제 플랫폼의 발전과 시사점─알리바바 사례를 중심으로』, 대외경제정책연구원, 2018, 62~68쪽.

**019** 「핀테크 강국 부상 중국, MMF 위어바오 1조 위안 넘었다」(https://www.ajunews.com/view/20170425140538629)(검색일: 2022년 1월 5일).

**020** 2020년 6월 앤트파이낸셜은 앤트그룹으로 이름을 바꾼다.

**021** 제베이는 중국어로 '借呗'로 '빌리지 뭐'라는 의미이다. 제베이 대출 금액은 1,000~5만 위안이고, 대출기한은 12개월 미만, 이자율은 최고 16.4%이다. 이현태·서봉교·조고운, 앞의 책, 2018, 67쪽.

**022** 明仪皓·朱盈盈·张蕾, 「互联网金融对传统商业银行的影响及对策」, 『西南金融』, 2014年 第11期, 60쪽.

**023** 「深化金融改革第一單落地 首批5家民營銀行試點方案確定」(http://theory.people.com.cn/BIG5/n/2014/0311/c40531-24597113.html)(검색일: 2022년 1월 5일).

**024** 明仪皓·朱盈盈·张蕾, 앞의 글, 2014年 第11期, 60쪽.

**025** 「央行要求腾讯等8家公司做好个人征信业务准备」(http://www.cac.gov.cn/2015-01/06/c_1113893492.htm)(검색일: 2022년 1월 5일).

**026** 2015년 상하이 국제금융 컨퍼런스에서 쉬밍치(徐明棋) 상하이 사회과학원 부소장은 핀테크 산업을 '신생 사물(新生事物)'로 인식하고 우선적으로 신생 사물의 성장을 관망하고 드러난 문제점은 차후에 관리 감독하면 된다고 주장했다. 「"핀테크 규제 개혁, 중국 '혁신' vs 한국 '진화' 방식"」(https://www.edaily.co.kr/news/read?newsId=03260326609300696&mediaCodeNo=257); 「"韓, 핀테크 제대로 하려면 금융규제부터 풀어라"」(https://www.edaily.co.kr/news/read?newsId=01223446609274784)(검색일: 2022년 1월 10일).

**027** 「세계의 포용금융 ① 집에 돈 쌓아두던 미국… 공공펀드가 은행 대신한다」(https://biz.chosun.com/stock/finance/2022/02/01/V7PVHKZFURA6VGBW2TD6Y435WA/?utm_source=naver&utm_medium=original&utm_campaign=biz)(검색일: 2022년 1월 10일).

**028** 최철웅, 「'포용적 금융'의 역설─빈곤 산업의 형성과 위험의 개인화」, 『사회과학연구』 제27집 2호, 2019, 40~47쪽.

**029** 이하 중국 포용적 금융의 전반적인 내용은 다음을 참고. 「普惠金融」(https://baike.baidu.com/item/%E6%99%AE%E6%83%A0%E9%87%91%E8%9E%8D/12998106?fr=aladdin)(검색일: 2022년 1월 10일).

030 전수경,『중국 핀테크 산업의 발전 현황과 정책 방향』, 대외경제정책연구원, 2018년 3월 14일, 14~15쪽.

031 「中 '포용적 금융' 발전 현황」(https://csf.kiep.go.kr/issueInfoView.es?article_id=35787&mid=a20200000000&board_id=2)(검색일: 2022년 1월 10일).

032 「注意了!这样借钱炒股是违规的, 涉及借呗, 微粒贷等」(https://www.163.com/dy/article/FHMEKC0S0519ADGM.html)(검색일: 2022년 1월 10일).

033 「8家银行信贷资金被企业挪用炒股」(http://bank.jrj.com.cn/2007/06/000002342042.shtml)(검색일: 2022년 1월 10일).

034 「万亿联合贷市场迎严监管 网络小贷公司遇生死大考」(http://finance.ce.cn/bank12/scroll/202011/04/t20201104_35971341.shtml?from=groupmessage)(검색일: 2022년 1월 10일).

035 「"5000곳 중 3곳만 살아남아…" 중국 P2P대출업체 99.9% 사실상 '사망'」(https://www.ajunews.com/view/20201125111431417#PL2)(검색일: 2022년 1월 10일).

036 웨탄은 면담의 형식이지만, 실제로는 당국의 '공개적인 경고'이다. 다음을 참고. 「The Chinese government warned Jack Ma about the too fast expansion of Ant Group」(https://www.world-today-news.com/the-chinese-government-warned-jack-ma-about-the-too-fast-expansion-of-ant-group/?amp=1)(검색일: 2022년 1월 10일).

037 「중국 대학가에 인터넷 고리대금업 성행」(https://www.yna.co.kr/view/AKR20160616174300097); 「农村小伙子玩花呗和借呗, 只能救急, 不能用来救穷, 必要要慎重」(https://baijiahao.baidu.com/s?id=1687112380846881588&wfr=spider&for=pc); 「网贷消费让新生代农民工"爱恨交织" 网络借贷成为备用钱包」(https://baijiahao.baidu.com/s?id=1682588075371812971&wfr=spider&for=pc)(검색일: 2022년 1월 10일).

038 규제 샌드박스는 2016년 영국에서 핀테크 산업 육성을 위해 시작된 제도로, 신기술과 신서비스의 원활한 발전을 위해 기존 규제를 일시적으로 면제해주는 것인데, 흔히 '혁신의 실험장소'로 상찬의 대상이 된다. 「규제 샌드박스」(https://www.korea.kr/special/policyCurationView.do?newsId=148857563)(검색일: 2022년 1월 10일).

039 「앤트그룹 "소액대출 개인 신용정보 인민은행과 공유"」(https://www.yna.co.kr/view/AKR20210923051900009); 「央行金融科技监管沙盒分析 86个都有哪些创新?」(https://new.qq.com/omn/20210324/20210324A0B9VP00.html)(검색일: 2022년 1월 10일).

040 화베이(Huabei 花呗)는 인터넷 상품구매 시 부족한 금액을 신용대출로 빌려주는 금융 상품이다. 화베이는 "쓰지 뭐"라는 의미이며, 2015년 시작된 제베이와 함께 대표적인 앤트파이낸셜 금융상품이다. 「花呗, 借呗被纳入征信体系, 以后可得注意了!」(https://www.longfajr.com/info/11495.html); 「中国人民银行征信中心」(http://www.pbccrc.org.cn/)(검색일: 2022년 1월 10일).

041 「重庆银保监局批准重庆蚂蚁消费金融有限公司开业」(https://baijiahao.baidu.com/s?id=

1701534431727450086&wfr=spider&for=pc);「蚂蚁消费金融增资220亿, 国有资本持股比例增至28%」(https://baijiahao.baidu.com/s?id=1720097549229609927&wfr=spider&for=pc)(검색일: 2022년 1월 10일). 하지만, 2022년 1월 14일 중국신다자산관리주식유한회사는 충칭앤트소비금융회사 참여철회를 선언한다.「蚂蚁消费金融增资计划生变 中国信达等3家放弃增持」(https://baijiahao.baidu.com/s?id=1721977280734242011&wfr=spider&for=pc)(검색일: 2022년 1월 20일).

참고문헌

# 참고문헌

## 1. 시장을 이길 수 있는가? / 김승우

김승우, 「'과학적' 투자 담론의 냉전적 기원」, 『사총』 95, 2018. 9.

Allen, F. L., 박진빈 역, 『원더풀 아메리카』, 앨피, 2006.

Berle, A. A. and G. C. Means, *The modern corporation and private property*, rev. ed., New York, Hartcourt, Brace and World, 1967.

Bernstein, P., *Against the Gods: the remarkable story of risk*, New York, John Wiley & Sons, 1996.

Bernstein, P., 강남규 역, 『세계 금융시장을 뒤흔든 투자 아이디어』, 이손, 2006.

Bishop III, E. L. and J. R. Rollins, "Lowry's reports: a denial of market efficiency?", *Journal of Portfolio Management*, 4(1), 1977.

Brine, K. R. and M. Poovey, *Finance in America: an unfinished story*, Chicago and London, University of Chicago Press, 2017.

Brooks, J., *The Go-Go years: the drama and crashing finale of Wall Street's bullish 60s*, New York, John Wiley, 1999[1984].

de Goede, M., "Mastering 'Lady Credit': dircourses of financial crisis in historical perspective", *International Feminist Journal of Politics*, 2(1), 2000.

de Goede, M., *Virtue, fortune, and faith: a genealogy of finance*, Minneapolis, University of Minnesota Press, 2005.

de Goede, M., "Resocialising and repoliticising financial markets: contours of social studies of finance", *Economic Sociology Newsletter*, 2005.

Dow, C. 외, 박정태 편역, 『주가의 흐름』, 굿모닝북스, 2010.

Elliott, R. N., 이형도 편, R. Chang 역, 『엘리어트 파동이론』, 이레미디어, 2006.

Fama, E., "Random walks in stock market prices", *Financial Analysts Journal*, 21(5), 1965.

Fisher, P. 박정태 역, 『위대한 기업에 투자하라』, 굿모닝북스, 2005.

Fox, J., 윤태경 역, 『죽은 경제학자들의 만찬』, 서울, 2010.

Fraser, S., *Every man a speculator: a history of Wall Street in American life*, New York, Harper Perennial, 2006.

Graham, B. and D. L. Dodd, *Security analysis*, New York, Whittlesey House, 1934.

Graham, B. and D. L. Dodd, 박길수 옮김, 『증권 분석』, 리딩리더, 2008.

Graham, B., *The intelligent investor: a book of practical counsel*, New York, Harper & Brothers, 1949.

Graham, B., 강남규 역, 『현명한 투자자』, 국일증권경제연구소, 2002.

Gutmann, R., *How credit-money shapes the economy*, New York, M. E. Sharpe, 1994.

Hamilton, P., 박정태 역, 『주식시장 바로미터』, 굿모닝북스, 2008[1922].

Henrique, D. B., 김상우 역, 『뮤추얼 펀드 제국 피델리티』, 굿모닝북스, 2006.

Hildreth, C., *The Cowles Commission in Chicago, 1939~1955*, Berlin and Heidelberg, Springer-Verlag, 1986.

Hochfelder, D., ""Where the common people could speculate": the ticker, bucket shops, and the origins of popular participation in financial markets, 1880~1920", *Journal of American History*, 93(2), 2006.

Jovanovic, F., "The construction of the canonical history of financial economics", *The History of Financial Economics*, 40(2), 2008.

Kaplan, G. E. and C. Welles, *The money managers*, New York, Random House, 1969.

Keynes, J. M., 조순 역, 『고용, 이자 및 화폐의 일반이론』, 비봉출판사, 2007.

Livermore, J., E. Lefebvre, 윤지호·노혜숙 역, 『위대한 투자자, 제시 리버모어』, 원앤원 북스, 2007.

Loeb, G., 박정태 역, 『목숨을 걸고 투자하라』, 굿모닝북스, 2008.

Mackay, C., 이윤섭 역, 『대중의 미망과 광기』, 필맥, 2018[1841].

Malkiel, B., 박세연 역, 『랜덤워크 투자수업』, 골든어페어, 2020.

Markowitz, H., "Portfolio selection", *Journal of Finance*, 7(1), 1952.

McKenzie, D., *An engine, not a camera: how financial models shape markets*, Cambridge, MA, MIT Press, 2006.

Ott, J., ""The free and open people's market": political ideology and retail brokerage at the New York Stock Exchange, 1913~1933", *Journal of American History*, 96(1), 2009.

Ott, J., *When Wall Street met Main Street: the quest for an investors' democracy*, Cambridge, MA, Harvard University Press, 2011.

Preda, A., "Financial knowledge, documents, and the structure of financial activities", *Journal of Contemporary Ethnography*, 31, 2002.

Preda, A., *Framing finance: the boundaries of markets and modern capitalism*, Chicago and London, University of Chicago Press, 2009.

Pryke M. and P. du Gay, "Take an issue: cultural economy and finance", *Economy and Society*, 36(3), 2007.

Rhea, R., 박정태 역, 『다우이론』, 굿모닝북스, 2005[1932].

Samuelson, P. A., "Challenge to judgment", *Journal of Portfolio Management*, 1(1), Fall 1974.

Shiller, R. J., 이강국 역, 『비이성적 과열』, 알에이치코리아, 2014.

Tatham Jr., C., "A brief history of the society", *The Analysts Journal*, 1(1), January 1945.

Woods, J. E., "On Keynes as an investor", *Cambridge Journal of Economics*, 37, 2013.

## 2. 1920년대 플로리다 부동산 개발 붐과 과열 투기 / 박진빈

"1920-Mangrove Forest Destruction on Miami Beach", 1920~1929 Miami Area Historical Photos Gallery, https://www.pbase.com/image/79822495 (검색일자: 2021. 12. 27)

Richard Barry, "Slavery in the South To-day", *Cosmopolitan Magazine*, XLII, March 1907, 5.

Mizner Development Corporation, Boca Raton, 1925, from the Collections of the Boca Raton Historical Society and Museum, https://www.bocahistory.org/eGallery/upload/Boca%20 Raton%20Historical%20Society/Boca%20Raton%20Historical%20Society/Files/ OurHistory_MDCBR1925L.pdf (검색일자: 2021. 12. 17).


Kenneth Ballinger, *Miami Millions: The Dance of the Dollars in the Great Florida Land Boom of 1925*, Miami: The Franklin Press, 1936.

Bruce Barton, *The Man Nobody Knows*, Indianapolis: Bobbs-Merrill Company, 1925.

Federal Writers Project, *Florida: A Guide to the Southern-Most State*, New York: Oxford University Press, 1939.

T. H. Weigall, *Boom in Paradise*, New York: Alfred King, 1932.

F. L. 알렌 저, 박진빈 역, 『원더풀 아메리카』, 앨피, 2006.


Bryan Bowmman and Kathy Roberts Forde, "How Slave Labor Built the State of Florida Decade After the Civil War", *The Washington Post*, May 17, 2018.

William Brown, Jr. and Karen Hudson, "Henry Flagler and the Model Land Company", *Tequesta*, vol. 96, no. 1, 1996.

Michael Brocker and Christopher Hanes, "1920s America Real Estate Boom and the Downtuen of the Great Depression", in Eugene N. White, Kenneth Snowden, and Price Fishback, eds., *Housing and Mortgage Markets in Historical Perspective*, Chicago: University of Chicago Press, 2014.

Natacha Postel-Vinay, "Debt Dilution in 1920s America: Lighting the Fuse of a Mortgage Crisis", *Economic History Review*, vol. 70, no. 2, May 2017.

Eugene White, "Lessons from the Great American Real Estate Boom and Bust of the 1920s", in Fishback, et al, eds., *Housing and Mortgage Markets*.


David Leon Chandler, *Henry Flagler: The Astonishing Life and Times of the Visionary Robber Baron Who Founded Florida*, New York: Macmillan, 1986.

Donald Curl, *Mizner's Florida: Florida Resort Architecture*, Cambridge: MIT Press, 1987.

Mark Foster, *Castles in the Sand: The Life and Times of Carl Graham Fisher*, Gainesville: University Press, of Florida, 2000.

Carl Hungness, *I Love to Make the Dirt Fly! A Biography of Carl G. Fisher, 1874~1939*, Madison, IN: Carl

Hungness Publishing, 2015.

Christopher Knowlton, *Bubble in the Sun: The Florida Boom of the 1920s and How It Brought on the Great Depression*, New York: Simon & Schuster, 2020.

David Nolan, *Fifty Feet in Paradise: The Booming of Florida*, Orlando: Harcourt Brace Jovanovich, 1984.

Avra Moore Parks, *George Merrick's Coral Gables: "Where Your 'Castle in Spain' Are Made Real!"*, Miami: Centennial Press, 2006.

Caroline Seebohm, *Boca Rococo: How Addison Mizner Invented Florida's Gold Coast*, New York: Clarkson Potter, 2001.

Gregg Turner, *The Florida Land Boom of the 1920s*, Jefferson, NC: McFarland & Company, 2015.

Raymond Vickers, *Panic in Paradise: Florida's Banking Crash of 1926*, Tuscaloosa, AL: University of Alabama Press, 1994.

### 3. 한국의 땅 투기 열풍, 언제부터 시작됐을까? / 최은진

高橋龜吉, 『日本財閥の解剖』, 中央公論社, 1930.

大橋淸三郎 外編, 『朝鮮産業指針』, 開發社, 1915.

大藏省 管理局, 『昭和22年 引揚法人現況調査』, 1947.

東山農事株式會社, 『第1~2回事業報告書』, 1920~1921.

東洋拓殖株式會社, 『事業槪況』, 1919.

東洋拓殖株式會社, 『東洋拓殖株式會社二十年誌』, 1928.

東洋拓殖株式會社, 『東洋拓殖株式會社三十年誌』, 1939.

藤井寬太郎, 『朝鮮土地談』, 1911.

藤井寬太郎, 『藤井寬太郎自敍傳』, 1940년경.

藤井寬太郎, 『六十にして天命を知る』, 1942.

北崎房太郎, 『東拓三十年の足跡』, 東邦通信社出版部, 1938.

不二興業株式會社, 『不二興業株式會社農業及土地改良事業成績』, 1929.

성업공사, 『종결 법인 참고철: 주식회사 웅본농장』, 1934.

朝鮮實業株式會社, 『創業十五年誌』, 1919.

朝鮮實業株式會社, 『第15期營業報告書』, 1920.

朝鮮總督府 稅務科, 『地稅例規』, 1913년경.

朝鮮興業株式會社, 『第16期營業報告書』, 1920.

朝鮮興業株式會社, 『朝鮮興業株式會社二十五年誌』, 1929.

朝鮮興業株式會社, 『朝鮮興業株式會社三十周年記念誌』, 1936.

統監府 農商工務部, 『韓國ニ於ケル農業ノ經營』, 1907.

學習院大學 東洋文化硏究所, 『引揚會社現況槪要報告書綴』 1, 1946.

이규수, 『식민지 조선과 일본, 일본인』, 다할미디어, 2007.

이윤갑, 『일제강점기 조선총독부의 소작정책 연구』, 지식산업사, 2013.

정연태, 『시민권력과 한국 농업』, 서울대학교출판문화원, 2014.

淺田喬二, 『增補 日本帝國主義と舊植民地地主制』, 龍溪書舍, 1989.

최원규, 『일제시기 한국의 일본인 사회』, 혜안, 2021.

하지연, 『일제하 식민지 지주제 연구』, 혜안, 2010.

## 4. 한국 주식시장의 기원 / 이명휘

『皇城新聞』, 『漢城旬報』, 『毎日申報』, 『朝鮮時報』, 『釜山日報』, 『대한매일신보』, 『중앙일
　　보』, 『동아일보』.

東洋拓殖株式會社, 『東洋拓殖株式會社三十年誌』, 1939.

삼성증권, 「주식파생상품시장 전망」, 삼성증권, 2021.

朝鮮取引所, 『朝鮮取引所史』, 1937.

朝鮮取引所, 『營業報告書』, 1932~1942.

朝鮮取引所, 『朝鮮取引所年報』, 1932~1942.

朝取株式硏究會, 『朝取』, 1939.

朝鮮總督府殖産局, 『取引所關係事項調査表』, 1929.

朝鮮總督府鐵道局 編, 『朝鮮鐵道四十年略史』, 1940.

朝鮮總督府理財科, 『1943年度朝鮮內産業資金調達法調』, 1944.

大藏省, 『日本人の海外活動に關する歷史的調査—朝鮮編』, 1946.

대한증권업협회, 『증권협회십년지』, 1963.

친일반민족행위진상규명위원회, 『친일반민족행위진상규명 보고서』 IV-12, 2009.

한국예탁결제원, 『2021년 12월 결산 상장법인 주식소유자현황』, 2022. 3. 17 보도자료.

한국은행, 『2021년 자금순환』, 2022. 4. 7. 보도자료.

한국증권거래소, 『한국증권거래소10년사 부록』, 1970.

KIEP, 「세계 파생상품 시장 현황 및 최근 한국의 이슈」, 2020. 12. 14.

The World Federation Exchange, *WFE Monthly Report*, 2021. 12.


박영철·콜, 『한국의 금융발전—1945~1980년』, 한국개발연구원, 1984.

김낙년·박기주·박이택·차명수 편, 『한국의 장기통계』 II, 해남출판사, 2018.

김동철, 「경부선 개통 전후 부산 지역 일본인 상인의 투자동향」, 『민족문화연구』 28, 2006.

김명수, 「재조일본인(在朝日本人) 토목청부업자 아라이 하츠타로(荒井初太郎)의 한국진
　　출과 기업활동」, 『경영사학』 26권 3호, 2011.

방효순, 「조선인쇄주식회사와 직원수첩」, 『근대서지』 15호, 2017.

유길준, 『兪吉濬全集』 1·4권, 一潮閣, 1971.
윤봉한·임웅기, 『한국의 증권시장』, 세경사, 1986.
이기준, 『한말서구경제학도입사연구』, 일조각, 1995.
이명휘, 『식민지기 조선의 주식회사와 주식시장 연구』, 성균관대학교 경제학과 박사논문, 1999.
이명휘, 「조선거래소의 주식거래 제도와 거래실태」, 『경제사학』 31권, 2001.
이승렬, 『제국과 상인』, 역사비평사, 2007.
이면우, 『회사법』, 1905.
이영훈·박기주·이명휘·최상오, 『한국유가증권백년사』, 해남출판사, 2005.
전종한, 「도시 본정통의 장소 기억—충무로·명동 일대의 사례」, 『대한지리학회지』 48-3, 2013.
정병욱, 「農工銀行·朝鮮殖産銀行의 운영주체와 조선인참여자의 지위」, 『민족문화연구』 38, 2003.
최종고, 『한국법학사』, 박영사, 1990.
홍성찬, 「1920년대의 경성주식현물취인시장 연구」, 『경제사학』 22호, 1997.

高杉東峰, 『朝鮮金融機關發達史』, 實業タイムス社, 1940.
藍淸, 『取引用語辭典』, 1938.
井上新一郎, 「朝鮮の産業法規と總督府の態度」, 『紊亂の極に在る朝鮮取引所界』, 1930.
中村郁, 『株式會社京城株式現物取引市場沿革誌』, 京城株式現物取引市場, 1923.
靑柳綱近太郎, 『最近京城案內記』(구태훈·박선옥 역, 『일본인의 경성 엿보기』, 2011).

## 5. 중산층의 부동산 투기와 사회적 공간의 위계화 / 송은영

박영한, 『우리는 중산층 I: 장미 눈뜰 때』, 세계사, 1990.
박영한, 『우리는 중산층 II: 굿바이 미스터 캐주얼』, 세계사, 1991.
박완서, 「낙토(樂土)의 아이들」, 『한국문학』 1978년 1월.
박완서, 『서울 사람들』, 글수레, 1984.
박완서, 『그대 아직도 꿈꾸고 있는가』, 삼진기획, 1989.
윤흥길, 『말로만 중산층』, 청한문화사, 1989.
이호철, 「등기수속」, 『신동아』 1964년 9월호.
이호철, 「여벌집」, 『월간중앙』 1972년 1월호.
강내희, 『서울의 생김새—도시적 형태의 시학』, 문화과학사, 2021.
김명수, 『내 집에 갇힌 사회—생존과 투기 사이에서』, 창작과비평사, 2020.
김영모, 『한국사회계층연구』, 일조각, 1982.

박철수, 『한국주택 유전자』 1, 마티, 2021.

손정목, 『서울 도시계획 이야기』 3권, 한울, 2005.

송은영, 『서울 탄생기―1960~70년대 문학으로 본 현대도시 서울의 사회사』, 푸른역사,
2018.

김경동, 「중간계급의 정체와 중산층 사회의 신화」, 『월간조선』 1983년 11월호.

이상록, 「1980년대 중산층 담론과 호모 에코노미쿠스의 확산」, 『사학연구』 130호, 2018.

정대수, 「현대의 시지프스 신화―아파트란 신기루를 좇은 2백일」, 『마당』 1983년 5월호.

조형근, 「공공임대주택에 대해 말하기, 그리고 함께 말하기」, 『문화과학』 106호, 2021.

홍두승, 「한국사회계층연구를 위한 예비적 고찰」, 『한국 사회의 전통과 변화』, 범문사,
1983.

황병주, 「1970년대 '복부인'의 경제적 표상과 문화적 재현」, 『사학연구』 140호, 2020.

### 6. 1980년대 후반 증시호황기 '개미'의 탄생과 시련 / 이정은

박찬종, 「한국 신자유주의의 사회적 기원」, 『경제와사회』 130, 2021.

이명휘, 「증권발행시장의 형성과 한국투자(개발)공사―1968~1976년 자본시장 육성책을
중심으로」, 『경영사연구』 33-4, 2018.

이상록, 「1980년대 중산층 담론과 호모 에코노미쿠스의 확산」, 『사학연구』 130, 2018.

이영훈·박기주·이명휘·최상오, 『한국의 유가증권 100년사』, 증권예탁결제원, 2005.

이정은, 「자본시장 육성과 기업공개―1967~1973년 전경련의 추진과 기업의 시행을 중심
으로」, 『역사문제연구』 34, 2015.

장진모, 『주식의 역사』, 한국경제신문, 2006.

한국은행경제통계시스템(https://ecos.bok.or.kr/EIndex.jsp).

한국증권거래소, 『한국의 증권시장』, 1991.

한국증권업협회, 『한국증권업협회 50년사 자료집』, 2003.

### 7. 버블기 일본에서 나타난 투기·투자의 특징과 그 의미 / 여인만

ガルブレイス, 鈴木哲太郎 訳, 『バブルの物語』, ダイヤモンド社, 1991(J. K. Galbraith, *A short
history of financial euphoria*, Whittle Books, 1990).

古野高根, 「平成バブルと社会的プロセス試論」, 2002(https://u-air.net/workshop/board/
furuno20020401.htm).

キンドルバーガー, 吉野俊彦·八木甫 訳, 『熱狂, 恐慌, 崩壊』, 日本経済新聞出版社,
2004(Charles P. Kindleberger, *Manias, Panics and Crashes: A History of Financial Crisis*, 4th ed,

Palgrave Macmillan, 2000).

東洋経済新報社 編,「特集·最後の証言 バブル全史」,『東洋経済』, 2017年 5月 20日.

小峰隆夫 編,『日本経済の記録 歴史編 1 第2次石油危機への対応からバブル崩壊まで』,
　　　佐伯印刷, 2011.

松島茂·竹中治堅 編,『日本経済の記録 歴史編 3 時代証言集』, 佐伯印刷, 2011.

野口悠紀雄,『バブルの経済学』, 日本経済新聞社, 1992.

野口悠紀雄,『平成はなぜ失敗したのか』, 幻冬舎, 2019.

永野健二,『バブル』, 新潮社, 2019.

チャンセラー, 山岡洋一 訳,『バブルの歴史』, 日経BP出版センター, 2000(챈슬러, 강남규
　　　역,『금융투기의 역사』, 국일증권경제연구소, 2001. 원서는 Edward Chancellor, *Devil
　　　take the hindmost: A History of financial speculation*, Farrar Straus Giroux, 1999).


## 8. 토지독점에 기초한 부동산 재벌의 도시지배와 '홍콩 현상' / 조성찬

헨리 조지, 김윤상 옮김,『진보와 빈곤』, 비봉출판사, 1997.

조성찬 외,『토지정의, 대한민국을 살린다』, 평사리, 2012.

앨리스 푼, 조성찬 옮김,『홍콩의 토지와 지배계급』, 생각비행, 2021(Alice Poon, *Land and the
　　　Ruling Class in Hong Kong*, 2011).

G. B. Endacott, 윤은기 옮김,『홍콩의 역사』, 한국학술정보, 2006.

김원중,「홍콩특별행정구역의 토지공급 및 관리제도 고찰」,『부동산분석』 2016년 제2권 제
　　　1호.

김수현,「홍콩은 집값이 왜 비싼가?—홍콩 주택시장의 구조와 특성」,『서울도시연구』 21권
　　　4호, 2020.

김주영,「홍콩 '틴지족와이'의 사례를 통해 본 사회적 경제의 정치학」,『비교문화연구』 25
　　　권 1호, 2019.

장정아,「홍콩 로컬리티—지역 커뮤니티에 기반한 저항성의 모색」,『중앙사론』 54집, 2021.

장정아,「홍콩 땅을 지킨다는 것—홍콩 정체성에서 향촌과 토지의 의미」,『현대중국연구』
　　　19권 4호, 2018.

장정아,「빈민가에서 문화유산의 거리로—홍콩 삼쉬포 지역 사례를 통해 본 도시권」,『동
　　　북아문화연구』 제36집, 2013.

조성찬,「선전경제특구 공공토지임대제 개혁과정에서 지대납부 방식의 중요성 연구」,『현
　　　대중국연구』 제13집 1호, 2011년 8월.

조성찬,「공유자원 사유화 모델에 기댄 제주국제자유도시 발전전략의 비판적 검토」,『공
　　　간과 사회』 제26권 2호, 2016년 6월.

조성찬,「도시재생에서 공유경제 실현을 위한 '토지가치 공유형 지역자산화 모델' 연구」,

『입법·정책』 제14호, 서울특별시의회, 2016년 6월.

김현장, 「제주도 땅의 새 임자들」, 『뿌리깊은나무』 1979년 9월(통권 43권).

앨리스 푼이 참여한 출판기념 북콘서드 빌표자료 일부, 2021. 10. 30.

José Maria Ramos ed., *The City as Commons: A Policy Reader*, the Commons Transition Coalition, Melbourne, Australia, 2016.

Cruden, Gorden N., *Land Compensation and Valuation Law in Hong Kong*, Hong Kong·Singapore·Malaysia: Butterworths, 1999.

Phang, Sock-Yong, "Hong Kong and Singapore", in Andelson, R. V. (ed.), *Land-Value Taxation Around the World*, Oxford: Blackwell Publishers, 2000.

Eddie Chi-Man Hui & Vivian Sze-Mun Ho and David Kim-Hin Ho, "Land Value capture mechanisms in Hong Kong and Singapore", *Journal of Property Investment & Finance*, Vol. 22, No. 1, 2004.

Steven C. Bourassa and Yu-Hung Hong ed., *Leasing Public Land: Policy Debates and International Experiences*, Lincoln Institute of Land Policy, 2003.

Tai-lok Lui, "Rearguard Politics: Hong Kong's Middle Class", *The Developing Economies*, 2003, XLI-2.

任宏·王林著, 『中国房地产泡沫研究』, 重庆: 重庆大学出版社, 2008.

## 9. 자가소유 사회의 한계 / 오도영

김용창, 「자산기반 주거복지정책으로서 단기 공공임대주택의 지분공유제 주택으로 전환」, 『공간과 사회』 44, 2013.

박준·손정원, 「영국 주택시장의 구조와 주택가격 상승에 대한 대응정책」, 『공간과 사회』 30, 2008.

오도영, 「금융화(financialization) 과정 속에서 본 영국의 저렴주택 제도」, 『공간과 사회』 61, 2017.

오도영·박준·김혜승, 「영국 주거복지정책의 변화—2010년 이후 심화된 신자유주의적 변화를 중심으로」, 『공간과 사회』 52, 2015.

Cameron, David, "Leader's speech, Manchester 2015", 2015 (http://www.britishpoliticalspeech.org/speech-archive.htm?speech=360).

Carozzi, Felipe, Christian A. L. Hilber and Xiaolun Yu, "On the economic impacts of mortgage credit expansion policies: evidence from help to buy", *CEP Discussion Paper*, 2020(https://cep.lse.ac.uk/_new/publications/abstract.asp?index=6952).

Cromarty, Hannah, "Shared Ownership (England): The Fourth Tenure?", *Commons Library Research Briefing*, 2021(https://researchbriefings.files.parliament.uk/documents/CBP-8828/CBP-

8828.pdf).

Department for Communities and Local Government, *Laying the Foundations: A Housing Strategy for England*, London: Communities and Local Government Publications, 2011.

Doling, John, *Comparative Housing Policy: Government and Housing in Advanced Industrialized Countries*, London: Macmillan Press, 1997.

Doling, John and Richard Ronald, "Home Ownership and Asset-Based Welfare", *Journal of Housing and the Built Environment* 25, 2010.

Haffner, Marietta E. A., Rachel Ong, Susan J. Smith and Gavin A. Wood, "The Edges of Home Ownership: The Borders of Sustainability", *International Journal of Housing Policy* 17(2), 2017.

Jacobs, Keith, Jim Kemeny and Tony Manzi, "Privileged or Exploited Council Tenants? The Discursive Change in Conservative Housing Policy from 1972 to 1980", *Policy & Politics* 31(3), 2003.

King, Peter, *Housing Policy Transformed: The Right to Buy and the Desire to Own*, Bristol: Policy Press, 2010.

Leckie, Clare, Rebecca Munro and Mark Pragnell, "Building Post-Pandemic Prosperity", 2021(https://www.local.gov.uk/publications/building-post-pandemic-prosperity).

Malpass, Peter, "Housing and the New Welfare State: Wobbly Pillar or Cornerstone?", *Housing Studies* 23(1), 2008.

Malpass, Peter and Alan Murie, *Housing Policy and Practice*, 5th ed, London: Macmillan Press, 1999.

Manzi, Tony and Nicky Morrison, "Risk, commercialism and social purpose: Repositioning the English housing association sector", *Urban Studies* 55(9), 2018.

Ministry of Housing, Communities & Local Government, *English Housing Survey 2019 to 2020*, 2020.

National Audit Office, *Help to Buy: Equity Loan scheme – progress reivew*, 2019(https://www.nao.org.uk/wp-content/uploads/2019/06/Help-to-Buy-Equity-Loan-scheme-progress-review.pdf).

Ronald, Richard, *The Ideology of Home Ownership: Homeowner Societies and the Role of Housing*, New York: Palgrave Macmillan, 2008.

Wallace, Alison, *Exploring Shared Ownership Markets outside London and the South East*, York: Centre for Housing Policy, 2019.

Watson, Matthew, "Constituting Monetary Conservatives via the 'Savings Habit': New Labour and the British Housing Market Bubble", *Comparative European Politics* 6(3), 2008.

Watson, Matthew, "Planning for a Future of Asset-based Welfare? New Labour, Financialized Economic Agency and the Housing Market", *Planning, Practice & Research* 24(1), 2009.

Wilson, Wendy and Cassie Barton, "A voluntary Right to Buy for housing association tenants in England", *Commons Library Research Briefing*, 2021(https://researchbriefings.files.parliament.uk/documents/CBP-7224/CBP-7224.pdf).

## 10. 중국의 핀테크 기업과 국가 / 박철현

김영신, 「중국의 온라인 플랫폼 업계 규제 동향과 시사점」, 『세계경제 포커스』, 대외경제정
책연구원, 2021년 6월 23일.

김정심, 「4차 산업혁명을 선도하는 알리바바—핀테크와 신유통을 중심으로」, 『Korea
Business Review』 제24권 제2호, 2015.

박우, 「중국의 플랫폼 기업과 국가의 관리에 관한 탐색적 연구」, 『아시아리뷰』 제11권 제3
호, 2021.

서봉교, 「핀테크와 빅테크, 규제 정책 변화에 대한 디지털 금융환경의 분석과 시사점」, 『한
중사회과학연구』 19권 4호, 2021.

이은영, 「중국의 포용적 금융 정책과 주요 은행 사례 분석」, 『산은조사월보』 제746호, 2018
년 1월.

이현태·서봉교·조고운, 『중국 모바일 결제 플랫폼의 발전과 시사점—알리바바 사례를 중
심으로』, 대외경제정책연구원, 2018.

이현희, 「'정책 시장'이 된 주식시장」, 『성균차이나브리프』 3권 4호, 2015.

전수경, 『중국 핀테크 산업의 발전 현황과 정책 방향』, 대외경제정책연구원, 2018년 3월 14
일.

최철웅, 「'포용적 금융'의 역설—빈곤 산업의 형성과 위험의 개인화」, 『사회과학연구』 제27
집 2호, 2019.

明仪皓·朱盈盈·张蕾, 「互联网金融对传统商业银行的影响及对策」, 『西南金融』 2014年 第
11期.

孙建军·李莉, 「互联网金融企业资产证券化的实践—以蚂蚁花呗为例」, 『中国市场』 2019
年 第36期.

叶梓楚, 「互联网金融的风险防范分析」, 『中国市场』 2021年 第29期.

倪申东, 「小额信贷公司资产证券化发展及前景」, 以蚂蚁小贷为例, 『中国市场』 2019年
第31期.